AF617754

FRANQUISMO ESCALADO.
AVERIGUACIONES SOBRE UNA DICTADURA

FRANQUISMO ESCALADO. AVERIGUACIONES SOBRE UNA DICTADURA.

LIBRO-HOMENAJE A CARLOS PERALES PIZARRO (1958-2018)

Santiago Moreno Tello
Carlos Píriz
(eds.)

Este libro ha recibido el apoyo para su edición de la Universidad de Cádiz y la Diputación Provincial de Cádiz

Editor: Ramiro Domínguez Hernanz

C/ San Gregorio, 8, 2, 2ª Madrid
España
www.silexediciones.com

ISBN: 978-84-19661-09-8
Depósito Legal: M-34794-2023
Colección: Homenajes

Impreso y encuadernado en España

CONTENIDO

INTRODUCCIÓN 9
Santiago Moreno Tello y Carlos Píriz

PARTE I

1. LA INTELIGENCIA REBELDE. EL SERVICIO DE INFORMACIÓN Y POLICÍA MILITAR (SIPM) FRANQUISTA EN LA GUERRA CIVIL 19
Gutmaro Gómez Bravo

2. ALIADOS Y ESPÍAS: EL EJÉRCITO PORTUGUÉS Y LA GUERRA CIVIL ESPAÑOLA 39
Rui Aballe Vieira

3. AMPLIAR LA ESCALA. EL LUGAR DEL CONTROL SOCIAL EN EL SISTEMA REPRESIVO FRANQUISTA 61
Alejandro Pérez-Olivares

4. LAS TEXTURAS DE LO COTIDIANO: LA *ALLTAGSGESCHICHTE*, LAS ACTITUDES SOCIOPOLÍTICAS BAJO EL FRANQUISMO Y EL HAMBRE DE POSGUERRA 73
Gloria Román Ruiz

5. EL FORZOSO OLVIDO. LA HISTORIOGRAFÍA FRANQUISTA EN EL CONSEJO SUPERIOR DE INVESTIGACIONES CIENTÍFICAS DURANTE LA POSGUERRA 87
Alba Fernández Gallego

6. LAS GUERRAS DE SCHLAYER: LA HISTORIOGRAFÍA "SUECA", EL COLABORACIONISMO NORUEGO Y EL MÁS ALLÁ DE LAS MATANZAS DE PARACUELLOS (1936-2021) 101
Carlos Píriz

PARTE II

7. EL 1 DE MAYO DE 1936 EN ALCALÁ DEL VALLE. NUEVAS APORTACIONES 119
Jesús Narciso Núñez Calvo

8. EL CASTILLO DE SANTIAGO DE SANLÚCAR DE BARRAMEDA. UNA PRISIÓN HABILITADA DURANTE LA GUERRA CIVIL Y LA POSGUERRA (1936-1945) 151
José Mª Hermoso Rivero y Rafael Montaño García

9. VIOLENCIA CONTRA LOS MASONES. REPRESIÓN EN EL CAMPO DE GIBRALTAR DURANTE LA GUERRA Y EL FRANQUISMO 169
Antonio Morales Benítez

10. LOS SIETE NIÑOS DE ÉCIJA. RESISTENCIA Y POLÍTICA REPRESIVA EN CÁDIZ EN 1936 183
José Luis Gutiérrez Molina

11. LA ESCUELA DE ARTES Y OFICIOS ARTÍSTICOS DE CÁDIZ DURANTE LA GUERRA CIVIL ESPAÑOLA DE 1936. LA DEPURACIÓN DEL PERSONAL 205
Manuel Santander Díaz

12. ¡ATRÁS FALSARIOS! PENSAMIENTO, IDEOLOGÍA Y REVISIÓN HISTORIOGRÁFICA EN LA OBRA DE EDUARDO JULIÁ TÉLLEZ 231
Santiago Moreno Tello y Jesús García García

BIBLIOGRAFÍA Y FUENTES 259

INTRODUCCIÓN

Santiago Moreno Tello
Carlos Píriz
Universidad de Cádiz

El libro que tiene entre manos, estimado/a lector/a, tiene su origen en los distintos seminarios que en los Cursos de Verano de la Universidad de Cádiz (UCA) se vienen desarrollando desde 2016 dedicados al estudio y problematización de la memoria y la historia contemporánea de España. Se trata de una temática manifiestamente ausente en el marco de estos cursos que, por otro lado, tienen un largo historial que se remonta a las décadas anteriores al nacimiento en 1979 de la propia UCA. Lo hicieron concretamente en 1950, cuando todavía el centro universitario gaditano pertenecía a la Universidad de Sevilla (Ramos, 1999). Se entiende que sobra una explicación sobre ese silencio –que no olvido–. Tan solo hubo una excepción en 2009 cuando la profesora Lola Lozano Salado coordinó un encuentro en la misma línea. Nuestro proyecto, respaldado desde sus inicios por el Servicio de Memoria Histórica de la Diputación Provincial de Cádiz, se basa en la necesidad imperiosa del estudio, análisis, debate y divulgación de lo que ha venido a denominarse Recuperación de la Memoria Histórica y que, como se puede comprobar por los datos expresados, en la provincia de Cádiz ha sufrido una tremenda demora.

Desde aquel año 2016, y con la única interrupción en el año 2020 a causa de la pandemia de la COVID-19, se han desarrollado cinco cursos siguiendo aquella lógica[1]. En ellos se ha podido reflexionar y debatir sobre el golpe de Estado de 1936 y el inicio de la guerra civil española, sobre su desarrollo y consecuencias, sobre la necesidad de justicia y reparación de las víctimas de la represión franquista o sobre el encaje de la provincia de Cádiz en diferentes escalas. De la misma manera, se ha promovido la difusión de los últimos estudios realizados en la región, así como en algunos de sus municipios. Se ha potenciado la investigación sobre estas temáticas y contextos buscando que el alumnado universitario asistente abra nuevas vías de estudio y participe en el debate historiográfico

[1] Fueron los siguientes:
- *Golpe de Estado, Guerra Civil y represión franquista en la provincia de Cádiz. Actualización de su estudio 80 años después* (2016).
- *Lejos del frente: Recuperando la Memoria Histórica en la provincia de Cádiz* (2017).
- *Historiografía(s), discuro(s) y retórica(s): De Cádiz a la España Imperial. El franquismo desde el siglo* XXI (2018).
- *"La guerra ha terminado". Nuevos enfoques y estudios 80 años después (1939-2019)* (2019).
- *Historia, memoria y memoria histórica: aprendizajes y retos para un avance democrático* (2021).

y memorialístico. Y se ha dado voz a asociaciones y colectivos cívicos que desde hace años vienen trabajando, reivindicando y exigiendo estas actividades.

Durante la organización del seminario de 2018 los coordinadores asumieron y promovieron la apertura de estos a los debates historiográficos de escala nacional e internacional. Para ello era necesario, además de continuar con las líneas ya trazadas, atraer a colegas de otras universidades que fuesen exponentes de diversas discusiones de relieve. En ese sentido, desde ese año y hasta el último curso de 2021, por las aulas de la UCA han pasado investigadoras e investigadores de primer nivel encargados de mostrar sus avances. La idea era, por tanto, eliminar las paredes que metafóricamente separaban las investigaciones académicas del resto de la sociedad. Por eso, además de quienes colaboran en este libro como autores, a lo largo de este período han participado en estos cursos Laura Muñoz Encinar (UEx-Universidad de Ámsterdam), Estefanía Langarita (Universidad de Zaragoza), Miguel Ángel del Arco (Universidad de Granada), Rebeca Saavedra (Universidad de Cantabria), Daniel Oviedo (Universidad de Nottingham), Esther Aldave (Universidad Pública de Navarra) o Antonio Cazorla (Universidad de Trent).

La presente obra también se justifica por la necesidad de homenajear al desaparecido mentor de estos seminarios, Carlos Perales Pizarro, fallecido en 2018, quien fuera Director del Servicio de Memoria y reconocido profesional de la Diputación de Cádiz dedicado a la defensa de los movimientos de cooperación internacional y de memoria histórica. Perales nació en el seno de una familia humilde de Alcalá de los Gazules en abril de 1958. Alfonso, su padre, regentaba una tienda de ultramarinos. Su madre, María, se dedicaba a los trabajos del hogar. Era el menor, junto a su hermana melliza, de ocho hermanos. La impronta revolucionaria que desde el siglo XIX germinó en su pueblo hizo que tanto él como otros jóvenes alcalaínos se inmiscuyesen en la política en los últimos años de la dictadura franquista. En consecuencia, a los 16 años, en 1973, comenzó a militar clandestinamente en el PSOE. A la vez se afilió a la UGT e impulsó las Juventudes Socialistas de Cádiz. Estudió magisterio, así como, años después, se licenció en Historia. Su carrera docente arrancó en 1982 como educador. Luego pasaría a desarrollar su trabajo como maestro de EGB (1985-1991) para, posteriormente, desarrollar docencia en la ESO (1992-1999), una labor gestada en la capital gaditana, y más específicamente, en el Instituto Provincial Caleta – Fernando Quiñones, antiguo Hospicio.

Con el final del siglo XX la Recuperación de la Memoria Histórica tomó fuerza en España. La tercera generación de los vencidos por el franquismo, nietos y nietas, comenzaron a preguntarse por sus pasados familiares. Al no recibir la respuesta deseada por parte de las instituciones públicas tomaron las riendas de un movimiento ciudadano propio. Perales fue uno de sus primeros militantes. Entre otros, a él se debe la fundación de la Asociación de Memoria Histórica y Justicia de Andalucía en Cádiz (AMHyJ-A) en 2006 o el impulso desde la Diputación de Cádiz del proyecto *todoslosnombres.org*, piedra angular del movimiento memorialístico en la región ideado y sostenido desde entonces por CGT y el Grupo de Trabajo Recuperando la Memoria de la Historia Social de Andalucía. Y es que la propia historia familiar le llevó a iniciar algunas investigaciones sobre lo sucedido en la provincia de Cádiz. Entre sus primeras publicaciones destaca por su impacto el artículo "El Marrufo, fosa común" (*Grupo Joly*, 2004), primordial para entender los posteriores estudios y proyectos sobre exhumaciones de fosas en Cádiz. De hecho, no es cuestión baladí que la primera fosa que se abriese en Andalucía en este contexto ocurriera ese mismo año en el antiguo cementerio de la localidad gaditana de El Bosque. A partir de entonces, publicó textos en revistas como *Apuntes de Historia*, *Ubi Sunt?* o *Almajar*, donde intercaló la investigación histórica con la realización de textos de carácter divulgativo. También escribió capítulos en varios libros colectivos, fomentó encuentros como las Jornadas de Exhumaciones en la provincia de Cádiz (Grazalema, 2008), promovió becas de investigación histórica e ideó el ambicioso proyecto del Aula Itinerante de Memoria Histórica. No obstante, la que estaba llamada a ser su gran obra –un estudio completo sobre la II República, golpe de Estado y represión franquista en su Alcalá natal-, ha quedado sin publicar[2]. La labor de Carlos Perales no se circunscribió en exclusiva a la Memoria. Desde su puesto de Director de Servicios de la Diputación Provincial (2007-2011/2015-2018) fomentó otras áreas como Educación, Juventud, Igualdad o Cooperación Internacional, un modelo que ha sido tomado desde entonces como ejemplo en diversos gobiernos autonómicos y diputaciones provinciales.

El presente volumen se divide en dos partes siguiendo la lógica de desarrollo de los cursos. La primera se abre con un capítulo del profesor de la Universidad Complutense de Madrid (UCM) Gutmaro Gómez Bravo sobre el papel de los servicios de inteligencia franquistas. Su contribución es fruto de años de reconocidas investigaciones y publicaciones, de las que destaca su *Geografía humana de la represión franquista* (Cátedra, 2017). Buena parte de ese libro y del presente capítulo responden al análisis del Servicio de Información y Policía Militar (SIPM), el organismo en el que Franco aglutinó todos sus esfuerzos relativos al espionaje y contraespionaje en el ecuador de la Guerra Civil. Su importancia en el conflicto fue primordial, pues no solo sentó las bases de los nuevos tiempos en el hacer de la guerra, herederos de la Primera Guerra Mundial, sino que también lo hizo al evidenciar su extensión hacia cometidos relacionados con la investigación criminal, haciendo las veces de policía política mediante sus redes provinciales, algo que en el capítulo de Gómez Bravo queda evidenciado. Sus páginas, que se encargan de abrir este

[2] Mientras se fragua la presente obra, la Diputación de Cádiz ha tenido a bien editar dicho trabajo con el título *Fragmentos de una memoria a recuperar. Alcalá de los Gazules (1931-1939)* y que ha sido compilado por Javier Giráldez Díaz y el propio hijo de Carlos, Pablo Perales Gutiérrez.

libro, reflejan, por tanto, la complejidad de la guerra de España. Una guerra de la que en ocasiones erróneamente se considera que está todo dicho, pero de la que, sin lugar a dudas, queda aún mucho por saber.

Y si el primer capítulo evidencia ciertos vacíos en los estudios sobre la Guerra Civil, el segundo lo corrobora. Del mismo se encarga el investigador del Instituto de Historia Contemporánea (IHC) de la Universidad Nova de Lisboa, Rui Aballe Vieira. Su aportación sobre las relaciones entre los militares portugueses y los rebeldes de 1936 es otro fogonazo en la oscuridad del conocimiento sobre el conflicto español. Más si cabe teniendo en cuenta que, si bien la historiografía ha puesto su mirada en numerosas ocasiones y de diversas formas en el vecino transpirenaico, (muy) poca atención ha prestado a la nación con la que España comparte península y más de mil kilómetros de frontera, Portugal. Aballe se encarga de analizar las distintas fases de esos contactos, en buena medida desconocidos hasta ahora, desde el primerísimo "turismo de guerra" a la creación de la Misión Militar Portuguesa de Observación en España (MMPOE). En su relato queda clara la particular relación durante los primeros compases de los dos regímenes totalitarios, el del profesor Salazar y el del general Franco que, aunque hermanados por la causa común anticomunista, nunca dejaron de recelar y mirarse con sospecha.

El tercer capítulo corre a cargo del historiador y profesor de la Universidad de La Laguna Alejandro Pérez-Olivares. Sus investigaciones, y entre ellas el capítulo que aquí se recoge, suponen en forma y contenido una verdadera transición historiográfica en la comprensión de la Guerra Civil y la posguerra. Él mismo se encarga, según sus palabras, de "ponerse en perspectiva", de *historiarse*, para así presentar uno de sus ejes principales de estudio, el control social del sistema represivo franquista, sobre el que gira su capítulo. Se historia él e historia a otros/as colegas que le/nos han precedido para llegar a una serie de conclusiones que en buena medida ya fueron recogidas en su *Madrid cautivo* (PUV, 2020). Pero de la misma forma, "amplía la escala" siguiendo la lógica de este libro para explicar con detalle lo que supusieron los primeros pasos de la dictadura en la capital de España y los posibles caminos a seguir en un futuro que, en buena medida, ya es presente.

El capítulo que le sigue, estrechamente relacionado con el anterior, es el de la investigadora de la Universidad de Granada Gloria Román Ruiz. Expone al gran público de manera sencilla cómo se ha ido construyendo desde los años ochenta a esta parte una forma muy concreta de "hacer" Historia, la *alltagsgeschichte* o historia de la vida cotidiana. O lo que es lo mismo, la construcción del relato del pasado de las personas de a pie, aquel que por su dificultad a la hora de erigirlo empíricamente quedó relegado en un segundo plano hasta hace pocas décadas y que en los últimos años ha resurgido con fuerza en España personificado en figuras como las del profesor Miguel Ángel del Arco, quien participase en nuestra 69ª edición (2018) de los Cursos de Verano de la UCA. Sus investigaciones han proporcionado, y continúan haciéndolo junto a las de otros/as colegas, una complejidad añadida a la comprensión de las dictaduras europeas de entreguerras y, especialmente, la franquista. Así, el capítulo de Román se centra en las actitudes sociopolíticas a ras de suelo, con especial atención a la hambruna de posguerra sobre la que gira buena parte de sus últimas investigaciones y de la que hasta hace muy poco solo recordaban en silencio muchos supervivientes que la sufrieron –que hoy poco a poco van desapareciendo–, así como contados/as colegas que paulatinamente van profundizando en sus escalofriantes dimensiones y consecuencias al tiempo que construyen la historia del *Franquismo de carne y hueso* (PUV, 2020).

Seguidamente Alba Fernández Gallego, historiadora de la UCM, dibuja de manera sintética y clarividente el papel de la historiografía del Consejo Superior de Investigaciones Científicas (CSIC) durante sus primeros años de vida. En esas páginas se demuestra la profundidad de la ruptura cultural que supuso la dictadura con la etapa anterior. Y es que no solo se trata de una investigación sobre ciertos historiadores vinculados al régimen franquista, sino que evidencia la implantación de una serie de nuevos conceptos que ayudaron a reelaborar un discurso diferente sobre el pasado y, en última instancia, sobre la legitimación teórica de un régimen ilegítimo que se impuso por la fuerza, a sangre y fuego. La construcción de ese relato, ligado a la Reconquista de España por los Reyes Católicos, al Descubrimiento de un nuevo Continente y su consecuente Cristianización, a la grandeza imperial del Siglo de Oro y a los silencios en torno al liberalismo decimonónico y contemporáneo moldearon un imaginario fundamental y necesario en las mentes de los pensadores franquistas. Sus productores, en buena medida, fueron ciertos historiadores, algunos con dilatadas trayectorias antes de la guerra que, tras ella, se dedicaron a (re)construir una verdad histórica manipulada a consciencia que fue de suma utilidad durante la edificación del "nuevo Estado".

La primera parte de este libro lo cierra el capítulo de uno de sus coordinadores, el profesor Carlos Píriz (UCA). Como ha dado buena cuenta en su reciente publicación *En zona roja. La Quinta Columna en la guerra civil española* (Comares, 2022), fruto de su tesis doctoral, sigue una ardua labor de búsqueda de fuentes primarias en distintos archivos nacionales e internacionales. Para el caso que nos centra se acerca a la desconocida figura del diplomático alemán Felix Schlayer. Píriz rehúye, de momento, de una biografía al uso. Centra sus esfuerzos en estudiar la posición del empresario reciclado a representante extranjero en los primeros compases del golpe, así como en los primeros meses de la guerra. De la misma manera pone en duda cierta historiografía revisionista que lo alaba acríticamente.

En lo que se refiere a la segunda parte de la obra la hemos ceñido a una representación de capítulos que se suscriben a una escala contextual más reducida, la provincia de Cádiz, pero no por ello de menor calado e importancia. Ha quedado constatado en varias ocasiones la necesidad de los estudios locales o comarcales en aras de una historia más genérica (Preston, 2011). Empero este dato debemos subrayarlo más cuando todavía hoy esta zona de la Baja Andalucía ni siquiera posee un trabajo de compendio de lo acaecido durante el golpe de Estado, guerra, represión o primer franquismo. Y es que el silencio impuesto por la dictadura también alcanzó al campo historiográfico. En las décadas posteriores al fin de la guerra apenas contamos con el filofranquista *Historia del Movimiento liberador de*

España en la provincia de Cádiz de Eduardo Juliá Téllez (Cerón, 1944). El primer y, a día de hoy, único intento serio y científico de compendio provincial lo desarrolló Fernando Romero Romero en la obra colectiva *Marginados, disidentes y olvidados en la Historia* (UCA, 2009). Así, pues, si bien es cierto que en los últimos quince años se ha avanzado mucho con la publicación de diferentes monografías que han ido cubriendo municipios o áreas, el esfuerzo sobre el empeño de dicha construcción historiográfica, no debe cejar por lo que esta segunda parte persigue arrojar más luz sobre la misma.

Comenzamos pues con una nueva aportación del doctor en Historia Contemporánea por la UNED y especialista en estudios sobre la Guardia Civil, Jesús Núñez Calvo. El autor posee una de las carreras investigadoras más completas de la provincia donde destaca aquella monografía sobre el último Presidente de la Diputación Provincial de Cádiz en la Segunda República: Francisco Cossi Ochoa (Diputación de Cádiz, 2005). En esta ocasión, y recurriendo de nuevo al rastreo de archivos inéditos o de difícil consulta, nos presenta una nueva versión de unos desgraciados hechos de la convulsa primavera de 1936. En torno a las manifestaciones del 1º de mayo, Núñez nos describe el ambiente de hermandad entre jornaleros de cinco municipios serranos: los gaditanos Alcalá de Valle, Setenil de la Bodegas y Torre Alháquime, así como los malagueños Ronda la Vieja y Arriate. Un ambiente que, como sucederá en otras zonas de España, con la aparición de las FOP, se convertirá en tensa calma y posteriores altercados violentos. Una nueva y divergente visión, hasta la ahora conocida, es la que se nos describe en el primer capítulo de esta segunda parte.

Los historiadores José M.ª Hermoso Rivero y Rafael Montaño García vienen desarrollando una interesante labor de recuperación de documentación inédita sobre el Bajo Guadalquivir y más concretamente del municipio de Sanlúcar de Barrameda. De hecho, a día de hoy, tan solo conocemos una monografía sobre dicha localidad y la Segunda República realizada por el profesor José Antonio Viejo Fernández (ASEHA, 2011). El presente capítulo forma parte del amplio estudio todavía inédito que Hermoso y Montaño que amplía sobre su antecesor. Sin embargo, se centra el capítulo que aquí se presenta en unas de las temáticas más novedosas que están viendo la luz en los últimos años. Nos referimos al sistema penitenciario franquista. En esta ocasión analizan el papel jugado en el mismo por el vetusto Castillo de Santiago que tuvo uso carcelario desde los primeros compases de la sublevación hasta mediados de los años cuarenta.

De dicha zona se parte hacia el Campo de Gibraltar, comarca contra la que tanto empeño pusieron en tener el control los militares rebeldes de julio de 1936. Antonio Morales Benítez, doctor en Historia por la UCA, y uno de los mayores especialistas en la historia de la Masonería en la provincia gaditana expone aquí uno de sus más recientes proyectos: la continuación del estudio sobre la represión a los masones de los distintos municipios que conforman esta zona. Sin duda, la más arraigada de toda Andalucía. Este texto viene a ampliar una concienzuda publicación sobre la historia de la masonería en el primer tercio del siglo XX recientemente publicada (UCA, 2018) y que fue merecedora del Premio Extraordinario de Doctorado.

El cuarto capítulo de esta segunda parte nos traslada a la zona de la Bahía de Cádiz, sin duda una de las más estudiadas de la provincia en los últimos años. Si bien es cierto que ya en 2004 la doctora Alicia Domínguez Pérez publicaba su tesis doctoral bajo el título *El verano que trajo un largo invierno*, la cual supuso un auténtico aldabonazo para los estudios sobre represión franquista en la provincia, la continuación de su labor, entre otros por José Luis Gutiérrez Molina, ha conseguido la visualización y estudio de más material inédito. Ejemplo de ello fue la aparición de los Consejos de Guerra o Juicios Sumarísimos del Archivo del Tribunal Militar Territorial N.º 2 de Sevilla. Una documentación con la que Gutiérrez Molina viene desarrollando una labor incansable de estudio riguroso y de desmitificación de la historiografía franquista. En las páginas siguientes participa con un examen sobre los llamados despectivamente "Siete Niños de Écija".

Y si hemos incluido a los masones entre los estudios de la presente publicación, arrancamos el tramo final de la obra con un nuevo análisis sobre la represión ejercida al Magisterio, sin duda uno de los colectivos más perseguidos por el franquismo. El historiador Manuel Santander Díaz, después de años de trabajos nos presenta un nuevo estudio sobre el tema centrado en el microcosmos de la Escuela de Artes y Oficios Artísticos de Cádiz. En ella, al igual que en el resto de la retaguardia insurgente, se aplicó desde el otoño de 1936 las órdenes firmadas por José María Pemán para la depuración y posterior represión al funcionariado. Un texto que se complementa con un breve listado biográfico donde se esclarecen algunas dudas sobre el papel jugado por determinados personajes como el del arqueólogo Pelayo Quintero Atauri y su relación con César Pemán.

Finalmente, los historiadores Jesús García (UCA) y Santiago Moreno (UCA), este último también coordinador de la obra, analizan desde el punto de vista del pensamiento, así como del historiográfico una de las obras más representativas de la historia franquista en la provincia de Cádiz. Nos referimos a *Historia del Movimiento Liberador* de Eduardo Juliá Téllez, periodista y gran propagador de las ideas conservadoras, y más concretamente tradicionalista, antes, durante y después del conflicto del 1936. El capítulo se divide en dos partes, por un lado, el análisis de su ideología a través de sus artículos en el periódico *La Información*, por otro lado, hacer una comparativa entre cómo contó la historia de la sublevación y la guerra en los municipios gaditanos y qué hay de cierto, o no, cotejándolo con estudios recientes.

No queda más que dar las gracias a todas las personas que en estos años han mostrado su apoyo y colaboración a estos Cursos de Verano. En primer lugar, a quienes han formado parte del Servicio de Memoria de la Diputación: a las distintas diputadas provinciales, técnicos y resto del personal de administración. El agradecimiento, como no puede ser de otra manera, es extensible a sus homólogos del Vicerrectorado de Extensión Universitaria, hoy Vicerrectorado de Cultura. Especial gratitud merecen los profesores de la

UCA José Marchena Domínguez y Rafael Ravina Ripoll, quienes formaron parte de la coordinación de estas actividades en sus dos primeras ediciones. Y tampoco se debe olvidar nuestro sentido reconocimiento a las decenas de ponentes, así como al cerca de medio millar de asistentes, alumnado y representantes de asociaciones que desde sus comienzos han acudido y colaborado en el desarrollo de estos cursos y que con sus intervenciones y debates participan en la maduración democrática de nuestra sociedad.

PARTE I

1.
LA INTELIGENCIA REBELDE. EL SERVICIO DE INFORMACIÓN Y POLICÍA MILITAR (SIPM) FRANQUISTA EN LA GUERRA CIVIL

Gutmaro Gómez Bravo
Grupo de Investigación Complutense de la Guerra Civil y el Franquismo

INTRODUCCIÓN

Los sistemas de información de la inteligencia militar fueron la pieza fundamental para la utilización de las grandes poblaciones como arma de guerra en el siglo XX. Sus tácticas, extendidas desde la Primera Guerra Mundial por toda Europa, se desarrollaron en una guerra civil como la española, especialmente en el denominado servicio de contraespionaje (Hastings, 2016; Píriz, 2019; Aróstegui, 2012; Gómez Bravo, 2018; Pérez-Olivares, 2020). Por las circunstancias del conflicto, derivado del fracaso de un golpe de estado, pero también de un "equilibrio de incapacidades" de un poder para imponerse a otro, la sistematización de la información no apareció como una necesidad en el Ejército rebelde hasta la finalización del asalto frontal a Madrid y su transformación en una guerra larga deslazada hacia el norte. En la primavera de 1937 daba comienzo la Campaña del Norte. La dificultad de un terreno montañoso hacía más fácil la defensa republicana, pero las tropas franquistas salvaron la situación desplegando el moderno armamento, alemán e italiano, que poseían. Pronto, la entrada en escena de la aviación hizo incuestionable su superioridad militar. La Aviación Legionaria bombardeó Durango el 31 de marzo y la Legión Cóndor, sin apenas respuesta, arrasó Gernika el 26 de abril. El 19 de junio, Bilbao, abandonado por el Gobierno vasco que se negó a destruir la infraestructura siderúrgica, era ocupado por las tropas franquistas. A finales de agosto hacían lo propio en Santander, con ayuda de los italianos. Y finalmente, el 20 de octubre de 1937, ocupaban Gijón, la última ciudad republicana del cantábrico, tras una fuerte resistencia. La campaña del Norte anticipó muchos aspectos de la guerra y buena parte de la fisionomía de la posguerra. El gobierno republicano perdió el área más rica y más densamente poblada de su territorio, el 25 por cien de sus efectivos militares, parte de la aviación y la mitad de sus recursos industriales. Pero la forma de perder ese frente resultó aún más decisiva. El Ejército Popular se desmoronó y, a pesar de promulgar uno de los primeros decretos que condenaban a muerte a los desertores, cerca de 230.000 soldados se entregaron o se fugaron, siendo capturados y reutilizados por el Ejército Nacional en muy corto espacio de tiempo. La ocupación del norte no solo mostró la superioridad militar y logística de los sublevados. Puso de manifiesto la cohesión de su retaguardia, y su mayor capacidad para transmitir y filtrar la información del frente, utilizada para fomentar y absorber la deserción masiva del campo republicano[1].

Su movilización, pero sobre todo, su sistema de reclutamiento, fue más efectivo, y estuvo asegurado, en todo momento, en el exhaustivo control de la retaguardia. La vigilancia vecinal, las multas, los castigos, el seguimiento y la censura de la correspondencia, fueron solo algunas de sus prácticas cotidianas más tempranamente sistematizadas. El 8 de julio de 1937, Isabel Pajuelo firmó una carta que habían transcrito a máquina directamente en la estafeta militar del Valle de la Serena (Badajoz). Iba dirigida al Jefe del Regimiento de Infantería 23, de Santoña y en ella preguntaba por su hijo:

> Como madre del soldado Fernando Godoy Pajuelo, que está a sus órdenes, deseo saber de mi hijo, que hace cuatro meses no se nada de él. Mucho le agradecería a Vd. me escribiera enseguida para saber su paradero. Dándole las gracias anticipadas queda de V. y de la Causa[2].

El sistema de respuesta era idéntico: se hacían dos copias a máquina, una se quedaba en el archivo de la División y otra salía para la estafeta militar. Desde allí se enviaba al remitente, comprobando si las señas eran correctas. Si el soldado desertaba o si su madre cambiaba de zona, tardarían muy poco en saberlo[3].

El control de movimientos entre el frente y la retaguardia se completaba con la búsqueda intensiva de antecedentes ideológicos, morales y sociales, de los soldados y sus entornos familiares, recabando la información militar con ayuda local. En agosto de 1937, el Servicio de Información Militar (SIM), envió una circular desde Burgos a todos los Ayuntamientos y puestos de la Guardia Civil para que recabasen "cuantos antecedentes extremistas conozcan de individuos sospechosos llamados a filas". Era la cuarta que emitían ese año[4]. Los flujos de información fijaron la retaguardia rebelde y consiguieron el efecto contrario en la republicana. La idea de que era mejor pasarse o entregarse antes que ser hecho prisionero, muy marcada en el empleo de los interrogatorios a prisioneros, se fue extendiendo a través de las redes vecinales y familiares, realizando una labor que la propaganda militar o política jamás podía haber alcanzado. La movilización de la información vecinal para favorecer la cohesión social fue potenciada al máximo en la guerra

[1] "Pieza separada de la causa instruida por el Juzgado Especial de la Sala Sexta del Tribunal Supremo por la pérdida de Vizcaya, Santander y Asturias". Archivo Histórico Nacional (AHN), 1544/4. La lectura tradicional de la campaña del Norte en Jackson, 1986; Martínez Bande, 1981; Salas Larrazábal, 1973, pág. 975; Seidman, 2003, pág. 231.

[2] Centro Documental de la Memoria Histórica (CDMH), PS Santander 693/8. (Ruiz Llano, 2016).

[3] El capitán Rey, desde Santander, se limitaba a firmar una breve nota telegráfica escrita a máquina: en marzo, Fernando Pajuelo había pasado al Batallón 144, "ignorando la unidad donde presta servicio en la actualidad". CDMH, PS Santander 693/8.

[4] AHN, FC Gobernación, 808. Sobre la movilización forzosa y las diferencias en el Ejército de la República y en el Ejército rebelde (Matthews, 2013). Para los flujos de información en guerras y conflictos civiles (Kalyvas, 2013).

de ocupación. No en vano se trataba de dos de los resortes principales de conocimiento y promoción de la sociedad tradicional, que todavía eran hegemónicos antes del golpe del 18 de julio (Gómez Bravo, 2017).

La experiencia en este ámbito la aportaban, sobre todo, los colaboradores civiles, vecinos y voluntarios que llevaban casi un año prestando servicios en sus propias comunidades locales. En noviembre de 1936, cuando la entrada en Madrid parecía inminente, grupos de requetés fueron destinados a la capital para recuperar el mayor volumen posible de documentación oficial "con fines judiciales". Pero, tras el fracaso del golpe no todos volvieron a sus localidades de origen, sino que se integraron en los servicios de información y en la estructura militar de orden público. Al día siguiente del Decreto de Unificación de los partidos y las milicias falangistas y carlistas, el 19 abril de 1937, el Cuartel del Generalísimo hizo pública la existencia de una oficina "para contrarrestar la propaganda y la influencia comunista en España". Se trataba de la Oficina de Información y Propaganda Antimarxista (OIPA), incrustada literalmente en las secciones de información de las Grandes Unidades de tierra desplegadas en la franja cantábrica. Franco la presentó del siguiente modo a sus generales:

> Son frecuentes las ocasiones en que nuestro Ejército por sus continuos y victoriosos avances ha de actuar en plan de ocupación militar de territorios conquistados durante cuyo período entre las múltiples misiones que se presentan es una importante la de procurar salvar toda clase de documentación de centros oficiales (militares y civiles) políticos y sociales, que han de proporcionar una interesantísima información, en primer lugar para el inmediato desarrollo de las operaciones, en otro aspecto para el descubrimiento de responsabilidades por el movimiento disolvente que puso a la Nación al borde de su ruina y siempre como material precioso para facilitar el juicio de la Historia[5].

La correspondencia oficial entre este organismo y el Cuartel General revelaba una experiencia muy positiva en el frente norte, fruto de la coordinación de todos los sectores implicados en la ocupación. Únicamente recomendaba evitar dos casos anteriores: el de Gijón, donde se había producido una caída "vertical" y una desbandada caótica del enemigo que habían impedido realizar prisioneros, y el de Santander donde los servicios secretos italianos se habían adelantado llevándose buena parte de la documentación que buscaban. Para Marcelino Ulibarri, jefe de la OIPA, el modelo a seguir, la ocupación perfecta para la que había estado trabajando con el SIM desde meses atrás, era Bilbao. Plaza emblemática para los carlistas, la entrega pactada, ordenada y medida de la ciudad, conquistada a finales de junio de 1937, permanecería en el imaginario nacional como

[5] Oficina de Investigación y Propaganda Anticomunista. Secretaría General de SE el Jefe del Estado. Nº 2089. DNSD SG, 330. Presidencia Gobierno 65, CDMH. Marcelino de Ulibarri, jefe de la Junta de Guerra Carlista de Tafalla, fue su creador y director. Sus orígenes en (Gómez Bravo y Marco Carretero, 2012; Villanueva Martínez, 1988).

modelo de entrada triunfal en una población hostil. Una fórmula que hacía posible el objetivo político y propagandístico de arrebatar una ciudad al enemigo, garantizaba la rapidez en la obtención de información de interés militar para seguir avanzando, al tiempo que permitía "obtener documentación para la exigencia de responsabilidades a la población civil". Un objetivo que, en lo sucesivo, no dejaría de ampliarse[6].

La información retrospectiva

Las principales formas de utilización e implicación de la población en la represión surgieron a lo largo de un proceso, el de la guerra de ocupación, con un importante desarrollo de largo alcance. Sus perfiles ideológicos se ajustaron, posteriormente, sobre la propaganda de guerra, bajo imágenes y representaciones de liberación, reconquista o cruzada, pero su arranque venía de tiempo atrás. El grado de planificación que se había alcanzado en tan solo unos meses, en especial en el campo de la información, resultó ser uno de sus principales motores internos. Todo lo relativo a la obtención, transmisión y elaboración de datos del norte, estaba terminado en las dos primeras semanas de marzo de 1937. Se trataba de un cambio importante ya que, por vez primera, los servicios de información se anticipaban tácticamente al avance de las tropas. Bilbao fue de nuevo el ensayo. La primera Brigada de Investigación y Vigilancia nacional "fue creada con voluntarios, mayores de 18 y menores de 29 años, para primeros y urgentes servicios de policía y orden público al ocupar nuestras fuerzas la referida plaza". Con anterioridad, el Cuartel General había centralizado el mando en las comandancias, aprobado y difundido las normas de clasificación de prisioneros, además de ordenar los interrogatorios a civiles, oportunamente modificados[7].

La principal novedad de la campaña del Norte fue la incorporación de la denominada "información retrospectiva", por orden del 15 de marzo de 1937, que introducía una cuestión central para la Justicia Militar y la construcción posterior del orden jurídico franquista: enjuiciar la conducta del individuo y la de su entorno. Nueve eran los puntos a tratar dentro de esta denominada "información retrospectiva", que se estrenaría poco después en Vizcaya, ya no como antecedente sino como pieza propia de la Causa General, cuyos primeros resultados aparecerían en enero de 1939:

> Al ser liberada la provincia de Vizcaya, el Auditor de Guerra del Ejército de Ocupación, ordenó la formación de una causa general en averiguación de los hechos delictivos de importancia cometidos en ella bajo la dominación rojo-separatista. Después de varios

[6] Cuartel General del Generalísimo. Estado Mayor. A Marcelino Ulibarri, Secretaria Particular de SE. Reservado. DNSD SG, 330.

[7] Gobernador Militar de Bilbao al Coronel Jefe EM, 24 noviembre 1937, Archivo General Militar de Ávila (AGMAV), 2551, 25.

meses de actuación, el Juez que la instruyó redactó un informe en el que se resumen los resultados que aparecen a continuación[8].

Información Retrospectiva[9]

1º ¿Cómo se desarrolló el Movimiento al principio y cuál fue su actuación?

2º Actuación de las fuerzas del Ejército, Guardia Civil, Guardia de Asalto, etc.

3ª Actuación de los jefes, oficiales, suboficiales y tropa, indicando por sus nombres lo que se hayan distinguido por sus actuaciones en pro o en contra.

4º Asesinatos, incendios, saqueos y violaciones que ha presentado o conoce indicando los autores. Trato que se da a los prisioneros.

5º ¿Qué ha hecho desde que se inició el Movimiento hasta que cayó prisionero o se presentó?

6º Autoridades Rojas: su intervención y la de los partidos u organizaciones sociales.

7º Contrabando de armas, municiones, aviones y ayuda extranjera en personal y material que reciben los rojos.

8º Impresión general y personal sobre el porvenir, noticias que tienen del ambiente en el frente y en la retaguardia, radios que oyen.

9º Observaciones particulares (parecer del jefe u oficial que hace el interrogatorio sobre la veracidad y condiciones del prisionero o presentado).

Pero, si carecían de interés militar ¿qué se buscaba realmente con extender estos interrogatorios a los civiles de las poblaciones ocupadas? A diferencia de las informaciones con prisioneros, la mayor parte hacían referencia a lo que había ocurrido en sus localidades hasta su "liberación". Tenía una finalidad política esencial, conquistar la legitimidad a través del orden público, la fórmula tradicional de proyección del militarismo en la política y la vida pública española. La fórmula de identificación del adversario político con la delincuencia común ni era nueva ni exclusiva del caso español, pero hasta el momento se había mantenido en el campo del lenguaje político y de las propagandas. Los interrogatorios a prisioneros, redactados en octubre de 1936, ya mostraban claramente unas connotaciones negativas hacia el mundo civil y los partidos políticos. La guerra de ocupación, sin embargo, puso en marcha un proceso de equiparación jurídica del enemigo "político" con el "social", que ampliaría enormemente el campo de acción de la represión "legal" con la depuración pública y la privada. Las miles de informaciones que se empezaron a recoger en Bilbao no tenían otro fin que levantar un gigantesco proceso colectivo, ideado sobre la base del imaginario antiliberal y anticomunista del tradicionalismo, que había tenido su punto álgido tras la revolución de Asturias. Sin

[8] Id. 13/1/1939. AHN, Causa General 1566, 1-4.

[9] 15 de marzo de 1937. AGMAV, C. 1748/19, 13.

embargo, como en tantos otros aspectos, las prácticas de la justicia militar llevaban ya la delantera a los discursos[10].

Mucho antes de completar la ocupación del norte, los tribunales militares habían encartado a miles de personas en sumarios y delitos colectivos de rebelión, sedición, bandolerismo o asalto a la propiedad privada, a un ritmo pasmoso y sin importar la cercanía o lejanía del frente. Ahora era el turno de una maquinaría más pesada y burocratizada, la Auditoría de Guerra del Ejército de Ocupación, estrenada oficialmente en Málaga en febrero de 1937, pero que en el norte mostraría su capacidad y versatilidad para hacer las veces de justicia ordinaria. El modelo de interrogatorio a la población civil, de hecho, se asemejaba a una declaración jurada y se separaba bastante de los cuestionarios pensados inicialmente en el avance a Madrid. Era una ventana administrativa a la delación, a la denuncia, a la colaboración activa, organizada por primera vez en grandes núcleos de población industrial. Para ello se incrementó la presión sobre los familiares de los soldados en la retaguardia, en las ciudades y pueblos que se ocupaban estratégica y escalonadamente. Los datos que podían obtenerse en una ciudad ocupada, en resumen, tenían sobre todo, una dimensión política, administrativa y judicial, que era canalizada a través de la Auditoría de Guerra. De este modo, las unidades de policía y vigilancia, que habían iniciado mucho antes la filiación y clasificación de todos los habitantes de los sectores por los que se iban a avanzar, dirigían la represión en las zonas recién ocupadas. Había nacido el Servicio de Información y Policía Militar, el SIPM.

Servicio de información y policía militar (SIPM)

El personaje clave en la creación del SIPM fue el Coronel Ungría (Píriz, 2022). Aunque estuvo varios años destinado a Marruecos, José Ungría Jiménez no era un militar africanista. Nacido en Barcelona en 1890, desarrolló una carrera militar fulgurante. Con 25 años ya era Capitán de Estado Mayor aunque pronto se separaría de la carrera convencional que seguían el resto de oficiales. En 1922 ingresó en la Escuela Superior de Guerra de París para realizar un curso de dos años. A su término volvió a Marruecos como enlace del Cuartel General Español con el francés. Tras una década como agregado militar en distintas embajadas (Bélgica, Holanda, Suiza y finalmente en la de Francia), realizó, entre 1932 y 1934, varios viajes a París para "mantener relación y contacto con el 2º Bureau del Estado Mayor francés, para cambiar información que convenga a la acción anticomunista en el Ejército"[11]. Los encuentros continuaron en Madrid y, en una comunicación del 2 de Octubre de 1935, Ungría concluía que realmente los franceses estaban usando el pretexto

[10] La Causa General definitiva solo tendría dos puntos más, y seguía los anteriores (Gil Vico, 1998, págs. 159-189).

[11] Entre ellos estaban algunos de sus antiguos compañeros de la academia de Paris, como el Teniente Coronel Ricard, jefe de gabinete del Estado Mayor francés, o el Capitán Ertefaniani, segundo en la jefatura del servicio de información militar francés. AGMAV, 2175, 2,1/49.

del anticomunismo para acercar posiciones con España ante un hipotético conflicto europeo, posición que les permitiría obtener algo a cambio. Su recomendación a la Sección de Servicios Especiales del Estado Mayor Central de Madrid era "ir estrechando esta relación y repitiendo las visitas hay que esperar por su parte alguna gestión en el sentido de la información mutua se haga más amplia, extendiéndola a otros asuntos que a ellos pueda interesarles a cambio, por ejemplo, de obtener por su propio servicio de agentes y confidentes en Rusia, la información sobre comunismo relativa a España"[12].

El manejo de los sistemas de información y de comunicación modernos por parte de Ungría era notorio dentro y fuera del Ejército, tanto como su compromiso político conservador como por el fichero de oficiales izquierdistas que había empezado a elaborar nada más llegar al Ministerio de la Guerra, con la información de los franceses. En julio de 1935, en pleno estado de excepción en Barcelona, fue nombrado por el gobierno Lerroux consejero delegado de la Compañía Telefónica[13]. Tras el fracaso del golpe de estado del 18 de julio en Madrid, Ungría y su familia recibirían la protección de la Embajada francesa. El agregado militar, el teniente coronel Henri Morel, al que también conocía de su etapa en París, lo escondió con su familia en el Liceo Francés; más tarde les concederían asilo diplomático en la Embajada y, por último, en abril de 1937, consiguió subirlos en un barco en Alicante rumbo a Marsella[14]. En mayo, Ungría ya estaba en Burgos, donde fue nombrado por Franco jefe de los Servicios de Información, que reorganizaría por completo. Su llegada supuso la militarización definitiva y la superación de las técnicas de información coloniales. Incorporó los principales cambios tecnológicos en protección y difusión de información, y unificó los sistemas de comunicación por radio que, con apoyo italiano y alemán, funcionaban desde Marsella, Mallorca, Zaragoza y Azalquivir. En poco tiempo, Burgos canalizaba el encriptado y cifrado de los mensajes, así como la escucha radiofónica, que era transmitida al frente y a las Segundas Secciones del Estado Mayor para su utilización en la llamada "zona de vanguardia" por la que sería su principal aportación: el Servicio de Información y Policía Militar (SIPM)[15].

En noviembre el SIM ya estaba transformado en el SIPM, dando un giro total en la orientación de los servicios de información creados en septiembre de 1936. Ungría mantuvo las tres áreas que ya existían pero las descentralizó y separó de las operaciones militares: investigación en territorio enemigo y extranjero, seguridad y orden público en vanguardia, y contraespionaje en retaguardia. En cuanto a la primera, limitó la injerencia de alemanes e italianos, a los que dejó de reconocer como agentes propios. Para ello tuvo que hacer efectiva también la supeditación de los civiles que, a pesar del

[12] AGMAV, 2175, 2,1/53.

[13] BOE, 27 de julio de 1935.

[14] Hoja de servicios de José Ungría Jiménez, Archivo General Militar de Segovia. La información sobre las reuniones con el Estado Mayor Francés en *Informes al Estado Mayor*, AGMAV, 2175, 2,1/53. Para la salida y tránsito por Francia (Barruso Barés, 1999, pág. 31).

[15] En la labor de encriptado y descifrado jugó un papel esencial el catedrático y decano de la Facultad de Ciencias de Zaragoza (Íñiguez y Martínez Parrilla, 1987).

Decreto de Unificación, mantenían sus servicios de información separados. El Servicio de Información del Nordeste de España (SIFNE), por ejemplo, que controlaba la importante frontera vasca, mantenía correspondencia propia con la Secretaría General del Estado en Salamanca, sin pasar por control militar, como se quejaba la propia Comandancia Militar de Irún. Y por último, y más decisivo desde el punto de vista de la represión, el Coronel Ungría reorientó los servicios de información hacia una guerra de ocupación del territorio y de la población, a través del empleo coordinado de los dos instrumentos que nutrirían la policía militar: las Grandes Unidades (cuyo reglamento de empleo táctico había redactado él mismo en 1925) y las redes provinciales de agentes de información.

Las Unidades de Policía Secreta fueron sustituidas por las Jefaturas de Policía Militar de Sector, "el elemento primario de los servicios de Información, contraespionaje y orden público de la zona de vanguardia"; cada uno de estos sectores tendría una Comandancia que se coordinaba directamente con el SIPM de Burgos[16]. Estas últimas se seguían asignando desde allí pero siguiendo lindes geográficas fijas con independencia de los movimiento de tropas (30 kilómetros de profundidad). Ya no solo buscaban asegurar el territorio ocupado, sino obtener previamente información política y social de la población que se iba a ocupar. Por ello, las nuevas comandancias absorbieron las unidades de policía secreta del frente, que se renovaron con tropas del reemplazo de 1929 y voluntarios civiles menores de 45 años, "reclutados a ser posible en la región donde van a actuar". La Orden Reservada que creaba el SIPM, de la que solo se hicieron 15 copias numeradas, fue aprobada el 30 de noviembre 1937, una vez concluida la campaña del Norte. Aún tendrían que pasar varios meses para que se hiciera efectiva y se aplicaran los cambios en los distintos Ejércitos, pero los pasos para la ocupación progresiva de todo el territorio y la población peninsular estaban dados (Gómez Bravo, 2017).

En menos de un año y antes de que empezara la Batalla del Ebro en verano de 1938, que abriría las puertas de Cataluña y del propio final de la guerra, la maquinaria de ocupación se había perfeccionado en todas las direcciones (militar, judicial y política) activadas a comienzos de la campaña del Norte. Y con ella los métodos de identificación, clasificación e implicación de la población en la represión, dirigida ya por completo por organismos con carácter oficial y de ámbito estatal. En mayo de 1938, la OIPA ya estaba integrada en Gobernación bajo el nombre de Servicio de Recuperación de Documentos y el SIM, como se ha visto, sufrió una importante reorganización, pasando a denominarse Servicio de Información y Policía Militar (SIPM). Separando definitivamente lo militar y lo policial, la información y la investigación, el SIPM absorbió y centralizó todo el aparato de colaboración. En menos de un año logró conectar toda la red triangular de frente, retaguardia y ocupación, en un cada vez más extenso y vigilado territorio nacional. Una red que solo existía en los mapas militares, pero que estaba, en su mayoría, compuesta por civiles que elaboraron fichas de todos y cada uno de sus vecinos. Agentes

[16] AGMAV, 1666,78.

que fueron reclutados tanto por su trabajo o presencia en los lugares públicos, como por sus conexiones e influencias personales o familiares. En buena medida reproducían las redes de patronazgo que constituían la base de los apoyos sociales de los sublevados. Estas eran efectivas en las zonas rurales, pero no tanto en las grandes ciudades para las que se diseñaron y pusieron en práctica métodos policiales más intensivos.

No fue difícil para el SIPM extender todo tipo de informaciones favorables al final de la guerra entre una población hambrienta y exhausta tras treinta meses de guerra. El territorio republicano sufrió, en su conjunto y desde un principio, una escasez generalizada de víveres y de otros productos básicos que dificultó el mantenimiento del orden público, fomentó la deserción en el frente y erosionó profundamente la retaguardia. El racionamiento establecido en la mayor parte de las ciudades, algunas como Madrid bombardeadas intensivamente desde noviembre de 1936, no fue suficiente para mantener a una población que tuvo que recurrir a todo tipo de estrategias para sobrevivir. El hambre, la desnutrición infantil, las enfermedades infecciosas y la mortalidad, se extendieron por una población civil indefensa ante un circuito de abastecimiento controlado por multitud de intermediarios del Ejército, las distintas administraciones, los partidos y los sindicatos, incapaces de frenar un mercado negro que crecía al ritmo que lo hacía la desafección hacia la causa republicana (Serrallonga, Santirso y Casas, 2013; Seidman, 2003; Beevor, 1989, págs. 589-605).

Los efectos inmediatos del hambre, la diarrea, la pelagra y otros problemas nerviosos o de la piel, se convirtieron en estado permanente de fatiga, pérdida de sueño, desmotivación y enfermedades mentales graves, que dispararon las deserciones. En el frente de Madrid, solo durante los diez primeros días de agosto de 1937, desertaron "27 milicianos con 15 fusiles" (mantener el fusil, como recordaban los interrogatorios militares, era señal inequívoca de que se habían pasado de bando). Su lentitud para reagruparse tras la batalla de Brunete, no fue tanto logística o de material como humana, ya que sufrían una colitis generalizada "debido a los alimentos que toman"[17]. La movilización era cada vez más difícil. En abril del 38, un albañil que trabajaba de capataz en Tarancón fue condenado a dos años de trabajos forzados por decir que no tenía intención de presentarse al reemplazo y "que si le obligaban se pasaría, pues estaba cantao quienes ganarían"[18]. A pesar de estas y otras medidas, en verano la descomposición del Ejército Popular era ya reconocida públicamente por los propios mandos republicanos. Según el SIPM del norte de Huesca "su moral sigue siendo muy baja". Las charlas de los comisarios y oficiales se limitan a recomendar "paciencia ya que nuestra retaguardia se hunde en lucha de partidos y contra la tiranía de los invasores" (en referencia a los asesores soviéticos del gobierno Negrín).

[17] *Instrucción tienen poca, la asistencia facultativa escasa ya que algunos médicos lo son por cursillos de tres meses y esto se presta a comentarios entre la tropa.* Ávila 10 agosto 1937, División 71, Segunda Sección. AGMAV,C.1326,12 / 3.
[18] Maximino Sánchez, AHN 1537/9.

"Las deserciones que obligaron a doblar los centinelas, aconsejó después cuadriplicarlas, dándose el caso de desertar juntos los cuatro centinelas del mismo puesto"[19].

En las grandes ciudades la situación empeoraba por la combinación del hambre y los bombardeos. En noviembre de 1938 los Servicios médicos de Madrid alertaron que estaban llegando al nivel más bajo en la ingesta de calorías por habitante: entre 500 y 700 diarias[20]. El Cuartel General de Franco conocía el dato y ordenó a la aviación que lanzaran pan blanco sobre las calles del centro de Madrid; iban acompañados de unos panfletos en los que se animaba a la rendición, anunciando que "nada tendrían que temer los que no tuvieran las manos manchadas de sangre". El gobierno civil por su parte, contestó por radio diciendo que esos panes estaban hechos con harina italiana y alemana "manchada de sangre", y ordenó quemar en grandes hogueras los folletos y los panes que aún quedaban. La mayoría ya habían sido devorados por multitudes en las calles y plazas públicas (Campos Posada, 2021). En diciembre se produjeron repetidas manifestaciones de mujeres que pedían "pan o la paz". El propio Ministro de Gobernación pidió información al Gobernador Civil de Madrid sobre estos sucesos, quien respondió que habían sido protestas aisladas que ya habían sido sofocadas, pero el ministro volvió a contestar que "no parecían en ningún modo aisladas y que el problema era grave"[21].

Barcelona esperaba encarecidamente este pan. Bombardeada por la aviación italiana con extrema dureza, especialmente a finales de enero, estaba sumida en una creciente atmósfera de terror, hastío y desesperanza. El abastecimiento de la ciudad se vio agravado con la batalla del Ebro, que había arrasado las cosechas y toda capacidad de resistencia civil (Pagès i Blanch, 2007, págs. 284-294; Rojas, 1980, págs. 273-298; Rojo, 1939, págs. 109-110; Contel i Ruiz, 2009; Villarroya i Font, 1981; Monfort, 2008).

Una vez las potencias europeas firmaron los Acuerdos de Munich, disipada la esperanza de Negrín de que estallara la guerra en Europa, el presidente del Gobierno pidió a Vicente Rojo un informe sobre las posibilidades que existían para sostener el esfuerzo militar. El informe remitido por el general Rojo afirmaba que era posible continuar la guerra si se sostenían "los abastecimientos de boca y guerra, se mantenía alta la moral y se mejoraba la organización y el control de la campaña bélica". Algo que era difícilmente realizable pero que el Gobierno sin embargo intentó, lanzando un plan global de intervención que centralizara la gestión del abastecimiento en noviembre de 1938 (Preston, 2014, págs. 27-29). Pero ya era muy tarde. El 23 de diciembre de 1938, las Grandes Unidades franquistas iniciaron un avance imparable desde el Ebro hasta la frontera francesa. El 15 de enero ocuparon Tarragona, obligando a los republicanos a retroceder casi hasta la línea de Barcelona, abandonada por el gobierno una semana más tarde. El día 26 ocupaban una Ciudad completamente desabastecida, sin agua, transporte, ni luz eléctrica. La carta

[19] AGMAV, C. 1758/12. Información sobre la Brigada Roja 133. 17/6/1938.
[20] Comité de Ayuda de Campsa. AHN, Hacienda, Leg. 9.766.
[21] Telegramas interceptados por el SIPM entre el Ministerio de Gobernación y el Gobernador Civil de Madrid. AGMAV, C. 1816, 4.

anterior de Emilia Porta, estaba escrita el 4 de enero, sin temor a represalias y segura de que pronto todo cambiaría.

Una vez más tras esta expresión de bulo peligroso, que la justicia republicana perseguía como delito de derrotismo, se escondía un silencioso clamor de cartas intervenidas que se quejaban de la falta de todo tipo de bienes de primera necesidad, de agua corriente, electricidad, carbón o cualquier tipo de combustible, que, unidos a los problemas de realojo e infravivienda, provocaron el colapso y hundimiento definitivo de la retaguardia republicana. Los servicios de información franquistas llevaban más de dos años trabajando para ello, pero, mucho antes de que lograran aislarla y desabastecerla por completo a comienzos de 1939, habían topografiado, cartografiado y fotografiado todas las áreas que aún restaban por ocupar. Solo quedaba, "calificar", siguiendo su propia terminología, a todos sus habitantes, aunque para ello era preciso desplegar la maquinaria de ocupación al completo y coordinar sus distintos aparatos de información: el militar de las Segundas Secciones en cada División y cuerpo de ejército (sobre lo que quedaba del frente enemigo), el Servicio de Información y Policía Militar (en la llamada zona de vanguardia y en la retaguardia a través de toda su red provincial), el orden público (policía, delegaciones de orden público, columnas de orden y policía de ocupación) y, la más importante, ya que recibía toda la información de las anteriores: la Auditoría de Guerra, que en diciembre de 1938 había completado su "fichero de criminalidad". Apenas mes y medio antes, en octubre, habían censado y fichado ya a 110.000 prisioneros de guerra repartidos en campos de concentración y batallones de trabajadores. Junto a esta información, el Cuerpo Jurídico Militar, miembros honorarios del SIPM, elaboraron un Libro de Cargos, un manual de instrucciones para homologar las categorías de delitos en todo el territorio, así como de actualización de las pautas para seguir procesando en causas colectivas las poblaciones ocupadas[22].

La ocupación de Cataluña y el inminente fin de la guerra aceleró la extensión y centralización de miles de informaciones similares que gestionaría el SIPM sobre todas las zonas pendientes de ocupación. Las fichas de los prisioneros debían pasar finalmente a la Auditoría de Guerra, con su correspondiente extracto de antecedentes. El 9 de febrero de 1939, se emitió la siguiente circular a todos los ayuntamientos, solicitando informes de los soldados y sus familias:

> *Nota Informativa para la Red Provincial del SIPM de la Región Militar.*
> Nombre .... natural de .... vecino de .... soldado del reemplazo ....
> Por el Ayuntamiento de ....
> Que pertenece al Regimiento ....
> Hizo propaganda a favor de ....
> Trabajó la candidatura de ....

[22] Burgos, 8 de octubre de 1938. *El coronel Inspector de los Campos de Concentración de Prisioneros, Luis de M Pinillos a su Excelencia.* AGMAV, C. 2379/155, 10, 8.

Tomó parte en los actos de ....
Se destacó por. ....
Desempeñó el cargo de ....
Su conducta religiosa fue ....
Sus padres y sus hermanos son de ideología ....
Y se hallan en ....
Observaciones ....

9 de febrero de 1939 AGMAV 1212/18

Se trataba de un modelo de información muy parecido a los usados anteriormente pero su impronta vino marcada al publicarse un día antes que la Ley de Responsabilidades Políticas. El 10 de febrero de 1939 se declaraban ilegales todas las organizaciones políticas, sindicales y sociales fuera del partido único. No era nada nuevo, ya que en la práctica ya se estaba castigando, con carácter retroactivo, los supuestos de delito político sobre la conducta de cualquier persona desde 1931. No cabe duda que fue uno de los aspectos, si no el que más, había perfeccionado la Justicia Militar desde la ocupación de Bilbao. La persecución legal de cualquier forma de disidencia culminaba así, de manera significativa, justo antes de que terminara la guerra. A partir de este momento, las familias de los condenados eran consideradas también responsables civiles subsidiarias de todos los delitos que se les imputara a estos. Delitos que, al menos desde octubre de 1936, estaba recopilando ya la administración de justicia militar. La población civil quedó sometida a los mismos procesos depuradores que la militar, un aspecto que incrementó sustancialmente la presión a la que estaban sometidas las economías familiares hacia el final de la guerra y que marcaría para siempre el carácter "legal", judicial y estatal de la represión franquista (Prada, 2016; Gómez Oliver, Martínez López y Barragán Moriana, 2015).

DE BARCELONA A VALENCIA

El papel jugado por el SIPM durante la guerra ha sido destacado sobre todo por su capacidad por extender el derrotismo, infiltrarse en el Estado Mayor republicano y forzar la rendición de Madrid a través de la "solución Casado" (Bahamonde, 2014, págs. 68-94; Martínez Bande, 1985; Pérez-Olivares, 2015). Siendo sin duda importante todo ello no puede quedarse relegado solo a un ámbito exclusivamente militar. Sus redes provinciales se extendieron por todo el territorio siguiendo una lógica y operatividad muy alejada tanto del espionaje tradicional, solo centrado en objetivos militares, como del fracasado avance por columnas sobre Madrid. En septiembre de 1938 ya tenía homologados todos sus agentes en zona enemiga. Un hecho trascendental que reconocía los servicios de sus agentes civiles como militares profesionales y ascendía a estos últimos en el renovado escalafón castrense. Reconocimiento que, aunque se ha llegado a atribuirle un contingente de 30.000 hombres, tampoco significa que fuera una fuerza de choque (Palacio Atard, 1970, págs. 241-274; Cervera, 1998, págs. 222-223; Ruiz, 2012). A pesar de alcanzar carácter permanente y estatal, el SIPM siguió trabajando por lo que, en esencia, venía haciendo desde su creación: tejer una red que conectara el frente, la retaguardia y la zona de ocupación para forzar la rendición del enemigo desde dentro.

La cuestión que no conviene perder de vista, no es otra que recordar que ya a comienzos de diciembre de 1936, ese objetivo se mostraba inseparable de la eliminación de las bases sociales republicanas. De ahí que los procedimientos de obtención de la información, su clasificación y su distribución junto con las Segundas Secciones de los Estados Mayores en asuntos militares, políticos y judiciales constituyeran la base, el núcleo central, sobre el que se estructuró el sistema represivo franquista. El 20 de diciembre de 1938, su máximo responsable, el Coronel José Ungría informaba al General Franco que estaban próximos a la consecución de ambos objetivos en sendos oficios. El primero estaba destinado al Servicio Exterior y necesitaba su autorización para que desde la Comandancia de Irún se transmitiera a las embajadas:

> La población civil desea unánimemente la rendición, espacialmente la catalana, que espera con impaciencia. Se están llevando a cabo gestiones para derribar gobierno Negrín, único obstáculo que se opone a la rendición[23].

El segundo daba cuenta de los problemas logísticos que tenían para mantenerse en un extenso frente que iba de Motril a los Pirineos y de Alicante a Madrid.

> A tal efecto me creo en el deber de señalar a VE que si la carencia de disponibilidad de tropas y material de transporte impidieran dotar al SIPM del mínimo de elementos que aseguran su regular eficacia, estimo que sería procedente restar a sus deberes y responsabilidades el de vigilancia armada de la zona de vanguardia, reduciéndolo a las misiones de información del enemigo y contraespionaje, para la que es más factible la recluta del personal apto[24].

Dos semanas más tarde Ungría era nombrado jefe del Servicio Nacional de Seguridad, (Dirección General de Seguridad) manteniéndose al frente de un SIPM relegado del frente para culminar la ocupación definitiva del territorio. En los meses siguientes Ungría mantendría una actividad frenética en todas las áreas que habían puesto en marcha dos años atrás: primero se trasladó a Zaragoza y más tarde a Lérida, a fin de supervisar la conexión y el despliegue de las secciones en Cataluña. La guerra estaba ganada y el segundo objetivo, "la justicia", pasaba a primer plano aunque para ello era del todo preciso que se cumpliera su plan para la rendición y entrada ordenada en los pueblos y ciudades. A

[23] *Rapport sobre la situación zona roja*" SIPM Irún. AGMAV, C. 2977/16.
[24] *Cuartel General. Correspondencia del SIPM,* AGMAV, C. 2917/8.

la altura de diciembre de 1938, esa realidad pasaba ya solo por la conexión de los sectores que aseguraban la retaguardia y la llamada zona de vanguardia, para lo que resultaban fundamentales las redes provinciales, las cuales estaban formadas por civiles, militares y Guardias Civiles de las distintas provincias y tenían sus sedes en los respectivos Gobiernos Militares. El SIPM del Centro, por ejemplo, estaba dividido en diez sectores que se distribuían por cinco redes provinciales: Valladolid, Cáceres, Ávila, Segovia y Toledo.

La documentación del Cuartel General revela la precisión simétrica que mediaba entre la creación de una red de "agentes propios" en las principales ciudades y centros neurálgicos republicanos, su ocupación, y lo más importante, la creación de una nueva red provincial de información. Entre junio y julio de 1938, el SIPM ya tenía agentes militares trabajando en Barcelona, en diciembre en Valencia y en enero no solo estaban destacados en Madrid sino que habían neutralizado por completo el servicio de información del Ejército del Centro republicano[25]. Su Jefe de Servicio reconocía que conocían su método de trabajo y que les habían impedido contar con cualquier apoyo vecinal:

> La situación actual del Servicio en este Ejército no es nada halagüeña. Unidas a la detención de una cantidad considerable de agentes, el enemigo ha llegado a conocer nuestro método de trabajo, habiendo tomado toda clase de medidas para obstaculizarnos, inclusive la de redoblar vigilancia y evacuar la población que tuviera significación antifascista en aquellas zonas que por la guarnición de sus líneas se hacía más factible la realización de nuestros proyectos[26].

Un día antes de su comunicación con Franco, el 19 de diciembre de 1938, Ungría había dado luz verde al despliegue de las redes de información en Valencia y Cuenca, permitiendo el avance en Cataluña con una orden contundente: "mantenga servicio espionaje en profundidad de Levante; que para tal fin se tienda a normalizar los enlaces por radio y valija"[27]. Al día siguiente de la ocupación de Barcelona mandó las primeras órdenes particulares con objetivos políticos claros, dirigidos a la creación de nuevas redes y al control del territorio a largo plazo. Se trataba de tres instrucciones para los jefes militares del SIPM en Cataluña, además de las "misiones específicas" que cada uno tenía ya encomendadas:

> *Misiones específicas*
>
> 1. Los sectores deben multiplicar dentro de su demarcación las redes de confidentes encaminadas a obtener información de:
>
> -Delincuentes producidos por la revolución.
>
> -Conducta y antecedentes de sospechosos, huidos, nuevos en la comarca o encajados en los puestos directivos de los organismos locales.

---

[25] *Correspondencia de necesidades de personal y material del SIPM en los 3 Ejércitos*. AGMAV, C. 2917/14.

[26] 28/1/1939, Servicio de Información Especial Periférico, Ejército del Centro, AHN, 1520/8.

[27] SIPM, Levante, Zaragoza, Ejército del Norte. AGMAV, C. 2917/14.

-Reminiscencias o manejos de los antiguos partidos políticos
-Indicios separatistas o demostraciones insanas de regionalismo
-Vida agrícola, industrial, economía comunitaria
-Sabotajes encubiertos

2. Las redes de confidentes deben extenderse por los pueblos situadas en fábricas, cafés, casinos... con elementos de probada adhesión a la Causa (fichas)

3. Los enlaces no deben establecerse todavía por correo sino por contacto personal[28].

Poco después, el 14 de febrero, volvió a especificar las misiones de Barcelona (ciudad y provincia), remarcando las dos tareas esenciales que tenían encomendadas: las de policía militar en un territorio ocupado correspondían a la vigilancia y detención de objetivos habituales. Sin embargo, las del contraespionaje contenían un importante salto cualitativo en la represión contra la población civil: se ordenaba la reconstrucción de las redes del SIM rojo dentro y fuera de Cataluña.

> Misiones. Todas las privativas de la sección SIPM como organismo de vanguardia, con los cometidos propios de un territorio considerado como tal a efectos de orden público. Con carácter eventual cooperarán en la busca y captura de los elementos del SIM rojo cuya reconstitución tiene encomendada el servicio SIPM de Cataluña. Asimismo cooperarán con sus redes de confidentes en vigilancia y recogida de armas[29].

Para esa labor de "reconstrucción" los agentes de información mantuvieron intacta su autoridad para poner multas, hacer controles, ordenar requisas, así como deportar, detener y encarcelar a un número considerable de personas, sobre todo en las poblaciones rurales. Además de delatar a los que se habían escondido esa presión era necesaria para aislar a las familias y seguir el rastro de los que habían pasado al otro lado de la frontera francesa. Para entonces, los informes de los agentes infiltrados en el Ejército del Ebro en la retirada a Francia llegaban regularmente a Burgos a través de valija diplomática. El 5 de febrero de 1939, por ejemplo, el SIPM de Bruselas remitía al Ministerio de Asuntos Exteriores un telegrama del campo de Bram sobre "un maestro escuela comunista alcalde de Gerona internado, ha salido para Marsella desde donde se traslada con su mujer, lleva 150.000 francos". El Ministerio acusó recibo e informó a Ungría de la necesidad de mantener la colaboración con los agentes franceses, ya que "de momento", era imposible que los pudiesen detener y deportar a España: "convendría tratar de insistir cerca del Gobierno francés para evitar que esos asesinos se escapen con la complicidad de la policía, y con objeto de cogerles con ese dinero por lo menos hacerles explicar el origen"[30].

---

[28] 27/1/1939, SIPM, Subcentral de Cataluña. AGMAV, C. 2917/28.

[29] 14/2/939, AGMAV, C. 2917/15.

[30] 28/2/1939, AGMAV 2977/21. En realidad, se trataba de Expédit Durán i Fernández, que no era comunista ni maestro, sino anarquista y profesor de la Escuela Racionalista.

La ocupación de Cataluña, y prácticamente la guerra, habían terminado desde el punto de vista militar, pero desde la óptica de seguridad del nuevo Estado acababa de empezar. El 9 de marzo el Coronel Ungría mandaba las instrucciones de avance a seis de los siete sectores que componía el SIPM de Levante (Torrente, Paterna, Altera, Cuenca, Priego, Guadalajara). Al igual que había ocurrido en Barcelona, una vez conectados podría dar comienzo la ocupación de Valencia. Los objetivos que tenían asignados apenas sufrieron cambios respecto a los anteriores, aunque se puso más énfasis en la planificación, el estudio previo y la necesidad de que los detenidos pasaran a disposición de la Auditoría de Guerra:

> SIPM Instrucciones Avances de Sectores, Orden Particular n.º 4
>
> Misiones: Detención de indeseables, huidos y ocultos mediante la información que reciban de los grupos B, del servicio y denuncias debidamente comprobadas, así como por los datos que por sus ficheros posean, poniéndoles a disposición autoridad judicial del Ejército.
>
> Teniendo en cuenta los avances probables deberán tener presentes:
>
> 1. Los servicios a montar según número de pueblos, su ideología y densidad de población
> 2. Controles
> 3. Topografía del terreno
> 4. Para los datos de sus fichas preparen estudio real de los pueblos y lugares habitados para efectuar las primeras detenciones[31].

En ese momento llegaron a Valencia el Capitán Arellano, con amplia experiencia en la ocupación del norte, y el Teniente Coronel León Sanz, que dejaba una finca requisada en Calatayud para instalarse en un pequeño edificio de la calle del Sorni, "la sede del SIM rojo". Desde allí notificaba a Ungría, el 19 de abril, que la operación estaba prácticamente concluida y pasaba a organizar las nuevas redes provinciales en los centros oficiales, fábricas y principales lugares públicos de la capital valenciana. Para ello propuso desmovilizar los batallones de orden público utilizados en la ocupación de la ciudad y que sus oficiales pasaran a ser jefes de grupo de las nuevas redes de información[32].

MADRID: DEL FRENTE AL TERRITORIO

Mientras tanto en Madrid se había fraguado una operación de rendición que seguía prácticamente el modelo iniciado en Bilbao y se había implementado en Barcelona. El domingo, 5 de marzo de 1939, a las 23.30 horas, Julián Besteiro hablaba desde los

[31] Levante, EM, SIPM Instrucciones Avances de Sectores, Orden Particular nº 4, AGMAV, C. 2917/14.
[32] AGMAV, C. 2917/25.

micrófonos de Unión Radio en calidad ya de consejero del recién constituido Consejo de Defensa Nacional. Era también la primera vez que se hablaba públicamente de derrota y rendición con tal contundencia y claridad. Minutos después, el mensaje llegaba transcrito al Cuartel General de Franco. El momento que tanto tiempo llevaba preparando desde que ordenara detener el ataque frontal sobre Madrid, aquel lejano noviembre de 1936, había llegado. La ciudad, como anunció entonces el propio Franco a sus generales, se rendiría desde dentro.

La precipitación del final de la guerra civil a través del conocido como golpe del Coronel Casado rompió definitivamente las relaciones de todas las organizaciones del Frente Popular. Un proceso en el que confluyeron al menos tres factores: la propia evolución política del conflicto; la militar, con los combates internos por el control de la capital, y, en consecuencia, la nueva dimensión que ocupaba Madrid como centro político ya de la posguerra. Un momento crucial que ha pasado a la historia por la fotografía de Besteiro radiando su discurso, escoltado por un Casado cuyo rostro delataba la gravedad del instante. Una imagen que ha marcado la idea de un complot para poner fin a la guerra, que ha reducido a pedazos todo lo que pasó después. Tras concluir el mensaje, Besteiro, la única figura histórica que quedaba del socialismo dentro de España, se encerró en los sótanos del Ministerio de Hacienda, en la calle Alcalá, de donde ya no saldría hasta su detención. Allí redactó a mano unas notas que, están sin fechar pero pueden situarse dos semanas después, una vez concluidos los combates con las fuerzas comunistas fieles a Negrín y reanudadas las conversaciones con Burgos. En cuatro cuartillas escritas a mano, con trazo grueso y rápido, esbozó las líneas para la rendición. Las tituló "necesidad de una actuación rápida, notas sobre la ocupación de Madrid al final de la guerra". Del borrador original, conservado en el Archivo de la Fundación Pablo Iglesias, tan solo cambió la palabra "ocupación" por la de "entrega", pero mantuvo íntegros los cinco párrafos cortos, concisos, cada uno de los cuales contenía un mensaje central.

Notas para la entrega de Madrid

La prisa de los nacionalistas y de su propaganda están creando un estado psicológico que puede precipitar el desenlace sin que se permita ordenar la evacuación.

Conviene un acto que de la sensación tranquilizadora de que la paz es un hecho y permita recomendar orden que facilite la evacuación y el tiempo y métodos necesarios para lograrla ordenadamente.

Ese acto podría ser la entrega simbólica que, a ser posible, consistirá en la entrega de Madrid, más bien que en la entrega de los aeroplanos.

Desistir de todo compromiso firmado por ambas partes, entre otras cosas por su completa ineficacia. En cambio recabar, el derecho de hacer públicos los ofrecimientos realizados espontáneamente por Franco, porque ello produciría un efecto sedante y evitaría el éxodo de la gran masa que, de ponerse en movimiento, haría imposible salvar a nadie.

> Concentrar todo el esfuerzo en la ordenación de la entrega según las consecuencias de la evacuación con desestimiento de todo plan estratégico, ya que, a la altura a la que han llegado las cosas, su aplicación no haría más que prolongar y acrecentar el desastre con perjuicio para todos y especialmente para los nuestros (Gómez Bravo, 2020).

Estos puntos forman parte del plan que improvisaron los socialistas de la zona Centro que, junto con los anarquistas, querían terminar la guerra cuanto antes. Ambos se oponían al alto mando republicano que esgrimía razones estratégicas, como la entrega de tropas y en especial de la aviación, para prolongar las negociaciones con los franquistas. Besteiro trató de desbloquear la situación obviando la necesidad de alcanzar una paz firmada entre los dos Ejércitos, como había intentado Casado sin éxito, haciendo públicas las "concesiones" propuestas por Franco. El mensaje de Burgos de "perdón para los que no tuvieran las manos manchadas de sangre" era conocido pero no tanto sus condiciones: tanto los combatientes como la población civil debían retornar a las localidades en las que residían antes del 18 de julio para su posterior clasificación. Advirtiendo las consecuencias del cierre que provocaría una más que probable ocupación militar, Besteiro trató de acelerar la evacuación a través de la entrega de Madrid que pusiera fin a la guerra. Sus últimas acciones políticas fueron en esa dirección. La mañana del 18 de marzo envió un cable a Fernando de los Ríos en Washington, para que contactara con el embajador de México en Paris "y nos proporcione información concreta acerca ayuda que Méjico puede prestarnos, admitiendo emigrados de esta zona en momento de liquidación. Es este asunto fundamental para nosotros, dadas circunstancias actuales". Esa misma noche, ya exhausto, dirigió un nuevo mensaje de radio en el que daba a conocer los términos de las conversaciones que los militares mantenían en secreto.

El cataclismo fue definitivo. Tras una breve interrupción de los mensajes, el Cuartel General de Franco rechazó expresamente que Besteiro, "ni ningún otro político", tuviera noticia de las conversaciones entre militares. El Coronel Casado, tras aceptar la "rendición incondicional", se dispuso a abandonar el país. El resto del Consejo de Defensa hizo lo propio, a excepción de Besteiro y de los miembros del Consejo de Madrid que también habían acordado quedarse. El vacío de poder era tal que la capitulación tuvo que ser anunciada el 26 de marzo por este último organismo, al tiempo que notificaba por radio el avance del Ejército franquista y el bombardeo italiano del aeródromo de Aranjuez. La temida ofensiva final parecía inminente y la evacuación escalonada se había convertido ya en una huida masiva y desesperada. Esa misma tarde, la radio anunciaba la entrega de la aviación. Los últimos mensajes apelaban al Consejo de Defensa cuando ya sabían que él era el único de sus miembros que se había quedado en Madrid. Su interlocutor político, sin embargo, ya no tenía trabajo alguno que hacer. Todo se había resuelto entre militares. La entrada de las tropas por la Ciudad Universitaria había sido acordada por los franquistas con el Coronel Prada. Tras salir del Ministerio de Hacienda, Prada se dirigió por radio a "toda España" como última autoridad militar republicana del Ejército del Centro.

Las comunicaciones se interrumpieron aquí definitivamente. Todos los puntos neurálgicos de Madrid, suministros, combustibles, abastecimientos, además de las cárceles, juzgados y comisarías, habían cambiado ya de manos. El grueso de las tropas entraba al día siguiente, a partir de la una del mediodía como estaba previsto. Y, prácticamente, lo primero que hicieron desde el punto de vista político, fue detener y procesar a Julián Besteiro, que el 29 de marzo ya estaba declarando ante un Tribunal especial militar. Felipe Acedo Colunga, que actuó de fiscal, pidió la pena de muerte contra el que había sido su profesor de primer curso de Lógica.

Para entonces, el radio de acción del SIPM había seguido creciendo gracias a su condición de policía militar, a su implantación en todo el territorio y, sobre todo, a la orden de crear nuevas redes que utilizaran y suplantaran la logística del espionaje republicano. Su sede central en Madrid se situó en la calle Almagro 38, centro de detención o *checa* de la CNT primero y más tarde cuartel de las Milicias de Vigilancia de la Retaguardia. Toda la documentación incautada, más la propia generada por el SIPM, pronto dejó pequeño el lugar destinado desde entonces a "interrogatorios y declaraciones". No lejos de allí, en la calle Jorge Juan 65, establecieron el "negociado de información a jueces", antecedente del Juzgado de Contraespionaje que centralizaría toda la información sobre personal militar que acumulaban desde comienzos de la guerra y que había terminado por colapsar su central de Burgos. Además del control de las Cajas de Reclutamiento, la información judicial era una de las tareas originales de antiextremismo que aún mantenía el SIPM. La base "legal" de las sentencias del Juzgado de Contraespionaje no eran únicamente las pruebas de información militar que tenían acumuladas sino los testimonios presenciales de los mismos agentes que siguieron durante mucho tiempo infiltrados después de la guerra.

Mantener la primera de las normas del contraespionaje (no hacer detenciones hasta el final para llegar a desarticular la red completa) no fue siempre fácil para un servicio de información militar que tenía encomendada la reconstrucción de las redes de seguridad del gobierno republicano, partidos y organizaciones de izquierda. Muchos ya habían trabajado para ellos y continuaban haciéndolo. Según sus propios datos, durante la guerra habían contado con 960 agentes militares destacados en Madrid, Barcelona y Valencia, sin contar colaboradores, confidentes e informadores[33]. A pesar de dar por terminada la guerra, los mantuvieron a todos activos para que controlaran las nuevas redes y encuadraran en sus respectivos sectores el aluvión de voluntarios que sucedió a la ocupación de las grandes ciudades. El final de la guerra extendió sobre el conjunto del territorio estos procedimientos de obtención de la información, especialmente los interrogatorios y las denuncias sobre la población civil. No era nada nuevo ni atribuible al clima de venganza en las últimas zonas en ser ocupadas. Fijados

[33] AGMAV, C. 2962,11/15.

por el Cuartel General a comienzos de la guerra, fueron usados inicialmente para la identificación y clasificación de "prisioneros, presentados y huidos", cumpliendo un importante papel tanto en el aumento de la deserción del enemigo como la fijación de la propia retaguardia, como se mostró en la campaña del Norte primero y a lo largo de toda la guerra después.

2.
ALIADOS Y ESPÍAS: EL EJÉRCITO PORTUGUÉS Y LA GUERRA CIVIL ESPAÑOLA

Rui Aballe Vieira
IHC-NOVA, FCSH

INTRODUCCIÓN

En 1936, el país vecino llevaba ya diez años sometido a un régimen autoritario, primero bajo la forma de una dictadura militar clásica, aupada por el golpe de estado de 28 de mayo de 1926, que derrocó la I República portuguesa, a la que sucedió, sin interrupción, el *Estado Novo* salazarista, institucionalizado por la Constitución de 1933. Si las relaciones entre la dictadura militar lusa y su homóloga primoriverista se guiaron por el acercamiento entre Lisboa y Madrid, potenciado por la afinidad política entre ambos regímenes, también es cierto que este idilio sería perturbado por la proclamación de la II República en España el 14 de abril de 1931 (Oliveira, 1995; Vicente, 2004). En los años siguientes, las dos naciones ibéricas escenificarían la incompatibilidad de dos regímenes divergentes compartiendo la misma península: a un lado, el progresismo reformista de la nueva república española, y al otro, su opuesto geométrico, encarnado por un régimen autoritario en fase de consolidación interna, después de vencer los últimos intentos de la oposición republicana para revertir la situación –el llamado "Reviralho"[1]– y conquistar el respaldo y la lealtad del ejército (Rosas, 2013, pág. 211).

La victoria del Frente Popular en las elecciones de febrero de 1936 interrumpió la distensión que se había intalado entre las dos capitales durante el Bienio Negro, contribuyendo a que las elites dirigentes del *Estado Novo* cerrasen filas, en un crescendo de fervor nacionalista y de concomitante enfriamiento de las relaciones bilaterales, frustrando iniciativas de acercamiento y concordia previamente tanteadas, que habían incluido un proyecto de tratado ibérico de amistad y buena vecindad (Oliveira, 1985, pág. 251)[2].

En Portugal, el golpe del 18 de julio fue recibido con indisimulado júbilo por el Gobierno y las elites que sostenían al régimen. Su inmediata degeneración en guerra abierta

[1] Entre la implantación de la dictadura militar, en 1926, y la consolidación definitiva del régimen que le dio continuidad, denominándose a si mismo *Estado Novo* -frente al "viejo" parlamentarismo de la depuesta y despreciada república burguesa, laica y masónica-, a partir de 1933, Portugal vivió un estado de guerra civil intermitente, salpicado por numerosos intentos de golpes contra el orden autoritario, ensayados por sectores militares que seguían fieles al régimen parlamentario derrocado el 28 de mayo de 1926. La mejor visión de conjunto sobre el "Reviralho" se encuentra en la obra ya clásica de Luís Farinha (1999).

[2] Los recelos de la diplomacia portuguesa y de sectores de las fuerzas armadas (especialmente el ejército) ante España, sin embargo, no se habían disipado del todo durante la fase de buenas relaciones durante el Bienio

entre el gobierno legalmente constituido y los militares hizo que el régimen cerrara filas y acelerara su deriva fascista, en un estremecimiento existencial cuyo único resultado posible era la victoria del bando sublevado. La Guerra Civil fue el suceso más marcante en términos de política interna, pero lógicamente también a nivel externo, en la etapa inicial del primer ciclo histórico del *Estado Novo,* que comenzó en 1933 y que se cerraría en mayo de 1945, con la victoria aliada en Europa.

Salazar, influenciado por informaciones que le llegaban desde España y por los contactos mantenidos al más alto nivel por los conspiradores españoles que se movían con desenvoltura en la capital portuguesa, dio luz verde a todas las acciones susceptibles de acelerar la caída del gobierno republicano y su sustitución por un régimen ideológicamente compatible con el suyo (Delgado, 1982; Oliveira, 1988). Desde la perspectiva del dictador portugués, más que un enfrentamiento entre campos ideológicos antagónicos, la guerra en España se estaba librando entre "dos civilizaciones", peculiar concepto que sería explotado al máximo por la diplomacia lusa dentro –intoxicando a los diplomáticos británicos en Lisboa con desinformación– y fuera de sus fronteras, en defensa de los sublevados y de la actitud portuguesa (Rosas, 1988, pág. 73). En una nota enviada a los principales periódicos portugueses el 10 de septiembre de 1936, Salazar explicó la posición de su gobierno ante el conflicto, invocando el espectro de la amenaza revolucionaria al orden establecido:

> La guerra civil española, independientemente de la voluntad y acciones de las partes en conflicto, es, con absoluta certidumbre, una lucha internacional en un campo de batalla nacional, y que en todos los países se están desplegando poderosas fuerzas para conseguirlo, mediante movimientos internos o a través de la aportación de personal o material, que en definitiva son ayudas para el triunfo de una ideología que suponemos no es –o al menos no lo era hasta hace poco– la del gobierno oficial de Madrid (Salazar, 2015, pág. 260).

CONTACTOS INICIALES

A efectos de este texto, la implicación del Ministerio de la Guerra y del Ejército portugueses en la Guerra Civil puede sistematizarse en tres etapas principales. La primera corresponde, grosso modo, a la fase de guerra de columnas, entre julio y noviembre de 1936. La segunda va de noviembre de 1936 a marzo de 1937, situándose entre la primera misión de observadores de tipo oficial enviada a España y la creación de la *Missão Militar Portuguesa de Observação em Espanha* (MMPOE), que trataremos más adelante. La

Negro. En este contexto, Luís Teixeira de Sampaio fue quizás el representante más persistente de la tendencia que defendía una actitud de desconfianza defensiva en relación a Madrid.

tercera y última corresponde a la MMPOE, cuya existencia duró desde marzo de 1937 hasta después del final del conflicto.

Los contactos mantenidos por los militares portugueses con sus homólogos rebeldes españoles durante la primera de las etapas mencionada se inscriben en el marco informal de lo que puede describirse, a falta de una expresión mejor, como "turismo de guerra". Este fenómeno se manifestó en forma de visitas, efectuadas por oficiales del ejército luso –siempre autorizadas por la Superioridad–, a zonas, normalmente cercanas a la frontera, sometidas por las tropas sublevadas, beneficiándose de la complicidad de las jefaturas militares locales. Estos visitantes no iban destinados a realizar tareas de combate, aunque a veces la línea divisoria entre el "turista de guerra" y el voluntario fuese muy tenue.

Uno de los casos más paradigmáticos entre estos sondeos de primera hora fue el del capitán Henrique Galvão, estrella en ascenso del régimen salazarista, director de *Emissora Nacional*, la radio nacional portuguesa, y propagandista del proyecto colonial (Mota, 2011, pág. 97)[3]. Menos de dos semanas tras el comienzo de la guerra, Galvão fue uno de los primeros militares lusos en establecer contacto con los sublevados en el teatro de operaciones, en el trascurso de una misión de determinación de hechos, solicitada por Antero Leal Marques, jefe de oficina de Salazar[4]. Gracias a los buenos oficios de António Pires de Lima, cónsul en Sevilla y partidario entusiasta de la rebelión militar, que proporcionó salvoconducto y contactos esenciales, Galvão pudo moverse sin problemas por Andalucía y seguir a las fuerzas de Yagüe en su avance hacia Extremadura[5]. A su llegada a Sevilla, fue puesto en contacto con el general Queipo de Llano por el diplomático, y el 4 de agosto se unió a la columna del comandante Antonio Castejón[6].

Durante su "misión", que suponemos se pretendía más o menos secreta –oficialmente viajaba como periodista, disfraz reforzado por una tarjeta de identidad del periódico *Correio da Manhã*–, Galvão fue testigo de la ferocidad con la que las tropas moras y legionarias a las que acompañaba se lanzaron sobre las poblaciones civiles en su avance hacia Mérida en una sucesión de crímenes de guerra que incluyó ejecuciones, robos y saqueos (Espinosa, 2003). El primer día de su gira, Galvão vio de primera mano momentos de extrema violencia en la sierra norte de Sevilla:

---

[3] Quedaban todavía lejos los tiempos de ruptura con la dictadura, que hoy se asocia a la figura de Henrique Galvão, sobre todo por su papel al frente de la *Operação Dulcineia*, cuando un grupo de exiliados portugueses y españoles del *Directório Revolucionário Ibérico de Libertação* (DRIL) secuestró el barco de pasajeros portugués Santa Maria, el 21 de enero de 1961, en una acción de gran visibilidad internacional. La trayectoria vital de Henrique Galvão interesó varios biógrafos: Montoito (2005), Castro (2010) y Mota (2012).

[4] Leal Marques (1880-1969) fue un destacado colaborador de Salazar, habiendo sido su jefe de gabinete entre abril de 1928 y agosto de 1940. Su intercesión en el caso de la "misión" de Galvão es una clara señal de que la orden vino directamente de Salazar.

[5] DGARQ-AOS/CO/NE-9I/P 3, nota del cónsul portugués en Sevilla, António Pires de Lima, de 4 de agosto de 1936, enviada a su Ministerio de Exteriores, sobre Henrique Galvão en la *Columna Madrid*. La acción del mismo diplomático volvería a ser crucial durante la visita de los oficiales de aviación Pinheiro Correia y Dias Leite a Sevilla y a la base de Tablada.

[6] La columna que había salido de Sevilla el día anterior estaba al mando del teniente coronel Carlos Asensio (Columna Asensio) y la formaban la IV Bandera y el II Tabor de Regulares de Tetuán.

> Una simple sospecha de izquierdismo es suficiente para que el fusilamiento sea inevitable. A su vez, la repetición de los fusilamientos contribuye a instituir la costumbre de matar. He visto varios [fusilamientos]. Ayer, poco después de salir de [El] Ronquillo ya ocupada, la columna se detuvo para ejecutar a 30 personas. Las mujeres no se salvan más que los hombres. Hace poco, detuvieron a la mujer de un teniente comunista que logró fugarse. Ella lo pagará[7].

Sin embargo, en la correspondencia reservada enviada a Salazar, Galvão no se limitó a narrar la acción represiva ejercida por las columnas en la marcha, centrándose también en hechos ocurridos en la retaguardia. Escribiendo desde Sevilla el 9 de agosto, relató: "72 hombres han sido fusilados hoy en Sevilla, entre ellos abogados, médicos, periodistas y militares de izquierdas"[8]. Ese mismo día, consiguió entrevistarse con Franco, sobre el que se apresuró a escribir a su jefe:

> Aunque no me lo confesó, entendí claramente que es un monárquico al que le cuesta comprometerse con un régimen republicano. Pero también se ve que es ante todo un militar que solo se interesa por cuestiones militares. Claro y preciso –casi elocuente– cuando habla de sus operaciones, se muestra confuso y vacilante en su pensamiento político. Tengo la impresión de que habla a partir de lecturas apresuradas y mal digeridas[9].

La aventura bélica de Galvão no pasó desapercebida para la representación diplomática republicana en Lisboa. A pesar de su condición de casi prisionero, impuesta por la hostilidad del gobierno portugués y parte de la colonia española y la suspensión de las comunicaciones regulares con Madrid, el embajador Claudio Sánchez Albornoz consiguió reunir información relevante aportada por opositores al régimen de Salazar y amigos de la República Española sobre la presencia de un personaje con la notoriedad de Henrique Galvão en Extremadura (Vicente, 2003, págs. 87-131). En una extensa nota del 30 de agosto, afirmó que el capitán, al que describió como "personaje muy conocido de la situación política actual y locutor de la Emisora Nacional", ya en Portugal, comentó con espanto las atrocidades que había visto perpetrar, aunque el historiador y diplomático no desvele el contexto en el que hizo tales declaraciones[10].

Antes de su regreso a Portugal, Galvão, en una de sus misivas secretas enviadas al asesor de Salazar, formuló el embrión de una idea que se pondría en práctica a principios del año siguiente:

---

[7] Carta de Galvão a Antero Leal Marques, 4 de agosto de 1936; Ephemera – Biblioteca e arquivo de Pacheco Pereira.

[8] Carta de Galvão a Antero Leal Marques, 9 de agosto de 1936; Ephemera – Biblioteca e Arquivo de Pacheco Pereira.

[9] Ídem.

[10] El documento se cita como apéndice del capítulo sobre el asedio a la embajada legítima en Lisboa (Vicente, 2003: 171). En él también se afirma que Galvão habría participado en la batalla por Badajoz el 12 de agosto, lo cual no es cierto, porque la correspondencia enviada a la oficina de Salazar muestra que estaba en Sevilla ese día.

> Me parece muy útil disponer de un observador militar con el General Franco. Lo que he visto y observado en las operaciones militares a las que he asistido es, a veces, tan extraordinario y tan significativo que creo que este es un momento excepcional para una observación que difícilmente sería viable en otras circunstancias. Ahora que volvemos a analizar nuestros asuntos militares, creo que nos interesa mucho evaluar las capacidades militares de España. (...) Estoy convencido de que tal observador (una especie de agregado militar) traería de aquí información rigurosas y, desde ciertos puntos de vista, quizás sorprendentes[11].

Esta sugerencia, asociada a otra del mismo tenor que le siguió, sería retomada y reelaborada meses después, esgrimiendo los mismos argumentos, a saber, el de la singularidad del momento histórico.

DE LA MISIÓN DE AERONÁUTICA A LA MMPOE

Los contactos iniciales, luego asegurados individualmente por personalidades como el capitán Jorge Botelho Moniz y por el dispositivo consular portugués, resultarían ser fundamentales para el éxito de una pequeña y discreta misión de la aviación militar portuguesa, la primera en ser sancionada oficialmente tras la ruptura de relaciones diplomáticas con el gobierno de Madrid, formalizada el 23 de octubre de 1936[12]. En la estela de las visitas informales previas y tres meses después del inicio de las hostilidades, la dirección del *Arma de Aeronáutica* (AdA), instruida directamente por el subsecretario de Estado de la Guerra, capitán Fernando Santos Costa[13], decidió enviar una "misión especial" a España, formada por dos de sus más prestigiosos oficiales, el comandante José Pinheiro Correia y el capitán Celestino Pais de Ramos[14]. Esta primera y todavía tímida misión militar portuguesa fue confiada al AdA porque se consideró que era el arma más propensa a "sacar lecciones" de la guerra que se libraba en suelo español. La elección de Pinheiro Correia para dirigirla se debió a su experiencia y también al hecho de haber comandado el exitoso "cruzeiro aéreo" de mayo de 1934, cuando una escuadrilla de OGMA-Potez 25 de la aviación militar lusa, un vuelo de cortesía y prestigio inspirado por los raids de gran distancia que la *Armée de l'Air* francesa había realizado en años anteriores, recorrió

[11] Carta de Galvão a Antero Leal Marques, de 8 de agosto de 1936, fl. 2; Ephemera – Biblioteca e arquivo de Pacheco Pereira.

[12] En aquella época, el *Arma de Aeronáutica* portuguesa pertenecía al ejército (al igual que su homóloga naval, dependiente de la Armada). Solo se hizo autónoma en 1952, con la creación de la Fuerza Aérea Portuguesa.

[13] El joven y ambicioso capitán Fernando Santos Costa (1899 - 1982), había sido nombrado subsecretario de Estado de Guerra en mayo de 1936, como parte de la normalización de las relaciones entre el ejército y el régimen de Salazar, proceso en el que desempeñó un importante papel. Germanófilo convencido, fue uno de los demiurgos del rearme del ejército y hombre de confianza de Salazar para los asuntos militares.

[14] El primero era comandante del GAI 1 (*Grupo de Aviação de Informação Nº 1*), basado en Amadora; el segundo procedía del GIAB (*Grupo Independente de Aviação de Bombardeamento*), en Alverca.

los Protectorados español y francés de Marruecos con motivo de la breve *entente cordiale* que acercó Lisboa y Madrid entre noviembre de 1933 y febrero de 1936[15].

Para guardar las apariencias y ocultar sus propósitos, la misión, pomposamente llamada *Missão Especial da Arma de Aeronáutica*, se presentó como reconocimiento de la zona de Elvas, en la frontera de la región de Alentejo. El propósito real consistía en la obtención de datos sobre las operaciones en curso en el frente de Madrid, con énfasis en el papel desempeñado por la aviación en ambos bandos. Aunque de corta duración (solo diez días, del 27 de octubre al 6 de noviembre) la misión obtendría importante información sobre la evolución del conflicto y la actuación de los medios aéreos[16]. Durante su recorrido por la "zona nacional", que comenzó en Badajoz, los observadores portugueses fueron testigos directos de acciones de la aviación de bombardeo gubernamental contra objetivos militares de los sublevados en Salamanca, el 30 de octubre, y en Talavera, el 1 de noviembre. Este último constituyó uno de los primeros vuelos operativos del Tupolev SB –apodado *Katiuska* en España[17]–, un bombardero rápido de fabricación soviética, entonces prácticamente desconocido en Occidente, que tuvo su bautismo de fuego el 28 de octubre contra los aeródromos de Cáceres, Granada y Sevilla, desde su base de Los Llanos (Albacete). El lote inicial, compuesto por treinta aparatos, había llegado a Cartagena el 23 de octubre (Maslov, 2004, págs. 103-104). Una vez montados a contrarreloj e incorporados a tres escuadrillas creadas *ex professo*, su bautismo operativo coincidió casi con el de los carros de combate T-26. Dos días después, la jornada anterior a la llegada de los dos portugueses a Talavera, el aeródromo ya había sido atacado por aviones del mismo tipo, pertenecientes a la recién formada 1ª Escuadrilla del Grupo 12 de la aviación republicana, con tripulaciones soviéticas (Permuy, 2009, pág. 38).

De vuelta al sur y de camino a Sevilla, los dos oficiales se detuvieron en Navalmoral de la Mata, donde tenía su base dos unidades de la aviación sublevada, la 2ª Escuadrilla 2-E-22 y la 3ª Escuadrilla 3-E-22, equipadas con trimotores Junkers Ju 52. En Sevilla, el objetivo principal de la misión era visitar la base de Tablada, donde supuestamente se estaba montando "material de tipo enteramente nuevo", por la Legión Cóndor[18]. Al contrario de lo que acabarían concluyendo, Pinheiro Correia y Pais de Ramos no habían sido engañados por sus informantes, ya que los alemanes estaban procediendo a los primeros ensayos operativos, en España, de un nuevo método de bombardeo aéreo –en vuelo picado, con la ventaja de permitir una precisión con un margen de error de pocos metros respecto al punto de impacto– que sería ampliamente utilizado por la Luftwaffe

[15] En cuanto al capitán Pais de Ramos, pionero de la aviación en África, se hizo famoso por haber participado en el primer vuelo que cubrió todas las colonias africanas portuguesas, durante el cual se recorrieron más de 15.000 kms, entre 5 de septiembre y 28 de octubre de 1928 (Ferreira, 2003, págs. 18 – 23).

[16] Posteriormente se condensaron en forma de informe secreto, dirigido al *Chefe da Repartição* del Ministerio de la Guerra, es decir, reportando directamente a Salazar y Santos Costa. AHM/1ª Divisão/38ª Secção/Caixa 45/Nº 02, Relatório da Missão Especial a Espanha da Aeronáutica, noviembre de 1936.

[17] La inspiración para el apodo asignado a este avión en ambos bandos vino de la zarzuela *Katiuska*, de Pablo Sorozábal, estrenada em 1931.

[18] AHM/1ª Divisão/38ª Secção/Caixa 45/Nº 02, Relatório..., p. 16.

durante la *Blitzkrieg*, máxime entre la invasión de Polonia y la Batalla de Inglaterra (Laureau, 1999)[19].

A lo largo de su recorrido por varios aeródromos "nacionales", Pinheiro Correia e Pais de Ramos tuvieron la oportunidad de sondear a los oficiales de la *Aviazione Legionaria*, el cuerpo expedicionario de la aviación italiana en España, sobre las posibilidades de adquirir aviones modernos para el *Arma de Aeronáutica* portuguesa[20]. En términos prácticos, las esperanzas italianas de conseguir contratos de venta de armamento en el mercado militar portugués acabarían siendo superadas por la mayor capacidad de maniobra de las empresas alemanas y de sus agentes en Lisboa, a las que el gobierno salazarista encargó cantidades sustanciales de armamento terrestre, así como algún material de aviación, a partir de 1937 (bombarderos Ju 52 e Ju 86) (Louçã, 2005, págs. 17-50, 81-132). Cabe señalar que en esta época el Ejército había iniciado un proceso de rearme, conducido por una comisión permeable a la influencia de la facción germanófila en el seno de la oficialidad.

En el balance de su trabajo, los dos observadores reconocieron que la acción del arma aérea seguía limitándose "al empleo de aviones para el cumplimiento de misiones aisladas de bombardeo, caza, cooperación y reconocimiento", añadiendo que el volumen de operaciones aéreas a gran escala había sido, hasta entonces, relativamente reducido. También señalaron el despilfarro de la capacidad estratégica de aviación de bombardeo de los sublevados en operaciones a nivel táctico, dirigidas contra objetivos aislados en la proximidad del frente[21]. Asimismo, los republicanos procedían de forma similar, aunque, según los oficiales portugueses, los resultados obtenidos estuviesen lejos de ser adecuados, "a falta de municiones o por cualquier otra deficiencia de carácter técnico"[22]. Por otra parte, ignoraron u omitieron deliberadamente uno de los primeros ataques aéreos intencionales contra un objetivo civil desde el comienzo de la guerra, ocurrido el 30 de octubre, cuando bombas lanzadas por bombarderos Ju 52 de la Legión Cóndor sobre el centro de Madrid provocaron dieciséis muertos y docenas de heridos entre las personas que se encontraban en la plaza de Colón.

Impresionados con el rendimiento de los medios aéreos en una guerra en la que la aviación desempeñaba un papel cada vez más importante, en una escala sin precedentes

[19] Hay dos explicaciones posibles: los aviadores podrían haber escuchado rumores del paso por Tablada del único Heinkel He 50G enviado a España, un biplano de bombardeo en picado que llegó a fines de octubre, con fines experimentales, de evaluación operacional y desarrollo del tipo de misión para la que fue concebido; o quizás del cuarto prototipo de preproducción (V4) del Junkers Ju 87 Stuka, que efectivamente se montó en los talleres del aeródromo sevillano. En la fecha de la visita de la misión a Sevilla, formaban parte de un reducido núcleo – *Kette* - de bombarderos en picado (completado por dos Henschel Hs 123, cuya primera misión de guerra había ocurrido poco antes, el 30 de octubre), embrión de la escuadrilla VJ./88, unidad experimental de la Condor formada en diciembre de 1936, en la que se probarían los primeros Ju 87A-1 Stuka de serie, a partir de enero de 1937 (Laureau, 1999, págs. 116, 142-144).

[20] El avión que más interés despertó fue el biplano de reconocimiento y bombardeo ligero IMAM Ro. 37bis. La misión emitió un dictamen positivo con vistas a su posible adopción por la aviación lusa: "segundo nos disseram em Espanha diversos camaradas italianos, o governo de Itália por certo facilitaria a sua aquisição". AHM/1ª Divisão/38ª Secção/Caixa 45/Peça 2, p. 25.

[21] AHM/1ª Divisão/38ª Secção/Caixa 45/Nº 02, Relatório..., p. 31.

[22] Ídem.

en el ámbito peninsular, los dos oficiales pilotos sugirieron al director del *Arma de Aeronáutica* la creación de una misión permanente, compuesta por personal de distintas armas, para seguir las operaciones en España, en el fondo, un anticipo de lo que iba a ser la futura misión militar portuguesa de observación[23].

La sugerencia se alejaba, por su alcance, de la adelantada por Henrique Galvão en agosto y constituyó la referencia más precoz y fue la primera a una auténtica misión militar de observación reseñable en la documentación militar. Su génesis tendría lugar a principios de 1937, materializándose en marzo de ese año gracias a los esfuerzos conjuntos del general Raúl Esteves, veterano de las conspiraciones de la derecha contra el régimen parlamentario en los últimos años de la I República, y del capitán Jorge Botelho Moniz, gran valedor de la causa sublevada y su mayor propagandista en Portugal (Oliveira, 1996, pág. 619)[24].

Botelho Moniz estaba asentado en España desde los primeros días de octubre de 1936, adscrito al Estado Mayor del general José Varela, en el frente madrileño. Secundado por un camarada de la misma arma (artillería), el capitán Lopes da Silva, había conseguido acceder directamente a los altos mandos rebeldes sobre el terreno, mientras observaba la ralentización del avance de las columnas que amenazaban la capital, al endurecerse la resistencia republicana. Los buenos oficios de Botelho Moniz permitieron a los dos aviadores de la misión de aeronáutica transitar desde Talavera de la Reina hasta el frente; es posible que la idea de una misión de observación más duradera y estructurada haya brotado cuando los segundos se encontraron con el primero, que se esforzaba por establecer una embajada militar no oficial, con funciones de observación y enlace, a raíz de los primeros contactos entre el Ejército portugués y los sublevados, intensificados tras la caída de Badajoz (Ferreira; Vieira, 2007, pág. 43).

EL NACIMIENTO DE LA *MISSÃO MILITAR PORTUGUESA DE OBSERVAÇÃO EM ESPANHA* (MMPOE)

La idea de la MMPOE tiene su germen entre la estancia de Botelho Moniz en el frente de Madrid durante las últimas semanas de 1936 y el trabajo que realizaría al principio de 1937 con un viejo compañero de múltiples conspiraciones en los tiempos de la denostada I República, el general Raúl Esteves. A este último le correspondió la labor de persuadir Santos Costa y Salazar de la utilidad de formar una misión militar permanente en España, de cara a los intereses de la defensa y del gobierno portugueses[25]. La MMPOE se hizo realidad en marzo de 1937, aunque en esta fase formativa todavía estuvo rodeada de un velo de secretismo, para mantener la pretensión de neutralidad del régimen salazarista

[23] AHM/1ª Divisão/38ª Secção/Caixa 45/Peça 2, p. 2.
[24] Cf. Pena (2009).
[25] AHM/1ª Divisão/38ª Secção/Caixa 45, Nº 15, "Relatório sobre a organização da MMPOE, 1937/1938", Gen. Raúl Esteves, s.f.

ante la opinión pública internacional. En la orden de 2 de marzo de 1937, que formalizó la misión, sus objetivos se resumieron así:

> Entendiéndose ventajoso para la instrucción profesional del Ejército que algunos oficiales de las distintas armas puedan conocer de primera mano los medios de combate que están siendo usados en la lucha librada en el país vecino, determino que una misión, compuesta inicialmente por el general Raúl Augusto Esteves, coronel de artillería Anacleto Domingues dos Santos, coronel del estado mayor, Álvaro Teles Ferreira de Passos y capitán de ingeniería Manuel Teles da Costa Monteiro, se dirija al país vecino...[26].

Sin embargo, habría que esperar más de un año para que la MMPOE viera finalmente reconocida su existencia de modo oficial, con la publicación de su estatuto orgánico, el 20 de julio de 1938[27]. La necesidad de extraer "lecciones de orden estratégico, táctico, técnico, político" e incluso "sociales y morales" de la guerra civil española, mientras que se pretendía diseccionar con discreción pero en profundidad "la organización, medios de acción, métodos y psicología del Ejército español, así como su potencial", en la línea de las directrices establecidas desde comienzos de la década de 1930 en materia de defensa por la dictadura portuguesa, sirvió de hilo conductor para instituir la misión. Tras la prioridad otorgada a la Marina y su reequipamiento, en una versión reducida del programa Magalhães Correia[28], el Ministerio de la Guerra volvía a mirar al vecino español con aprensión, al mismo tiempo que principiaba el estudio del rearme del ejército de tierra (Duarte, 2010, pág. 149). Aunque reconfigurado bajo un nuevo ropaje republicano, federalista y, en poco tiempo, "rojo", el espectro del peligro español nunca dejó de acechar a los responsables militares lusos[29]. En términos concretos, el esfuerzo de reorientación de la política de defensa de Lisboa hacia el escenario peninsular había ido acompañado del envío ocasional de misiones de estudio a las grandes maniobras organizadas antes de la Guerra Civil por el Estado Mayor Central español, en particular las que tuvieron lugar en las sierras de León en octubre de 1934[30]. La presencia de un cuerpo de observadores permanente permitiría también enmarcar y orientar las visitas realizadas por los cursos del Estado Mayor portugués a la zona "nacional" en 1937 y 1938.

Al mismo tiempo, se esperaba que la MMPOE sirviera de canal privilegiado de comunicación con los sublevados españoles, para profundizar en las relaciones entre Lisboa y Burgos, "recordando la actitud portuguesa". A esto se sumó el deseo de contrarrestar

[26] AHM/1ª Divisão/38ª Secção/Caixa 43, Nº 19, *Despacho* del 3 de marzo de 1937.

[27] AHM/1ª Divisão/38ª Secção/Caixa 59, Nº 3.

[28] Programa de reorganización y rearme de la *Marinha Portuguesa*, diseñado por el contraalmirante Luís Magalhães Correia (1873 – 1960) durante su mandato como ministro de la Marina en el 7º gobierno de la dictadura militar portuguesa. Anunciado en 1930, el programa se inició al año siguiente y se completó en 1935.

[29] AHM/1ª Divisão/38ª Secção/Caixa 43, Nº 19.

[30] AHM/1ª Divisão/38ª Secção/Caixa 45/Peça 1, "Relatório da Missão a Hespanha em Setembro de Outubro de 1934".

el ascenso de alemanes e italianos en el seno del Movimiento[31]. En la síntesis esbozada por Raúl Esteves, este era uno de los objetivos políticos fundamentales de la misión, que pretendía

> garantizar a nuestro País una posición ventajosa, desde el punto de vista moral, tanto en armonía con la orientación ideológica que ya se había afirmado en actos anteriores, como respecto a nuestra situación en la Península en relación con el país vecino (...)[32].

Otra tarea, de carácter más práctico, considerada desde el primer momento, fue la asistencia a los "voluntarios" portugueses que luchaban en la Legión, reclutados por los banderines de enganche activos en Portugal (Oliveira, 1988, pág. 247)[33]. Raúl Esteves, artífice de la misión, denominó este tercer objetivo como de "importancia nacional" por "tratar de proporcionar el marco y la ayuda necesarios a los numerosos voluntarios portugueses que luchaban en las filas del ejército nacionalista español y, eventualmente, lograr su organización en unidades enteramente portuguesas"[34]. Esta última aspiración, que oscilaba entre la fantasiosa idea de una "Legión Viriato", acariciada por Botelho Moniz desde el inicio de la guerra, y la más razonable concentración de nuevos alistados portugueses en el Tercio en banderas mixtas, a integrar por españoles y portugueses y al mando de sargentos y oficiales de ambas nacionalidades, nunca se logró, a pesar de los tanteos realizados al respecto en el Cuartel General de Franco a finales de 1937 y en abril de 1938[35]. El nombre elegido, sin embargo, cobró vida propia y se pegó en adelante a todos los portugueses que combatieron en el bando franquista. Con la misión ya en funcionamiento, sus oficiales, asistidos por la red consular portuguesa en España, dirigida desde Salamanca (y luego Burgos) por Pedro Teotónio Pereira, prestaron una importante ayuda a los combatientes sus compatriotas, desplegada en los más diversos aspectos, desde el monetario hasta el religioso, asegurando también el contacto entre aquellos y sus familias en Portugal.

Sin embargo, de esta labor de asistencia aparentemente desinteresada, el régimen portugués pretendió extraer dividendos políticos, tal y como se indicó sin rodeos en el punto 1 de los estatutos de la MMPOE: "d) Asistir a los legionarios portugueses y velar por sus derechos; hacer más eficaces sus esfuerzos y sacar de ellos las mayores ventajas

[31] AHM/1ª Divisão/38ª Secção/Caixa 43, Nº 19.

[32] AHM/1ª Divisão/38ª Secção/Caixa 45, Nº 15, "Relatório...", redactado por el gen. Raúl Esteves, s.f.

[33] El punto álgido del reclutamiento, según la correspondencia citada por César Oliveira, se alcanzó en diciembre de 1936 (1988: 248). Los mismos reclutadores también se encargaron de abastecer a las milicias de Falange y carlistas con portugueses, aunque en un número mucho menor que el de los reclutados para la Legión.

[34] AHM/1ª Divisão/38ª Secção/Caixa 45, Nº 15, "Relatório...", redactado por el gen. Raúl Esteves, s.f.

[35] Cf. AHM/1ª Divisão/38ª Secção/Caixa 59/s.n. En su último intento, Botelho Moniz propuso crear una brigada luso-española, la "*Brigada dos Viriatos*". La indisponibilidad de Franco se debió al retraso en el reconocimiento del gobierno de Burgos por parte de Lisboa, pero se mantendría tras su materialización (el 28 de abril de 1938), cuando el desenlace de la contienda estaba en gran parte decidido. También se lo desaconsejó su cartilla propagandística, que hizo de la participación de voluntarios extranjeros en el esfuerzo bélico republicano un tema recurrente (a pesar de la evidente contradicción inherente a este tema).

nacionales e internacionales". Siguiendo la actitud de la dictadura salazarista desde los instantes iniciales de la sublevación, se esperaba que la contribución de los "voluntarios" a la causa rebelde pudiera ser recordada al nuevo estado franquista tras la derrota de las fuerzas republicanas[36].

La primera fase de la MMPOE, comprendida entre marzo de 1937 y marzo del año siguiente, estuvo marcada por la improvisación. En el verano de 1937 todavía no había alcanzado un nivel de funcionamiento capaz de permitir una lectura completa de la situación en el terreno. Esta laguna se colmató en ocasiones mediante acciones independientes de obtención de información por iniciativa de mandos locales, como sucedió cuando el general jefe de la IV Región Militar ordenó, en julio de 1937, un reconocimiento al frente de Don Benito[37].

La segunda fase de la MMPOE (marzo de 1938 a junio de 1939)

Cuando la misión estaba a punto de cumplir su primer año de existencia, ya se perfilaba claramente la posibilidad de una victoria franquista, aunque la batalla de Teruel demostrase que el ejército republicano todavía era capaz de tomar la iniciativa. Para Salazar y su subsecretario Santos Costa había quedado claro que el conflicto requería un enfoque menos diletante, que proporcionara informaciones de manera precisa, fiable y sistemática al Ministerio de la Guerra y a la *Secção de Rearmamento* en Lisboa. De hecho, la utilidad de la misión como herramienta de interpretación del conflicto y de las capacidades militares de los dos bandos aún estaba lejos de alcanzar la eficacia buscada. La consigna era acelerar la velocidad y la sistematización de la información cosechada. En febrero de 1938, el mayor y médico Pinto da Rocha, en su primer informe (redactado tras su tercera comisión de servicio en España), diagnosticó las dificultades que padecía la misión[38]. En un tono crítico, se refirió a la conducción desordenada de sus quehaceres, la ausencia de rumbo inequívoco y la falta de medios, dando a entender que era prematuro hablar de éxito:

> Cuando llegué a Salamanca [a finales de octubre de 1937] encontré los restos de la misión militar portuguesa sin un que la dirigiera. (...) entre los muchos males que atacaron a la misión militar portuguesa, una misión que, a pesar de todo, suministrará apreciables datos técnicos e internacionales, destaca la falta de directivas superiores. A

[36] AHM/1ª Divisão/38ª Secção/Caixa 43/Nº 19.

[37] AHM/1ª Divisão/38ª Secção/Caixa 38, No. 7, "Relatório do Reconhecimento feito à Frente de D. Benito e executado por ordem do Exm.º General Comandante da Região".

[38] Pinto da Rocha había participado en los trabajos de la MMPOE en su primera fase en tres momentos a lo largo de 1937: del 11 de marzo al 6 de abril, del 12 de abril al 2 de junio y finalmente, del 29 de octubre al 31 de diciembre. Su cuarta y última comisión fue la más larga, habiéndolo ocupado del 13 de julio de 1938 al 30 de abril de 1939.

excepción de los oficiales de artillería, los demás tuvieron que proclamar su independencia y hacer "lo que les daba la gana" para no quedar paralizados[39].

Pinto da Rocha vio en la falta de "transportes rápidos e indispensables" la principal explicación del estado de casi apatía en que encontró a la misión, al dificultar el establecimiento de "un sistema de vínculos, información e incluso moral, entre los miembros dirigentes y los ejecutantes". Su reflexión sobre el imperfecto funcionamiento de la MMPOE fue completada con sugerencias dirigidas al Ministerio de la Guerra, reconociendo que "a pesar de todo, es de la máxima utilidad mantener la misión"[40]. La sinceridad de Pinto da Rocha dio resultados con Santos Costa. En general, se siguieron sus sugerencias en la reorganización de la misión[41].

Un documento confidencial del 14 de marzo de 1938, firmado por Santos Costa, permite situar el momento clave que separa las dos fases de la MMPOE y que, en cierto modo, corresponde a la madurez del cuerpo de observadores portugueses. Se mantenían los objetivos que impulsaron su creación, ahora articulados en cuatro puntos esenciales, por orden de prioridad: el primero preveía el "estudio del material, de los medios técnicos de acción, la organización, los métodos de lucha y la psicología de Ejército español". Se pretendía diseccionar el Ejército sublevado bajo distintos aspectos, desde la doctrina hasta el equipo. Tal y como ocurrió en la primera fase de la MMPOE, la consecución de este objetivo suponía el envío regular de oficiales de las diferentes armas y servicios del Ejército portugués a España, para que "pudieran examinar e incluso practicar lo que fuera de mayor interés para su respectiva especialidad", a lo largo de un período de prácticas con las fuerzas franquistas, prefiriéndose a los voluntarios[42]. En segundo lugar, la MMPOE seguía siendo encargada de responder a un problema que se arrastraba desde el comienzo del conflicto: los portugueses que combatían en las filas sublevadas, a los que la misión debía seguir prestando auxilio. A estos fines se añadía el deber de "la acción de presencia en España, destinada a recordar indirectamente la actitud portuguesa y a equilibrar, en la medida de lo posible, la influencia extranjera"[43]. Por último, y en sintonía con lo que ya se había intentado en 1937, se confiaba en que incrementaría el espíritu guerrero del Ejército portugués.

Para agilizar su funcionamiento, la misión se dividió en dos negociados sujetos a una única gestión: la Sección de Observación, que velaría por la ejecución del primer punto mencionado, y la Sección de Asistencia a los Legionarios Portugueses, encargada del segundo. En la práctica, habría algo de yuxtaposición y alternancia de funciones entre ambas. En cuanto a la organización interna, se mantuvo en forma y contenido

---

[39] AHM/1ª Divisão/38ª Secção/Caixa 45, Nº 19, informe del mayor médico Pinto da Rocha.
[40] Ídem, ibídem.
[41] AHM/1ª Divisão/38ª Secção/Caixa 43, Nº 06, fl. 22.
[42] AHM/1ª Divisão/38ª Secção/Caixa 45, Nº 15, "Relatório sobre a organização da MMPOE, 1937/1938", redactado por el gen. Raúl Esteves, s.f.
[43] Ídem, ibídem.

prácticamente idéntica a la de la primera fase, con algunos ajustes para una mejor gestión. Una orden del 14 de marzo introdujo "normas generales" para todos los oficiales y sargentos de la misión, la más importante de las cuales estipulaba que todos los militares que la integrarían serían considerados, "a efectos legales, en servicio de campaña". También se estipuló que los hombres de la MMPOE, en su calidad de funcionarios militares del Estado portugués, no podían cobrar "ninguna paga, salario o subvención del Gobierno español"[44]. La importancia de la Sección de Asistencia, dividida entre sus tareas específicas y la obtención de informaciones a la vez, se reflejaba en el número de oficiales y sargentos que la integraban, distribuidos en tres subsecciones, de infantería, artillería y aviación[45].

Por razones obvias, se prohibió el uso del uniforme portugués en operaciones a los elementos de la Sección de Asistencia (en realidad, se les distribuirían uniformes españoles siempre que fuera posible), para minimizar el riesgo de captura por el enemigo una vez en el frente y el escándalo internacional que un incidente de este tipo supondría[46]. Este cuidado se reforzó en septiembre de 1938, mediante una disposición del reglamento de campaña que prohibía a todo el personal de la misión llevar encima documentos de identidad o cualquier otro con referencias a la nacionalidad, en caso de vuelos sobre territorio enemigo o participación directa en operaciones[47]. El compromiso de proteger las actividades de la MMPOE con una cortina de humo persistió hasta el final, incluso después del reconocimiento del gobierno de Burgos por parte de Lisboa, en junio de 1938. Así lo demuestra el cuidado con el que sus mandos manejaron las relaciones con la prensa, a pesar de estar vigilada por la censura. A partir de julio de 1938 se prohibió terminantemente

> a todo el personal de la misión, bajo pena de severas sanciones, la publicación en la prensa de noticias relativas a la guerra y, muy especialmente a la organización y actividades de la misión, así como el suministro de información sobre los mismos asuntos, sin someterse el examen del jefe de la misión y se autorice su publicación y difusión[48].

[44] Ídem, ibídem.
[45] Ídem, fl. 4.
[46] El personal de la Sección de Asistencia, debido a sus funciones, usaba los uniformes de la Legión, con las insignias de rango equivalentes al que tenían en el Ejército portugués; hay fotografías de Botelho Moniz con uniforme de capitán legionario, así como de otros miembros de la sección (son esclarecedoras las fotografías tomadas durante la ceremonia en honor de los "Viriatos", celebrada en la Plaza Mayor de Salamanca, a 4 de junio de 1939). El uso del uniforme de la Legión tenía una ventaja adicional para Lisboa em caso de captura, ya que cualquiera que lo llevara, al menos hasta que las autoridades republicanas pudieran identificar al prisionero, se convertiría en un "voluntario individual" enganchado en el Tercio.
[47] Cf. AHM/1ª Divisão/38ª Secção/Caixa 42, Nº 01, O.S. nº 15, de la *Secção de Assistência*, de 4 de septiembre de 1938.
[48] O. S. nº 7, da M.M.P.O.E., del 29 de julio de 1938. Transcrita en el O. S. nº 11 de la *Secção de Assistência*, el 5 de Agosto. Cf. AHM/1ª Divisão/38ª Secção/Caixa 42/Peça 01.

PERCEPCIONES DE LA "AMENAZA ESPAÑOLA": ESPAÑA Y SU EJÉRCITO VISTOS POR LA MMPOE

La amenaza española a la integridad del territorio metropolitano portugués, recelo viejo de siglos, condicionó fuertemente la visión de los observadores portugueses que visitaron España y estudiaron el ejército rebelde durante la Guerra Civil. Más si tenemos en cuenta dicha alerta estaba consagrada en el mismísimo memorándum que ordenaba las actividades de la MMPOE, cuyo jefe había hecho circular en diciembre de 1938. A parte de las cuestiones puramente militares, el redactor de aquella guía otorgó especial interés a los factores políticos y sociales[49]. Muestra del espíritu de la época, se les atribuyó prioridad incluso por encima de consideraciones sobe la economía general, materia esta última sobre la que el Ministerio de Guerra no reconocía competencia a la misión. Se conformaba con datos sobre la economía de guerra, especialmente de las capacidades industriales en este dominio:

> Sobre el aspecto económico, no está la Sección de Asistencia en buenas condiciones de observar. No obstante, todo lo que al respecto se logre saber tiene, evidentemente, interés – sobre todo la localización y la capacidad de centros productores (minas, unidades fabriles) grandes depósitos y almacenes, etc.; medios de comunicación, de relación y de transporte (carreteras, ferrocarriles, telégrafos, teléfonos, transportes aéreos, etc.), organización comercial, etc.[50]

¿Cómo se pretendían recoger los datos políticos y sociales? Simple y llanamente, a través del "contacto con los militares de todos los rangos y con la población civil. Tendencias políticas –unitarismo - federalismo - separatismo - imperialismo, etc., deberán ser inteligente y cuidadosamente auscultadas"[51]. Otro de los temas recogidos en aquel decálogo de cometidos era la cuestión de la "raza". Aunque en este punto puedan vislumbrarse ecos del darwinismo social y de las doctrinas eugenésicas en boga en la época, el propósito que justificaba este punto bebía de la misma lógica que el anterior. Se pretendía que a la par que se estudiaba la "organización social", los militares de la MMPOE hiciesen una lectura de las "relaciones entre los diferentes pueblos que componen España, sus características raciales, etc." sin olvidar "el peso del factor religioso[52], presumiblemente, para identificar más fracturas internas. Es más, la Misión recibió instrucciones también en el sentido de cara a la "España roja", para recabar el mismo tipo de informaciones –de orden militar, económico, social…–. Por supuesto, en este caso las capacidades reales de la MMPOE y del Ministerio de Guerra

[49] AHM/1ª Divisão/38ª Secção/Caixa 42/Nº 02, "Instruções ao Pessoal da Secção de Assistência para orientação dos trabalhos de observação", documento de 7 de diciembre de 1938, pp. 8-9.
[50] AHM/1ª Divisão/38ª Secção/Caixa 42/nº 02, "Instruções…", p. 8.
[51] AHM/1ª Divisão/38ª Secção/Caixa 42/nº 02, "Instruções…", p. 9.
[52] AHM/1ª Divisão/38ª Secção/Caixa 42/nº 02, "Instruções…", p. 8.

estaban bastante lejos de ser suficiente para tal propósito, más propio de los servicios de espionaje e inteligencia[53].

El capitán de Ingeniería Luís Vitória de França e Sousa, que cumplió un mes de comisión entre el 17 de marzo y el 16 de abril de 1937, se cuenta entre los primeros oficiales que entregaron un informe detallado después de haber estado en España. Lo redactó aún durante la primera fase de la existencia de la MMPOE y, por tanto, antes de que la jerarquía superior compusiese las directrices de análisis referidas con anterioridad. França e Sousa señaló la mal disimulada pulsión anexionista que medraba entre la oficialidad sublevada:

> Sin embargo, son de ponderar las palabras de los más entusiastas, muchos de ellos con predicamento entre los medios nacionalistas, acerca de sus ideales imperialistas y de la necesidad de abolir la frontera entre Portugal y España, a la vista de una pretensa unidad de sentimientos, costumbres, intereses económicos y políticos compartido por los dos pueblos, que encontrarían fundamento en hechos históricos de mutuo conocimiento, mas nítidamente contrariada por otros que yo cortésmente les recordaba, en que nosotros portugueses para honra y gloria nuestra, afirmamos nuestras independencia indiscutible y nuestra propia civilización tan nítidamente destacada en la llamada civilización occidental.[54]

Como contrapunto a las impresiones de França e Sousa –y frente a su breve estancia–, el capitán de Caballería Luís da Costa Ivens Ferraz dispuso del tiempo suficiente para estudiar en profundidad la realidad de la guerra (14 de mayo de 1937 - 24 de julio de 1938), así como para conocer bien el Ejército nacional, a diversos niveles. Tal y como todos sus camaradas durante la fase de permanencia en España, coincidente con la primera etapa de la MMPOE, Ivens Ferraz no recibió instrucciones previas que precisasen el tenor y orientación del informe que debía elaborar. El resultado final, no obstante, respondía a muchos de las demandas que vendrían a ser hechas más tarde, en 1938, tras la reorganización de la Misión. Aunque reconociese, leal a la línea oficial del régimen y de su propaganda, que "España sale de esta guerra altiva y orgullosa, porque en su territorio se ha aplastado al comunismo en Occidente", no dejaba de evidenciar la inmutabilidad del "peligro español", que parecía aflorar siempre que se abordaba el tema de la independencia de Portugal: "el español, que generalmente es corto en su raciocinio, no comprende ciertas susceptibilidades y todos ellos sin distinción miran hacia Portugal como un trozo

[53] Este ambicioso objetivo nunca llegó a verse cumplido, ni a nivel embrionario. La única información sobre la España republicana a la que los observadores portugueses podían tener acceso era la que les suministrasen los propios sublevados (o en el mejor de los casos la que diesen los prisioneros en poder de estos últimos), lo que desde luego comprometía el valor de las conclusiones que por esa vía se pudiesen extraer.

[54] AHM/1ª Divisão/38ª Secção/Caixa 45/Nº 13, Informe del capitán de Ingeniería Luís de França e Sousa sobre su paso por la Misión. Abril de 1937, pp. 2-3. El subrayado es original.

que les sería útil"[55]. Argumenta aún el oficial de Caballería que era "hecho corriente, casi obligatorio, que cuando quieren ser amables con nosotros, invocan la hermandad de los dos países, para enseguida acordarse de la unión"[56]. El sentir que se recoge es el de militares, y no la opinión de milicianos armados de la Falange. Es un pormenor significativo, pues los apetitos imperiales de la España franquista hacia Portugal han sido identificados, incluso por la historiografía reciente, con esa ala más radical y fascista, y con la facción más intensamente germanófila del Régimen, agrupada con la Segunda Guerra Mundial iniciada en torno a la figura de Ramón Serrano Suñer, ministro de Gobernación y de Exteriores a partir de octubre de 1940.

A medida que la guerra avanzaba, se comprueba el crecimiento de la inquietud en el seno de la MMPOE por el refuerzo de la maquinaria militar franquista, gracias a los suministros regulares y nunca interrumpidos de material moderno por parte de la Alemania nazi y de la Italia fascista, pero también debido al impulso que el Gobierno de Burgos logró dar a la industria de guerra en los territorios que controlaba[57]. César Oliveira ya detectó hace tiempo el crecimiento de ese recelo (Oliveira, 1988, págs. 262-263), pero dada la importancia que los militares portugueses le conferían, merece que nos detengamos un poco en ella. En febrero de 1938, el mayor y médico Américo Pinto da Rocha, dejaba escapar en su informe, elaborado inmediatamente después de su regreso de la última misión en el Servicio de Salud de los sublevados, una firme advertencia sobre las ambiciones anexionistas que detectó entre los rebeldes, a pesar del aprecio notado hacia el régimen portugués de Oliveira Salazar:

> Es evidente el odio a Portugal de los elementos de izquierdas y un poco de los países que en este conflicto les ayudaron por "intereses creados". La simpatía de todos los partidarios del gobierno de Franco por Portugal y nuestro gobierno es clara y sincera. Sin embargo, no hay que olvidar que un cierto número de españoles tiene la idea de que Portugal y España deben formar un solo país.[58]

Más técnico, el informe de la Misión del arma de Infantería, encuadrada en la segunda fase de la vida de la MMPOE, veía en el refuerzo exponencial de las capacidades militares de la España franquista un acicate potencial al expansionismo:

> España termina esta guerra sangrando, pero nosotros los portugueses, nunca debemos olvidar que es inmensamente rica, que tiene todo y que rápidamente se puede

[55] AHM/1ª Divisão/38ª Secção/Caixa 45/Nº 21. Informe del capitán de Caballería Luís da Costa Ivens Ferraz, fl. 20.

[56] Ídem, ibídem.

[57] Los sublevados españoles se vieron obligados a esto, pues la mayor parte de las industrias capaces de ser convertidas a la producción militar, permanecieron en manos gubernamentales. El control de la industria siderúrgica tras la caída del País Vasco, dio oxígeno al esfuerzo de guerra de Franco.

[58] AHM/1ª Divisão/38ª Secção/45/Nº 19. Informe del mayor médico A. Pinto da Rocha, de febrero de 1938.

> recomponer. Y, si en España hubiese juicio, su ejército podría pertrecharse como ningún otro, porque puede fabricar partiendo del material aprendido, aquel que juzgue ser el mejor e incluso perfeccionarlo, y, en ese caso, España se convertirá en una gran potencia militar. Esta hipótesis nunca la debemos olvidar, pues el español no olvida lo que se le hace y en las escuelas primarias, cuando se enseña geografía, España es la Península Ibérica.[59]

Estas observaciones de los miembros de la Misión otorgaban fuerza a las palabras del general Tasso de Miranda Cabral, que vislumbraba en todos los españoles una suerte de iberismo compulsivo, tal vez menos arrojado en el corto plazo, en el caso de los nacionales, pero tan peligroso como el de los republicanos, caso venciesen la guerra (Faria, 2000). El cuadro más temido incluía una invasión –siempre presente en los espíritus de las altas patentes militares–, posibilidad que por sí solo justificaba la canalización de recursos para la planificación de la defensa del territorio continental y para el rearme, pues quería el azar que tal preocupación coincidiese con el difícil momento por el que atravesaban las relaciones entre Lisboa y Londres, ensombrecido por las sospechas de crecimiento de la influencia alemana en algunos sectores del ejército portugués –el rearme sería el caballo de Troya de Berlín– que despertaba en el *Foreign Office* (Faria, 2000, págs. 213-216). Sabemos hoy que el primer franquismo consideró la hipótesis de una invasión en 1940, cuyo plan fue sometido a la aprobación del dictador español el 18 de diciembre de aquel mismo año, como maniobra preventiva contra un desembarco de fuerzas británicas en las costas portuguesas (Ros, 2008, págs. 269-280).

Incluso después del encuentro de Hendaya con Hitler y el fracaso de las largas negociaciones entre las dos partes, tendentes a fijar condiciones para la entrada de España en la guerra al lado del Eje, Franco parecía determinado a ignorar los compromisos del tratado de Amistad y No Agresión firmado en Lisboa el 17 de marzo de 1939 y el protocolo adicional suscrito el 30 de julio de 1940, apenas unos meses antes de aquel encuentro en la frontera francesa, olvidando el apoyo prestado por el *Estado Novo* durante la Guerra Civil. Además de revelador de la naturaleza del régimen franquista y del valor circunstancial y precario atribuido por el Caudillo a los tratados, este episodio comprueba cuán lejos de la realidad está la tesis que presenta la neutralización de España durante la fase inicial de la II Guerra Mundial como uno de los mayores logros de la diplomacia salazarista, así como del acierto de los sombríos avisos proferidos por los integrantes de la MMPOE (Menezes, 2010).

---

[59] AHM/1ª Divisão/38ª Secção/Caixa 47/Nº 07. El subrayado es del original.

EPÍLOGO

Para celebrar su victoria después de tres años de Cruzada, Franco ordenó la realización de un gran desfile militar, escenificando de modo apoteósico la entrada de las tropas sublevadas y sus aliados en Madrid, que acabaría convirtiéndose en uno de los actos rituales de la liturgia propagandística de la dictadura. La participación portuguesa en el acto fue coordinada desde Salamanca por Botelho Moniz, al mismo tiempo que se constituía una delegación de la Sección de Asistencia en Madrid[60]. En contradicción con la actitud reservada impuesta a las actividades visibles de la MMPOE, el oficial que la dirigiría había recibido órdenes de asegurar que la "representación de legionarios portugueses [fuera] lo más nutrida y bien organizada posible"[61]. Sin embargo, solo un pequeño grupo de catorce oficiales y sargentos de la Sección de Asistencia participaron en el desfile de Madrid, incorporados a la 5ª Bandera de la Legión[62]. Esta escasa participación, por debajo de los números previstos y diluida entre alemanes, italianos y regulares marroquíes, no escapó al sarcasmo de algunos opositores del salazarismo, como demuestra el testimonio de Cristovão de Sousa, publicado después del 25 de abril (Gomes, 2006, págs. 157, 158).

La MMPOE, cara visible y oficial de la implicación del *Estado Novo* portugués en la guerra civil española, fue la misión de observación posible, en el marco de los recursos materiales y humanos de que disponía la dictadura salazarista. Operación de tipo inédito en Portugal en el momento de su creación, fue organizada y ejecutada a la sombra de la benevolencia de sus anfitriones españoles, con el fin de aprovechar una oportunidad irrepetible de estudiar al ejército español, proporcionando a la vez una escuela de guerra al cuerpo de oficiales y garantizando un lugar al sol para Lisboa con el Gobierno de Burgos y un canal de comunicación con los sublevados. Dieciocho años después de la funesta aventura militar de la I República portuguesa en los campos de batalla de Flandes, el ejército portugués carecía de experiencia y medios para realizar misiones prolongadas en el extranjero. Esta circunstancia explica la improvisación que marcó la misión, especialmente durante su primer año de existencia, entre marzo de 1937 y el mismo mes de 1938. Tal como revelan los documentos fundacionales, Santos Costa y Raúl Esteves, convencidos por el rápido avance de los sublevados en el verano de 1936, no previeron que el conflicto pudiera durar otros dos años, lo que explica que se diseñase el cuerpo de observadores

[60] La delegación, encabezada por el capitán de artillería Augusto Pimenta asistido por el alférez Augusto da Silva Viana, se instaló en el Hotel Nacional, situado en el Paseo del Prado. AHM/1ª Divisão/38ª Secção/Caixa 41/Nº 01, O. S. nº 53, de la Sección de Asistencia da M.M.P.O.E., de 17 de mayo de 1939.

[61] Hombre de confianza de Botelho Moniz, el capitán Pereira de Oliveira llevaba más de dos años de servicio simultáneo en la MMPOE en la Legión, como miembro de la Sección de Asistencia. Participó en algunas de las operaciones más importantes de la guerra, en el frente de Madrid, y también en Asturias, Aragón y finalmente Cataluña. Cf. AHM/1ª Divisão/38ª Secção/Caixa 42/Nº 06, p. 2.

[62] La asistencia fue discretísima, tanto por el número como por el rango, y no estuvo presente ningún oficial superior; entre los veinticuatro militares portugueses que presenciaron el desfile en la tribuna, el rango más alto era el de capitán. Cf. AHM/1ª Divisão/38ª Secção/Caixa 42/Nº 01, Ordem de Serviço nº 52, de la Sección de Asistencia, de 14 de mayo de 1939, fl. 1; un grupo de diez sargentos de Infantería e Artillería también asistió al desfile, en un local menos destacado.

en base a un pronóstico de corta duración, optimista y no muy riguroso con respecto al acopio de información. Tan pronto se reorganizó, en marzo de 1938, pasó a disponer de capacidad para suministrar informaciones más fiables y de forma sistemática.

Una de las consecuencias de las actividades de la MMPOE se tradujo en la confirmación de algunos de los peores fantasmas del nacionalismo portugués, históricamente receloso de su vecino español. En efecto, algunos de los informes remitidos al Ministerio de la Guerra en Lisboa no se limitaron a corroborar la idea de que el anexionismo formaba parte del patrimonio genético de las élites españolas. El anhelo de rectificar el accidente histórico que había producido la recuperación de la independencia del reino portugués en 1640 se describe en los escritos de los observadores como una aspiración transversal a las diferentes corrientes políticas que coexistían en la institución militar en la España sublevada, lo que, a su vez, confirmaba el acierto de estudiar al ejército español en acción y, en la medida de lo posible, desde dentro. Este planteamiento se filiaba en la corriente, preponderante en el pensamiento estratégico portugués, que veía a España como la principal amenaza a la integridad territorial de la metrópoli. Dicho temor, al que Fernando Rosas llamó "eje vertebrador de la política de defensa" del *Estado Novo* en los años 30, dominó la planificación militar portuguesa hasta los últimos instantes de la Segunda Guerra Mundial (Rosas, 1994, pág. 296), cuando Franco comprendió que era necesario invertir su actitud declaradamente favorable al Eje ante la inminente derrota alemana.

Henrique Galvão retratado en 1935 por el periódico O Século. En su "misión especial" sobre Andalucía y Extremadura en agosto de 1936 proporcionó a Salazar información de primera mano sobre la represión en las zonas sometidas por los golpistas. Entusiasta convencido del Estado Novo y ardiente propagandista del imperio colonial, rompería definitivamente con el régimen en 1947 a raíz de su denuncia de la situación laboral en Angola. Fuente: ANTT

Un carro T-26, capturado a los republicanos, en demonstraciones fotografiado por miembros de la MMPOE. El estudio del armamento más moderno empleado por ambos bandos fue una de las funciones principales de los observadores portugueses. Fuente: AHM

El capitán Jorge Botelho Moniz, gran valedor de la causa sublevada en Portugal, fue uno de los responsables por los contactos establecidos por los militares portugueses desde la primera hora con los alzados. Durante el mandato de la MMPOE administró el servicio de asistencia a los legionarios de nacionalidad portuguesa. Fuente: AHM

El general Raúl Esteves, veterano de las conspiraciones contra la I República portuguesa, fue el primer jefe de la MMPOE. Se debe a él la única reflexión teórica sobre aspectos estrictamente militares de la guerra civil publicado por un miembro de la misión de observación lusa. Fuente: AHM

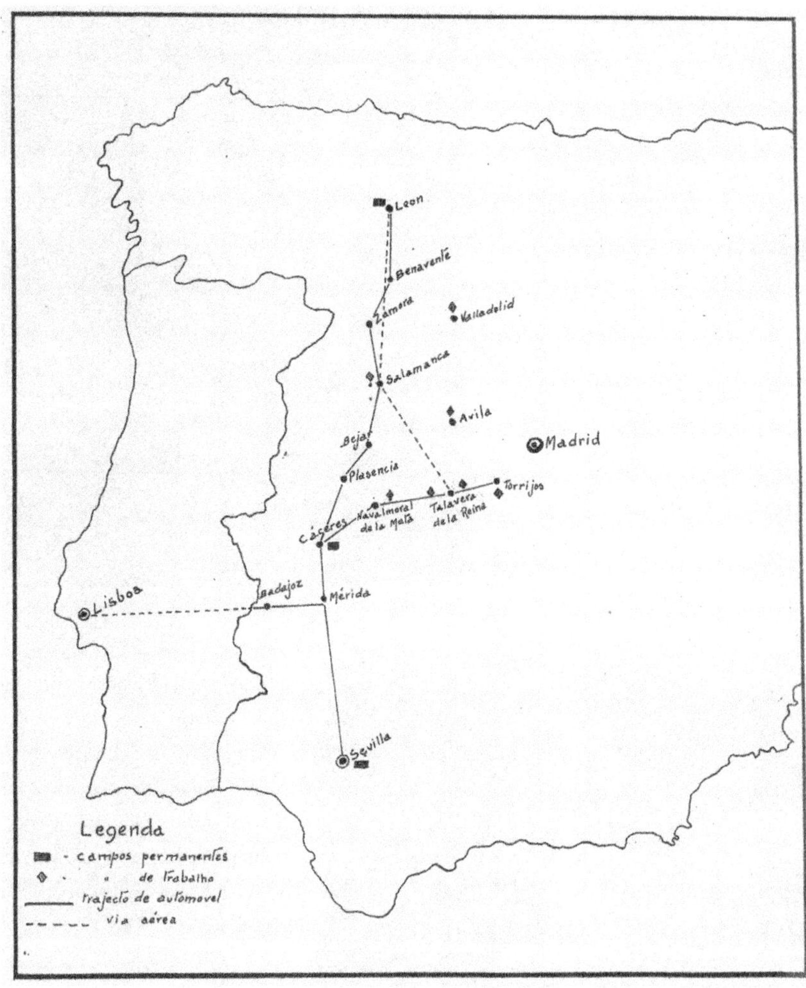

Itinerario de la Misión Especial del Arma de Aeronáutica portuguesa en octubre de 1936, comprendido en el informe original de los dos oficiales pilotos. Fuente: AHM

3.
AMPLIAR LA ESCALA. EL LUGAR DEL CONTROL SOCIAL EN EL SISTEMA REPRESIVO FRANQUISTA

Alejandro Pérez-Olivares
Universidad de La Laguna

"El esqueleto y la guadaña
que Durero grabó ya no nos sirven:
hoy hubiese grabado una ventana
encendida en una calle oscura".
Joan Margarit, "Sobre el terreno"

PONERSE EN PERSPECTIVA. A MODO DE INTRODUCCIÓN.

Escribí este texto en el invierno de 2021. Recuerdo empezar a teclear en un pequeño parque junto al Ródano, en el barrio de La Guillotière, Lyon. Entonces pensaba que podría ser mi último texto, y sentí que tenía sentido ponerme en perspectiva para explicarme a mí mismo mi propia trayectoria, mi experiencia. Era, también, una despedida de la ciudad que me había acogido durante los últimos cuatro años, y por eso decidí acumular una serie de notas en diferentes lugares a medida que afloraban los recuerdos. Cuando creí terminado el texto, se lo envié a los coordinadores desde una dirección de correo que ya no existe. Unos días antes había fallecido Joan Margarit, y fue su poesía la que me permitió vencer cualquier atisbo de impostura al escribir sobre mi reflexión como historiador. Quizá porque era una reflexión evocada "sobre el terreno", el título del poema que abre estas páginas; quizá porque esos versos le ponían palabras a aquello que tanto me costaba explicar en mis trabajos: la relevancia de estudiar el control social.

Empecé mi tesis doctoral en septiembre de 2012. Al menos ése fue el momento en que me matriculé oficialmente, aunque para mí hubo más continuidad que cambio en aquella decisión. En principio, mi proyecto de investigación debía profundizar en la posguerra de Madrid, un contexto al que ya le había dedicado un Trabajo Fin de Máster que me dejó una sensación extraña, contradictoria. ¿Cómo integrar el estudio de la violencia y de los apoyos al franquismo en el espacio urbano? Por aquel entonces acababa de leer *Granada azul*, cuyo autor analizaba desde las propias calles de esa ciudad el conjunto de discursos y prácticas, de experiencias individuales o colectivas y de trayectorias políticas que dieron forma a la dictadura durante sus primeros años de existencia (Hernández Burgos, 2011). ¿Era posible seguir explicando la construcción del franquismo únicamente desde su componente represivo? Tras unos años de intenso debate académico en torno a esta cuestión, después de la publicación de numerosos estudios locales y provinciales, importantes monografías temáticas y reflexiones metodológicas de calado, ¿se podía aportar una mirada novedosa?

Me llevé todas esas dudas, y alguna que otra pregunta adicional, al Archivo General de la Administración. Y allí, entre las cajas del fondo de la Delegación Nacional de Provincias de FET-JONS, el partido único, desfilaron las primeras manifestaciones de un período lleno de matices. Informes internos sobre militantes, propuestas de organización del racionamiento, partes mensuales de actividades e incluso muestras del descontento contra Franco fueron los documentos que me situaron en una nueva perspectiva sobre la amplia dimensión represiva de la dictadura. Luego llegó el Archivo General Militar de Ávila, y junto a Daniel Oviedo comencé a entender la complejidad de la ocupación de Madrid al final de la Guerra Civil. Luego el Centro Documental de la Memoria Histórica, casi sin solución de continuidad, un hito necesario para comprender el funcionamiento de algunas instituciones principales que abatieron sobre la población la sombra de la sospecha. También el Archivo General Militar, de nuevo en Madrid, para volver sobre una de las fuentes más ricas y novedosas que se han abierto a la consulta en las últimas décadas: los consejos de guerra. En los archivos, entre mis dudas, mis hallazgos y mis preguntas sin respuesta, a través de los primeros debates entre colegas y gracias también a algo de casualidad, encontré mi propio camino: profundizar en la dimensión punitiva del control social. Un camino con importantes retos conceptuales debido a la recepción mayoritariamente acrítica de esta noción en nuestra historiografía, lo que ha favorecido una opacidad de sus posibilidades analíticas (Chaves Palacios, 2019).

Un camino, también, lleno de retos metodológicos. Este texto supone una invitación a recorrer unos desafíos y otros, a modo de balance historiográfico pero también de propuesta analítica, con la esperanza puesta en mantener un diálogo que da cuenta de las preocupaciones vertidas en mi tesis doctoral hace ya unos años. Asimismo, pretende mostrar la relevancia de la discusión historiográfica más allá de los parámetros que adquirió entonces y proyectar nuevos debates. De este modo, recojo la invitación a participar en este volumen colectivo y diverso poniendo, en primer lugar, mis trabajos en perspectiva. Las siguientes páginas tienen la intención de situar el lugar del control social en el sistema represivo franquista, y para ello están divididas en dos grandes secciones. La primera, justo después de esta introducción, entiende el control, ante todo, como una práctica, y la ubica en una encrucijada definida por un acercamiento cualitativo a la violencia, por las instituciones que le otorgaron unas formas concretas y la contextualización de sus desafíos. La segunda sección, previa a una conclusión que no puede ser tal, invita a ampliar la escala de los análisis que entienden que la represión y la construcción del "nuevo Estado" franquista no pueden estar separadas de la recuperación de las actitudes sociales de la población ni de su vida cotidiana. De este modo, el control social permite poner rostros a partir de experiencias y espacios concretos, aunque por cuestiones de espacio este texto no deje de ser paradójico, y acaso se quede la superficie de problemáticas mayores, más profundas, que exigirán en el futuro nuevas matizaciones, diferentes marcos cronológicos y, por supuesto, otras preguntas.

Los primeros pasos de un régimen de control: lógicas, instituciones y desafíos

Está fuera de toda duda que el debate sobre la naturaleza represiva del franquismo, su caracterización del "enemigo" y el alcance de sus políticas de eliminación desde la sublevación de julio de 1936 ha sido uno de los motores que más han dinamizado la historiografía española. En primer lugar, en un sentido empírico, puesto que en las primeras décadas del siglo xxi se ha podido acceder de manera masiva a las fuentes documentales de la espina dorsal de la represión franquista, la justicia militar. En segundo lugar, en un sentido analítico, gracias a la discusión de la validez de incorporar esquemas como "limpieza política", "exterminio", "genocidio", "lógicas de la violencia" (Prada, 2010; Marco, 2015). En tercer lugar, el debate historiográfico ha permitido desarrollar diversas aproximaciones metodológicas a la violencia iniciada en el verano de 1936, desde el afanoso recuento de las víctimas a partir de estudios locales a la categorización de las principales formas represivas, pasando por un ya relativamente novedoso interés por los principales verdugos, los colaboradores necesarios u otras actitudes de la población respecto a la violencia (Gómez Bravo y Pérez-Olivares, 2014; Míguez Macho, 2016).

Una renovación sostenida en los estudios de la violencia que se explica también por la identificación de un cierto agotamiento en sus acercamientos cuantitativos. En un balance historiográfico de hace dos décadas, Javier Rodrigo ya indicaba la necesaria transición hacia otras preguntas y otros intereses que trascendieran la víctima como único sujeto explicativo de la violencia, lo que él denominó el "salto cualitativo". Tan solo dos años antes Conxita Mir había expresado la misma necesidad de ir más allá del cómputo de víctimas y el recuento de sanciones económicas, en un sugerente acercamiento holístico a la violencia franquista, donde consideraba "los efectos no contables de la represión" (Rodrigo, 2001; Mir Curcó, 1999). Ambos trabajos abrieron el enfoque a otras formas represivas, como la coerción, y a sus consecuencias en la vida cotidiana, como el ensanchamiento de la brecha social abierta por la propia guerra o la construcción de apoyos sociales a partir de la colaboración en la violencia (Cenarro, 2002; Gil Andrés, 2006; Anderson, 2009a). Aun así, los enfoques cuantitativos y cualitativos no son aproximaciones contrapuestas: la "inversión en terror" que sugirió Paul Preston como línea de continuidad entre la represión y la acumulación de capital franquistas también permite dibujar los contornos de una sociedad desmovilizada, una lógica más entre las que comunicaron los procesos y las funciones de la violencia como defendieron Gutmaro Gómez Bravo y Jorge Marco (Preston, 2011; Gómez Bravo y Marco, 2011).

Si pienso todo este tiempo en perspectiva, tengo pocas dudas de que este último libro, *La obra del miedo*, es uno de los que más me han influido como historiador de la represión franquista. Mi propio trabajo puede considerarse una profundización en la línea abierta por Gutmaro y Jorge. En este sentido, ¿cómo integrar el control social en el entramado represivo franquista? ¿Puede considerarse una forma de violencia? Son preguntas tan necesarias como complejas de concretar, sobre todo porque la noción de "control" arrastra más de un siglo de profundos debates teóricos y terminológicos y su recepción historiográfica ha sido bastante conflictiva (Oliver Olmo, 2005). Sin embargo, hace años Julio Aróstegui indicó un punto de partida recorrido por este mismo texto, al señalar que bajo regímenes autoritarios, totalitarios o dictatoriales en sentido amplio, "cualquier versión del control social pasa a pertenecer ya a otra categoría de acción desde el Poder: la de represión. La compleja relación de control social y violencia política es multiforme pero siempre definible" (Aróstegui, 2012). De este modo, el sintagma "represión y control social", tan ampliamente instalado en la historiografía para acoger las múltiples dimensiones violentas de la dictadura franquista, apenas tiene en cuenta que la definición de los umbrales de lo permitido y el establecimiento de las bases de la gobernabilidad formaron parte del mismo proceso de construcción del "nuevo Estado" durante la Guerra Civil.

La cuestión es, por tanto, reconstruir el contexto en que se crearon una serie de instituciones claves no solo para entender la dirección de las operaciones militares desde el Estado Mayor franquista, sino también la gestión de la retaguardia, la preparación de la ocupación del territorio bajo control de la II República y el diseño de la sociedad posconflicto. Interpretar la guerra civil española desde el prisma de una guerra de ocupación supone prestar atención a la relación entre los desafíos enfrentados por el naciente Estado franquista y la concepción del orden (Pérez-Olivares, 2015). El contexto militar que se abrió después del intento de entrada de Madrid entre noviembre y diciembre de 1936, con la ocupación de Málaga en febrero de 1937 y la creciente importancia del frente Norte, coincidió en el tiempo con la necesaria reestructuración de los servicios de inteligencia militar. Como ha demostrado Peter Anderson, en términos represivos la conquista de Málaga simbolizó el paso decidido del "terror caliente" a la clasificación del "enemigo", unido a la implantación definitiva de los consejos de guerra (Anderson, 2017). Mientras el conflicto abandonaba la fase de columnas y se encaminaba a la "guerra total", la adquisición de la información fue adquiriendo cada vez más importancia en el encauzamiento de la represión y la gestión del orden público. En la primavera de 1937 dio sus primeros pasos la Oficina de Información y Propaganda Anticomunista (OIPA) bajo el mando de un carlista destacado en la represión en Navarra, Marcelino de Ulibarri (Mikelarena, 2015). Tras la toma de Bilbao en julio, el propio Franco dejó claros los retos del nuevo tiempo:

> Son frecuentes las ocasiones en que nuestro Ejército, por sus continuos y victoriosos avances, ha de actuar en plan de ocupación militar de territorios conquistados durante cuyo período, entre las múltiples misiones que se presentan, es una importante la de

salvar toda clase de documentación de centros oficiales (militares y civiles), políticos y sociales, que han de proporcionar una interesantísima información[1].

La necesidad de gestionar al mismo tiempo la información capturada al enemigo y las retaguardias que se iban incorporando progresivamente al campo franquista, especialmente ciudades de carácter medio, desplazó la preocupación de las autoridades hacia el reforzamiento del orden. Para ello se institucionalizó la gestión punitiva de la información a través de una serie de decretos reservados, entre el otoño de 1937 y la primavera de 1938. En primer lugar, se creó el Servicio de Información y Policía Militar (SIPM), la principal agencia de inteligencia, a cargo del coronel José Ungría, quien reorganizó y fusionó la mayor parte de los antiguos servicios de espionaje, otorgando a esta función mayor autonomía en la retaguardia enemiga respecto a las grandes unidades del frente. También nació la Delegación del Estado para la Recuperación de Documentos (DERD), adscrita al Ministerio de la Gobernación, con el objetivo prioritario de coordinarse con la Auditoría de Guerra del Ejército de Ocupación, el principal organismo que iba a impartir justicia en los territorios conquistados. "Como quiera que la citada Auditoría prepara su sección de información con vistas a actuaciones futuras, es útil el servicio de recuperación ensanchando sus medios de adquisición de datos interesantes"[2]. Ocupación, orden público e información formaban parte de un nuevo esquema represivo, donde la persecución del enemigo pasaba por la difícil búsqueda de sus antecedentes. Si desde la preparación del golpe de Estado la violencia se había entendido (y puesto en práctica) como una herramienta de paralización, el ecuador de la guerra dibujó el desafío de enfrentarse al pasado de la población en el mundo urbano, donde las responsabilidades políticas, los comportamientos fuera de las normas del "nuevo Estado" se difuminaban (Kalyvas, 2010; Anderson, 2009b; Espinosa Romero, 2016).

Tres procesos culminaron esta institucionalización antes de que terminara la guerra. En primer lugar, la inserción de la DERD y el SIPM en el producto más refinado del orden de ocupación, la Columna de Orden y Policía de Ocupación. La creación de este organismo en abril de 1938, cuando el territorio republicano quedó dividido en dos partes, revela el grado de anticipación al final de la guerra. La Columna apuntaba a las tres últimas grandes ciudades en poder de la II República, Barcelona, Valencia y Madrid, y junto a la disposición de un batallón de orden público por cada distrito destacaba la gestión de servicios urbanos como los servicios de transporte, abastecimiento, aguas y electricidad, proyectando la ocupación a los retos cotidianos. En segundo lugar, y en directa relación con lo anterior, hay que resaltar la creación de una institución clave para entender el control urbano tras la ocupación, los jefes de casa, que según el diseño militar

[1] Centro Documental de la Memoria Histórica (CDMH), Delegación Nacional de Servicios Documentales (DNSD), Correspondencia. Cuartel General del Generalísimo, Estado Mayor, 2ª Sección. Instrucciones y órdenes. A Marcelino de Ulibarri. Julio de 1937.

[2] CDMH, DNSD-Secretaría, Expedientes personales y de asuntos, Legajo 23, Expediente 330, "Recuperación de Documentos". Para el nacimiento del SIPM, Archivo General Militar de Ávila (AGMAV), Caja 1853, Carpeta 15.

formaban parte de una estructura mayor que incluía a jefes de barrio y jefes de sector, estos últimos equiparados a los distritos[3]. Lejos de considerar el "caso español" como una excepción, la perspectiva comparada muestra que tanto la identificación del desafío de la gestión cotidiana de la ciudad como la voluntad de promover la colaboración entre la población hizo de los regímenes de ocupación una experiencia muy fluida en el marco de la "guerra total" (Pérez-Olivares, 2020c).

Por último, es importante destacar la dilatada coordinación entre las instituciones de control: la Auditoría de Guerra, la Columna y también el Servicio Nacional de Seguridad, la policía franquista. En este sentido, es posible documentar la estrecha relación entre uno de sus agentes, Eduardo Comín Colomer, y el Delegado Nacional de Recuperación de Documentos, Marcelino de Ulibarri, cuya labor ya estaba integrada en la Columna. Comín, con el tiempo famoso "historiador" del movimiento obrero y de la II República, ideó un original proyecto de gestión documental y formación policial, el *Boletín de Información Antimarxista*, cuya publicación corría a cargo de la cuarta sección homónima de la Policía. No es posible interpretar la naturaleza de esta publicación y su alcance en la posguerra sin el "Archivo de la Cruzada", ubicado en Salamanca, al servicio de la búsqueda de antecedentes (Martínez Rus y Pérez-Olivares, 2018).

AMPLIAR LA ESCALA: ACTITUDES Y ESPACIOS COTIDIANOS DEL CONTROL.

Quizá la mayor tentación al reflexionar sobre el control social como una forma de violencia es equiparar las intenciones de las autoridades, la función de las instituciones creadas para asegurar la gestión punitiva de la información, con sus realizaciones. En este sentido, la ocupación de Madrid al final de la Guerra Civil permite evaluar tanto las intenciones como las realizaciones más allá de la pulsión de control total del que hacía gala la Columna de Orden. Inmediatamente después de hacerse efectiva la entrada en Madrid, las autoridades franquistas hicieron públicos dos textos fundamentales. El primero de ellos fue el bando de guerra, que fijaba los delitos en el "nuevo tiempo" de acuerdo al Código de Justicia Militar. El texto reservaba las penas más duras, aquellas contempladas en el delito de rebelión, para quienes cometieran cualquier tipo de agresión, robo o sabotaje en los servicios de Correos, Telégrafos, Teléfonos, ferrocarriles, tranvías, Metro, fábricas y conducciones de agua o electricidad. También a los responsables de estaciones de radio y emisoras que funcionaran sin la autorización, de propagar rumores y noticias falsas, a quien omitiera cualquier responsabilidad o entorpeciera la labor de recuperación del material de guerra[4]. El segundo texto fue el edicto de la Auditoría de Guerra del Ejército de Ocupación, que llamaba a instaurar la justicia del nuevo régimen en Madrid mediante la colaboración de funcionarios públicos, serenos, inquilinos y porteros de finca. Su

[3] AGMAV, Caja 2552, Carpeta 44.
[4] Bando de guerra de 29 de marzo, en *ABC*, 30/III/1939.

articulado mostraba una importante capacidad de adaptación al mundo urbano, con el objetivo específico de disolver el anonimato para esclarecer las culpas penetrando en las relaciones vecinales. No responder a esta llamada de la justicia franquista de ocupación equivalía a ser declarado rebelde, igual que proporcionar un falso testimonio o no compartir cualquier información sensible[5].

La colaboración solicitada por el edicto de la Auditoría pronto se concretó en los barrios y, sobre todo, en el interior de las casas. Allí, los formularios entregados por la Auditoría evaluaron los comportamientos pasados a través de un cruce de declaraciones que tenía formatos diversos: declaración jurada, para los inquilinos, interrogatorio en el caso de los porteros, considerados sospechosos desde primera hora. Estos formularios fueron los primeros dispositivos de control con los que las autoridades pretendieron cosechar actitudes delictivas, fundamentalmente cualquier conducta relacionada con la violencia física (denuncias, colaboraciones) o contra la propiedad (robos, saqueos o inspecciones). Estas fueron las líneas maestras del orden instaurado en la ciudad a partir de abril de 1939, pero no sería acertado pensar que ese orden estaba ya construido a priori y que la colaboración de la población apenas fue necesaria. Los formularios de la Auditoría fueron la primera expresión del intento de gobierno de la ciudad, en dos sentidos. Por un lado, la coerción que emanaba del bando de guerra y el fomento de la delación en los primeros días de posguerra se adaptaron al marco urbano al tomar como base los distritos de la ciudad, donde debían practicarse las declaraciones. Por otro, la pretensión de orientar y modelar los comportamientos de los madrileños al convertir su comparecencia en "obligación ineludible" cumplía la función estratégica de obtener información tras la ocupación (Oviedo Silva y Pérez-Olivares, 2016).

La participación de los vecindarios en el "engrasamiento" de la maquinaria punitiva franquista profundizó en la brecha abierta por la guerra, puesto que la retaguardia madrileña fue escenario de un agudo proceso revolucionario que alteró las relaciones interpersonales incluso dentro de los bloques. Sin embargo, a pesar de las altas dosis de coerción de las que estuvieron rodeadas, acercarse a las actitudes de porteros e inquilinos ante los formularios de la Auditoría supone tener en cuenta su capacidad de agencia, modulada por factores como el género, la clase social o el tiempo de residencia. Desde fuera de las casas, otros criterios como la densidad habitacional, la movilidad, las evacuaciones y realojamientos de población, la movilización y conflictividad políticas o la sociabilidad fueron fundamentales para asentar la delación en 1939 (Oviedo Silva, 2016; Pérez-Olivares, 2020a: 79-121). Las denuncias podían iniciar nuevas investigaciones por parte de los tribunales militares o integrarse en sumarios ya en curso, de modo que cualquier nuevo detalle era una nueva parada en un viaje al pasado de los detenidos. Militancias sostenidas, imágenes o gestos concretos, estereotipos e incluso rumores alimentaron los procesos judiciales. Como ya se ha resaltado, la distancia entre los "hechos atribuidos" y los "hechos probados" quedó abolida por la justicia de ocupación, y la "orientación" de

[5] Edicto de la Auditoría de Guerra del Ejército de Ocupación, 30/III/1939, en *ABC*, 1/IV/1939.

las investigaciones por parte de los auditores en busca de cualquier particularidad que pudiera estar incluida en el bando de guerra fue continua (Gil Vico, 2010; Marco, 2012).

Así, muy pronto la denuncia se combinó con otros dispositivos, como los informes de conducta, que ayudaron a definir en la práctica los comportamientos proscritos en el Madrid de posguerra. Al igual que había ocurrido con los formularios de porteros e inquilinos, los informes de conducta estuvieron ampliamente participados por los vecinos de los acusados, y suponían el recuerdo del orden de ocupación, del bando de guerra, a través de la presencia de las autoridades en las mismas puertas de las casas. La extensión de este dispositivo a lo largo de la ciudad se debe, en primer lugar, a su utilización inicial por parte del SIPM y su adopción por parte de la Dirección General de Seguridad, lo que prueba la estrecha conexión entre uno y otra. Después fue empleado masivamente también por la Guardia Civil y FET-JONS, y adquirió una estructura particular: la información aparecía dividida en dos grandes apartados: cargos, actuación y encuadramiento antes y "al estallar el Movimiento", primero; y conceptuación (policial, religiosa, pública y privada), después (Pérez-Olivares, 2018a).

Los dispositivos de control no solo pretendían capturar el pasado sospechoso de los habitantes de Madrid. El régimen de ocupación impuesto a finales de marzo de 1939 en la ciudad también sancionaba cualquier comportamiento que pudiera perturbar el abastecimiento, delito previsto en el bando de guerra, a cuyo cargo estaba la Columna de Orden y Policía de Ocupación. Las complejas y diversas actitudes de la población en relación al hambre como consecuencia del racionamiento decretado mes y medio después de terminar la guerra han sido profundamente debatidas en la reciente historiografía, pero apenas han sido exploradas desde los parámetros de orden que envolvieron su vida cotidiana (Del Arco Blanco, 2010; Rodríguez Barreira, 2010; Román Ruiz, 2015a)[6]. Investigar el ejemplo de Madrid ha permitido demostrar la clara pretensión controladora de instituciones como las juntas de abastecimiento, que tomaban como base de actuación los distritos, o las propias cartillas de racionamiento, que incluían una declaración jurada obligatoria. La capacidad de refinamiento punitivo y coordinación entre organismos de la que el régimen hizo gala explica también que la distancia entre el delito y la impunidad, entre el estraperlo y el mercado negro, residiera en el pasado político de las personas investigadas (Pérez-Olivares, 2020b). Como sancionaba la propia ley de creación de la Fiscalía de Tasas, una de las principales instituciones en la persecución de la transgresión del racionamiento, "cuando por los antecedentes y actividades de los infractores contra el régimen o su conexión con elementos revolucionarios o expatriados existan vehementes indicios de propósito de perturbación del orden [...] deberán considerarlo comprendido dentro del delito de rebelión"[7]. De este modo, el concurso de los tribunales militares fue recurrente en la persecución del estraperlo, entendido como la subversión del orden.

[6] Boletín Oficial del Estado (BOE), nº 137, 17/V/1939, pp. 2691-2692.
[7] BOE, nº 277, 3/X/1940, pp. 6851-6854.

El fracaso del racionamiento franquista creó las condiciones de posibilidad para articular dispositivos específicos de control que explorasen las relaciones sociales aledañas al estraperlo y al abastecimiento informal. El reforzamiento punitivo al que se vio obligada la dictadura apenas pudo penetrar en las redes de solidaridad intracomunitaria y esclarecer la ocultación, de modo que la amenaza del bando de guerra y la posibilidad constante de la denuncia se vieron reforzados con otros dispositivos específicos, como las visitas anónimas por parte de agentes de la Fiscalía y la inspección de negocios particulares. El régimen franquista se vio obligado a ampliar la escala una vez más para reflejar los espacios del delito, ya fueran públicos o íntimos. La articulación de este esquema de control partió desde las más altas esferas del poder franquista, la propia Subsecretaría de la Presidencia del Gobierno, ocupada por Luis Carrero Blanco, y combinó la vía jurídica con la coordinación de diferentes agencias para definir un orden público que respondiera a las diversas expresiones que adoptó la supervivencia de las clases subalternas. Es importante destacar el carácter reactivo de este esquema: fue la búsqueda de una solución punitiva al desborde del estado de guerra lo que promovió una arquitectura legal que encauzó la actuación de las diferentes agencias de control. Así, a la creación de la Fiscalía de Tasas y al recurso a los tribunales militares se unió el trabajo de campo realizado por la Policía, la Guardia Civil y Falange, que ya se habían destacado en el control socio-político de la población madrileña tras la ocupación (Pérez-Olivares, 2020a: 123-154).

La persecución de los comportamientos contrarios a las leyes con el objetivo de erradicarlos, lo que se suele entender como control punitivo o "en negativo", conllevó una manifiesta exclusión de la población que vio en el estraperlo la única forma de supervivencia (Román Ruiz, 2015b). La sospecha generalizada fue una de las principales manifestaciones de la construcción de la dictadura y de la edificación de la sociedad posconflicto, y también se proyectó sobre la comunidad política franquista. La concertación de apoyos fue paralela al desarrollo de la propia sublevación, su conversión en una guerra total y el afianzamiento de la retaguardia, y tuvo expresiones tanto civiles como militares a partir de recompensas, reconocimientos y beneficios. En este sentido, la conformación del "nuevo Estado" no puede entenderse sin la promoción de conductas ajustadas a las nuevas normas, de comportamientos orientados de acuerdo a los valores del régimen, lo que se ha definido como control "en positivo" (Melossi, 1992: 153-158). La compensación por los padecimientos asociados a la guerra fue una práctica asentada ya antes de que terminara el conflicto y, como ha demostrado Ángel Alcalde, convirtió a los excombatientes en un colectivo fiel a Franco y en un sujeto político movilizable más allá de los primeros años de posguerra (Alcalde, 2014). El régimen dedicó amplios recursos, tanto discursivos como materiales, para construir la normalidad posconflicto. En este sentido, la ley de 25 de agosto de 1939 reservaba "con carácter restringido para mutilados, excombatientes, excautivos y personas de la familia con víctimas de la guerra" el 80% del empleo público en Ministerios, diputaciones provinciales, municipios y otras corporaciones[8].

[8] BOE, nº 244, 01/IX/1939, pp. 4854-4856.

A pesar del protagonismo social de excombatientes y mutilados en la posguerra, y de su hegemonía todavía hoy en el recuerdo de los favores institucionalizados por la dictadura, la ley de agosto también fue importante al fijar el horizonte civil de la Victoria. Abrió, además, el cauce a una cierta participación en las estructuras del régimen y a la negociación de sus valores, que se llenaron de experiencias concretas, ya fueran traumas relacionados con la persecución en la retaguardia republicana o testimonios que de manera interesada situaban la colaboración individual con la Quinta Columna. La dinámica que abrió esta ley estuvo definida por la voluntad decidida de formar parte de lo que se ha definido como "Cultura de la Victoria", pero este proceso de identificación con el régimen y ascendencia sobre la comunidad más cercana y cotidiana también estuvo definido por la sospecha. No en vano, las instancias y solicitudes recogidas por la Administración para comenzar la adjudicación de las recompensas estuvieron acompañadas nuevamente por los formularios de declaración jurada, de modo que fue una oportunidad para que el pasado de la población fuera escrutado en el contexto de la quiebra de la sociedad civil de posguerra (Pérez-Olivares y Píriz, 2018).

Algo similar ocurrió con el partido único, FET-JONS, cuyos formularios de adhesión incluían la necesidad de aportar dos avales que pudieran confirmar los antecedentes políticos anteriores al 14 de abril de 1931 y al 17 de julio de 1936 declarados sobre el papel. También se preguntaba por "los cargos y las actividades de todo orden durante su permanencia en la zona roja" y la "fecha, forma y circunstancias" en que consiguieron salir. El último requisito obligatorio era aportar un informe de conducta político-social procedente del Delegado Provincial de Información e Investigación, la policía política del partido, y del Jefe Provincial[9]. Aunque muchos autores han destacado la función del partido único como una "agencia de colocación" de sus militantes y un espacio político orientado a la Administración, la actividad depuradora de las Delegación de Información e Investigación y de Justicia y Derecho definió al partido único como una verdadera "burocracia de la sospecha", alimentada por su implantación barrial a través de los jefes de casa, pero también por el contexto geopolítico en los años de la II Guerra Mundial (Pérez-Olivares, 2019).

Perspectivas futuras: las otras (posibles) historias de control.

Las páginas anteriores han mostrado una preocupación historiográfica muy concreta, acerca de la necesidad de profundizar en la dimensión represiva de la dictadura franquista a partir del control social. Una noción flexible, amplia, que al desplegarse como práctica permite introducirse en la microfísica del poder franquista a partir de sus instituciones, de la definición del delito, de los modos de identificación, persecución, coerción y castigo, pero también de las actitudes de la población en relación a la propia violencia y a

[9] International Institute of Social History (IISH), Spanish Resistance Collection, Doc. 7.

un régimen político en construcción. En un sentido historiográfico, considero que esta operación permite abrir nuevas perspectivas sobre la violencia; en un sentido analítico, que permite clarificar la definición del control como una práctica; y en un sentido metodológico, que permite desarrollar nuevos usos de las fuentes de archivo.

Pero basta de hablar de mis intereses particulares como historiador. Apenas queda espacio ya en un texto que no puede tener una conclusión definitiva, de modo que es momento de proyectar todas las posibles historias de control que están aún por escribir. Ya contamos con algunos trabajos que llegan a describir la potente diversidad represiva del franquismo casi en una escala 1:1, ampliándola hasta el nivel del individuo y a otros contextos más allá de la posguerra y el mundo urbano. En este sentido, la Iglesia fue otra de las instituciones esenciales para entender el control en una perspectiva amplia, más allá de las políticas de redención dentro de las cárceles, y para diferenciar las leyes del Estado de otras normas interiorizadas por la sociedad y expresadas en la vida cotidiana. Nuevas miradas han destacado la colaboración de la población en el "control moral" de la población, sobre todo en pequeñas comunidades donde fenómenos como el contacto continuo, la honra y la perpetuación del trauma de la Guerra Civil dibujaron el día a día (Román, 2019: 315-364). Hay muchos puntos de partida distintos al de este texto, como la violencia simbólica que sustentó el sistema de género sancionado por la dictadura y pretendió asegurar su reproducción en los años del desarrollismo, cuando la sospecha también se dirigió a las influencias perniciosas del extranjero. De este modo, el miedo fue otro potente dispositivo de control, cuyo objetivo era imponer en la sociedad una cuaresma perpetua (Altuna Etxeberria, 2014). Y también cabe preguntarse por la efectividad de los medios de comunicación y otros dispositivos culturales, como el cine, en la representación y aceptación de la domesticidad y la desmovilización política (Fernández-Cebrián, 2016).

Con todo lo anterior, parece que "el esqueleto y la guadaña" del poema de Joan Margarit son imágenes cada vez más insuficientes para recoger la diversidad de las formas represivas franquistas, para comprender la propia duración de la dictadura y para abolir las distancias entre el Estado y la sociedad. Quizá esta invitación a ampliar la escala sea útil para comprender la violencia desde criterios cualitativos, a partir de sus finalidades y a través de sus realizaciones cotidianas, donde la colaboración de la población fue clave y se situó entre las víctimas y los verdugos, entre las instituciones y los rostros de la represión. Quizá apostar por el control social necesite ubicar esta cuestión detrás de una "ventana encendida en una calle oscura", atenta a las actitudes fuera de la norma, recordando todas las posibles sanciones, sintiendo la coerción y el miedo cotidianos.

4.
LAS TEXTURAS DE LO COTIDIANO: LA *ALLTAGSGESCHICHTE*, LAS ACTITUDES SOCIOPOLÍTICAS BAJO EL FRANQUISMO Y EL HAMBRE DE POSGUERRA

Gloria Román Ruiz[1]
Universidad de Granada

Este capítulo comienza esbozando algunos de los principales rasgos y presupuestos teóricos de la *Alltagsgeschichte* o historia de la vida cotidiana, que ha mostrado su potencial para ampliar y mejorar nuestro conocimiento acerca del funcionamiento de las dictaduras europeas de entreguerras. En segundo lugar, se detiene en el estudio de las actitudes sociopolíticas bajo uno de aquellos regímenes, el franquista, dado que este ha sido uno de los temas predilectos de los historiadores de la vida cotidiana. Por último, se centra en una de las líneas de investigación más fructíferas dentro de los trabajos sobre actitudes, la del hambre de posguerra (1939-1953), puesto que este fue uno de los elementos que más moldeó la opinión popular hacia la dictadura durante su primera etapa. Con ello este texto busca, de un lado, hacer un recorrido por las principales aportaciones y contribuciones que se han hecho en los últimos años sobre el franquismo cotidiano, el "de carne y hueso". Y, de otro, esbozar algunas de las líneas de trabajo en curso.

LA *ALLTAGSGESCHICHTE* O HISTORIA DE LA VIDA COTIDIANA

En el primer episodio del podcast *Miniatures* realizado recientemente por los miembros del proyecto de investigación *Dictatorship as experience: A comparative history of everyday life and the 'lived experience' of dictatorship in Mediterranean Europe (1922-1975)* de la University of Saint Andrews, financiado por el European Research Council (ERC), distintos especialistas trataban de dar respuesta a la pregunta "¿Qué es la vida cotidiana?". Para la profesora Kate Ferris, quien lidera el proyecto, se trataría de las pequeñas prácticas protagonizadas por la gente de a pie en su día a día, así como de las relaciones e interacciones que establece con los órganos e instituciones de poder. Pero también de las conexiones e interactuaciones entre lo ordinario y lo extraordinario. Por su parte, la profesora Claire Langhamer (University of Sussex) ponía el acento en las "texturas" de

[1] La autora forma parte de los proyectos de investigación "Heritages of Hunger: Societal Reflections on Past European Famines in Education, Commemoration and Musealisation" (NWA. 1160.18.197; NWO; Radboud University / NIOD Institute) y "La hambruna española: causas, desarrollo, consecuencias y memoria (1939-1952)" (PID2019-109470GB-I00/AEI/10.13039/501100011033), que han financiado la investigación que sustenta este capítulo.

los sentimientos y de las experiencias diarias de los hombres y mujeres comunes. Para otros investigadores que intervenían en la discusión, como Claudio Hernández Burgos (Universidad de Granada), se trata sencillamente de una pregunta sin respuesta o con tantas respuestas como historiadores de la vida cotidiana hay[2]. Las respuestas ofrecidas por estos especialistas muestran las enormes dificultades a la hora de de definir la realidad de lo cotidiano, si bien todos coinciden en caracterizarla como enormemente flexible y compleja.

La *Alltagsgeschichte* o historia de la vida cotidiana surgió como corriente historiográfica en la Alemania de finales de la década de los setenta y comienzos de la de los ochenta. Esta perspectiva, próxima a la nueva historia cultural de los noventa, implicaba de alguna forma el reconocimiento de la superación de la historia social más clásica. Uno de sus principales representantes fue el historiador alemán Alf Lüdtke, fallecido en 2019. Este enfoque prima explicaciones plurales y en clave de gris, más que dicotómicas en base al blanco y negro. Y es que las percepciones, sentimientos, comportamientos y opiniones de los individuos fueron múltiples y fluctuantes. La historia de la vida cotidiana reconoce las ambivalencias e incluso las contradicciones inherentes al día a día, admitiendo que los sujetos históricos pudieron ser a la vez víctimas y perpetradores o resistentes y colaboracionistas. Por tanto, a pesar de que durante mucho tiempo lo cotidiano fue minusvalorado e identificado con lo simple y lo anecdótico (Hernández Sandoica, 2004, págs. 506-519, 507), uno de sus principales rasgos es precisamente la complejidad.

Frente a lo que plantearon hace años autores como Franco Crespi, que estimaron que lo extraordinario no formaba parte de la cotidianeidad (Crespi, 1984, pág. 100), defendemos –junto a Ferris– que tanto lo ordinario como lo extraordinario, así como las formas en que ambos se relacionan, han de ser incluidos bajo el amplio paraguas de lo cotidiano. Si bien aquí surge un nuevo interrogante: ¿Qué entendemos por ordinario/normal y qué por extraordinario/anormal, especialmente cuando se trata de regímenes dictatoriales en los que las tradicionales acepciones de estas nociones subjetivas se vieron profundamente trastocadas? (Bergerson, 2004, pág. 35; Hernández, 2019, págs. 23-44). La historia de la vida cotidiana se ha caracterizado por prestar atención a unos determinados sujetos históricos, por revalorizar su capacidad de agencia mediante la ampliación de la noción de política, por abordar unos temas determinados y hacerlo en un marco de estudio concreto y con unas fuentes específicas. En las siguientes líneas se ahonda en todas estas particularidades.

Los *sujetos* en los que se han centrado los historiadores de la vida cotidiana son aquellos "ordinarios". Es decir, la gente de a pie "normal y corriente". Esta categoría –no exenta de controversia por su difícil concreción– incluiría principalmente a los individuos "comunes" situados en "los márgenes" de la sociedad (Rodríguez, 2013). Pero, aunque en menor medida, también a los poderes locales que interactuaron con ellos en su vida

---

2 https://soundcloud.com/university-of-st-andrews/miniatures-episode-1-what-is-everyday-life; https://arts.st-andrews.ac.uk/everyday-dictatorship/about-the-project/

diaria (alcaldes, curas, jefes de Falange o de la Guardia Civil, etc.) y que representaban a la dictadura a escala municipal. Al atender a estos sujetos históricos, a sus experiencias subjetivas y a los factores que interfirieron en sus tomas de decisiones, se trata de evitar tanto victimizarlos, presentándolos como meramente pasivos, como "heroizarlos", obviando las estructuras de poder que los oprimían en su día a día.

En este sentido, la historia de la vida cotidiana se ha preocupado por las *maneras de hacer política* de las clases populares (De Certeau, 1999). Se ha interesado por la política de "los de abajo" durante dictaduras como la franquista, que hicieron grandes esfuerzos por politizar todas y cada una de las esferas de la cotidianeidad: desde el trabajo hasta el ocio pasando por la alimentación e incluso el humor. Al estirar los límites de la noción de "política" han tenido cabida nuevos sujetos. Es el caso de las mujeres, que tradicionalmente habían sido percibidas como seres no políticos por estar ausentes del espacio público, pero que –incluso viviendo en dictadura– lograron articular prácticas cotidianas políticamente connotadas. Las investigaciones al respecto han puesto de manifiesto que este grupo no solo participó, sino que incluso protagonizó, episodios de conflicto en el mundo rural durante el franquismo, especialmente cuando se trataba de defender sus recursos y economías domésticas (Alía, 2017; Murillo, 2014). También los menores de edad, incluso los que vivieron bajo dictaduras de entreguerras como la nazi, están comenzando a ser percibidos como sujetos con capacidad de agencia (Stargardt, 2007). Los niños no se definen única y exclusivamente por su vulnerabilidad en contextos excepcionales como las guerras, las posguerras, las hambrunas o las dictaduras. Más allá de su condición de víctimas, fueron sujetos que actuaron e influyeron sobre su entorno.

Los *temas* de los que se han ocupado los historiadores de la vida cotidiana han sido enormemente variados. Entre ellos ha destacado sobremanera el de las actitudes sociopolíticas de la población bajo las dictaduras europeas de entreguerras. Y, más concretamente, su sentir respecto a sus condiciones materiales de vida: alimentación, trabajo, vivienda, servicios como el de agua potable o aprovechamiento de recursos naturales del entorno más cercano. Pero también las formas en que vivieron y experimentaron el ocio, la religiosidad y las festividades populares en el marco de un régimen dictatorial que hizo importantes esfuerzos por regularlos y controlarlos.

Respecto al *marco de estudio*, la historia de la vida cotidiana ha mostrado funcionar especialmente bien al ser aplicada a ámbitos de análisis reducidos o micro. Es por ello que a menudo ha ido de la mano de la historia desde lo local. El mundo rural, tradicionalmente ubicado en un segundo plano respecto al ámbito urbano y por ello menos atendido, se ha visto beneficiado con esta aproximación. Al situarse en el centro de nuevos análisis, ha sido revalorizado y en gran medida desmitificado. Al campo se le habían atribuido a menudo actitudes mayoritariamente apáticas y comportamientos desmovilizados durante dictaduras como la franquista. Sin embargo, cada vez más trabajos están poniendo de manifiesto que también en el agro hubo actuaciones "subversivas", incluso desde la inmediata posguerra (Cabana, 2006; Rodríguez, 2008). No obstante, estos estudios no desatienden marcos espaciales más globales, sino que muestran interés por las interacciones entre lo micro y lo macro. Es decir, tratan de analizar los procesos históricos a diferentes escalas, integrando visiones nacionales, regionales, provinciales y locales.

En cuanto a las *fuentes*, han sido quizá uno de los hándicaps de la historia de la vida cotidiana, dada la dificultad de recuperar, no los discursos y las políticas de las dictaduras, sino sus recepciones "a ras de suelo". De ahí que durante algún tiempo los trabajos que buscaban aplicar este enfoque adolecieran de un desequilibrio entre teoría y carga empírica. No obstante, existen numerosas fuentes a través de las que aproximarse a las experiencias y prácticas cotidianas de las gentes de a pie. Entre las archivísticas destacan las judiciales (caso de las denuncias o los actos de conciliación de los Juzgados de Paz), que ofrecen importantes pistas acerca del grado de cumplimiento de las normativas del régimen y, por ende, de la micro-conflictividad y las pequeñas resistencias cotidianas. También las epistolares, aunque estas resultan más difíciles de hallar. Y, especialmente, las orales, que cuentan con la gran virtud de abrir una ventana a las subjetividades individuales. Las historias de vida muestran mejor que ninguna otra fuente lo fluctuantes que resultan las trayectorias vitales, así como las variopintas percepciones que suscitaron las narrativas y realizaciones de la dictadura en función tanto de anhelos e intereses particulares como de las múltiples y cambiantes identidades individuales (política, religiosa, de género, etc.).

Pero la historia de la vida cotidiana tiene también importantes *limitaciones*. En primer lugar, la ya referida indefinición y falta de concreción que la hacen enormemente amplia. En segundo lugar, su carácter parcial y fragmentario, dada la imposibilidad de abarcar las múltiples dimensiones que entraña. El/la historiador/a que pretenda aplicar los postulados de esta tendencia historiográfica habrá de ser consciente de que tan solo podrá recuperar una parcela de la cotidianeidad de los sujetos del pasado que se disponga a estudiar. Además, ha de estar dispuesto a aceptar la contradicción, como característica inherente a las vidas cotidianas de los individuos, que rara vez se ajustan a los patrones historiográficos.

Las actitudes sociopolíticas bajo el franquismo (1939-1975)

Uno de los temas predilectos de la historiografía de la vida cotidiana ha sido el de las actitudes sociopolíticas de la gente de a pie bajo los regímenes dictatoriales de la Europa de entreguerras, dado que este enfoque resulta uno de los más apropiados para entender el funcionamiento de estos sistemas políticos (Ferris y Hernández, 2022). Esta aproximación teórico-metodológica a través de la que se busca conocer mejor las dictaduras "realmente" vividas comenzó aplicándose al caso de la Alemania nazi (Peukert, 1987; Steege, 2007; Mäilander, 2009). Pero pronto adoptó como objeto de estudio otros contextos similares y próximos en el tiempo como el de la Italia fascista (Bosworth, 2005; Ferris, 2012; Arthurs, Ebner y Ferris, 2017) la Francia de Vichy (Gildea, 2004) o la Rusia estalinista (Fitzpatrick, 1999).

Sus postulados terminaron por aplicarse también al caso de la dictadura de Franco. En los últimos años han aparecido publicaciones que subrayan la complejidad de las actitudes sociales y políticas de los hombres y mujeres que vivieron bajo el régimen franquista, así como las dificultades para clasificarlas en bloques monocromáticos (Rodríguez, 2013). Además, algunas de ellas han apostado por análisis de amplio espectro cronológico que permiten asistir a la evolución –continuidades y discontinuidades– de las actitudes a lo largo de las cuatro décadas de dictadura (Román, 2020a; Fuertes, 2017). Algunos de estos trabajos, no solo han constatado la existencia de una amplia "zona gris" actitudinal bajo el régimen de Franco, sino que han defendido que fue la mayoritaria, por delante de las de color blanco o negro (Hernández, 2013). De esta forma se ha abogado por superar la simplista dicotomía que reducía las percepciones populares a consenso o resistencia, a la vez que se ha hecho un esfuerzo considerable por problematizar estas categorías.

En cuanto a la noción de "consenso" (entendida como "acuerdo"), suscitó un importante debate historiográfico entre quienes defendían la validez de esta categoría para el caso de la dictadura franquista (Del Arco, 2009) y quienes apostaban por reemplazarla por la de "consentimiento" (o "conformidad") (Cazorla, 2002; Cabana, 2011). Estos últimos se mostraban reticentes a aceptar la existencia de un verdadero "consenso" durante el franquismo al entender que solo bajo coacción podían los sujetos "consentir". Sin embargo, parece que incluso bajo una dictadura tan violenta como la franquista hubo individuos que, sin formar parte del régimen, lo prefirieron y defendieron libre y activamente porque estimaban que representaba bien sus ideales o que defendía sus intereses materiales.

Por su parte, la categoría "resistencia" no ha sido objeto de una discusión similar a la del "consenso" entre los estudiosos del franquismo. Sin embargo, dado que resulta igualmente problemática, convendría someterla a una mayor reflexión teórica que permita conceptuarla mejor y establecer gradaciones. De hecho, no siempre hay acuerdo entre los especialistas respecto a qué acciones son susceptibles de ser catalogadas como "resistencia". Valga como ejemplo el caso del mercado negro. Mientras que algunos autores ven en las prácticas estraperlistas acciones de resistencia frente a la política autárquica, otros simplemente aprecian una desesperada búsqueda de la subsistencia. Aunque la "resistencia" ha sido adjetivada como "civil", "pacífica", "no armada", "simbólica" o "cotidiana", a menudo estos términos se utilizan de forma indistinta o con una notable falta de rigor. Lo cierto es que no todas las acciones de resistencia que retaban de alguna forma al poder (entendido en el sentido en que lo hiciera Foucault, que afirmó: "donde hay poder, hay resistencia" [Foucault, 1990, págs. 95-96]) tuvieron la misma entidad, ni por sus motivaciones ni por sus objetivos ni por sus resultados. Y tampoco con todas estas actuaciones se asumía el mismo riesgo. En este sentido se revela de gran utilidad el concepto de *eigensinn,* utilizado por Alf Lüdtke a comienzos de los noventa para hacer referencia a la "obstinación" de algunos sujetos por distanciarse de algún modo de la dictadura, aunque sin que necesariamente existiese una pretensión abiertamente subversiva (Lüdtke, 1986). Historiadores como Claudio Hernández han comenzado a aplicarlo en los últimos años al caso de la España de Franco (Hernández Burgos, 2019, págs. 309-314).

A partir de estas premisas teóricas los historiadores centrados en las actitudes sociopolíticas durante el franquismo han lanzado nuevas y sugestivas preguntas sobre la dictadura, tales como: ¿Cómo consiguió aguantar a lo largo del tiempo y convertirse en uno de los regímenes autoritarios más longevos de la época? ¿Cuáles de sus políticas y discursos lograron convencer y atraer a la población y, por ende, ampliar sus bases sociales? ¿Cuáles otros suscitaron sus críticas? ¿Mediante qué mecanismos expresó la gente de a pie su descontento cuando percibió alguna medida o normativa del régimen como injusta o perjudicial para sus intereses particulares o familiares? ¿Qué papel jugaron los vecinos de a pie en los procesos de vigilancia y castigo de sus convecinos? ¿De qué mecanismos se valieron para colaborar con las autoridades locales? ¿Qué papel jugaron en todos estos procesos los poderes municipales?

En primer lugar, numerosos trabajos han puesto ya de manifiesto que, más allá de las acciones de resistencia armada protagonizadas por los maquis o de los intentos por reflotar las organizaciones políticas en la clandestinidad, muchos vecinos disconformes articularon pequeñas acciones de resistencia cotidiana contra alguna dimensión del régimen de Franco (Román, 2020d, págs. 193-325; Cabana, 2013; Rodríguez, 2008). Es decir, fueron capaces de "negociar" con los poderes franquistas aquellos discursos y normativas que les parecían injustas o lesivas para sus intereses. No siempre los recibieron de buen grado ni se mostraron permeables a ellos. Al contrario, pese a vivir bajo una dictadura altamente represora, lograron a menudo articular pequeñas acciones de resistencia, generalmente individuales, anónimas y, a menudo, simbólicas, dado que resultaban más sutiles y, por tanto, más seguras. Fue el caso de los chistes, canciones o coplillas de contenido "subversivo" que formaban parte de lo que Scott calificó como "discurso oculto" de "los de abajo" (Scott, 1990). No obstante, también las hubo a título colectivo cuando se trataba de defender los intereses de buena parte de la comunidad. Especialmente estas últimas constituyeron el preámbulo de la protestas organizadas y abiertas que tendrían lugar en los años del tardofranquismo y la transición. El objetivo de estas pequeñas resistencias fue a menudo mantener o mejorar las condiciones materiales de vida. Durante los años cuarenta el blanco de las críticas y de las acciones desobedientes fue sobre todo la impopular política autárquica y agraria. Algo parecido ocurrió en las décadas de los cincuenta y sesenta con la política de repoblación forestal o con el sindicalismo vertical en el campo. Pero con la puesta en marcha de estas resistencias cotidianas sus protagonistas pretendían también preservar su dignidad, defender su ideología o simplemente su derecho a la diversión. Este habría sido el propósito de la articulación y transmisión intergeneracional de una memoria "subversiva" de la guerra y la posguerra, de las acciones irreligiosas y anticlericales, o de la defensa de festividades populares tradicionales prohibidas por la dictadura por su componente transgresor como el Primero de Mayo o el carnaval (Moreno Tello, 2015). En todos estos casos se buscaba obtener una ventaja, no tanto material, sino emocional.

En segundo lugar, se ha llegado a la conclusión de que la longevidad del franquismo no puede ser únicamente atribuida al miedo suscitado por los procesos represivo-coercitivos (Del Arco et al., 2013). Al contrario, y como ocurriera con otros regímenes autoritarios de la Europa de entreguerras, la dictadura de Franco puso en marcha mecanismos de persuasión para "atraer" y "seducir" a la población. El objetivo era fomentar las simpatías hacia el régimen para, por una parte, reducir las cotas de hostilidad que traslucían las referidas resistencias cotidianas; y, por otra, generar un "consenso" activo.

Para ello el franquismo apostó, de un lado, por políticas sociales que –a pesar de tener importantes limitaciones derivadas de la falta de recursos y las corruptelas– pudieron cumplir esta función de dulcificar la imagen de la dictadura. Durante la posguerra se trató sobre todo de la beneficencia y el asistencialismo, canalizados a través de instituciones como Auxilio Social. En los primeros años cincuenta destacó en este sentido el reparto de alimentos procedentes de Estados Unidos en las escuelas españolas. Y a partir de la década de los sesenta la actividad social del régimen se intensificó con políticas como la de las "traídas de aguas" a los pueblos o la construcción de viviendas ultrabaratas en numerosas localidades. En las pomposas y populistas ceremonias de entregas de llaves tocaba la banda de música y participaban reconocidas autoridades civiles y religiosas, lo que constituía uno de esos momentos "extraordinarios" que venían a romper la rutina diaria y que estaban llamados a perdurar en la memoria de los vecinos. Aunque todas estas políticas tuvieron importantes límites como mecanismos de generación de "consenso", especialmente en su versión activa, pudieron ayudar a apuntalar al régimen. A ello contribuyó la labor de la propaganda franquista, que magnificó el alcance de estas realizaciones. Pero también el paupérrimo punto del que se partía, sobre todo en el mundo rural. Y, en fin, el hecho de que las principales necesidades, intereses y preocupaciones de los españoles de a pie, tanto de las incipientes clases medias como de los grupos más humildes, eran precisamente realidades cotidianas como la de la alimentación y la vivienda (Lanero, 2013; Román, 2018; Del Arco y Román, 2020).

De otro lado, el régimen se valió de las organizaciones falangistas para tratar de reducir los niveles de descontento y elevar los de conformidad. Más allá de su evidente pretensión de controlar socialmente a la población, y del uso instrumental que muchos vecinos hicieron de ellas –sobre todo en los años del hambre–, fueron otra herramienta en manos del régimen para captar nuevas voluntades. En concreto, delegaciones juveniles de Falange como el Frente de Juventudes (FJ) y la Sección Femenina (SF) pudieron resultar interesantes e incluso atractivas para los chicos y chicas del mundo rural, sumidos en la monotonía y el aburrimiento cotidianos. Las actividades de ocio propuestas por estas organizaciones, aunque se vieran lastradas por la falta de recursos tanto humanos como materiales, pudieron despertar el interés de los jóvenes. A ello habría que añadir la fascinación que causaba entre los de menor edad la imagen uniformada que proyectaban sus miembros. Además, la llegada de las señoritas de la SF con motivo de actuaciones como las de las cátedras ambulantes era vivida como un auténtico acontecimiento en los pueblos, especialmente entre los chicos (Román, 2020d, págs. 177-191; Rodríguez y Lanero, 2014).

En tercer lugar, numerosos estudios han mostrado en los últimos años que algunos de los "consentidores" colaboraron con la dictadura a la hora de vigilar y castigar a los "enemigos". Si muchos de quienes disentían respecto a alguna de las políticas o discursos de la dictadura planteaban puntualmente acciones de resistencia, algunos de quienes asentían con determinados aspectos del régimen se animaron en ocasiones a colaborar con él. Diferentes trabajos han subrayado la importancia de las delaciones y las denuncias ciudadanas en el éxito de la represión franquista de posguerra (Anderson, 2009; Cenarro, 2002; Langarita, 2014; Oviedo, 2016). Otros han hecho también hincapié en la relevancia de estos comportamientos colaboracionistas a la hora de lograr mayor efectividad en los procesos de control social y moral –entendidos como una versión edulcorada de la represión–, especialmente en las pequeñas comunidades rurales. En estos ámbitos el celo confiscador de la vida privada de sus habitantes, especialmente de las mujeres, no provenía únicamente de los poderes locales –liderados por el párroco–, sino también de muchos vecinos de a pie que se animaban a colaborar con ellos valiéndose de sutiles mecanismos como el rumor. Muchos de estos colaboradores sin uniforme eran mujeres (denunciantes/verdugos) dispuestas a vigilar y castigar aquellos comportamientos de otras mujeres (denunciadas/víctimas) que escapaban de los valores normativos y representaban un desafío a la moral del nacionalcatolicismo, que a menudo entraba en contradicción con la popular. El régimen aspiraba de esta forma a extender las actitudes aquiescentes entre sus colaboradores y estos, por su parte, buscaban congraciarse con las nuevas autoridades (Román, 2020a; Román, 2020c; Parejo, 2011).

En cuarto lugar, la resistencia y el colaboracionismo, como expresiones de actitudes disconformes y aquiescentes, respectivamente, no resultaban en modo alguno excluyentes. Entre las principales conclusiones a las que han llegado los investigadores de las actitudes están la de su pluralismo (desde los extremos del asenso y el disenso pasando por zonas intermedias como la de la indiferencia, la resiliencia o la pasividad) y su gran fluidez. Así, se ha defendido que un mismo individuo pudo ostentar distintas actitudes a lo largo de su vida respecto a distintas dimensiones de la dictadura franquista. Es más, habría sido frecuente que quienes colaboraban con las autoridades locales en el control moral de sus convecinos fuesen los mismos que protestaban en la cola del pan por su carestía y encarecimiento. O que quienes se beneficiaron de una de las viviendas sociales construidas por la dictadura vertiesen críticas contra la Hermandad Sindical de Labradores y Ganaderos (HSLG) de su pueblo. No obstante, no todos los descontentos resistieron ni todos los adeptos colaboraron, sino que la mayoría de uno y otro grupo habrían permanecido pasivos. Además, las resistencias y los colaboracionismos presentaban a veces un carácter desideologizado, respondiendo a intereses particulares (económicos, familiares u otros). Así lo ha defendido Géraldine Schwarz para el caso de la Alemania nazi, asegurando que las personas que colaboraron con los nazis por razones distintas de la ideología (como el miedo o el oportunismo) –a los que llama "mitläufer" o "seguidores"–, habrían sido mayoritarios en la sociedad alemana de la época (Schwarz, 2020, págs. 15-30).

Por último, las investigaciones centradas en las actitudes sociopolíticas de la población bajo la dictadura de Franco han mostrado también el ambivalente papel desempeñado por los poderes locales (Lanero y Cabana, 2014, pág. 246). Muchos alcaldes se mostraron equidistantes de las autoridades provinciales y centrales, de un lado, y de sus propios vecinos, de otro. Fue lo que ocurrió con las impopulares políticas autárquica y agraria de posguerra, con la política de repoblación forestal o con la prohibición de celebrar el carnaval. Su posicionamiento a favor de las reivindicaciones vecinales, que en ocasiones ellos mismos promovían, pudieron llegar a decantar el resultado de algunas acciones de resistencia popular. Ello se explica por la necesaria búsqueda de legitimidad de estas autoridades, incluso aunque sus cargos no fuesen electos, y por la voluntad de defender los intereses materiales y garantizar un cierto esparcimiento a sus propios vecinos, entre quienes se encontraban amigos y familiares. De ahí que a menudo los resistentes distinguiesen entre el gobierno central, el provincial y el municipal a la hora de establecer el blanco de sus críticas.

El hambre de posguerra (1939-1952)

Quizá el elemento que más condicionó el sentir de la población hacia la dictadura franquista hasta al menos entrada la década de los cincuenta fue la alimentación. Y es que, como defendiera Scott, los asuntos de "pan y mantequilla" son la esencia de la política de las clases populares (Scott, 1985, pág. 296). De ahí que los estudios sobre las actitudes sociopolíticas bajo el franquismo hayan tendido a incluir en sus análisis los "años del hambre" (1939-1952). La escasez de suministros tuvo distinta incidencia tanto social como regional, cebándose muy especialmente con las clases populares del sur peninsular (Ortega y Cobo, 2004; Rodríguez, 2013). Además, como han puesto de manifiesto algunas investigaciones, la miseria se prolongó a lo largo de toda la década de los cincuenta, aunque ya con mucha menor intensidad (Del Arco, 2020c).

Durante la mísera posguerra se asistió a una espectacular caída del poder adquisitivo de la población, así como a un considerable aumento de las enfermedades infectocontagiosas derivadas de la malnutrición y, por ende, a numerosas muertes por inanición (Santiago, 2020). Por todo ello, las investigaciones más recientes sobre el tema han sostenido que la crisis alimenticia de la España de posguerra fue equiparable a las que tuvieron lugar en otros contextos europeos similares próximos en el tiempo, caso del Holodomor ucraniano (1932-1934), el Hunger Winter neerlandés (1944-1945) o el de la Alemania de la Primera y Segunda Guerra Mundial. En consecuencia, investigadores como Miguel Ángel Del Arco vienen defendiendo la necesidad de emplear la categoría "hambruna" para hacer referencia a los peores años del hambre (el periodo 1939-1941 y 1946), un fenómeno que el régimen franquista habría tratado de silenciar (Del Arco, 2020a, Del Arco, 2020b; Del Arco y Anderson, 2021).

Pese a los pretextos de la dictadura, que buscó excusarse en los efectos de la Guerra Civil y en el aislamiento internacional subsiguiente, las causas del hambre de posguerra tuvieron que ver con la apuesta extremadamente nacionalista que hicieron las autoridades franquitas y que se concretó en la política autárquica. En este sentido, existe un viejo debate historiográfico entre, de un lado, quienes entienden la autarquía como un sistema cultural que habría permitido al régimen premiar a sus amigos y castigar a sus enemigos (Richards, 1998; Del Arco, 2007, págs. 282-289). Y, de otro lado, los autores que han matizado esta visión, subrayando la preocupación de sectores como el falangista por las críticas derivadas de los problemas de suministros (Molinero e Ysás, 2003; Rodríguez, 2008). Parece lógico apuntar que, aunque inicialmente las autoridades no apostaran por la autarquía por los réditos políticos que pudiera reportarles, la mantuvieron durante más de una década conscientes de esta ventaja imprevista.

Como han evidenciado diversas publicaciones, las consecuencias de aquella miseria extrema de posguerra hubieran sido aún más trágicas de no haber existido la delincuencia económica (Rodríguez, 2012; Miralles, 2020). Se ha señalado que aquellas actividades ilícitas –como los hurtos famélicos o las pequeñas operaciones estraperlistas y contrabandistas– despertaron actitudes dispares entre la población, que se habría movido entre la solidaridad con los pequeños infractores y su delación ante las autoridades. Y se han hecho notables esfuerzos por "mapear" la geografía del mercado negro, concluyendo que entre los principales espacios para su práctica estuvieron los domicilios particulares, las tiendas de comestibles, las calles, las carreteras nocturnas o las estaciones de ferrocarril (Román, 2015, págs. 125-127). Ahora bien, en este punto resulta problemático dilucidar si estas respuestas populares frente al hambre constituyeron prácticas meramente de subsistencia, si lo fueron también de resistencia (lo que entrañaría una motivación política más o menos consciente) o, como se está apuntando en trabajos recientes, prácticas de *eigensinn*. No obstante, estas opciones no habrían sido en modo alguno excluyentes, pues con frecuencia quienes incumplían las normativas intervencionistas franquistas buscaban a la vez saciar su hambre y expresar su disconformidad.

Parece fuera de duda que bajo todas aquellas actividades económicas ilícitas de posguerra subyacía la necesidad de comer. El perfil de los infractores refuerza esta idea, dado que se trató a menudo de mujeres y niños, sujetos en general menos politizados en la época (Barranquero y Prieto, 2003; Mir, 2000). Además, dada la gravedad de la crisis alimenticia, la picaresca económica no estuvo exclusivamente protagonizada por los "vencidos" en la Guerra Civil, como podría pensarse a priori dado que fueron quienes quedaron en una situación más vulnerable tras la contienda. Sino que también muchos "indiferentes" e incluso "afectos" se vieron envueltos en aquella oleada de delincuencia a pequeña escala. Ahora bien, parece igualmente lógico plantear que tras algunas de aquellas acciones que violaban las disposiciones autárquicas yaciera también la voluntad de expresar desacuerdo. Esta motivación política era evidente en el caso de aquellas actuaciones dirigidas contra organismos interventores de la dictadura tan paradigmáticos e impopulares como el Servicio Nacional del Trigo, cuyos almacenes fueron en ocasiones asaltados por ladronzuelos hambrientos (Román, 2021).

En cualquier caso, investigaciones recientes han tratado de mostrar que toda aquella delincuencia económica de posguerra habría sido incapaz de desestabilizar la dictadura franquista. Ello se habría debido a factores como el perfil de los pequeños estraperlistas, contrabandistas y hurtadores de posguerra, mayoritariamente gente humilde que buscaba engañar al hambre. Pero también al hecho de que gracias a estas actividades fuera de la ley pudiesen seguir adelante, lo que reducía las probabilidades de un estallido social motivado por el hambre. Asimismo, hay que tener en cuenta que las posibles críticas ante la gestión de la crisis de abastecimientos fueron a menudo dirigidas contra los poderes locales o provinciales, pero no tanto contra el gobierno o el propio "Caudillo". Además, los apoyos sociales del régimen no solo no se vieron perjudicados con este desorden económico, sino que a menudo incluso se beneficiaron al utilizar a los pequeños infractores como testaferros para llevar a buen puerto sus grandes operaciones estraperlistas o contrabandistas. Además, la existencia de esta delincuencia económica a pequeña escala fue duramente castigada, lo que le sirvió al régimen para construir su discurso de "mano dura" contra el fraude y la especulación que, sin embargo, no aplicaba con los grandes estraperlistas y contrabandistas descubiertos, a menudo sus propios apoyos sociales. Por tanto, paradójicamente, y contrariamente a lo que quizá pretendían algunos pequeños infractores, más que contribuir a desequilibrar la dictadura, con sus estrategias cotidianas frente al hambre habrían contribuido incluso a apuntalarla y a que sobreviviera a los difíciles años cuarenta (Román y Del Arco, 2021).

Por último, las investigaciones sobre el hambre y la hambruna de posguerra se han centrado en la memoria popular de aquellos eventos traumáticos. Y han revelado que siguen muy presentes en el recuerdo de los hombres y mujeres de las zonas rurales que los padecieron siendo niños. Y que algunos llegaron incluso a "normalizarlos". Sus testimonios nos remiten a un mundo de miseria dominado por los parásitos, las enfermedades, el calor y el frío extremos y una tremenda carestía. Y muestran que solo recurriendo a estrategias cotidianas como los sucedáneos, el trueque, los hurtos, el estraperlo o el contrabando pudieron salir adelante. Pero también que la memoria cumple una determinada función, como la de ajustar el recuerdo a las identidades actuales de los informantes. Así, algunos sobredimensionan hoy los comportamientos solidarios con sus convecinos y casi ninguno refiere las prácticas delatoras que llevaron a muchos a denunciar a sus iguales por ejercer actividades económicas ilegales. Otros hacen gala de un sentimiento de vergüenza cuando se trata de admitir que pasaron hambre, quizá porque implica reconocer su incapacidad para conseguir alimentos para sí mismos y para los suyos (Román, 2020b, págs. 345-346; Conde, 2018, págs. 368-370).

Algunos trabajos han mostrado la enorme distancia existente entre esta memoria popular y la memoria oficial del régimen. La propaganda franquista atribuyó la responsabilidad de la crisis de abastecimientos a factores externos, como el contexto internacional o la gestión de las autoridades republicanas. A la vez, recalcó los supuestos esfuerzos que estaba haciendo el régimen por mejorar y aliviar la situación de penuria. Y, por supuesto, silenció la hambruna. Sin embargo, la memoria popular no coincide con este relato. Al contrario, se muestra claramente discordante en algunos puntos. Por ejemplo, lejos de lo que promulgaba el discurso del fascismo agrario que hizo suyo el franquismo y que idealizaba la vida en el campo, los testimonios de numerosos hombres y mujeres del ámbito rural coinciden en señalar que en el campo, pese a la disponibilidad de huertos y corrales a la que solían aludir las autoridades, se pasó también un hambre feroz, pues el sistema de racionamiento funcionaba peor aquí que en las ciudades (Hernández y Román, 2021).

Finalmente, nuevas investigaciones han tratado de subrayar la importancia de la memoria popular del hambre de posguerra como factor condicionante de las actitudes sociopolíticas hacia la dictadura en las siguientes décadas. En concreto, han defendido que la terrible miseria de los cuarenta habría facilitado el consentimiento en los años del "desarrollismo". Y es que, teniendo en cuenta la dramática realidad de la que se partía, cualquier mejora material sería percibida como un gran logro. El tránsito desde la miseria representada por las cartillas de racionamiento hacia el bienestar que trajo el creciente acceso a bienes de consumo como la televisión, el Seat 600 o incluso el "pisito", permitió al régimen granjearse nuevas simpatías. Esto habría sido cierto incluso en el mundo rural, donde las realizaciones "desarrollistas" de la dictadura tardaron más en llegar, cuando no directamente pasaron de largo (Fuertes, 2017, págs. 173-204).

CONCLUSIONES

La vida cotidiana resulta todavía hoy difícil de conceptuar para los historiadores por su complejidad y amplitud, los dos aspectos en los que más coinciden los investigadores que se han interesado por ella. Esta corriente teórico-metodológica se ocupa preferentemente de los sujetos históricos "normales y corrientes", si bien no se desentiende de otros con más poder, especialmente en el ámbito local. Y lo hace enfatizando su capacidad de agencia, pero sin olvidar los límites estructurales que los encorsetan en su día a día. Además, amplía la noción de "seres políticos" para dar cabida a individuos aparentemente despolitizados como las campesinas, las prostitutas, las sirvientas o los vendedores ambulantes. Además, los investigadores que aplican sus postulados suelen apostar por análisis a pequeña escala que permiten percibir con mayor nitidez los detalles del día a día, si bien sin perder la perspectiva que ofrecen los marcos más globales. Respecto a las fuentes, aunque por la amplitud de la cotidianeidad pueda dar la impresión de que resultan abundantes y fáciles de localizar, lo cierto es que la voz de la gente de a pie quedó pocas veces registrada en la documentación oficial, de ahí que no siempre resulte sencillo rastrearla y recuperarla. La historia de la vida cotidiana se interesa por temas muy variados tanto de la esfera material como de la ideológica de la vida de los individuos. Ello incluye desde la alimentación y la vivienda hasta la religiosidad y las fiestas populares.

Pero si hay un tema que ha brillado con luz propia entre los historiadores de la vida cotidiana ha sido el de las actitudes sociopolíticas de los hombres y mujeres que vivieron bajo los regímenes autoritarios de la Europa de entreguerras. Aun reconociendo sus limitaciones, esta aproximación ha mostrado su potencial para ampliar el conocimiento sobre las experiencias y prácticas cotidianas bajo las dictaduras europeas contemporáneas. En el caso concreto del régimen de Franco, los investigadores de las actitudes han logrado superar los planteamientos que reducían las percepciones ciudadanas a "consenso" o "resistencia", han hecho importantes esfuerzos por problematizar estas categorías, y han defendido la existencia de una "zona gris" mayoritaria. Con ello han logrado ofrecer un panorama matizado, repleto de complejidades e incluso de contradicciones. De ahí las inconveniencias de estudiar las actitudes consentidoras sin tener en cuenta las disconformes, o viceversa.

Dentro del estudio de las actitudes, uno de los temas que ha acaparado mayor atención y ha dado pie a aportaciones más relevantes ha sido el del hambre de posguerra. El análisis de este fenómeno, que centró las preocupaciones de las clases populares hasta bien entrada la década de los cincuenta, ha permitido constatar que fue especialmente severo en regiones como Extremadura y Andalucía. Y que, por su crudeza, que llevó al extremo de la muerte por inanición o por enfermedades derivadas de la malnutrición a numerosos vecinos del sur peninsular, los peores años (1939-1942 y 1946) han de ser conceptuados como de auténtica "hambruna". De esta forma, la crisis alimenticia de la España de posguerra sería equiparable a la que tuvo lugar en fechas similares en otros países europeos como Países Bajos. Además, quienes han estudiado el hambre han debatido acerca de hasta qué punto las estrategias populares frente a ella han de ser interpretadas como acciones de resistencia (en el sentido scottiano) contra las impopulares normativas autárquicas o meramente como búsqueda de subsistencia. Para ofrecer una respuesta satisfactoria habría que mirar a cada caso particular. Pero parece que estas dos posibilidades no eran excluyentes. E incluso que habría habido una opción intermedia, la de que fueran prácticas de *eigensinn* o búsqueda de autonomía frente al poder franquista, pero sin que necesariamente existiesen motivaciones políticas. Fuera como fuese, nuevos trabajos apuntan a que aquellas actividades económicas ilícitas no habrían logrado –de haber sido esta su intención– desequilibrar la dictadura. Los estudiosos del hambre se han interesado también por la memoria actual entre quienes sobrevivieron a ella, constatando que esta memoria popular no coincide con el relato oficial que construyeron las autoridades franquistas. Pero también que este recuerdo traumático fue clave para lograr que las realizaciones del régimen en los años sesenta fuesen percibidas entre la población en términos positivos.

Tanto el enfoque de la historia de la vida cotidiana como el tema de las actitudes sociopolíticas bajo el franquismo y, más concretamente, el del hambre de posguerra, que han arrojado ya interesantes resultados, están lejos de agotarse. Su potencial para explicar las dictaduras contemporáneas "realmente" vividas parece no haberse exprimido aún al máximo. Nuevos debates historiográficos, aproximaciones teóricas, temas y fuentes podrían seguir renovando las preguntas sobre aquel pasado traumático. Y, por tanto, ofreciendo respuestas que amplíen y mejoren nuestro conocimiento de lo que significó para la mayoría de la población vivir bajo un régimen autoritario represivo que, aunque buscó en todo momento ampliar sus bases sociales mediante diversos mecanismos, no logró acabar con las expresiones de disconformidad, aunque fuesen a pequeña escala y a nivel cotidiano.

5.
EL FORZOSO OLVIDO. LA HISTORIOGRAFÍA FRANQUISTA EN EL CONSEJO SUPERIOR DE INVESTIGACIONES CIENTÍFICAS DURANTE LA POSGUERRA[1]

Alba Fernández Gallego
Universidad Complutense de Madrid

"Ay, si es que yo miento,
que el cantar que yo canto
lo borre el viento.
Ay, qué desencanto
si me borrara el viento
lo que yo canto".
Chicho Sánchez Ferlosio: *Gallo rojo, gallo negro*

INTRODUCCIÓN

El estallido de la Guerra Civil agudizó el conflicto latente entre los intelectuales que se identificaron con los sublevados y aquellos que, durante los años anteriores, habían llevado a cabo el desarrollo y la homologación de la ciencia y el pensamiento españoles con su contexto europeo, reduciendo la influencia del catolicismo integrista y su raíz providencialista. Si a la altura de 1936 se había completado prácticamente el proceso de formación de una comunidad profesional consolidada entre los historiadores españoles, el inicio de la dictadura conllevó una ruptura significativa con las lógicas anteriores, lo que ha venido a llamarse la "primera hora cero" de la historiografía española (Marín Gelabert, 2015). El grupo de intelectuales afines al nuevo régimen era, quizás, menos numeroso, pero estaba más cohesionado ideológicamente. Durante los primeros momentos de la posguerra pudieron alcanzar o consolidar su poder en el campo académico gracias a herramientas como los tribunales de depuración del personal universitario (Otero Carvajal, 2006; Claret Miranda, 2006).

Una vez finalizada la guerra quiso retomarse cierta normalidad en la vida académica, pero esta no era la del orden propio del periodo anterior, sino la de aquellos que se habían

[1] Este trabajo ha sido realizado en el marco del Proyecto de investigación PGC2018-096461-B-C41, titulado "La sociedad urbana en España, 1860-1983. De los ensanches a las áreas metropolitanas, cambio social y modernización". Agradezco a Carlos Píriz y a Santiago Moreno su generosa invitación para comenzar a pergeñar en Cádiz, hace ya tres años, estas páginas que hoy se presentan.

reclamado como vencedores. No puede olvidarse que las nuevas bases de la profesión se forjaron en un contexto dictatorial y que fueron fruto de un conflicto violento donde el régimen franquista se legitimó a través de la ocupación de los espacios de saber y cultura (Fernández Gallego, 2021) . De esta forma, uno de los objetivos fundamentales del nuevo régimen fue controlar tanto la enseñanza como la investigación de la historia desde distintos mecanismos políticos (Pasamar Alzuria, 1991; Peiró Martín, 2013; Prades Plaza, 2014). Esto fue posible gracias al proceso de depuración al que se vio sometido todo el personal universitario, pero también a un férreo control de los concursos de oposición a cátedras y sus tribunales, que se fueron convocando durante los años cuarenta. Esto ha hecho que algunos autores se refieran a estos historiadores como los "dobles vencedores", tanto de la Guerra Civil como de las oposiciones a cátedras de Historia (Peiró Martín, 2019, pág. 60). Dichas cátedras se convirtieron en campo de batalla, donde el capital cultural quedó en un segundo plano para privilegiar las redes personales y afinidades al régimen, en un contexto de competitividad ideológica brutal.

La nueva historiografía tachó a la anterior de "liberal", lo que enseguida se asimiló como republicana y comunista. Si bien es cierto que la ruptura con esa tradición fue absoluta, la nueva historiografía de posguerra no puede comprenderse como fruto exclusivo de la victoria franquista. Muchas de las transformaciones que se produjeron durante los años cuarenta tuvieron su origen en el triunfo de una serie de debates que ya venían produciéndose desde hacía largo tiempo. El proceso de depuración y el reparto de poder académico constituyeron el caldo de cultivo perfecto para los ajustes de cuentas. Sin embargo, la venganza no era fruto exclusivo de la coyuntura y la oportunidad. Había sido rumiada durante las décadas anteriores desde los grupos más reaccionarios del pensamiento conservador más tradicional, quienes por fin encontraron el momento de hacer realidad sus postulados (Wulff, 2003; Rodrigo, 2013).

Los historiadores más destacados del periodo anterior que habían mostrado sus simpatías por la República se vieron forzados a marcharse al exilio, y los que se quedaron fueron separados de sus cargos. De esta manera se acababa con la tradición de importantes escuelas historiográficas, proceso que se completó con la imposición de numerosas trabas a sus discípulos para poder prosperar en el nuevo orden académico. Esta dinámica solo se vio quebrantada, ocasionalmente, mediante la existencia de redes personales previas (Pallol, San Andrés, & Fernández, 2019). Todo ello provocó que la historiografía se pusiera al servicio de la construcción del nuevo Estado, confundiéndose en ocasiones Historia y propaganda durante esos primeros años. Así, Marín Gelabert ha definido a estos intelectuales como "soldados de la cultura" (2015, pág. 365), ya que fueron los encargados de revisar los contenidos de la cultura nacional oficial, subordinando su actividad a los intereses políticos al erradicar cualquier elemento cercano al intelectualismo, el laicismo, al liberalismo y al izquierdismo.

Este proceso de redefinición de la profesión tuvo como uno de sus escenarios privilegiados el recién creado Consejo Superior de Investigaciones Científicas (CSIC). En su seno se creó una compleja estructura de institutos dedicados a los estudios históricos y una red de historiadores al frente de la cual se designaron personalidades de reconocida cercanía al régimen. Por ello este texto pretende presentar, en primer lugar, los conceptos de la historiografía que fueron puestos al servicio del discurso legitimador del régimen desde el propio Consejo, como el de Hispanidad. En segundo lugar, se analizará el perfil intelectual y la trayectoria de uno de sus investigadores más destacados, Ciriaco Pérez Bustamante, en el mundo académico de posguerra. Con ello se pretende arrojar luz sobre las prácticas que marcaron la conformación de la disciplina durante los primeros años de la década de los cuarenta.

CIENCIA E HISTORIA AL SERVICIO DE LA PATRIA

Desde el inicio de la guerra quedó patente la importancia que tuvo para los sublevados la lucha por el control de la ciencia, la educación y la cultura. Así, la promulgación de diversas leyes y la configuración del proceso de depuración se iniciaron ya durante el propio conflicto. Muy pronto se quiso establecer una definición oficial de cultura que no diese lugar a otras posibles interpretaciones. Los nacionalcatólicos integristas coparon los puestos más relevantes, y fueron quienes se encargaron de aspectos como la depuración de la ciencia y la cultura en el nuevo Estado, tratando de borrar todo pasado vinculado a la tradición liberal (Prades Plaza, 2014). La orientación de la cultura y la investigación españolas pasó a depender, en gran medida, del *Opus Dei*, al controlar el CSIC, "órgano supremo de la alta cultura española"[2]. El 24 de noviembre de 1939 nacía la institución que iba a albergar la puesta en marcha de los principios y proyectos científicos que el nuevo régimen quería impulsar.

La nueva institución quiso plantear un modelo propio que, durante los años cuarenta, sentó sus bases en el nacionalcatolicismo. Entre sus objetivos se estableció el fomento, orientación y coordinación de la investigación científica nacional. Al frente, en la presidencia, se designó al Ministro de Educación Nacional, cargo ocupado por José Ibáñez Martín. La Secretaría General quedó en manos de José María Albareda, destacado miembro del *Opus Dei*. En su acta de nacimiento, el Consejo subrayaba la ruptura con toda tradición anterior, personificada en la Junta para Ampliación de Estudios (JAE), al reivindicar la creación de una cultura universal completamente opuesta:

> Tal empeño ha de cimentarse, ante todo, en la restauración de la clásica y cristiana unidad de las ciencias destruida en el siglo XVIII. Para ello hay que subsanar el divorcio y discordia entre las ciencias especulativas y experimentales y promover en el árbol total de la ciencia su armonioso incremento y su evolución homogénea [...] Hay que

[2] Orden de 8 de marzo de 1940 disponiendo que el Consejo Superior de Investigaciones Científicas gozará de la máxima jerarquía en la vida cultural del país. *BOE*, 28 de marzo de 1940, nº 78, p. 1897.

> imponer, en suma, al orden de la cultura, las ideas esenciales que han inspirado nuestro Glorioso Movimiento, en las que se conjugan las lecciones más puras de la tradición universal y católica con las exigencias de la modernidad.[3]

Entre los objetivos de la investigación científica se encontraron el de formar un profesorado "rector del pensamiento hispánico" y la vinculación de la producción científica "al servicio de los intereses espirituales y materiales de la Patria". El nuevo modelo académico supeditaba la ciencia al dogma católico y a los intereses del régimen. Por tanto, la educación y la ciencia debían servir como aglutinante para la unidad política, como forjadora del espíritu nacional, servicio al Estado e impulso a la grandeza de la Patria. Además, se introdujeron en el propio decreto algunos de los conceptos a los que más recurrió el franquismo y que fueron ampliamente utilizados por la historiografía: Hispanidad y unidad. Estas categorías políticas terminaron incorporándose a la producción historiográfica española para explicar fenómenos en muy distintas épocas. El concepto de Hispanidad resultó fundamental en el desarrollo del americanismo académico, triunfando sobre el de hispanoamericanismo, propio de la tradición liberal.

El 10 de febrero de 1940 se publicó el Decreto que regulaba el reglamento y el funcionamiento del CSIC. Se establecían 6 patronatos que pretendían representar todos los valores de la Cultura. El responsable de las Humanidades fue el Patronato Marcelino Menéndez Pelayo, que contó entre sus institutos con el Jerónimo Zurita de Historia y el Gonzalo Fernández Oviedo de Historia Hispanoamericana. Más allá del decreto fundacional, esta retórica marcó el discurso institucional, lo que se plasmó principalmente en los plenos del Consejo. La inauguración oficial del Consejo tuvo lugar el 28 de octubre de 1940. En ella, se aprovechó también para destacar el predominio de la religión sobre la ciencia: "El Arbol [sic.] de la Ciencia señala al Cielo, que es decir a Dios, la Verdad. Algunos de los mejores, ya nos dejaron, trabajando hasta el último momento con el ejemplo de labor y de virtud"[4]. En el discurso de apertura de Ibáñez Martín en el acto inaugural se volvía a destacar este concepto de ciencia: "Los actos religiosos con los que hemos inaugurado las tareas de este Consejo significan, en el orden de la vida cultural española, la expresión más auténtica de la plena armonía entre la fe y la cultura, que hoy renace con todo vigor"[5]. Por último, se planteaba la necesidad de crear nuevos vínculos con el continente americano, aunque de una forma muy paternalista: "llevándoles la verdad científica y el cariño materno de España, bajo el signo de la Cruz y en la máxima inteligencia a que obliga la comunidad de lengua, de cultura y de sentimientos"[6]. Quedaban así establecidas las líneas que iban a marcar las relaciones con Hispanoamérica y los debates en torno al Hispanismo, que desde el exilio se pondría en entredicho.

---

[3] *Boletín Oficial del Estado*, nº 332, 28 de noviembre de 1939, p. 6.668.
[4] "Consejo Superior de Investigaciones Científicas. Memoria de la Secretaría General, 1940-1941", p. VI.
[5] Ibídem, p. 1
[6] Ibídem, p. VII.

La historiografía española del franquismo terminó incorporando en su discurso muchos de estos conceptos, respondiendo a las necesidades políticas. En especial, se llevó a cabo una utilización política del pasado en torno a la Reconquista, a la Hispanidad y la misión cristianizadora de España, y al Imperio. Se impulsaron una serie de mitos que pretendían magnificar el pasado español, desde los momentos de la Reconquista, pasando por el carácter fundador de la monarquía o la resistencia a Napoleón. Todos estos trabajos ofrecían un discurso acrítico y bastante presentista. Desde los institutos locales del Consejo se realizó una labor casi publicística con la publicación de toda una serie de textos arqueológicos, biográficos, histórico-religiosos, de historia del pensamiento y de síntesis interpretativas donde trasladaban las dinámicas nacionales al pasado local, con el fin de desproblematizar dicho pasado y de alejarse de cualquier proyecto identitario alternativo (Marín Gelabert, 2005).

En los institutos de Historia del Consejo el periodo contemporáneo no tuvo apenas presencia durante los primeros años, ya que el Instituto de Estudios Políticos monopolizó su uso con fines propagandísticos (Pasamar & Peiró, 1987; Sesma, 2011). Sí destacaron, sin embargo, la Historia Medieval y la Historia Moderna. Si durante el siglo XIX se había idealizado lo medieval como factor de legitimación de los nuevos estados de régimen político liberal, la nación, ahora entendida como ente inmutable e intemporal, se identificó con una forma política concreta, la del estado-nación, y la historia se interpretaba teleológicamente como el proceso ineludible de ascenso de este (Escalona, Jular, & Alfonso, 2016). Durante los primeros años posteriores a la guerra, los estudios de los historiadores del Consejo se centraron, principalmente, en los Reyes Católicos, acorde con el discurso nacionalcatólico que pretendía imponerse. A ellos se les atribuía el surgimiento de la nacionalidad española, por lo que se llevó a cabo una publicística biográfica y apologética de su reinado. Se quiso presentar la Historia como una lucha constante entre la civilización cristiana y todas las demás fuerzas que conspiraban contra ella. Acorde con esto, la Reconquista también fue un tema privilegiado, así como los momentos de grandes empresas religiosas. Del aspecto religioso se encargaron durante esos años Fray Justo Pérez de Urbel, Emilio Sáez, Julio González o José Rius Sierra. En la época moderna sobresalieron los estudios sobre los siglos XVI y XVII, ya que eran considerados el momento álgido del imperio español.

Donde más se notó la influencia del nacionalcatolicismo fue, sin embargo, en los estudios americanistas. En el primer número de *Revista de Indias* Antonio Ballesteros Beretta presentaba una visión completamente acorde con los nuevos tiempos: "Los designios de Dios señalaron el destino de España con la gloria del descubrimiento y la civilización del Nuevo Mundo, asignándole una trascendental personalidad histórica que debe asumir siempre, y más aún en esta hora nuestra de revisiones y también de rectificaciones" (Ballesteros Beretta, 1940, pág. 5). Consideraba la Hispanidad como el valor que debía salvar la vida del espíritu de los españoles, a la vez que reivindicaba la idea de un Imperio que, no por estar políticamente muerto dejaba de estar más vivo que nunca.

La presentación del primer número muestra con crudeza la ruptura con la tradición liberal anterior, y la subordinación de la historiografía a los intereses políticos. En el plano historiográfico, se impuso el concepto de Hispanidad, que Ramiro de Maeztu resignificó vinculándolo al catolicismo y que terminó trascendiendo entre los intelectuales más conservadores. Igual que en los discursos institucionales que dieron comienzo a la andadura del Consejo, en las propias revistas de los institutos también se defendió una visión paternalista, reivindicando la supuesta tarea civilizadora de España en América. Se impuso así la visión más conservadora y nostálgica de una interpretación colonial que situaba a España como una potencia importante en el pasado mundial. Por el contrario, se relegaba al olvido la propuesta hispanoamericanista impulsada por la JAE, donde el interés científico y cultural estaba planteado en claves de igualdad, favoreciendo los nexos de unión antes que las diferencias. Entre los objetivos de la futura revista, Ballesteros Beretta señalaba como objetivos de la publicación centrar el foco en la Hispanidad, el catolicismo y el papel español en los descubrimientos. El tono del texto era agresivo y beligerante, algo que se iría suavizando con los años y, especialmente, cuando Estados Unidos se unió a las potencias aliadas en la Segunda Guerra Mundial y los países del eje quedaron derrotados. Entonces, la Hispanidad adquirió un papel fundamental al asociarse a la propagación de la fe católica y la reivindicación del pasado imperial.

Este tipo de discursos fueron una constante durante la década de los años cuarenta. No fue hasta 1951, con la sustitución de Ibáñez Martín por Joaquín Ruiz-Giménez al frente del Ministerio de Educación Nacional, que el tinte nacionalcatólico empezó a suavizarse. El nuevo ministro se alejó, en cierta medida, del discurso nacionalcatólico y la orientación propagandista de su predecesor. Al finalizar la Segunda Guerra Mundial se había provocado un reajuste de las concepciones ideológicas impulsadas hasta el momento, con el fin de adaptarlas al contexto de la Guerra Fría. En los años cincuenta se hizo patente una voluntad por imprimir un cambio de rumbo que rebajara el tono nacionalcatólico y diera paso a una etapa reformista en la que lo ideológico no fuera tan explícito. Se produjo un cambio en el discurso político de cara a la labor de la ciencia.

TIEMPO DE COSECHA: CIRIACO PÉREZ BUSTAMANTE Y LA NUEVA COMUNIDAD HISTORIOGRÁFICA DE POSGUERRA

Con el final de la guerra civil dio comienzo una frenética actividad en la que se reconfiguró el mundo académico y se sentaron las nuevas bases de la profesión. El proceso de depuración había dejado muchas de las cátedras universitarias vacantes, y esto se aprovechó para premiar a aquellos historiadores que se implicaron de forma activa en la defensa de los principios del régimen franquista. De los 49 catedráticos de Historia que estaban en activo en 1936, 20 de ellos no se reincorporaron a la Universidad tras la guerra. Algunos se vieron obligados a marchar al exilio, como Claudio Sánchez Albornoz,

Agustín Millares Carlo o Pere Bosch Gimpera. Otros se vieron sometidos a procesos de depuración que tuvieron como resultado su marginación académica. En Madrid, en la Sección de Historia, tan solo quedaban cuatro catedráticos: Antonio Ballesteros Beretta, que ocupaba las cátedras de Historia de España e Historia de América; Pío Zabala y Lera, catedrático de Historia de España Contemporánea; Antonio García y Bellido, catedrático de Arqueología; y José Ferrandis en Epigrafía y Numismática (Pallol, 2014). Los cuatro compaginaron su labor en la Universidad con el desempeño de cargos destacados dentro del Consejo.

Bien por miedo y supervivencia, bien por activa afinidad política, estos historiadores negaron el pasado anterior o lo relegaron al más absoluto silencio, pretendiéndose una ruptura definitiva con el pasado liberal y una representación selectiva de la memoria profesional. Además del nombramiento de cátedras, el régimen se sirvió de la concesión de traslados o la dotación de cargos en rectorados y decanatos para fomentar el proselitismo. Así, Pío Zabala, antiguo rector de la Universidad Central, que había sido sustituido durante los años de la República por Claudio Sánchez-Albornoz, fue restituido en su puesto.

El porcentaje de renovación de las cátedras universitarias fue muy alto, un 58,82%: a la altura de 1950 habían accedido cuarenta nuevos catedráticos a las sesenta y ocho cátedras de Historia existentes en las doce facultades de Filosofía y Letras del país (Peiró Martín, 2019). Esto proporciona una idea de la magnitud que tuvo dicha renovación. También repercutió en la media de edad de los catedráticos, que bajó de 48 años en 1936, a 34,5 después de la guerra. La Universidad Central continuó siendo el destino más codiciado, al ser la única con derecho a conceder el título de doctor, por lo que se había consolidado como centro de poder académico, un lugar de paso obligado para aquellos que quisieran hacer carrera dentro de la universidad. Así, las cátedras de la universidad madrileña fueron siendo ocupadas por los historiadores que más se habían destacado en sus postulados antirrepublicanos, mientras que las universidades periféricas acogieron a sus discípulos, en espera de una promoción, o, en algunos casos, quedaron desiertas. En los tribunales que el Ministerio de Educación designó para las oposiciones a cátedra, se trató de favorecer a candidatos preestablecidos, promocionando bien a miembros de la Asociación Católica Nacional de Propagandistas (ACNP), bien a falangistas o a miembros del *Opus Dei* (Blasco Gil & Mancebo, 2010).

Un claro ejemplo del reparto de poder entre los historiadores del nuevo orden académico franquista lo constituyó el americanista Ciriaco Pérez Bustamante de la Vega. Como en el caso de otros muchos, su actividad había quedado eclipsada antes de la guerra por la historiografía de corte más liberal y la incesante actividad de la JAE. Había realizado su doctorado en 1922 en la Universidad Central, siendo discípulo de Antonio Ballesteros Beretta. Pronto pudo acceder a una cátedra universitaria, aunque su actividad se desarrolló lejos de la capital: en 1922 se trasladó a la Universidad de La Laguna para tomar posesión de la cátedra de Historia de España, y más tarde se trasladaría a Oviedo, Santiago de Compostela y Valladolid. En esta última llegó a ser decano de la Facultad de Filosofía y Letras (Peiró &

Pasamar, 2002). Con el inicio de la guerra, su implicación fue tal con el bando sublevado que tanto él como Manuel Ferrandis Torres participaron en los procesos de depuración como presidentes de las comisiones depuradoras de las bibliotecas y centros de lectura de Santiago de Compostela y Valladolid (Peiró Martín, 2019). Esta incondicionalidad y el apoyo de un maestro de la relevancia de Ballesteros Beretta, le valieron su traslado desde la Universidad de Santiago de Compostela a la de Valladolid, y fue nombrado encargado de curso en la Universidad Central para la asignatura de Historia Universal Contemporánea. Finalmente, en 1942 llegó la recompensa, siendo convocado el concurso de traslado que ganó, si bien ya desempeñaba la plaza de Madrid interinamente[7].

El perfil de Pérez Bustamante coincide con el de aquellos historiadores que, habiendo accedido a sus cátedras antes de la guerra, se reintegraron en la vida académica y sociopolítica tras el conflicto, escalando puestos de poder. Entre ellos, muchos provenían de sectores del catolicismo, sobre todo de la ACNP (Pasamar Alzuria, 1991). También hubo muchos militantes falangistas, como fue el caso del propio Pérez Bustamante, que fue miembro del Servicio de Propaganda de Falange durante la Guerra Civil. Junto con Juan Contreras, Cayetano Alcázar, Carmelo Viñas Mey, Julián María Rubio y Claudio Galindo Guijarro, perteneció a la llamada "generación de 1922". Desde el inicio de la guerra, puso su labor intelectual al servicio del Estado franquista, publicando artículos historiográficos en la revista *Fe (doctrina de Estado nacional-sindicalista)* así como en la revista *Escorial*. Recién finalizada la guerra, fue uno de los coordinadores de la "Historia de la Cruzada española" como Delegado de Estado (Arrarás, 1939-1940). Esta labor publicística se volcó también en su producción académica, desde donde favoreció la legitimación del nuevo Estado al proyectar los elementos centrales de la identidad del nuevo nacionalismo hacia el pasado (Saz, 2003). Así, en 1940 publicó "La fundación de un imperio: España en América" (Pérez Bustamante, 1940), donde se hizo eco del concepto de Hispanidad para poner el foco en la conquista y la labor cristianizadora de España.

En el plano profesional, la labor historiográfica de Pérez Bustamante no se limitó al campo universitario, sino que desempeñó una importante tarea en el CSIC. Formó parte de su primera estructura, ocupando el cargo de Secretario del Instituto Gonzalo Fernández de Oviedo, de Historia Hispanoamericana. El director del Instituto fue, precisamente, su antiguo maestro Antonio Ballesteros Beretta, y a su muerte, en 1949, le sustituyó en el cargo de dirección. Además, estuvo al frente de una de sus secciones, orientada al estudio de "Instituciones"[8]. Pérez Bustamante está considerado como uno de los padres del americanismo de posguerra, una de las disciplinas más politizadas durante los años cuarenta, cuando las relaciones con América tuvieron un peso importante en la diplomacia cultural (Delgado Gómez-Escalonilla, 1992).

[7] *Boletín Oficial del Estado*, 26 de octubre de 1940.

[8] Presupuesto-Memoria del Instituto Gonzalo Fernández de Oviedo realizado por Ciriaco Pérez Bustamante y Antonio Ballesteros, 10 de mayo de 1940. AGA. Educación. Fondo CSIC. Caja 8531. Carpeta Gonzalo Fernández de Oviedo 1940.

Desde sus cargos de responsabilidad en la Universidad y el CSIC se aseguró de conformar un discurso y unas estructuras afines a los intereses del nacionalcatolicismo. Entre las secciones del Instituto Gonzalo Fernández de Oviedo se creó una orientada al estudio de "Conquista y Colonización" y otra de "Navegaciones y Descubrimientos". De esta manera se ponía el foco en uno de los momentos históricos que más se utilizaba para reivindicar el pasado español, el de la llegada al continente americano y los avances técnicos y geográficos realizados en el contexto del desarrollo europeo. También se creó una sección dedicada a las "Misiones", con el fin de reforzar el papel del catolicismo en España en relación con el nuevo continente. La actividad y el interés de esta última adquirió tal grado de importancia, que terminó constituyéndose en un instituto independiente: el Santo Toribio de Mogrovejo[9].

Pérez Bustamante era consciente de la importancia que tenía el CSIC para el Estado franquista. La nueva ciencia no solo debía ser nacionalcatólica, sino que el grado de actividad de esta institución estatal de investigación se conformó como una herramienta fundamental para ayudar a legitimar el nuevo régimen a ojos de la comunidad internacional. Así, más allá de consolidar unas estructuras que sentaran las bases de una nueva historiografía, la actividad debía ser incesante para dar una imagen de aparente normalidad. Esto hizo que el Consejo tuviese que recurrir en algunos aspectos a la tan denostada JAE, haciendo uso de sus edificios y materiales, pero también de algunos proyectos que modificaron hasta convertirlos a medida de sus intereses. En el caso del Instituto del que Pérez Bustamante formaba parte, esto se hizo mediante la conversión de la antigua revista *Tierra Firme* en la *Revista de Indias*. La primera había sido base de intercambio de todas las publicaciones periódicas que seguían llegando al centro, por lo que era una obra que, como el mismo Pérez Bustamante señaló, "no puede interrumpir porque sería dar sensación de marasmo y decadencia que hay que evitar"[10]. Esto explica también por qué a comienzos de los años cuarenta se publicaron todo un conjunto de síntesis históricas. Por una parte, los espacios de libertad se habían visto reducidos, y una obra de síntesis resultaba menos comprometedora que nuevas líneas renovadoras. Además, no se necesitaba tanto tiempo como para desarrollar proyectos nuevos, por lo que aumentaba el ritmo productivo y se podían presentar los nuevos idearios de forma inmediata. Ese fue el caso de la "Síntesis de historia de España" de Ciriaco Pérez Bustamante (Pérez Bustamante, 1939).

Los estudios americanistas impulsados desde el Consejo durante los años cuarenta evidencian la ruptura producida con respecto a la tradición liberal y la victoria del concepto de Hispanidad sobre el de Hispanoamericanismo. Para los intelectuales que lo defendían, era ante todo un ideal destinado a restaurar un imperio espiritual nacional católico en

[9] AGA. Educación. Fondo CSIC. Caja 8551, (05) 004 31/8551.

[10] Informe "Labor a desarrollar por el Instituto Fernández de Oviedo" de Ciriaco Pérez Bustamante, con el V.B. de Antonio Ballesteros Beretta, 10 mayo 1940. AGA. Educación. Fondo CSIC. Caja 31/8531. Carpeta Instituto Gonzalo Fernández de Oviedo.

la América de descendencia española. Todo ello entroncaba con las ideas falangistas de Pérez Bustamante, y también con la idea de nación y el peso del catolicismo durante el primer franquismo. Esto es algo más notable que en el Instituto de Historia Jerónimo Zurita: se dio una mayor participación externa de los americanistas del Consejo y la referencia a dicho proyecto ideológico fue constante tanto en las presentaciones de libros y revistas como en los discursos recogidos en sus memorias (Fernández Gallego, 2020).

La herramienta de difusión del americanismo de posguerra dentro del Fernández de Oviedo fue su *Revista de Indias*, de la cual Pérez Bustamante fue Redactor Jefe. En su primer número publicó un artículo titulado "Fr. Bartolomé de Barrientos y su "Vida y hechos de Pedro Menéndez de Avilés"", donde escogió precisamente el periodo de la "conquista de América" y, más concretamente, la de Florida en el siglo XVI (Pérez Bustamante, 1940). Por su parte, el director, Ballesteros Beretta reclamaba en el proemio los valores de la Hispanidad, el catolicismo, y el papel que habían desempeñado los españoles en los descubrimientos. *Revista de Indias* constituyó una clara muestra de la politización que sufrió el americanismo durante los primeros años del franquismo: su primer número no se limitó exclusivamente a presentar estudios historiográficos, sino que también incluyó un discurso que el Ministro de Educación, José Ibáñez Martín, había emitido en Radio Nacional de España poco antes. Así, la carta de presentación de la revista fue el mensaje que el ministro dedicó "a los pueblos de Hispano-América" en una clara reivindicación del nuevo régimen:

> Aun se enardecía España con el fuego y la sangre de una guerra de redención, mientras yo recorría ciudades, llevando en misión, que inmerecidamente me confiase la magnanimidad de nuestro Caudillo, como un estandarte que ondeara a todos los vientos, la eterna verdad de España. Millares de jóvenes héroes ofrecían entonces generosamente el sacrificio de la vida propia en una contienda que, aunque limitada geográficamente a nuestro suelo, tenía, por el espíritu que la animaba, por su sentido religioso y hasta por su repercusión histórica, carácter de dramática contienda universal. Porque se ventilaba en nuestras tierras el duelo a muerte entre dos concepciones irreconciliables del mundo y de la vida [...]
>
> Este mismo concepto de la Hispanidad plantea el problema de su responsabilidad histórica ante el mundo. Dar vida a unos pueblos, enseñarles a hablar un mismo idioma, a vivir idénticas costumbres y a rezar a un mismo Dios, es crear el lazo indestructible de una unidad espiritual que encierra en sí todo el símbolo de una predestinación histórica. [...] En la vida turbulenta e insegura de la Humanidad, la Providencia asignó precisamente a nuestra Patria la misión suprema de ser "Madrid de pueblos" Fuente especificada no válida (Ibáñez Martín, 1940, págs. 10-11).

Un "¡Arriba España! ¡Viva Franco!" ponía fin al discurso. En él se legitimaba la guerra como una necesidad para defender una imagen del mundo y de la vida que se habían visto amenazadas. Conceptos como la Hispanidad se esgrimían no con una utilidad de estudiar el pasado, sino como reivindicación del papel de España ante el mundo, demandando su reconocimiento. Más allá del propio discurso y de los conceptos que tuvieron en común la historiografía americanista y el ideario franquista, Pérez Bustamante también contribuyó a la construcción de una nueva comunidad historiográfica mediante su participación en tribunales de oposición a cátedras. Era habitual la presencia de miembros del Consejo en dichos tribunales, lo que produjo que el *Opus Dei* controlase en cierta medida el acceso a los puestos de poder universitario. Así, algunos autores se han referido a este fenómeno como "opusiciones" (Claret Miranda, 2006) o como el "asalto a las cátedras del Opus Dei" (Pasamar Alzuria, 1991). De aquellas dedicadas a Historia resueltas entre 1940 y 1949, Ciriaco Pérez Bustamante participó en diez ocasiones como miembro de sus tribunales. En 1940 no tuvo gran influencia, ya que una de ellas quedó desierta (la de Historia de España en Murcia)[11] y la otra se otorgó a un discípulo de Claudio Sánchez-Albornoz, a pesar de que Pérez Bustamante abogó por su no provisión (Pallol, 2014). Poco a poco sí pudo ir favoreciendo el acceso de otros americanistas investigadores del Consejo.

En 1941 participó en el tribunal que otorgó la cátedra de Historia Universal Moderna y Contemporánea de Sevilla a Vicente Rodríguez Casado[12], que desde el año anterior era becario del Instituto Fernández de Oviedo y terminaría convirtiéndose en director de la Escuela de Estudios Hispano-Americanos del Consejo[13]. En 1949 favoreció la incorporación de José Antonio Calderón Quijano, colaborador de la Escuela desde 1942[14], a la cátedra de Historia de América e Historia de la Colonización Española. También ese año, votó el nombramiento para la de Historia de América Prehispánica en Madrid[15] a Manuel Ballesteros, hijo de su maestro y Jefe de Sección del Fernández de Oviedo desde 1940[16].

Ciriaco Pérez Bustamante constituyó un paradigma de la ruptura de la comunidad historiográfica. Con una trayectoria previa, su afinidad ideológica con el nuevo régimen, desde el falangismo, le permitió impulsar su carrera académica y acceder a cotas de poder tras la guerra. Compaginó su militancia política con su labor intelectual, que puso al servicio de la construcción del nuevo Estado tanto a través de encargos de carácter oficial como de su producción historiográfica. Es considerado uno de los padres del americanismo de posguerra, lo que pudo consolidar gracias al cargo que ocupó en el Consejo como Secretario (y posteriormente director) del Instituto Gonzalo Fernández de Oviedo. Allí pudo participar de forma activa en la organización de una estructura que diese respuesta a las necesidades del nacionalcatolicismo, marcando las nuevas líneas de trabajo que debían seguirse. Además, su activo papel en los tribunales de oposición a cátedra le permitió entrar en el juego de premiar o silenciar a los historiadores que

[11] BOE, 30 de agosto de 1940.
[12] BOE, 7 de agosto de 1941.
[13] AGA. Educación. Fondo CSIC. Secretaría General, libros 282 y 331.
[14] AGA. Educación. Fondo CSIC. Secretaría General, libro 302.
[15] BOE, 25 de mayo de 1949.
[16] AGA. Educación. Fondo CSIC. Secretaría General, libro 282.

aspiraban a entrar en el sistema, consolidando unas redes profesionales que reforzaron sus objetivos.

REFLEXIONES FINALES

Para el grupo vencedor de intelectuales, el final de la Guerra Civil supuso la oportunidad de llevar a cabo una reconfiguración del orden académico existente, sentando unas nuevas bases de la profesión. El régimen franquista utilizó el pasado y a los historiadores para legitimarse. En general, se definió por oposición a lo anterior: no en vano Ibáñez Martín se refirió a "dos concepciones irreconciliables del mundo y de la vida". La concepción que terminó triunfando tenía su origen décadas atrás, en los grupos más reaccionarios del pensamiento conservador tradicional. Por ello, se hizo fundamental no solo denostar ese pasado liberal y republicano, sino también someterlo a un olvido forzoso. En este caso, no fue el viento el que borró su legado, como cantaba Sánchez Ferlosio en su metáfora de los gallos. Fue la comunidad historiográfica de posguerra la que, de forma consciente, bien por motivos de supervivencia académica y miedo, bien por férrea ideología, consiguió hacer desaparecer del panorama intelectual a antiguos maestros y antiguas prácticas historiográficas. La consecuencia de este olvido afecta todavía nuestro presente.

En el plano discursivo, se desdibujaron los límites entre el discurso político y el histórico. Conceptos como Reconquista, Hispanidad, Imperio o Cristianización, fueron incorporados indistintamente al discurso público y a los estudios historiográficos. El nacionalcatolicismo privilegió figuras como las de los Reyes Católicos, atribuyéndoles el surgimiento de la nacionalidad española, y se dotó al concepto de cruzada de nuevos significados. Esto se hizo aún más patente en los estudios americanistas, donde la ruptura con la tradición liberal anterior fue definitiva, y su producción historiográfica se puso por completo al servicio de los intereses políticos a través de la Hispanidad. A lo largo del texto se ha podido observar cómo este concepto estuvo constantemente presente en el CSIC: en su propia legislación, en los actos inaugurales y en las publicaciones de sus historiadores.

El estudio de la trayectoria de uno de los investigadores del Consejo, Ciriaco Pérez Bustamante, permite ilustrar el proceso por el cual se fueron sentando las nuevas bases de la profesión. La militancia, ya fuese a través de ACNP, el falangismo o el *Opus Dei*, constituía un apoyo fundamental para alcanzar los puestos académicos más codiciados. La conjugación de cargos en el Consejo y en la Universidad permitía también la extensión y el control de las redes profesionales, que a su vez favorecían el acceso de ciertos grupos al mundo académico. Los miembros del CSIC tuvieron una destacada presencia en los tribunales encargados de juzgar las oposiciones a cátedras universitarias, como fue el caso de Pérez Bustamante. Al ser uno de los principales impulsores del americanismo de posguerra, contribuyó de forma activa a la legitimación del régimen. Esto lo hizo a través de su participación en obras propagandísticas como "Historia de la Cruzada española", pero también contribuyendo historiográficamente al estudio y desarrollo de la Hispanidad y de un americanismo muy vinculado con la diplomacia cultural. El entramado que construyó en el Instituto Gonzalo Fernández de Oviedo sentó unas bases muy sólidas, y perduró la mayor parte del periodo franquista.

6.
LAS GUERRAS DE SCHLAYER: LA HISTORIOGRAFÍA "SUECA", EL COLABORACIONISMO NORUEGO Y EL MÁS ALLÁ DE LAS MATANZAS DE PARACUELLOS (1936-2021)[1]

Carlos Píriz
Universidad de Cádiz

INTRODUCCIÓN

Lo más probable es que cualquiera que abriese un diario en 1921 viese su nombre en alguno de los anuncios. Seguramente ese año se toparían con el de los "molinos tigre", especiales para hacer harina de maíz y otros granos de pienso para el ganado. Su distribuidor, el nombre que todos verían, era el de Felix Schlayer. Entonces era muy conocido. Sin embargo, lo más seguro en 2021, un siglo después y salvo contadas excepciones, es que no le conozca nadie. En todo caso, ya no se le relaciona tanto por sus dotes de comerciante de maquinaria agrícola sino por su papel en una lejana guerra, la de España de 1936-39. A pesar de ser alemán, aquellas fechas era cónsul honorario de Noruega. Se dice que salvó la vida a cientos de personas, que fue el "Schindler español". La historiografía conoce su existencia, pero la gran mayoría especializada no le cita demasiado o, si lo hace, de refilón. Pero otro sector historiográfico, eminentemente conservador, al que se adhiere cierta pseudohistoriografía profranquista, lo ha elevado a la categoría de mito. Schlayer es para ellos, ante todo, un relato veraz[2].

Este capítulo no es su biografía, que está por hacer. Tampoco es un análisis exhaustivo de la violencia masiva desatada en la retaguardia republicana, para lo que ya existen sólidas investigaciones[3]. Las páginas que siguen se centran en gran medida, pero no solo, en la figura de Schlayer desde la crítica y la documentación archivística, mayormente original. El texto incide también en saber qué Schlayer cree que existió según esa (pseudo)historiografía que, deliberadamente o no, se hace la sueca. De sus publicaciones se deduce que fue "uno de esos hombres que, cuando la humanidad se hunde, la salva un poco del deshonor". Fue "el primero que contó al mundo el horror de las persecuciones, de los

---

[1] Agradezco a Sébastien Farré (Université de Genève) y a Nathan Rousselot (Université de Nantes) la ayuda prestada para mejorar este texto. Cualquier defecto es responsabilidad única del autor.

[2] Algunos ejemplos de sus incontables anuncios en prensa, en *ABC* (12/05/1921), p. 22. *La Tierra* (17/07/1921), p. 3. *La Vanguardia* (02/10/1921), p. 31.

[3] Por ejemplo, LEDESMA VERA, José Luis, "Una retaguardia al rojo. Las violencias en la zona republicana", en ESPINOSA MAESTRE, Francisco (ed.), *Violencia roja y azul. España, 1936-1950*, Barcelona, Crítica, 2010, pp. 147-247.

asesinatos masivos, de las torturas de las checas en el Madrid de la revolución", "el primero que descubrió la matanza de Paracuellos de Jarama"[4]. Comprender sus argumentos y, sobre todo, su impacto mediático, ayuda a situarnos en torno a un personaje tan conocido en 1921 como tan poco en 2021. Pero también en todo lo que representa y lo que han querido que represente. La última parte del texto la compone la antítesis a esos relatos. Lo completa un exhaustivo análisis sobre el discutido papel de Schlayer y su entorno en la guerra civil española que analiza y demuestra, apoyándose en documentación inédita, un pasado nada cercano al presumible humanitarismo y sí más bien otro próximo al del colaboracionismo franquista sin escrúpulos.

El aparato empírico de esta investigación lo compone casi una docena de archivos y centros documentales españoles, franceses y británicos. A ellos se suman numerosas citas de prensa histórica y reciente, diversos boletines oficiales de distintas instituciones públicas, así como repositorios audiovisuales. Su marco teórico-metodológico se estructura sobre preguntas derivadas, principalmente, de los conocidos estudios de inteligencia que incluye un sugestivo diálogo con las Relaciones Internacionales. Con todo, se pretende reflexionar, demostrar y complejizar el pasado y el presente de una guerra a través de un personaje que libró –y libra– las suyas propias.

Las (re)invenciones del pasado y las manipulaciones de los presentes (1950-2021)

Después de la guerra civil española poco se supo de Felix Schlayer. Sus apariciones en los medios y en la vida pública se fueron reduciendo. Tras su fallecimiento en 1950, su figura desapareció por completo. Hubieron de pasar más de tres décadas para volver a leer su nombre. En 1983, el "hispanista irlandés" Ian Gibson rescató sus memorias para contar "cómo fue" la violencia masiva en la retaguardia republicana durante los primeros meses del conflicto, concretamente en el enaltecido Paracuellos de Jarama[5]. Su libro creó tanta expectación que antes incluso de su salida a venta fue entrevistado en diarios de alta tirada nacional como *La Vanguardia*. En esa ocasión espetó todos los titulares que pudo: "incluye una larga entrevista con Carrillo [...] 'con la intención de machacarlo'"; "aporta claves nuevas"; "lo hice pensando, sobre todo, en la necesidad de satisfacer mi curiosidad de hombre de izquierdas". No obstante, "se mostró muy cauteloso a la hora de descubrir las 'sorpresas'". Pero adelantó dos: contenía "una larga entrevista con Santiago Carrillo" y una ristra de material empírico "inédito en su mayoría". Del que se sentía "más orgulloso" era:

> del testimonio del diplomático Félix Schlayer, encargado de Negocios de la Embajada de Noruega, aunque alemán de origen, hombre de derechas que residía en España desde

[4] Citas procedentes de la contracubierta de SCHLAYER, Felix, *Matanzas en el Madrid republicano: paseos, checas, Paracuellos. Testimonio del diplomático que descubrió la masacre de Paracuellos*, Barcelona, Áltera, 2006.
[5] GIBSON, Ian, *Paracuellos, cómo fue*, Barcelona, Argos Vergara, 1983.

> hacía 40 años y que realizó numerosas gestiones para salvar a presos políticos. Schlayer cuando se enteró de lo ocurrido en Paracuellos redactó un informe para su Gobierno. Fue expulsado en 1937 de España por las autoridades españolas y en 1938 publicó en Berlín "Un diplomático en el Madrid rojo", libro que no ha sido citado ni publicado nunca en España y que tiene un capítulo para mí fascinante sobre las matanzas de Madrid. Este capítulo aporta datos imprescindibles para descifrar lo ocurrido en esa ciudad. Su gran valor es que habla de sus experiencias al principio de la guerra, es contundente y nuevo. Creo que es fundamental[6].

Fue su principal aportación. Gibson calificó a Schlayer de "hombre de ideas netamente derechistas y antimarxistas", destacando su "reputación entre los "rojos" de ser simpatizante y hasta colaborador de los sublevados", para lo que se apoyó en otros testimonios. Le dedicó varias páginas. La razón fue haber hallado el libro que el propio Schlayer publicó en Berlín en 1938 y que, según Gibson, era "prácticamente desconocido de los estudiosos de la guerra española" y que él supiese "jamás ha[bía] sido citado en España". Lo utilizó porque revestía "una extraordinaria importancia para [sus] propósitos". Aun así, en ocasiones llegó a cuestionar su relato porque "cuando Schlayer habla de los comunistas siempre carga las tintas" y porque "contiene elementos exagerados y, sin duda, inventados"[7].

A pesar de todo, durante varias páginas Gibson dejó que fuesen las palabras del propio Schlayer las que reconstruyesen los hechos de unas matanzas que descubrió junto al Encargado de Negocios argentino, Edgardo Pérez-Quesada, y al delegado del Comité Internacional de la Cruz Roja en Madrid, el doctor Georges Henny. También se apoyó en el relato de Schlayer para narrar el ataque contra el avión francés que transportaba a Ginebra a primeros de diciembre de 1936, entre otros, a Henny, y que, siguiendo sus argumentos, se realizó por la aviación republicana para que no se denunciasen los asesinatos perpetrados al este de la capital española en la sede de la Sociedad de Naciones. Fuera como fuese, para Gibson, que daba por buenas algunas otras tantas afirmaciones del diplomático, "lo cierto" era que, "ante las indagaciones del doctor suizo, Schlayer y Pérez Quesada, nadie puede negar que en Madrid, en noviembre de 1936, muchos cientos de presos políticos fueron matados por los republicanos"[8].

Tras el libro de Gibson, Schlayer volvió a caer en el olvido más absoluto. Hubieron de pasar nuevamente más de dos décadas para que su figura resurgiese, esta vez sí, con fuerza y permanencia. El marco en el que lo hizo, el año 2006, sin lugar a dudas, no fue casual. Y ya no solo por la efeméride del 70 aniversario del comienzo de la Guerra Civil, sino por el debate político y público en torno a la Ley de Memoria Histórica impulsada

6 *La Vanguardia* (26/01/1983), p. 31.
7 GIBSON, Ian, *Paracuellos...*, pp. 109-111 y 120.
8 Ibídem, pp. 127-134.

por el gobierno socialista de José Luis Rodríguez Zapatero[9]. En mayo de ese mismo año se publicaron, por primera vez traducidas al español, las memorias de Schlayer de 1938[10].

La edición de esa primera versión española del testimonio de Schlayer corrió a cargo de Áltera, con traducción de Ignacio Valdezate y Carmen Wirth Lenaerts. Entre las motivaciones que llevaron a su publicación se encontró que "ni una maldita placa celebra[ba] su gesta [el descubrimiento de la matanza de Paracuellos] en la desmemoriada España que se llena la boca de "Memoria histórica""[11]. Lo cierto es que el sello editorial ya había saltado a la palestra años antes por distintas controversias, por lo que el historiador Javier Tusell sentenció que parecía "haberse especializado en libros breves sobre temas polémicos"[12].

El prólogo de la edición lo firmó José Manuel de Ezpeleta, "Miembro de la Hermandad de Ntra. Sra. De los Mártires de Paracuellos de Jarama". Él mismo, años antes, había intentado que el Ayuntamiento de Torrelodones "dedicara una simple placa a su memoria", pero "lo impidieron las mismas fuerzas políticas de cuyas manos había él salvado tantos inocentes". No dudó en abrirlo asegurando que era bien conocido que "las convulsiones políticas y sociales que, a raíz de la victoria del Frente Popular en 1936, llevaron al alzamiento militar del 18 de julio", lo que lo justificaba. Y no dudó, igualmente, en asegurar que algunas de las razones para publicar el testimonio de Schlayer eran la respuesta a los empeños de "algunos en desenterrar o mantener viva el hacha de guerra" y el ahínco con el que se intentaba "reavivar así la rencorosa y mal llamada "memoria histórica"". Por eso valía "la pena recordar [...] a este hombre de excepción [...] un hombre que carecía de toda ideología o compromiso partidista, pero cuyo empeño por salvar del Terror a sus semejantes ha hecho que alguien [Santiago Carrillo, según sus palabras] le haya llegado a tildar de "alemán reaccionario y nazi"". Y lo comparó con el protagonista "de la película *La lista de Schlinder*"[13].

La principal presentación pública se realizó el 20 de junio en el Salón de Grados de la Universidad San Pablo CEU. Se anunció como "homenaje nacional a Félix Schlayer y a los diplomáticos implicados en labores humanitarias en la España de la guerra civil". En el acto, al que fueron invitados "los embajadores de todos los países cuyas misiones diplomáticas acogieron a refugiados durante la guerra civil", hicieron uso de la palabra los (pseudo)historiadores Ricardo de la Cierva, Luis Togores, Pío Moa, Isabel Durán, José Manuel de Ezpeleta y Javier Ruiz Portella, director de Áltera[14].

El impacto de la publicación fue inaudito. El periodista Manuel Martín Ferrand llegó a asegurar en una columna dedicada al "fracaso de la II República", que "sería didáctico repartir[lo] por los escaños del Parlamento europeo". El también periodista César Alonso

[9] *El País* (14/12/2006).
[10] El original, que ya manejara Gibson en 1983, en SCHLAYER, Felix, *Diplomat im roten Madrid*, Múnchen: Herbig F. A., 1938. La traducción, en SCHLAYER, Felix, *Matanzas en el...*
[11] Cita procedente de la contracubierta de SCHLAYER, Felix, *Matanzas en el...*
[12] *La Vanguardia* (18/06/1999), p. 4.
[13] SCHLAYER, Felix, *Matanzas en el...*, pp. 11-15.
[14] *ABC* (20/06/2006), p. 48.

de los Ríos le dedicó una sección por ser "de obligada lectura" en un clima "radicalmente alterado por la política de Zapatero". Ese mismo día, el libro de Áltera ya aparecía entre los más vendidos de no ficción de la sección cultural de *ABC*. Una semana más tarde aparecía en el noveno lugar. La siguiente, en el quinto. Un mes después ascendió al segundo puesto, solo superado por *La guerra que ganó Franco* de César Vidal. Ni siquiera la dimisión por la condena de plagio del responsable de la editorial, Ruiz Portella, impidió cuatro reediciones –una por mes– y la venta de más de 40.000 ejemplares[15].

El relato en español de Schlayer no solo llegó a manos y fue elogiado por la pseudohistoriografía profranquista. También penetró en la historiografía académica, donde emergió cierto debate en torno a su veracidad. Ángel Viñas, que afirmó haber leído el original, fue uno de los primeros en destacar en 2007 que los traductores de Áltera "no [habían] dudado en manipular a su conveniencia las memorias de Schlayer". Afirmó que esta "versión española [era] de traducción horrenda y distorsionada, con eliminaciones, "adaptaciones" y añadidos "creativos" y manipuladores, un último éxito de la propaganda goebbelsiana"[16]. Sus declaraciones, entre otras, llevaron al historiador Antonio Manuel Moral Roncal a dar una respuesta a través de sus investigaciones. Al año siguiente publicó su obra de referencia sobre diplomacia, humanitarismo y espionaje en la Guerra Civil y un artículo publicado junto a un doctorando en la revista científica *Aportes*, ligada a la Universidad CEU San Pablo, dedicado exclusivamente a Schlayer[17].

El artículo lo realizó por el gran debate generado tras la traducción de las memorias y porque "se llegó incluso a dudar del testimonio que el cónsul realizó ante la Causa General", al que Moral daba mayor crédito. En su libro recogió los principales argumentos apoyándose en la documentación de los archivos del Ministerio de Asuntos Exteriores y de la Administración, la propia Causa General y otros testimonios. Volvió a insistir en que nadie había probado aún "que el cónsul de Noruega fuera nazi, sino un hombre extremadamente conservador". Pero su narrativa historicista y cronológica, encargada de presentar insistentemente a un Schlayer humanitario, hubo de lidiar con la controvertida actuación del diplomático tras la guerra. Su viaje a Berlín en 1937, su recepción por "varios funcionarios" del Reich, su vista a Burgos, sus entrevistas con Nicolás Franco, el conde de Vallellano, Ramón Serrano Suñer, el mismo Generalísimo "y varios altos cargos de la administración civil y militar franquista" se debió, según Moral, a "su plan [de canjes] con el respaldo de la Cruz Roja Internacional"[18].

---

[15] *ABC* (Sevilla, 06/07/2006), p. 6. *ABC* (15/07/2006), p. 8. *ABC* (15/07/2006), p. 27. *ABC* (22/07/2006), p. 25. *ABC* (29/07/2006), p. 25. *ABC* (09/09/2006), p. 29. *El País* (29/06/2006).

[16] VIÑAS, Ángel, *El escudo de la República: el oro de España, la apuesta soviética y los hechos de mayo de 1937*, Barcelona, Crítica, 2007, pp. 44-45 y 55.

[17] MORAL RONCAL, Antonio Manuel y COLMENERO GARCÍA, Ricardo, "Félix Schlayer ante la Causa General: testimonios de un cónsul extranjero sobre la Guerra Civil", *Aportes*, 68-XXIII (3/2008), p. 70. MORAL RONCAL, Antonio Manuel, *Diplomacia, humanitarismo y espionaje en la Guerra Civil española*, Madrid, Biblioteca Nueva, 2008.

[18] MORAL RONCAL, Antonio Manuel y COLMENERO GARCÍA, Ricardo: "Félix Schlayer ante...", pp. 73 y 77. MORAL RONCAL, Antonio Manuel, *Diplomacia...*, pp. 497-523.

Moral tampoco explicó por qué cuando Schlayer regresó a la capital alemana, donde escribió y publicó sus memorias en 1938, "le recibieron sin rencor agradeciéndole sus gestiones". Tampoco por qué, aunque "no tuvo contactos con el Partido Nazi", el Gobierno alemán le concedió 300 marcos mensuales "como miembro de una comisión de españoles exiliados". Tampoco añadió mucho más al contar su regreso a España en el verano de aquel mismo año, su visita a varios frentes, su charla con el general Varela o sus motivaciones para prestar declaración ante la Causa General. Sí argumentó, sin embargo, que "por su actuación humanitaria durante la Guerra Civil" las autoridades españolas le otorgaron varias condecoraciones[19].

Moral no fue el único en obcecarse en excusar cualquier relación de Schlayer con el universo fascista. A pesar de las variadas recompensas del régimen franquista –que él mismo desveló con sus investigaciones–, insistió mucho en eliminar cualquier conexión del ex representante de Noruega en España con el III Reich redundando en su bienintencionado papel durante el conflicto español. Una línea argumentativa que continuó siendo transitada por otros historiadores como Javier Cervera Gil, otro especialista que ya a mediados de la década de 1990 había utilizado el testimonio de Schlayer ante la Causa General –no así sus memorias– en su tesis doctoral. Fue precisamente a él a quien le encargaron la introducción de una nueva traducción de *Diplomat im Roten Madrid*. La misma, mucho más cuidada que la de Áltera, terminó siendo publicada en la editorial Espuela de Plata en 2008 bajo el título, esta vez sí literal, de *Diplomático en el Madrid rojo* y traducida por el filósofo sevillano Alejandro Martín Navarro[20].

Cervera conocía sin duda la primera edición en español, pero la que él introducía era, según sus palabras, "la que verdaderamente responde al original". Para él se trataba de "una gran aportación [...] en estos tiempos en que, en España, desde instancias del poder se confunde deliberadamente Memoria Histórica con Historia". Este libro era, por tanto, una "visión, parcial y subjetiva (memoria)", por lo que invitó "a que el lector se crea lo que este Cónsul relata, pero también lo matice con el conocimiento que del autor tenga". Había que tener en cuenta los "arraigados sentimientos e ideas anticomunistas" del autor, que para Cervera tenían que ver con el "(excesivo) ambiente *nazificado* de la Alemania de 1938". Pero nadie, eso sí, había "aportado pruebas de que [...] tuviera tal condición ideológica hitleriana". Tampoco de que fuese "espía a favor de Franco", ya que los servicios secretos franquistas no contaban "con ningún informe de Schlayer hasta fines de julio de 1937", cuando fue expulsado de la zona republicana, llegó a la franquista y, "como muchos de los que llegan allí procedentes del otro lado, se le interroga"[21].

El relato de Schlayer suponía para Cervera "una aportación esencial para conocer la realidad del asilo diplomático". A pesar de los esfuerzos porque la nueva versión en

---

[19] Ibídem.

[20] SCHLAYER, Felix, *Diplomático en el Madrid rojo*, Sevilla, Espuela de Plata, 2008. La última edición del libro resultante de la tesis de Cervera, en CERVERA GIL, Javier, *Madrid en guerra. La ciudad clandestina, 1936-1939*, Madrid, Alianza, 2006.

[21] SCHLAYER, Felix, *Diplomático en el...*, pp. 9-26.

español llegase al gran público, su publicación no tuvo la trascendencia de la edición de Áltera, la cual se fue consolidando como prueba central de las tropelías de los "rojos" en Paracuellos y alrededores en el otoño de 1936. En ese sentido fue utilizada años más tarde, en 2012, por la Fundación Nacional Francisco Franco (FNFF). De ahí que colgasen en su web la versión traducida por Carmen Wirth Lenaerts pero, esta vez, editada por la Plataforma 2003, una organización falangista dedicada a reivindicar la memoria de José Antonio Primo de Rivera[22].

La visión sobre Schlayer no ha variado demasiado en los últimos años. A excepción del libro *ITT 1878* de la multinacional de maquinaria agrícola International Trucks & Tractors, publicado en 2014 y en el que el diplomático es protagonista por su vertiente empresarial en la historia de la compañía. Las restantes referencias a su persona han estado siempre ligadas a su vertiente humanitaria en la guerra de España y a su papel como descubridor de las matanzas de Paracuellos de Jarama y Torrejón de Ardoz. Caso de la investigación del historiador Julius Ruiz publicada en 2015, pionera al incluir la percepción que de Schlayer tenían otros contemporáneos como el Encargado de Negocios británico George Ogilvie-Forbes, quien le calificó como "el *enfant terrible* de las reuniones del Cuerpo Diplomático", del que admiraba "tanto su valentía y su dedicación a los intereses del general Franco" como detestaba "sus indiscreciones". Pero con la que se demostraba la consolidación de aquella determinada lectura al apoyarse en la introducción de Cervera en Espuela de Plata para afirmar que "no era un nazi ni un espía", por lo que "al igual que otros diplomáticos, actuaba más bien porque se sentía obligado a dar respuesta a las desesperadas solicitudes de ayuda que recibía de aquellos que temían la acción de la justicia popular"[23].

El resto de apariciones de Schlayer en los últimos tiempos han sido desde en una memoria del curso selectivo de funcionarios de la Carrera Diplomática del año 2014 –la realizada por Mario Crespo Ballesteros, hoy cónsul español en Caracas– hasta en la última efeméride de 2016[24]. Al año siguiente volvió a sonar tras una reunión del Comisionado de la Memoria Histórica del Ayuntamiento de Madrid que buscaba debatir "60 nuevas placas para rendir tributo a la Memoria". Una de ellas se dedicaría a Felix Schlayer en la calle del Príncipe n.º 15 a propuesta del concejal del Partido Popular (PP) Pedro Corral. El mismo volvió a intentarlo en 2019 después de que el gobierno municipal de la capital aprobase poner una placa para Marcial Lafuente Estefanía, un "escritor, que fue comisario y anarquista en la Guerra Civil, [y que] salvó la vida de numerosos detenidos del bando nacional". El entonces candidato del PP a la alcaldía, José Luis Martínez-Almeida, dijo:

[22] Redacción FNFF, "Libros: Un diplomático en el Madrid rojo, de Félix Schlayer" (09/10/2012), <https://fnff.es/cultura/141762909/libros-un-diplomatico-en-el-madrid-rojo-de-felix-schlayer.html>. *El Mundo* (2011) [Especiales Guerra Civil. Historias de España], <https://www.elmundo.es/especiales/espana/guerra-civil/relatos/18_jaime_suarez.html>.

[23] International Trucks & Tractors, *ITT 1878*, Barcelona, Mucho, 2014. RUIZ, Julius, *Paracuellos: una verdad incómoda*, Barcelona, Espasa, 2015, p. 205.

[24] CRESPO BALLESTEROS, Mario, "Félix Schlayer: Asilo diplomático y humanitario en la Guerra Civil española", *Cuadernos de la Escuela Diplomática*, 53 (2015), pp. 249-330. *ABC* (Cultura, 07/12/2016).

"este hombre, como Melchor Rodríguez o Félix Schlayer, son faros que iluminan la esperanza en el ser humano en los tiempos más oscuros". Corral aprovechó la ocasión para hagiografiar su figura usando las memorias de Áltera en su columna de *Libertad Digital*. El artículo lo tituló, en un claro juego de palabras fílmico, "La Lista de Schlayer". Ese mismo año, el Instituto CEU de Estudios Históricos hizo lo propio en YouTube con un breve vídeo que mezcla escenas de la película falangista *Rojo y Negro* (Carlos Arévalo, 1942), con un narrador y citas de Schlayer reproducidas con acento marcadamente extranjero. Hoy, en 2021, continúa siendo recordado en el espacio digital como "un ángel entre demonios"[25].

NO SOLO SCHLAYER, NI PARACUELLOS (1873-1950)

Su nombre completo era Felix Edouard Schlayer Gratwolh. Nació en 1873 en la ciudad de Reutlingen, al sur de Alemania. Ingeniero y militar, tras pasar por distintos trabajos en Francia y Suiza, en 1895 recaló en España con un contrato proporcionado por su compatriota Albert Ahles, vicecónsul alemán en Madrid. Para entonces la empresa ya estaba consolidada como un referente en la compraventa de maquinaria agrícola y vinícola con representación en varias ciudades españolas. Su éxito llevó a Schlayer a trasladarse y asentarse en Madrid en 1902 como socio de la compañía. Después de la retirada de Ahles, Schlayer se hizo con el control y la rebautizó con su nombre, lo que le permitió centrarse en sus relaciones sociopolíticas. Cofundó el Colegio Alemán de Madrid, fomentó las relaciones culturales y científicas hispano-germanas y, por todo ello, en el verano de 1910 se incorporó al cuerpo consular en Madrid a petición del Reino de Noruega como vice-cónsul honorario. Poco después, sin embargo, sus proyectos se vieron paralizaros al ser movilizado por Alemania al comienzo de la Primera Guerra Mundial, por cuya participación como combatiente le concedieron dos Cruces de Hierro y fue ascendido a coronel. Poco antes de acabar el conflicto, en 1918, la Junta de Comercio de Guerra de los Estados Unidos lo incluyó en su lista de comerciantes enemigos. Con la conclusión de la Gran Guerra, regresó a España y retomó su estatus diplomático[26].

Durante la posguerra inventó una conocida trilladora helicoaxial que le reportó grandes beneficios y por la que llegó a recibir personalmente las felicitaciones de Alfonso XIII. Sin

[25] *ABC* (25/10/2017). *ABC* (Madrid, 05/02/2019). *Libertad Digital* (15/02/2019). Instituto CEU de Estudios Históricos, "Las checas vistas por el cónsul noruego Felix Schlayer", *YouTube* (25/04/2019), <https://www.youtube.com/watch?v=ZRZT7DX8V8E>. La última cita procede del título del vídeo del canal De la razón a la Fe, "Felix Schlayer, un ángel entre demonios", *YouTube* (07/05/2021), <https://www.youtube.com/watch?v=JZHQpOAx__o>.

[26] International Trucks & Tractors, *ITT 1878...*, pp. 15-31. CRESPO BALLESTEROS, Mario, "Félix Schlayer...", pp. 259-260. HERA MARTÍNEZ, Jesús de la, *La política cultural de Alemania en España en el período de entreguerras*, Madrid, Consejo Superior de Investigaciones Científicas, 2002, pp. 133 y 215. MORAL RONCAL, Antonio Manuel y COLMENERO GARCÍA, Ricardo, "Félix Schlayer ante...", p. 71. CASARES, Francisco, "El recuerdo del terror comunista en la España roja evocado por el primer visitante de la fosa de Paracuellos del Jarama", *Fotos* (San Sebastián, 12/07/1941), p. 15. "Enemy trading list revised to March 15 and superseding all the

embargo, no evitó que el Tribunal económico-administrativo le acusase en varias ocasiones de "defraudación en el impuesto de Aduanas". Poco después, se retiró de los negocios y liquidó su empresa. Se volcó entonces en su faceta de coleccionista de arte y mecenas, reforzando su vida sociocultural como miembro del Ateneo de Madrid, de la Sociedad Española de Amigos del Arte o retomando sus responsabilidades en el Colegio Alemán de la capital. La implantación de la Segunda República en 1931 le llevó a abandonar sus funciones diplomáticas. Las retomaría en la primavera de 1935 asentado en Torrelodones. El golpe de Estado del año siguiente, la deriva en guerra civil y la ausencia del máximo representante de Noruega en suelo español, Leif Bögh, quien pasó la frontera hacia Saint-Jean-de-Luz como tantos otros representantes extranjeros, hizo que Schlayer quedase al frente de los intereses noruegos elevado a Encargado de Negocios[27].

A partir de ese momento, abrió las puertas de sus locales, amparados por la extraterritorialidad refrendada en los acuerdos y normas internacionales. Después de gestionar la evacuación de los ciudadanos noruegos comenzó a realizar junto a otros diplomáticos, principalmente los ministros de Chile y Argentina, una particular lectura del derecho de asilo. En consecuencia, sus edificios se llenaron de perseguidos por las milicias revolucionarias que encontraron en esos espacios no solo un refugio, sino en numerosos casos también la colaboración y el apoyo necesario para combatir a la República desde dentro. Noruega fue uno de los casos más destacados y descarados[28].

Uno de los que recaló en el edificio noruego de la calle Abascal n.º 27 fue el capitán de Artillería retirado Manuel Jiménez-Alfaro y Alaminos. Era un experimentado "africanista" que había combatido "bajo el fuego enemigo" a las órdenes del general José Sanjurjo en Larache. Tras su regreso a la península en 1923 y su paso por otros destinos más tranquilos, fue trasladado a Madrid en 1931 al tiempo que se instauraba la Segunda República. Su marcado talante antidemocrático hizo que no se comprometiera con el nuevo régimen. A pesar de ello, y a diferencia de algunos de sus compañeros de armas, Jiménez-Alfaro no estuvo implicado en la trama conspirativa que llevó al golpe de julio de 1936, que le sobrevino en la conocida cooperativa de casas baratas de la Colonia Albéniz en Chamartín de la Rosa[29].

Al fracasar en Madrid la intentona golpista, Jiménez-Alfaro sufrió igualmente las consecuencias al pasar por su condición de militar a la categoría de sospechoso. A las pocas semanas consiguió hacerse con un salvoconducto de circulación, lo que significó

previous list as issued by the War Trade Board", *The Official Bulletin*, nº 301, vol. 2 (Washington, 04/05/1918), p. 37.

[27] *ABC* (08/04/1928), p. 22. *Gaceta de Madrid*, 166 (15/06/1925), p. 1764. *Gaceta de Madrid*, 242 (30/08/1927), p. 1231.

[28] CRESPO BALLESTEROS, Mario, "Félix Schlayer...", p. 260. PÍRIZ, Carlos, "Decanos del humanitarismo y la perfidia. La colaboración de las Misiones Diplomáticas de Argentina y Chile con la causa franquista durante la guerra civil española (y después), 1936-1969", *Culture & History Digital Journal*, 10/1 (2021), <https://doi.org/10.3989/chdj.2021.010>.

[29] Mientras no se indique lo contrario, estas citas y la siguientes corresponden a la "Declaración jurada que presenta el capitán de Artillería (retirado extraordinario) Dn. Manuel Jiménez-Alfaro y Alaminos, en demostración de la cooperación prestada al Ejército Nacional, desde zona roja" (Madrid, 20/08/1940), Archivo General Militar

su "salvación". Gracias a ese aval y ya desplazado a la capital, pudo iniciar "una labor de ayuda a familias perseguidas, como elemento de enlace entre familiares ocultos y adquisición de noticias indispensables". A mediados de septiembre de 1936 fue asesinado su cuñado, también oficial del Ejército, lo que llevó a su esposa a acudir "en súplica de ayuda a Dn. Felix Schlayer" en vistas a la posibilidad de que su marido corriese la misma suerte. El diplomático ya sonaba con fuerza "entre todos los que sufrían persecución [...] como elemento salvador y de actividad sin igual". Al enterarse Schlayer de que Jiménez-Alfaro "era retirado de la Ley Azaña, ordenó que inmediatamente [se] presentase en la Legación". Jiménez-Alfaro se refugió el día 10 de octubre. Dos días más tarde lo harían su mujer y sus cinco hijas.

A pesar de todo, Jiménez-Alfaro no conoció personalmente a Schlayer "hasta los ocho días de residir en la Legación". Y lo haría de manera "puramente casual", al ser designado encargado "de los servicios de Transportes del Cuerpo Diplomático y de la distribución de la gasolina". Al poco tiempo de entablar amistad, el propio Schlayer le nombró Secretario General de la Legación "porque necesitaba ayuda en el trabajo abrumador que pesaba sobre él, como consecuencia de ir aumentando por días los refugiados". Desde entonces, se dedicó "por completo, en cuerpo y alma, a ayudar al Sr. Schlayer, con la satisfacción de que así cooperaba al triunfo de la causa nacional". Se convirtió en su "brazo derecho"[30].

A mediados de noviembre de 1936, el Gobierno del Frente Popular no dudó en declarar a Schlayer "persona non grata" en respuesta a su actitud en los sucesos de la embajada alemana. Al romper el Reich las relaciones con España y trasladar su representación diplomática a la zona ocupada por los rebeldes, las autoridades republicanas intentaron desalojar su edificio en Madrid, donde aún quedaban "unos cuantos alemanes y un número mayor de refugiados españoles que se habían acogido a la protección de la bandera alemana". Los representantes alemanes planearon su distribución entre otras Misiones, principalmente la noruega y chilena, que irían a recogerles antes de terminar el plazo de 24 horas dado por el Gobierno español. Mientras tanto, fuera se apostaron varias unidades de guardias de Asalto. Schlayer fue el primero en recoger a algunos de los refugiados con dos coches de bandera noruega con los que regresó "a la velocidad del rayo" a su Legación burlando los controles policiales. En los siguientes viajes ya no solo escondió a personas sino también el material de guerra y armamento que se escondía en la embajada alemana, como unas "hermosas pistolas" que pensaba utilizar "en caso necesario", municiones y una caja de granadas de mano. Escabullirse una vez más a gran velocidad le costó la última vez, sin embargo, varios disparos de la policía, que consiguió capturarle. Pero "el cargamento que [le] podía comprometer seriamente", según sus

de Ávila (AGMAV), C. 2992, 9/3-13 y la "Hoja de Servicios de D. Manuel Jiménez-Alfaro y Alaminos", Archivo General Militar de Segovia (AGMS).

[30] El subrayado es del original.

propias palabras, iba justo en el coche que le seguía, que no fue detenido y que pudo escapar hasta el edificio noruego, "donde [se] descargó"[31].

Ante el aluvión de refugiados, que a primeros de 1937 ya superaba el medio millar, Schlayer distribuyó responsabilidades de administración entre los diferentes asilados. Entre ellos eligió a Jiménez-Alfaro, de quien le "llamó la atención la inteligencia, eficacia y el método con que [...] desempeñó su función". Fue este uno de los motivos por lo que le nombró Secretario General de la Legación, puesto "de gran trabajo, responsabilidad y exposición". Y también fue por eso por lo que le ordenó "gestiones cerca de instancias rojas de policía, abastecimiento, cárceles, etc.", que podía ejercer gracias a la inmunidad diplomática. Pero a pesar de haber sido uno de sus máximos colaboradores, Schlayer jamás le mencionó en sus memorias. Sin embargo, en una declaración de honor que él mismo firmó en posguerra ante las autoridades franquistas, aseguró que juntos se ocuparon de tareas de:

> información, liberación de cárceles, salvamento de sentencias, pases clandestinos o con documentación falsa de la zona roja a la nacional de elementos valiosos militares, salvamento de la Legación de asaltos rojos, organización militar de la defensa de la misma que estaba a cargo del ahora General D. Eduardo Fuentes y eso bien entendido en la época de otoño 36 y primavera 37 que fue el periodo de verdadero peligro y de falta total de toda organización y ayuda nacional dentro del Madrid sitiado[32].

La principal acción en este sentido que realizaron en colaboración fue "la redacción de las listas de personas sacadas de las Cárceles de Madrid, en aquellas fechas trágicas de Octubre y Noviembre [de 1936]". Al calor de la violencia masiva de aquellos días, ambos, junto al diplomático argentino Pérez-Quesada, reunieron "una información completísima, que con toda clase de datos y comprobaciones directas y personales, fue enviada a Ginebra, a la reunión de la Sociedad de Naciones". Entonces, siguiendo el testimonio de Jiménez-Alfaro:

> El avión en que iba [el delegado del Comité de Madrid de la Cruz Roja Internacional] fue tiroteado a la altura de Guadalajara por otro avión rojo, resultando herido el Dr. Henny, el piloto francés, y dos periodistas que les acompañaban. Afortunadamente para nosotros, la valija pudo ser salvada, porque a más de todos estos datos sobre los fusilamientos de las Cárceles, enviábamos en aquella ocasión, como hicimos en todas,

[31] SCHLAYER, Felix, *Diplomático en el...*, pp. 75-77 y 229-236. Tiempo después el Servicio Especial republicano del Consulado español en Hendaya supo que "se llevó las comprometedoras valijas con películas sobre la toma de TOLEDO, etc; alemanas, joyas, armas, etc.... antes de la ocupación del edificio de la Embajada de Alemania". Archivo General de la Administración (AGA), Ministerio de Asuntos Exteriores (MAAEE), "Telegrama n.º 101 sobre Felix Schlayer, ex Cónsul de Noruega" (Hendaya, 13/12/1937), C. 12/3111, 38, docs. 262-265.

[32] "Declaración de honor de Felix Schlayer y Gratwohl" (San Sebastián, 12/08/1940), AGMAV, C. 2992, 9/1-2.

> cartas para el General Dávila con las noticias que adquiríamos sobre los planes y concentraciones rojas[33].

Bajo el aparente e inmaculado humanitarismo escondían, por tanto, una colaboración clara y directa con los rebeldes. Pero hubo más. Schlayer y Jiménez-Alfaro también dieron "cohesión a la entonces dispersada quinta columna y enlace entre elementos dirigentes en las cárceles como D. Raimundo Fernández Cuesta, el Coronel Galarza, etc. y falangistas refugiados en diferentes Legaciones", una asistencia fundamental para los enemigos de la República que la combatían desde su interior[34]. Según Jiménez-Alfaro, las labores que realizaron entonces se concentraban en tres aspectos fundamentales: 1) el socorro asistencial; 2) la ayuda a detenidos y procesados; 3) el espionaje y la realización de evacuaciones clandestinas. Para lo primero contaban con un depósito de víveres alimentado por dos camionetas que recorrían semanalmente los pueblos cercanos a la capital, un sistema de recaudación por pisos, una enfermería, una oficina de régimen interior y responsables de servicios litúrgicos[35]. Dedicaban, igualmente, "una atención continua sobre los detenidos en Cárceles, en Comisarías, en Checas, en lugares desconocidos, atendiéndoles no solo en cuanto a seguridad personal y en alcanzar la libertad, sino enviándoles víveres, medicinas, etc.", a los que controlaban mediante "un verdadero Negociado con cerca de 3000 fichas". Se reunieron "varias veces con Dn. Raimundo Fernández Cuesta, llevándole datos y papeles escritos de las jerarquías de Falange que estaban escondidos por Madrid, y que en aquellos primeros meses necesitaban relacionarse con su Jefe, recabando las órdenes de organización y manera de actuar". Gracias a estas "gestiones de "enlace"" favorecieron la constitución del triunvirato falangista local. Eran igualmente aprovechadas para, en las mismas prisiones, negociar con los jueces la activación o detención de expedientes judiciales, principalmente de oficiales militares. Así consiguieron que los papeles del mismo Fernández-Cuesta fueran derivados al Juzgado de Guardia de las Salesas, donde se personaron Schlayer y Jiménez-Alfaro para destruir toda prueba que le vinculase con Falange:

> [...] allí comprobamos que en la última hoja del expediente había un informe que decía "que era Secretario General de Falanje [*sic*]". Con esos actos tan temerarios y característicos del Sr. SCHLAYER, arrancó sencillamente dicha hoja, e inmediatamente salimos los dos, pero teniendo que abrir a las pocas horas las puertas de la Legación al Juez Sr. SORIANO a quien pertenecía el sumario y a quien no quedaba otro camino que o detenernos o unirse a nosotros.

[33] El subrayado es del original. "Declaración jurada..." (Madrid, 20/08/1940), AGMAV, C. 2992, 9/3-13. El derribo, visto por Ogilvie-Forbes, en "Shooting down of French passenger aeroplane containing Dr. Henny of International Red Cross" (08/12/1936), The National Archives (TNA), Foreign Office (FO), 371/20553 y "Shooting down of aeroplane carrying Dr. Henny, Madrid representative of International Red Cross" (10/12/1936), TNA, FO, 371/20554.

[34] "Declaración de honor...", AGMAV, C. 2992, 9/1-2.

[35] Mientras no se indique lo contrario, las siguientes citas e información procede de "Declaración jurada..." (Madrid, 20/08/1940), AGMAV, C. 2992, 9/3-13.

La tercera especialidad fue la "labor dificilísima y la más peligrosa, la de indagar continuamente sobre los planes de los rojos, sus concentraciones y sus organizaciones defensivas, para hacerlo llegar, por los medios que fuesen, a los mandos nacionales, completando esta labor con el acto positivo de hacer pasar a Jefes, Oficiales y personal civil, de una a otra zona". Al ser conocedores de la desconexión de las primeras células de la Quinta Columna en la capital, trataron "siempre de organizar las fuerzas dispersas que buscaban laborar por la causa del Ejército", en lo que tuvieron "un sin[fín] de ensayos a punto de cristalizar en algo positivo" gracias a un tal "Sr. Villalba que decía estar en relación directa con los Oficiales que por el frente de Guadarrama pasaban al Ejército las noticias"[36].

Mediante valija diplomática "se mandaban noticias sobre las concentraciones rojas, sobre sus planes de ataque, sobre sus disponibilidades en armas, municiones, etc.". Se enviaba a la embajada nazi en París, cuyo jefe de Misión las remitía a la España rebelde. Otro sistema de contacto se efectuó a través de la organización quintacolumnista del falangista Javier Fernández Golfín, quienes hacían uso también de la valija y quienes tenían contacto con refugiados en los edificios de bandera paraguaya "donde aseguraban tener una radio emisora"[37]. Para la confección de los informes militares se ayudaban en la experiencia de algunos oficiales asilados en la Legación, como Eduardo de Fuentes y Cervera, quien realizaba paseos en coche con bandera noruega por la ciudad acompañado en ocasiones por Schlayer "para que viese él mismo las defensas establecidas por los rojos". Dossiers que también eran enviados a Burgos aprovechando las evacuaciones clandestinas de algunos refugiados como la del coronel Antonio Uguet. Unas fugas que pasaban bien por los Montes de Toledo camuflados en un camión, bien atravesando la frontera francesa, para lo que alquilaban "coches de la CNT, mediante documentos falsos, acreditando viajes urgentes, y proporcionando a su vez a los que iban, carnets políticos y cartas de trabajo (todo falso)", o bien mediante los buques argentino y francés *Tucumán* e *Iméréthie II* con ayuda del cónsul honorario de Austria en Valencia, Vicente Juan-Senabre, y la Embajada de Francia[38].

[36] Con toda probabilidad se trata del abogado Jesús Villalba Pérez, quien aparece en la exposición de Schlayer ante la Causa General como mediador entre el Encargado de Negocios de la Embajada de Alemania (M. Schwendeman) y el representante de Inglaterra (George Ogilvie-Forbes) para denunciar los sucesos del 22 de agosto de 1936 de la cárcel Modelo madrileña. Villalba estuvo implicado en el proceso contra la organización quintacolumnista madrileña "Fernández Golfín" unos meses más tarde. "Declaración del testigo Don Felix Schlayer Gratwohl" (Madrid, 07/03/1940), Archivo Histórico Nacional (AHN), FC-Causa General, 1527, Exp. 1, 111-136. "Sumario nº 4/1937 del Juzgado Especial del Tribunal Central de Espionaje nº 1 contra Javier Fernández Golfín y otros", AHN, FC-Causa General, 1539, Exp. 1.

[37] Según las referencias de Jiménez-Alfaro, la existencia y utilidad de la emisora de Falange ubicada en los edificios de Paraguay funcionó a la perfección habida cuenta de las respuestas que les remitió el embajador alemán en París y el general Dávila desde Burgos. Además de con "Fernández Golfín", quienes incluyeron en su organigrama organizativo como enlace a Schlayer, la Legación noruega tuvo contactos directos a propuesta de los servicios de inteligencia franquistas con otros grupos como la "Organización Antonio". AGMAV, C. 2870, 11/158-161 y C. 2963, 3.

[38] Juan-Senabre estuvo igualmente implicado con el espionaje franquista y tuvo diversos encontronazos con el contraespionaje republicano. Para ello, véase su "Expediente personal SIPM de Vicente Juan-Senabre Soler", AGMAV, C. 2847, 29. Según algunos de estos papeles, "prestó sus servicios de información en Zona roja, perteneciendo al Grupo controlado por el SIPM Nacional y denominado "Marsella (O.M.)"".

A mediados de 1937 las autoridades republicanas consolidaron sus dudas sobre Schlayer porque "mostraba excesivo interés" en los prisioneros "de más significación fascista y con los que son familiares de los Jefes de la rebelión". Eso les llevó a pensar "que servía alguna misión encomendada posiblemente desde el campo faccioso". Y pasó a ser vigilado. Ante su "insistencia inmotivada", le negaron toda clase de comunicaciones con los reos. A esas alturas, ya sumaba varios encontronazos con el ministro de Estado, Julio Álvarez del Vayo, quien llegó a amenazarle con detenerle ante el nuevo Encargado de Negocios interino de Noruega en Valencia, Dick Wesman, asegurando que "tenía pruebas de que [...] conspiraba contra el Gobierno".

En verano llegó la orden oficial para apresarle. Poco antes, Schlayer y su mujer partieron a Valencia para embarcarse en el *Iméréthie II*, con cuyo capitán había pactado su salida. A punto de ser interceptado por la policía secreta, un representante de Checoslovaquia lo puso bajo su protección e inmunidad consiguiendo escapar. Dos días más tarde llegó a Marsella con un visado entregado por el cónsul francés en Madrid. A la semana siguiente ya se paseaba por Saint-Jean-de-Luz, donde se entrevistó con el embajador francés Jean Herbette, antes de pasar la frontera a San Sebastián e informar, entre otros, al jefe del Servicio de Información y Policía Militar (SIPM), la agencia de inteligencia franquista dirigida por el coronel José Ungría, a quien le reprodujo las mismas impresiones que a uno de sus agentes emboscados en Madrid antes de salir de la ciudad[39].

El contraespionaje republicano también mantuvo en estrecha vigilancia a Jiménez-Alfaro, quien supo que tenían intenciones de detenerle gracias a "los policías amigos". Tras preguntar a Burgos si debía huir de Madrid le dieron el visto bueno, pero se topó con la negativa de los nuevos representantes noruegos, quienes le prepararon una encerrona por la que le obligaron a salir de la Legación. Fue detenido por la policía y enviado a la Cárcel Modelo de Valencia. Cuando Schlayer conoció la detención presionó al gobierno de Oslo para que evitasen su ajusticiamiento. Finalmente quedó en libertad, aunque regresó a prisión en otras tres ocasiones más en unas idas y venidas por las que la policía buscaba coger a todos sus colaboradores. Finalmente fraguó su fuga "con el cónsul inglés", pero al ser informado el Servicio de Investigación Militar (SIM), el contraespionaje republicano, se escondió hasta la ocupación de la ciudad por las tropas franquistas[40].

El Servicio Especial republicano del Consulado español en Hendaya, por su parte, siguió controlando los movimientos de Schlayer, al que consideraban un "hombre sin escrúpulos" y "agente honorario de la Gestapo". Tenían sospechas consumadas de que junto a Francis Schlosser, el responsable de la Misión en España de Países Bajos, y otros personajes de distintos consulados, manejaba una red de espionaje en Madrid. Por eso

---

[39] Centro Documental de la Memoria Histórica (CDMH), PS-Madrid, 1093, 13/1-3 (MF/R 7458). Centre des Archives Diplomatiques de Nantes (CADN), 396PO/B/568, GC, 4/C1. "Nota de Información sobre el Cónsul de Noruega Felix Schlayer en Madrid" (02/08/1937), AGMAV, C. 1402, 16. SCHLAYER, Felix, *Diplomático en el...*, pp. 248-254.

[40] "Declaración jurada..." (Madrid, 20/08/1940), AGMAV, C. 2992, 9/3-13. MORAL RONCAL, Antonio Manuel, *Diplomacia, humanitarismo y...*, p. 516.

no le quitaron ojo. Confirmaron que Schlayer estaba "en contacto continuo con las autoridades facciosas" y, especialmente, "con el cónsul de Alemania en San Sebastián y con los altos funcionarios de la embajada de Alemania". Precisamente en la capital guipuzcoana le habían visto reunirse con "varios gerifaltes facciosos", entre ellos Ungría en la sede del Gobierno Militar. De ahí que le considerasen "muy peligroso [por]que todas sus acciones tienden a inferir todo el daño posible a los intereses de la República"[41].

CONCLUSIONES

Schlayer fue criticado incluso en Noruega, donde Wesman le acusó de haber cometido irregularidades a favor de los franquistas en el diario *Aftenposten*. Ungría recibió una copia del artículo[42]. A pesar de todo, su tendenciosa labor al frente de la Misión noruega en España fue poco después recompensada por aquellos a los que ayudó. En 1946 le fue concedida la Gran Cruz de la Orden Civil de Beneficencia. Dos años más tarde fue ratificado su ingreso en la institución mediante un Decreto firmado por Franco "en atención a los servicios prestados y méritos contraídos [...] durante el tiempo que fue Encargado de Negocios de Noruega en Madrid, a propuesta del Ministro de la Gobernación"[43]. Poco después murió en Torrelodones, cuando la prensa recogió alguna necrológica en su memoria por "tantos bienes [que] prodigó en la época de la más desbordada maldad"[44].

Jiménez-Alfaro, por su parte, fue condecorado con la medalla de Sufrimientos por la Patria nada más terminar la guerra. Había actuado "brava y eficazmente en zona roja" según palabras del coronel Ungría, quien demostró "verdadero interés por él". El ex jefe del SIPM, en posguerra, le animó a presentar su Declaración Jurada a efectos de recompensas al estar incluido en la Orden Reservada de 21 de septiembre de 1938. A este documento se unieron otras realizadas por antiguos refugiados bajo bandera noruega que avalaban su actuación, como la del falangista José Luis Arrese Magra o los oficiales Fuentes Cervera y Antonio Uguet. Pero la más destacable fue la del propio Schlayer, "visada por el Consulado alemán". Su expediente, sin embargo, terminó por perderse en la inmensidad de la burocracia franquista. Aun así, Jiménez-Alfaro consiguió que Franco le recibiera en audiencia el 8 de febrero de 1944, donde le comentó su caso y de donde salió "con el verdadero conocimiento de que este asunto tendría una solución [porque] S.E. el Generalísimo lo anotó en cuaderno de notas y [le] dijo que "personalmente se ocuparía de ello y pediría el expediente"". Aunque un año después seguía sin tener

[41] AGA, MAAEE, "Telegrama nº 101 sobre Felix Schlayer, ex Cónsul de Noruega" (Hendaya, 13/12/1937), C. 12/3111, 38, docs. 262-265. AGA, MAAEE, "Respecto de Felix Schlayer, ex Cónsul de Noruega" (Hendaya, 28/12/1937), C. 12/3111, 39, docs. 370-380.

[42] AGMAV, C. 2928, 24/2.

[43] *BOE*, 325 (Madrid, 21/11/1946), p. 8362. *BOE*, 236 (Madrid, 23/08/1948), p. 4070. *Gaceta de Madrid*, 214 (Madrid, 02/08/1910), pp. 485-486.

[44] *ABC* (Madrid, 30/11/1950), p. 21.

noticias, a buen seguro que su pasado quintacolumnista le valió para la prolífica carrera empresarial que le esperaba[45].

Schlayer estuvo –y está– inmerso en varios conflictos. Luchó y fue condecorado en la Gran Guerra. Intervino activamente en la guerra civil española. Desde hace tiempo y hasta hoy participa en otras tantas contiendas por la hegemonía del relato. Las páginas anteriores demuestran la importancia de esta última batalla, la cual probablemente no tenga fin. Por eso también demuestran la otra cara de este controvertido personaje. Aquella por la que se vislumbra su particular y sectario apoyo a unos desde la oscuridad de la guerra irregular para derrotar por todos sus medios a los otros. Pero la pretensión no es la de terminar el debate sino todo lo contrario, complejizarlo y abrirlo a repensar un pasado sin tres Españas, sin descubrimientos ni mitos.

[45] AGMAV, C. 2992/9, 14-16. Al finalizar la guerra, fue uno de los fundadores del Cuerpo de Ingenieros de Armamento y Construcción, profesor de la Escuela Politécnica del Ejército y, a partir de la década de 1950, fundador junto a Nicolás Franco y otros de la sociedad FASA, encargada de la construcción de automóviles Renault en España. Más tarde sería nombrado director general de Industria y Material en el Ministerio de Guerra y consejero del Instituto Nacional de Industria, alcanzando el generalato.

PARTE II

7.
EL 1 DE MAYO DE 1936 EN ALCALÁ DEL VALLE. NUEVAS APORTACIONES

Jesús Narciso Núñez Calvo
Coronel de la Guardia Civil (R) y doctor en Historia

INTRODUCCIÓN

El 1º de agosto de 1903 los anarquistas de la localidad gaditana de Alcalá del Valle secundaron una huelga general que había sido convocada a nivel nacional para reclamar la libertad de los trabajadores que estaban en prisión por motivos sociales.[1]

Emplazaron a los jornaleros del pueblo para concentrarse a las afueras del caserío. La fuerza del puesto de la Guardia Civil procedió a disolverla en cumplimiento de las órdenes recibidas. Por una parte estaban seis miembros del benemérito Instituto y por otra, medio millar de manifestantes. La tensa situación degeneró en un violento enfrentamiento entre ambas partes. El sargento comandante de puesto y uno de los guardias civiles resultaron heridos de gravedad, mientras que uno de los jornaleros resultó muerto de un disparo y varios heridos, sucediéndose a continuación numerosos disturbios en la población.

Para restablecer el orden y la ley fue necesario el envío de refuerzos de la Guardia Civil apoyados por tropas del Ejército. Se efectuaron casi un centenar de detenciones entre los vecinos. Al ser puestos a disposición judicial muchos de los arrestados denunciaron malos tratos e incluso torturas. El proceso judicial que se siguió contra los detenidos y las denuncias contra los guardias civiles tuvieron gran resonancia en los medios de comunicación, tanto a nivel nacional como internacional, ejerciéndose una gran presión mediática sobre el gobierno. Los principales responsables de los desórdenes públicos terminaron siendo indultados al poco tiempo de ser condenados y las denuncias contra los guardias civiles fueron sobreseídas por falta de pruebas.[2]

Un episodio tan lamentable como ese debió servir a los responsables políticos del gobierno de la nación para sacar lecciones aprendidas. Si se envía un reducido número de hombres dotados solo de armas de fuego a disolver por la fuerza una concentración multitudinaria, es muy probable que se produzcan muertos o heridos de consideración. Pero el mantenimiento del orden público en el siglo XIX había sido así y el del XX en sus primeras décadas no iba a ser muy diferente.

---

[1] HERRERÍN LÓPEZ, Ángel. *Anarquía, dinamita y revolución social. Violencia y represión en la España de entre siglos (1868-1909)*. Madrid: Catarata, 2011, pp. 208-214.

[2] LÓPEZ CORRAL, Miguel. *La Guardia Civil en la Restauración (1875-1905)*. Madrid: Actas, 2004, pp. 608-614.

Tres décadas después de aquel luctuoso episodio, el nombre de Alcalá del Valle volvería a ser vinculado con un trágico enfrentamiento entre guardias civiles y jornaleros. Este nuevo hecho ha sido considerado como uno de los sucesos más graves en materia de violencia política que aconteció en la provincia de Cádiz durante el periodo de gobierno del Frente Popular.[3]

Corría el año 1936 y el gobernador civil de la provincia de Cádiz, Mariano Zapico Menéndez-Valdés,[4] en evitación de posibles alteraciones del orden público, había prohibido las manifestaciones con motivo de la conmemoración de la Fiesta del Trabajo del 1º de mayo en el interior de las poblaciones. Sin embargo, sí había autorizado la celebración de mítines y asambleas en el extrarradio. Así que socialistas, anarquistas y republicanos de izquierda de las localidades gaditanas de Alcalá del Valle, Setenil y Torre Alháquime, junto a las malagueñas de Ronda la Vieja y Arriate, celebraron una concentración en un lugar conocido como "Puerto del Monte", término municipal de Setenil y limítrofe con el malagueño de Ronda. La historiografía local ha recogido, gracias principalmente al historiador Fernando Romero Romero, los graves sucesos que acaecieron a su finalización.[5]

La prensa de la época, sometida a censura, facilitó escasa y tardía información. Los participantes, tras concluir la celebración, durante la cual no se había producido incidente alguno, regresaron por diferentes caminos a sus localidades de residencia, efectuándolo a pie en su mayoría. Cuando los vecinos de Alcalá del Valle y Torre Alháquime marchaban juntos ocupando toda la calzada, apareció un vehículo que llevaba a cuatro guardias civiles de servicio. Al intentar cruzar el automóvil por en medio de la muchedumbre se produjeron unos graves sucesos, en los que inicialmente hubo insultos, gritos y forcejeos con el balance final de dos muertos y un herido por disparos de los guardias civiles. Sin embargo, a pesar de lo publicado hasta la fecha sobre tan luctuosos hechos, nunca habían sido esclarecidos

Hubo una desbandada generalizada y se enviaron inmediatamente refuerzos de la Guardia Civil desde Olvera a Alcalá del Valle para garantizar el orden público. Comenzaron las investigaciones y las detenciones, practicándose más de una treintena entre vecinos de dicha localidad y de la vecina Torre Alháquime.

Según la historiografía local el alcalde de Alcalá del Valle envió telegramas de protesta al gobernador civil por los sucesos acaecidos así como por las detenciones y mal trato sufrido en algunos casos. La jurisdicción militar inició la instrucción de un sumario por agresión a fuerza armada. Sin embargo, el 2 de junio el Tribunal Supremo decidió que el caso pasara

[3] CARO CANCELA, Diego. La Segunda República en Cádiz. Elecciones y partidos políticos. Cádiz: Diputación Provincial, 1987, p. 74.

[4] Nació el 27/10/1890 en Pola de Laviana (Asturias). Fue nombrado gobernador civil de la provincia de Cádiz el 11/03/1936. Era comandante de Artillería con antigüedad de 04/06/1930, ingresando en el servicio como alumno de la Academia de Artillería de Segovia el 01/09/1906. No se sumó el 18/07/1936 a la sublevación militar. Fue detenido e ingresado en prisión militar de Cádiz el 19/07/1936 por oponerse a la sublevación militar, siendo fusilado el 06/08/1936. ZAPICO MENÉNDEZ-VALDÉS, Mariano. "Hoja de servicios", *Expediente personal*, Archivo General Militar de Segovia, en lo sucesivo AGMSG.

[5] ROMERO ROMERO, Fernando. *Alcalá del Valle. República, Guerra Civil y represión (1931-1946).* Alcalá del Valle (Cádiz): Ayuntamiento, 2009, pp. 92-95; *Socialistas de Torre Alháquime. De la ilusión republicana a la tragedia de la Guerra Civil (1931-1946).* Torre Alháquime (Cádiz): Ayuntamiento, 2009, pp. 59-62.

a un juez especial, concretamente al de Olvera. También acudió a ambas localidades una comisión de parlamentarios del Frente Popular para interesarse por lo sucedido.

El procedimiento judicial, según Fernando Romero, dio un giro de 180º y fueron los guardias civiles los que pasaron a ser investigados. Relata que si bien no se ha podido localizar el procedimiento judicial, se tuvo conocimiento de que el juez especial ordenó exhumar el cadáver de uno de los fallecidos para practicársele una autopsia, ya que al parecer se dijo que le habían disparado por la espalda. También los guardias civiles implicados tuvieron que someterse a una rueda de reconocimiento. Si bien dicha causa judicial quedó inconclusa como consecuencia del inicio de la guerra civil, sí se adoptaron algunas medidas gubernativas como el traslado del jefe de la Línea de Olvera y uno de los guardias civiles.

Lo que la historiografía local desconocía hasta ahora, y es una de las importantes aportaciones inéditas que se exponen en el presente trabajo, es que el 5 de mayo de 1936 se emitió por el teniente coronel Vicente González García,[6] jefe de la Comandancia de Cádiz, un minucioso informe sobre tales hechos. En él, exculpaba en sus conclusiones de cualquier responsabilidad a la fuerza actuante. Lo remitió al general de brigada de Caballería Sebastián Pozas Perea,[7] inspector general de la Guardia Civil, quien ocho días después, el 13 de mayo, ordenaría a un hombre de su plena confianza, el comandante Alfredo Semprún Ramos,[8] licenciado en Derecho, que se desplazase a la zona para que practicase una investigación reservada y contrastase la veracidad de lo participado.

Finalizada la misma el resultado no pudo ser más contrario al parecer inicialmente emitido. Como consecuencia de las pesquisas realizadas, sin perjuicio de la acción judicial

[6] Nació el 05/04/1882 en Zamora, habiendo ingresado en el servicio el 28/08/1903 como alumno en la Academia de Infantería de Toledo y en la Guardia Civil el 05/03/1910 como teniente. Su antigüedad en el empleo de teniente coronel era de 06/04/1936. Fue destinado como jefe de la Comandancia de Cádiz el 28/04/1936. Se sumó el 18/07/1936 a la sublevación militar, cesando por ascenso a coronel el 23/10/1939. Pasó a la situación de retiro el 15/04/1944 por haber cumplido la edad reglamentaria. Falleció el 05/11/1949 en Sevilla. GONZÁLEZ GARCÍA, Vicente. *Expediente personal*, "hoja de servicios", Archivo General del Ministerio del Interior, Sección Guardia Civil, en lo sucesivo AGMISGC.

[7] Nacido en Zaragoza el 22/01/1876, ingresó en el servicio el 01/09/1893 como alumno de la Academia de Caballería de Valladolid. Ascendió al empleo de general de brigada el 18/06/1927, "en consideración a los distinguidos servicios prestados y méritos contraídos en operaciones activas de campaña" en el Protectorado de España en Marruecos, durante el periodo comprendido entre el 01/10/1925 y 30/08/1926. Fue designado inspector general de la Guardia Civil el 07/01/1936, procedente del mando de la 3ª Brigada de Caballería de guarnición en Vitoria (Álava). No se sumó el 18/07/1936 a la sublevación militar. El 19/07/1936 sería nombrado ministro de la Gobernación, permaneciendo en el cargo hasta el 05/09/1936. Durante la Guerra Civil desempeñó diversos mandos en el Ejército Popular de la República, destacando el de la 1ª División Orgánica (Madrid) que compatibilizó con el de presidente de la Junta de Defensa de Madrid así como sucesivamente los del Ejército de Operaciones del Centro, la 4ª División Orgánica (Barcelona) que se reconvirtió en el Ejército del Este, la Comandancia Militar de Gerona y posteriormente la de Figueras. Al ser ocupada Cataluña por los sublevados se exilió inicialmente a Francia y posteriormente a México dónde falleció en 1946. BAHAMONDE MAGRO, Ángel. "Sebastián Pozas Perea. General de División." En *25 militares de la República*: Ministerio de Defensa, Madrid, 2019, pp. 692-714.

[8] Nacido el 02/07/1885 en Higuera la Real (Badajoz), ingresó en el servicio el 30/08/1906 como alumno en la Academia de Infantería de Toledo y en la Guardia Civil el 04/11/1911 como teniente. Se trataba de un oficial que contaba con una sólida formación jurídica y policial, que por real orden de 28/10/1924, siendo capitán, fue autorizado a viajar a Italia con el fin de estudiar y practicar el sistema de "teleiconotipia", que consistía en transmitir fotografías por teléfono, telégrafo, cable o radio-telegrafía, por si en su día conviniese extender tal enseñanza al benemérito Instituto. Su antigüedad en el empleo de comandante era de 28/02/1931. Fue condecorado con la cruz del mérito militar de 2ª clase con distintivo rojo, en orden de 27/06/1934, por su brillante

en marcha, se determinó que había sido desacertado el servicio nombrado y prestado por los guardias civiles en relación al evento permitido por el gobernador civil. También se llegó a la conclusión de que la verdadera actuación de la fuerza uniformada no se había ajustado a lo informado ni los trágicos hechos habían acaecido tal y como se habían narrado.

Fruto de todo ello y según participó el inspector general por escrito el 27 de mayo al ministro de la Gobernación,[9] procedió a sancionar disciplinariamente al oficial jefe de la Línea de Olvera así como a trasladarlo seguidamente a otra Comandancia. Lo mismo hizo con uno de los guardias civiles del Puesto de Olvera que acudieron de refuerzo, por maltratar a uno de los detenidos. Se trataban del alférez Manuel Puerto Venegas[10] y del guardia 2º Manuel Iglesias Castro.[11] Todo ello sin perjuicio de las acciones judiciales que

---

actuación y méritos contraídos durante los sucesos revolucionarios desarrollados en la provincia de Logroño en diciembre de 1933. Destinado a la Inspección General de la Guardia Civil el 01/04/1936, pasó a prestar sus servicios en el Negociado 2º de la Secretaría Militar. No se sumó el 18/07/1936 a la sublevación militar. Continuó en la Guardia Nacional Republicana tras la entrada en vigor del decreto de 30/08/1936 que reorganizó el Instituto de la Guardia Civil y cambió su denominación. Quedó disponible forzoso el 11/09/1936, junto al más de centenar de jefes y oficiales del Cuerpo que se hallaban destinados en Madrid, hasta que se verificase su lealtad al gobierno de la República. Una vez acreditada, desempeñó durante la Guerra Civil varios mandos en el bando gubernamental, destacando el mando de las Comandancias de Vizcaya y de Valencia Interior así como el de la 124ª Brigada Mixta del Ejército Popular. Ascendido a teniente coronel el 20/12/1936, "por su inquebrantable adhesión y lealtad al régimen", combatió en el frente de Oviedo mandando la Tercera División del XIV Cuerpo de Ejército, luego reconvertida en la 61 División del XVII Cuerpo de Ejército. El 26/12/1937 fue destinado a las órdenes del General Jefe del Ejército del Este, Sebastián Pozas Perea, su antiguo inspector general de la Guardia Civil, cesando el 23/01/1938 y quedando disponible en Barcelona a disposición del ministro de la Gobernación. Antes de finalizar la contienda, derrotado el Ejército del Este en Cataluña, se exilió a Francia donde falleció el 17/01/1943. SEMPRÚN RAMOS, Alfredo. *Expediente personal*, "hoja de servicios", AGMISGC.

[9] En el momento de suceder los hechos era Amós Salvador Carreras, titular de Gobernación entre el 19/02/1936 (Gaceta de Madrid, núm. 51, 20/02/1936, p. 1.468) y el 02/05/1936 (Gaceta de Madrid, núm. 124, 03/05/1936, p. 1.008). Cuando el general Pozas remitió su informe el 27/05/1936 el titular era desde el 13/05/1936, Juan Moles Ormella (Gaceta de Madrid, núm. 135, 14/05/1936, p. 1.459), estando en ese periodo intermedio con carácter interino Santiago Casares Quiroga, presidente del Consejo de Ministros y quién realmente requirió el informe.

[10] Nacido en Puebla de Cazalla (Sevilla) el 09/02/1883, ingresó en el servicio el 01/08/1903 como soldado de Ingenieros y el 01/09/1909 en la Guardia Civil. Había sido sargento comandante del Puesto de Tarifa en el periodo 1929-1933. Su antigüedad en el empleo de alférez era de 14/01/1936. Se había incorporado en el mando de la Línea de Olvera el 03/04/1936, procedente de la Comandancia de Almería. Como consecuencia de lo acaecido, tras cumplir la sanción disciplinaria, fue destinado el 15/06/1936, con carácter forzoso, a la Comandancia de Oviedo. Al iniciarse la sublevación militar se unió a la misma hasta que fue hecho prisionero. Por orden de 26/08/1936 fue dado de baja por su "participación en el movimiento subversivo o fuera notoriamente enemigo del régimen republicano". A partir del 08/10/1936 fue "empleado como miliciano previa degradación en el empleo para la instrucción de reclutas". El 08/03/1937 se ocultó "hasta la entrada de las tropas en Gijón". Tras presentarse a las nuevas autoridades le fue instruido procedimiento sumarísimo por el delito de rebelión militar, siendo absuelto. Por Orden de 29/07/1938 pasó a la situación de retiro por haber cumplido la edad reglamentaria el 09/02/1937. Falleció en Jerez de la Frontera (Cádiz) el 15/10/1940. PUERTO VENEGAS, Manuel. "Hoja de servicios". *Expediente personal*. AGMISGC.

[11] Nacido el 18/01/1900 en Madrid, ingresó en el servicio el 07/02/1919 como soldado de Infantería, reingresando el 24/06/1924 como legionario y en la Guardia Civil el 16/04/1929. Obtuvo destino el 01/07/1934 en la Comandancia de Cádiz, en la especialidad de conductor de motocicletas del Parque Móvil, pasando al Puesto de Olvera. El 18/06/1936 como consecuencia de la sanción impuesta tras los sucesos de Alcalá del Valle fue trasladado, dentro de su especialidad, a la Comandancia de Albacete, donde se presentó el 17/07/1936. Al sumarse inicialmente su unidad a la sublevación militar prestó servicio en la misma hasta que el 25/07/1936 pudo desertar, pasándose a las fuerzas leales al gobierno de la República. Tras estar instruyendo en el manejo de armas y mandar una unidad de milicianos en la provincia de Ciudad Real se presentó el 07/08/1936 en el Parque Móvil de Madrid. El 01/09/1936 pasó a formar parte de la Guardia Nacional Republicana. Instruida por la Comisión Depuradora la correspondiente información en averiguación de su conducta en relación a la sublevación militar en Albacete, fue resuelta

se estaban siguiendo contra los otros cuatro guardias civiles implicados directamente en los sucesos del 1º de mayo.

El general Pozas también dispuso que se exigieran explicaciones al teniente coronel jefe de la Comandancia de Cádiz sobre el informe que había emitido y cuya versión inicial era tan dispar de la posteriormente contrastada. Se ignora que contestación se pudo dar ya que hasta la fecha no se ha localizado su respuesta. El inicio de la sublevación militar cerraría en falso, o sería mejor decir, dejó sin cerrar una cuestión que estaba en trámites de resolverse, tanto en vía judicial como disciplinaria. Una vez más la verdad y la justicia salieron perdiendo. El contenido del presente capítulo facilita información muy detallada e inédita de sumo interés.

EL INFORME INÉDITO DEL JEFE DE LA COMANDANCIA DE CÁDIZ

En relación a los hechos y conforme a lo reglamentado, el teniente coronel González, envió el 2 de mayo a su inspector general un radiograma en el que adelantaba la novedad de lo acaecido y los primeros datos que se disponían.

Tres días después, y tras practicarse las diligencias necesarias, "para el debido esclarecimiento de la forma en que se desarrollaron los sucesos", el jefe de la Comandancia de Cádiz remitió un extenso y minucioso informe con su parecer. Una transcripción íntegra del mismo se conserva en la Sección Guardia Civil del Archivo General del Ministerio del Interior, formando parte de la colección de documentos que componen el expediente personal del alférez Puerto.

Según se detallaba en dicho informe, los hechos sucedieron sobre las 19'00 horas del 1º de mayo en el sitio denominado "El Higuerón", término municipal de Setenil, enclavado en el kilómetro 7 de la carretera que unía dicha localidad con la población limítrofe malagueña de Cuevas del Becerro.

Al objeto de garantizar el orden público en esa zona de la sierra gaditana, se estableció un dispositivo específico de vigilancia que comprendía los términos municipales de Algodonales, Alcalá del Valle, El Gastor, Setenil, Torre Alháquime y Zahara, designándose como responsable del mismo al alférez Puerto, jefe de la Línea de Olvera.

Antes de proseguir conviene explicar que la "Línea" era una unidad de la Guardia Civil de entidad similar a la "Sección", mandada entonces por tenientes o alféreces. De cada línea

sin responsabilidad el 02/01/1937 al haber estado "combatiendo al fascismo", siendo su actuación "de franca y entusiasta adhesión al Régimen y a la causa, hasta el extremo de hallarse al mando con carácter de Capitán, de una Compañía de Milicianos del Batallón El Socialista, desde los primeros días de Agosto último, combatiendo a los facciosos en distintos frentes, siendo por su brava actuación ascendido a Comandante." Por orden circular del Ministerio de Defensa Nacional, de 28/01/1938, se le confirmó en el empleo en campaña, de mayor de Infantería (asimilado a comandante) en el Ejército Popular de la República, procedente de Milicias, durante la duración de la misma. Falleció en marzo de 1938 cuando se encontraba al mando del Tercer Batallón de la 48ª Brigada Mixta de la 5ª División. IGLESIAS CASTRO, Manuel. "Hoja de servicios". *Expediente personal.* AGMISGC.

dependían a su vez varios puestos, mandados por brigadas, sargentos o cabos. A su vez las líneas estaban encuadradas en las compañías territoriales que eran mandadas por capitanes.

En julio de 1936 el benemérito Instituto tenía desplegadas cinco compañías territoriales en provincia de Cádiz, encuadradas en la Comandancia que tenía su jefatura ubicada en la capital. Sus cabeceras estaban ubicadas en San Fernando la 1ª, en Algeciras la 2º, en Villamartín la 3ª, en Jerez de la Frontera la 4ª y en Cádiz la 5ª.

La 3ª Compañía, que es la de interés a efectos del presente trabajo, tenía por demarcación territorial la sierra gaditana y el 1º de mayo de 1936 su titular era el capitán Luis Peralta Villar,[12] con residencia en Villamartín. Dicha unidad estaba integrada por las Líneas de Bornos (Puestos de Bornos, Prado del Rey, Puerto Serrano y Villamartín), Ubrique (Puestos de Benaocaz, Grazalema, El Bosque y Ubrique), Algodonales (Puestos de Algodonales, El Gastor y Zahara) y Olvera (Puestos de Alcalá del Valle, Olvera, Torre-Alháquime y Setenil).

Hay que significar también que no era habitual que a un oficial se le encomendase la vigilancia del servicio que prestaba la Guardia Civil en unos municipios que no correspondieran a su demarcación territorial, salvo razones justificadas de carácter operativo o que el titular responsable de los mismos estuviera ausente por cualquier causa.

En el caso del sector que nos ocupa, conformado por los términos municipales de Algodonales, Alcalá del Valle, El Gastor, Setenil, Torre-Alháquime y Zahara, resultaba que tanto Algodonales como El Gastor no pertenecían a la Línea de Olvera sino a la de Algodonales que mandaba el también alférez Guillermo Torres Pons.[13]

Examinada la hoja de servicios de este, consta que había cesado el 3 de abril de 1936 en el mando accidental de la Línea de Olvera, al incorporarse el alférez Puerto. Por su parte, Torres lo había estado desempeñando desde el 18 de marzo por haber pasado su titular, el teniente Cristóbal Gómez Oliva, a la situación de retiro tras cumplir la edad reglamentaria. Hasta dicha fecha lo desempeñó conjuntamente con el de la Línea de Algodonales. Pero también consta que el 17 de abril tuvo que salir con permiso urgente para Palma de Mallorca por enfermedad grave de una hermana, no regresando hasta diez días después.

Durante ese periodo de tiempo tuvo que hacerse cargo accidental de la Línea de Algodonales el recién incorporado alférez Puerto y de hecho, según consta en su hoja de

[12] Nacido el 21/04/1896 en Zamboanga (Filipinas), ingresó en el servicio el 30/08/1913 como alumno de la Academia de Infantería de Toledo y el 06/12/1920 en la Guardia Civil como teniente. Su antigüedad en el empleo de capitán era de 16/04/1929. Mandó la Compañía de Villamartín entre el 09/07/1929 y el 10/08/1939, habiéndose sumado a la sublevación militar, cesando por ascenso a comandante. Con motivo de los sucesos de Alcalá del Valle de mayo de 1936 estuvo concentrado allí del 1 al 11 de dicho mes. Siendo coronel pasó a la situación de retiro el 21/04/1960, tras haber cumplido la edad reglamentaria. Falleció en Sevilla el 07/02/1973. PERALTA VILLAR, Luis. "Hoja de servicios". *Expediente personal.*

[13] Nacido el 11/08/1888 en Palma de Mallorca (Baleares), ingresó en el servicio el 19/07/1907 como soldado de Ingenieros y en la Guardia Civil el 01/11/1910. Su antigüedad en el empleo de alférez era de 29/11/1935. Mandó la Línea de Algodonales del 12/06/1935 al 30/03/1938, habiéndose sumado a la sublevación militar, cesando al ser destinado a la Comandancia de Málaga. Destinado como capitán en el Tercio de Alicante, falleció en Palma de Mallorca el 14/02/1944. TORRES PONS, Guillermo. "Hoja de servicios". *Expediente personal.* AGMISGC.

servicios, el 24 de abril hubo de concentrarse en la localidad de El Gastor, "con motivo de alteración del orden público", regresando a Olvera al día siguiente.

Volviendo al informe del teniente coronel González, se hacía constar que el haber designado al jefe de la Línea de Olvera como responsable de un sector conformado por diferentes municipios de dos líneas distintas, se debía a dos motivos concretos. Primero, por su situación geográfica que le permitía acudir desde su residencia con mayor prontitud al lugar donde fuera necesario "sofocar cualquier alteración del orden público". Y segundo, para poder inquirir las novedades que pudiesen suceder en los pueblos citados, faltos de medios de comunicación, al objeto de participarlas cada dos horas, tal y como se había ordenado por la jefatura de la Comandancia.

A tal efecto, y para su debido cumplimiento, se habían reforzado algunos puestos con personal concentrado de otras unidades y establecido patrullas móviles que iban recorriendo en vehículo la demarcación asignada. Todo ello con la finalidad de informar lo antes posible de cualquier novedad que se produjera, pues la celeridad en la transmisión de noticias era fundamental para la toma oportuna y correcta de decisiones que fuesen necesario adoptar.

Fue precisamente con ocasión de una de esas patrullas, cuando circulaba de Setenil a Alcalá del Valle, que ocurrieron los hechos. Estaba compuesta por los guardias civiles de 2ª clase Diego Márquez Delgado[14], Joaquín Pérez Ruiz[15], Mariano García Toribio[16]

[14] Nacido el 27/02/1898 en Alosno (Huelva), ingresó en el servicio el 26/02/1920 como soldado de Caballería y en la Guardia Civil el 01/05/1925. Destinado en la Comandancia de Guadalajara desde el 01/06/1929, fue concentrado el 20/01/1936 a la Comandancia de Santa Cruz de Tenerife hasta el 20/04/1936. Al regresar vía marítima por el puerto de Cádiz quedó concentrado "por orden superior" en dicha provincia hasta el 20/05/1936 que volvió a Guadalajara. Según consta en su documentación, "fue llamado para prestar declaración por tres veces a Olvera (Cádiz), por un Juez especial que nombraron a consecuencia de unos sucesos en los que intervino con motivo de manifestaciones del día 1º de Mayo, regresando la última vez de dicho Olvera el día 17 de julio al puesto de procedencia". Destinado en el de Tendilla fue concentrado el 18/07/1936 en la capital guadalajareña, donde su Comandancia se sumó a la sublevación militar. Fracasada la misma, "a las 19 horas del día 22 fue hecho prisionero y desarmado por los rojos, despojándole de las prendas de uniforme y no fue fusilado en aquel momento por impedirlo un Guardia de Asalto que venía con los rojos; al día siguiente fue obligado a coger de nuevo las armas y mandado de servicio por la población". Tras sufrir diversas vicisitudes, incluido un expediente por rebelión militar, resuelto sin responsabilidad, volvió a prestar servicio, ya en la Guardia Nacional Republicana y destinado forzoso el 26/10/1936 a la Comandancia de Cuenca, donde prestó servicio hasta el final de la Guerra Civil en el nuevo Cuerpo de Seguridad, creado por decreto de 26/12/1936 que dispuso la disolución de los Cuerpos de la Guardia Nacional Republicana, Seguridad y Asalto, Vigilancia e Investigación y "Milicias de retaguardia, cualquiera que fuese su nombre y la entidad que las hubiese organizado". El 30/03/1939 volvió a ser detenido y sometido a expediente de depuración, resuelto igualmente sin responsabilidad, continuando prestando servicio en la Comandancia de Guadalajara, donde volvió a ser destinado, hasta su pase a la situación de retiro, siendo guardia 1º, el 28/02/1950 por haber cumplido la edad reglamentaria. MÁRQUEZ DELGADO, Diego. "Hoja de servicios". *Expediente personal.* AGMISGC.

[15] Nacido el 29/10/1892 en Almuñecar (Granada), ingresó en el servicio el 12/01/1914 como soldado de Artillería y en la Guardia Civil el 12/04/1919. Destinado el 06/02/1931 a la Comandancia de Cádiz, procedente de la Comandancia de Las Palmas de Gran Canaria, fue al puesto de Almoraima y el 01/12/1933 al de Jerez de la Frontera. Se sumó a la sublevación militar el 18/07/1936. Continuó hasta el 07/07/1941 que fue destinado al puesto de Chiclana de la Frontera. Pasó a la situación de retiro el 30/01/1944 por cumplir la edad reglamentaria. Falleció el 09/02/1951 en dicha localidad. PÉREZ RUIZ, Joaquín. "Hoja de servicios". *Expediente personal.* AGMISGC.

[16] Nacido 21/04/1909 en Navas de la Asunción (Segovia), ingresó en el servicio el 01/07/1930 como soldado de Caballería y en la Guardia Civil el 01/06/1932. Pasó destinado al Puesto de Jerez de la Frontera el 01/02/1934, procedente de la Comandancia de Caballería de Sevilla, permaneciendo hasta el 28/02/1939 que pasó destinado

y Antonio Morales Romero[17]. El primero pertenecía a la Comandancia de Guadalajara mientras que el resto pertenecía al puesto de Jerez de la Frontera encuadrado en la 4ª Compañía de la Comandancia de Cádiz. Por lo tanto se trataba de personal concentrado y ninguno de ellos conocía adecuadamente la demarcación territorial en la que prestaban servicio. El más antiguo de ellos, es decir el que llevaba más tiempo en el empleo militar que ostentaban y por lo tanto el jefe de la patrulla, era el guardia 2º Pérez.

El vehículo que estaban utilizando no era propiedad de la Guardia Civil pues entonces las comandancias disponían de muy pocos vehículos y las unidades territoriales prácticamente de ninguno. Se trataba de un automóvil que había sido requisado a tal efecto, conforme las instrucciones impartidas por el gobernador civil de la provincia. El conductor de dicho vehículo era un paisano y se llamaba Cristóbal Fuentes Pérez, habiendo sido requerido gubernativamente para tal función.

Al llegar al punto referido, los ocupantes del automóvil se encontraron con una nutrida manifestación de vecinos de las localidades gaditanas de Alcalá del Valle, El Gastor, Setenil y Torre Alháquime, así como de la malagueña de Arriate y la sevillana de Pruna. Según se detallaba en el informe se trataban de hombres y mujeres, en un número de cuatro mil, vistiendo la mayoría camisas rojas.

Al aproximarse el vehículo que transportaba a los guardias civiles, fueron envueltos por los manifestantes, abalanzándose sobre el vehículo a las voces de "vamos por ellos que son pocos". La reacción de la fuerza, según proseguía el informe, fue inmediata. Se apearon del automóvil, momento en el que "las turbas se abalanzaron sobre ellos", logrando desarmar al guardia 2º Márquez, a quien le arrebataron el mosquetón máuser y la pistola reglamentaria. Esta pudo recuperarla tras forcejear pero no así el arma larga. El individuo que se lo arrebató efectuó con ella tres disparos, el que tenía ya en recámara preparado para hacer fuego y otros dos que estaban en el depósito. Según constaba en el informe quien disparó lo hizo desde la distancia de unos cincuenta metros, resultando dicho guardia 2º solo con una herida leve en la mejilla izquierda.

Por otra parte, "en la lucha sostenida para el rescate de la pistola", el referido guardia civil resultó con una contusión en la cabeza producida al ser golpeado con un palo, así como con arañazos en el rostro. Tras recuperar el arma corta disparó sin cesar con ella, resultando muerto su agresor, pudiendo unirse a sus otros tres compañeros de los que se había separado. Una vez todos juntos fueron replegándose escalonadamente, parapetándose detrás de unas encinas sin dejar de disparar, "por lo que las turbas no cesaban de hostilizarles avanzando para acorralarlos".

---

a la Comandancia de Barcelona. Causó baja en el Cuerpo a petición propia el 27/02/1952, fijando su residencia en Barcelona. GARCÍA TORIBIO, Mariano. "Hoja de servicios". *Expediente personal.* AGMISGC.

[17] Nacido 22/05/1905 en Alhendín (Granada), ingresó en el servicio el 01/11/1926 como soldado de Caballería y en la Guardia Civil el 01/06/1932. Pasó destinado con carácter forzoso a la Comandancia de Cádiz y puesto de Jerez de la Frontera, el 01/10/932, procedente del 28º Tercio Móvil que tenía su cabecera en dicha ciudad. Se sumó a la sublevación militar el 18/07/1936. El 28/02/1939 pasó destinado a la Comandancia de Barcelona. Causó baja en el Cuerpo a petición propia el 25/08/1945, fijando su residencia en Barcelona. MORALES ROMERO, Antonio. "Hoja de servicios". *Expediente personal.* AGMISGC.

Haciendo frente a los atacantes y haciendo fuego con sus armas, continuaron replegándose hasta un caserío denominado "Los Llanos", distante unos siete kilómetros del lugar donde empezó el enfrentamiento. Mientras tanto, tan pronto descendieron los guardias civiles del vehículo y comenzaron los incidentes, su conductor marchó a Olvera para comunicar lo sucedido. Al llegar a la casa-cuartel informó inmediatamente al alférez Puerto quien junto a seis de sus hombres salió rápidamente para el lugar del suceso. En el camino se encontraron con los cuatro guardias civiles agredidos que tras subirse a otro vehículo que casualmente pasaba por allí se dirigían a Olvera.

Reagrupados todos bajo el mando del oficial jefe de línea se dirigieron seguidamente a Alcalá del Valle, teniendo que realizar algunos disparos disuasorios al entrar con el objeto de dispersar unos grupos de "revoltosos" que se habían concentrado para impedirlo. Lo primero que hicieron al llegar fue dirigirse a la casa-cuartel, "por no saberse nada de la situación de la fuerza allí destacada y haber tenido noticias del propósito de atentar contra las mismas en Setenil, Torre Alháquime y Alcalá del Valle".

Según se hacía constar en el informe dichos ataques no llegaron a perpetrarse por la actitud enérgica que demostró la fuerza actuante. Como prueba de que esas agresiones estaban previstas se dio cuenta del hecho de que tras ser avisados los guardas jurados para cooperar en el mantenimiento del orden público en la localidad, no se presentaron en el acuartelamiento, "pues se pensaba que ocurrieran hechos desagradables".

El alférez Puerto dispuso a continuación la detención de los principales responsables de la agresión sufrida, entre los cuales estaba el que había arrebatado el mosquetón al guardia 2ª Márquez. En total se practicaron 28 detenciones según el informe, siendo trasladados a la cárcel del partido judicial de Olvera y puestos a disposición del auditor de guerra de la 2ª División Orgánica, cuya cabecera estaba en Sevilla.[18]

Los hechos podrían ser constitutivos en principio de un delito tipificado en el caso 2º del artículo 254[19] del Código de Justicia Militar aprobado por Ley de 27 de septiembre de 1890,[20] modificado por la Ley de 26 de julio de 1935,[21] ateniéndose a lo dispuesto en el Decreto de 11 de mayo de 1931.[22] Conforme al caso 4º del artículo 7 de dicho código era por lo tanto competente la jurisdicción de Guerra para enjuiciar los hechos acaecidos.[23]

[18] Hay que significar que existe diferencia entre el número de detenidos que cita con letras el teniente coronel González en su informe (28) y los que citará, al igual que la historiografía local, el comandante Semprún en el suyo (25). En la declaración que formuló ante dicho instructor el médico que atendió a algunos detenidos, aportó la identidad de dos de ellos que no habían sido recogidos siquiera en el libro de Fernando Romero Romero sobre Alcalá del Valle (2009). Ello puede deberse a que probablemente se hicieran inicialmente al menos tres detenidos más en dicha localidad que posteriormente no fueron trasladados al depósito de Olvera, quedando por lo tanto en libertad en Alcalá del Valle. No todo detenido que practicaba la fuerza pública se ponía a disposición judicial, pues podía ponerse en libertad tras comprobarse que no guardaba relación con los hechos investigados.

[19] "El que maltrate de obra a fuerza armada, no siendo en campaña, si las lesiones fueran de menor importancia."

[20] Gaceta de Madrid, núm. 277, 04/10/1890, p. 41.

[21] Gaceta de Madrid, núm. 214, 02/08/1935, pp. 1.095-1.096.

[22] Gaceta de Madrid, núm. 132, 12/05/1931, pp. 670-671.

[23] "Por razón del delito, la jurisdicción de Guerra conoce de las causas que, contra cualquier persona, se instruyan por los de insulto a fuerza armada de cualquier cuerpo militarmente organizado y sujeto a las leyes militares. Para los efectos de esta disposición, se reputará fuerza armada a los individuos del Ejército en actos del servicio,

Según se continuaba exponiendo en el informe, el alférez Puerto instruyó las diligencias de carácter urgente que prevenía el artículo 397 del mentado Código de Justicia Militar.[24] Se significa que conforme a la regla 8ª de la Circular de 28 de febrero de 1925, dimanante de la Dirección General de la Guardia Civil, competía a los jefes de línea, cuando no existiese otra autoridad militar superior en su residencia, la práctica de diligencias de carácter urgente por desacato manifiesto o agresión a la fuerza del Cuerpo.[25]

Como consecuencia de los disparos efectuados por los cuatro guardias civiles en el enfrentamiento de la manifestación resultaron muertos los paisanos Antonio Migueles Fernández, natural de la localidad sevillana de Utrera y de 40 años de edad, así como Cristóbal Rosado González, natural de Alcalá del Valle y de 46 años de edad. Ambos estaban casados y eran vecinos de esta última localidad. También resultó herido de un disparo en el muslo izquierdo, José Jiménez González, de 36 años de edad, casado y de la misma naturaleza y vecindad que el anterior.

Respecto al mosquetón máuser núm. 2394, que había sido arrebatado al guardia 2º Márquez fue recuperado el 3 de mayo, oculto en un sembrado en perfecto estado de utilidad. La carabina máuser del guardia 2º Morales, serie E, núm. 2057, como consecuencia de la refriega había perdido la abrazadera superior. Finalmente, el fusil máuser serie B, núm. 3240, del guardia 2º Lázaro Niño García,[26] destinado en el puesto de Olvera y que había formado parte del grupo que salió con el alférez Puerto en auxilio de sus compañeros, tenía la caja de la caña rasgada.

Seguidamente el teniente coronel González informaba también que el sepelio de los dos fallecidos se había realizado el 3 de mayo, "sin que ocurriera el menor incidente", llevándose a cabo uno en Setenil y otro en Alcalá del Valle. Tampoco se produjo alteración alguna del orden público en ninguno de los pueblos correspondientes a ese sector.

No obstante, al estar declarada la huelga general en Olvera, "y algunas efervescencias en los pueblos inmediatos", se había dispuesto por el gobernador civil de la provincia la designación de un delegado de orden público. También se habían concentrado en dicha

o con ocasión de él, y a los de la Guardia Civil y Carabineros, siempre que vistan sus uniformes reglamentarios y presten servicio propio de su instituto, aunque lo verifiquen por mandato o en auxilio de la Autoridad civil, administrativa o judicial."

[24] "En caso de delito flagrante, todo militar que mande fuerzas destacadas o independientes, cualquiera que sea el Tribunal llamado a conocer, procederá, desde luego, a la detención de los culpables, a recoger los efectos necesarios para la comprobación del delito, a recibir las declaraciones precisas y a practicar las diligencias de carácter urgente, poniéndolo todo, sin pérdida de tiempo, a disposición del Jefe o Autoridad a quien corresponda acordar o prevenir la formación de causa."

[25] Boletín Oficial de la Guardia Civil, núm. 10, 08/03/1925, pp. 199-201.

[26] Nacido 17/12/1901 en Las Valdecolmenas (Cuenca), ingresó en el servicio el 26/02/1920 como soldado de Infantería y en la Guardia Civil el 01/06/1923. Pasó destinado con carácter forzoso a la Comandancia de Cádiz el 19/12/1934, procedente de la 2ª Comandancia del 14º Tercio (Madrid). El 15/06/1935 se incorporó al Puesto de Olvera. Se sumó a la sublevación militar el 18/07/1936. Continuó encuadrado en Olvera hasta el 01/07/1938 que pasó destinado a Algar como comandante de puesto, habiendo ascendido el 11/06/1938 al empleo de cabo por méritos de guerra, contraídos en el frente de Málaga durante el 2º semestre de 1936. Estando destinado en la 1ª Comandancia del Primer Tercio Móvil (Mádrid) causó baja en el Cuerpo el 30/11/1941, tras ser declarado excluido total por un tribunal médico militar. Falleció en Madrid el 28/01/1942. NIÑO GARCÍA, Lázaro. "Hoja de servicios". *Expediente personal.* AGMISGC

población el 2º jefe de la Comandancia, comandante José Enríquez Ramírez,[27] el jefe de la línea de Bornos, alférez Francisco Gavira Parra,[28] y 17 efectivos, que junto al personal que ya había comisionado con anterioridad a que acontecieran los hechos, prestaban servicio para la conservación del orden, sin que desde entonces el mismo se hubiera visto alterado.

A continuación, el teniente coronel González, en su condición de máximo responsable de la Comandancia de Cádiz, concluía su informe emitiendo su parecer final:

> El Jefe que suscribe debe hacer resaltar el heroico comportamiento de los guardias antes citados que componían el grupo, así como por su serenidad y arrojo, que haciendo frente a unas turbas sediciosas, no sucumbieron en el cumplimiento del deber, evitando mayor número de víctimas, como igualmente la actividad y celo del Alférez D. Manuel Puerto Venegas y guardias de esta Comandancia, Antonio Morato Barrera,[29] Lázaro Niño García, Salvador Lozano Villarejo,[30] José Marín Sánchez,[31] Manuel Már-

[27] Nacido en Arcos de la Frontera (Cádiz) el 10/10/1886, ingresó en el servicio el 30/08/1906 como alumno de la Academia de Infantería de Toledo y en la Guardia Civil el 06/02/1913 como teniente. Su antigüedad en el empleo de comandante era de 07/11/1931, siendo destinado a la Comandancia de Cádiz el 17/10/1935, procedente de la Comandancia de Huelva. Según consta en su documentación el 02/05/1936, "con motivo de existir huelga revolucionaria en Cádiz y pueblos de la provincia", salió por orden de su jefe de Comandancia para Alcalá del Valle, "con motivo de haber resultado dos paisanos muertos y para Olvera, donde existía efervescencia, regresando a Cádiz el 9 de dicho mes". Se sumó a la sublevación militar el 18/07/1936. Ascendido a teniente coronel el 09/12/1937 cesó en la Comandancia de Cádiz al ser destinado al mando de la Comandancia de Sevilla-Exterior. Siendo coronel pasó a retiro el 30/10/1948 por haber cumplido la edad reglamentaria. Falleció en Arcos de la Frontera el 25/11/1958. ENRÍQUEZ RAMÍREZ, José. "Hoja de servicios". *Expediente personal.* AGMISGC.

[28] Nacido en Casares (Málaga) el 18/10/1884, ingresó en el servicio el 02/03/1905 como soldado de Artillería y el 01/10/1909 en la Guardia Civil. Siendo subteniente se le asignó el mando de la Línea de Bornos el 14/03/1935, procedente del mando del Puesto de San José del Valle. Alcanzó el empleo de alférez con antigüedad de 14/01/1936. Se sumó a la sublevación militar el 18/07/1936. Ascendió a teniente el 15/01/1937 continuando al mando de la Línea de Bornos. Pasó a la situación de retiro el 18/10/1938 por haber cumplido la edad reglamentaria, fijando su residencia en Bornos. GAVIRA PARRA, Francisco. "Hoja de servicios". *Expediente personal.* AGMISGC.

[29] Nacido el 27/07/1885 en Puerto Serrano (Cádiz), ingresó en el servicio como soldado de Ingenieros el 04/03/1907 y en la Guardia Civil el 01/04/1919. Fue destinado al Puesto de Olvera el 16/11/1922, procedente del de Setenil. Se sumó el 18/07/1936 a la sublevación militar. En su documentación de 1937 consta que "fue herido por las hordas marxistas el 22 de Julio del año anterior, en el pueblo de Olvera (Cádiz), sufriendo las lesiones de tres perdigonadas de escopetas en ambos brazos y tronco, con ocasión de salir con toda la fuerza de dicho puesto para reducir a las turbas que se habían adueñado de la población, que les recibieron a tiros". El 28/05/1937 se incorporó destinado al Puesto de Ronda (Málaga). A consecuencia de las heridas sufridas en Olvera ingresó en el "Benemérito Cuerpo de Mutilados por la Patria". Pasó a la situación de retiro el 01/07/1941 por haber cumplido la edad reglamentaria. Falleció en Melilla el 12/03/1968. MORATO BARRERA, Antonio. "Hoja de servicios". *Expediente personal.* AGMISGC.

[30] Nacido el 17/06/1903 en Cuevas del Becerro (Málaga), ingresó en el servicio como soldado de Ingenieros el 13/01/1925 y en la Guardia Civil el 01/01/1930. Fue destinado al Puesto de Olvera el 07/08/1935, procedente del de Vejer de la Frontera. Se sumó el 18/07/1936 a la sublevación militar. Resultó herido grave en el frente de Córdoba el 09/03/1937, ascendiendo el 11/06/1938 al empleo de cabo por méritos de guerra, contraídos en el frente de Málaga durante el 2º semestre de 1936. El 08/07/1938, tras cesar en Olvera, se incorporó a Zahara como comandante del puesto. Pasó a la situación de retiro, estando destinado como brigada en la Comandancia de Valencia, el 17/06/1954. Falleció en Valencia el 06/10/1968. LOZANO VILLAREJO, Salvador. "Hoja de servicios". *Expediente personal.* AGMISGC.

[31] Nacido el 03/01/1892 en Pruna (Sevilla), ingresó en el servicio como soldado de Infantería de Marina el 29/06/1913 y en la Guardia Civil el 24/08/1918. El 18/07/1936 estaba destinado en el Puesto de Olvera y se sumó a la sublevación militar. Causó baja en el Cuerpo en 31/01/1944 al pasar a la situación de retiro por cumplir la

quez García[32] y Manuel Iglesias Castro, que acudieron en auxilio de las fuerzas agredidas y restablecieron el orden.

EL INFORME INÉDITO DEL INSPECTOR GENERAL DE LA GUARDIA CIVIL

LA ORDEN DE PROCEDER Y LA DESIGNACIÓN DEL COMANDANTE INSTRUCTOR

Cuando el informe del teniente coronel González llegó a las manos del general Pozas, su contenido probablemente no le debió convencer por algunas lagunas evidentes. El jefe de la Comandancia de Cádiz había ensalzado y puesto en valor la actuación de sus guardias civiles. Según su relato, estos habían sido sorpresivamente agredidos por una masa violenta de campesinos, lo cual les obligó en legítima defensa para salvar sus vidas a tener que hacer uso de sus armas reglamentarias, causando dos muertos y un herido entre aquellos.

En principio dicha versión pudiera parecer creíble y tratarse por lo tanto de un hecho más en el que componentes del benemérito Instituto, inmersos en un clima de constante tensión política y social como el que existía en ese periodo de la Segunda República, habían sido agredidos en manifiesta inferioridad numérica cuando velaban por el orden público y se habían visto obligados a defenderse con sus armas. Pero también es cierto que dicho informe, contundentemente exculpatorio para la fuerza actuante, se había elaborado en un periodo realmente breve de tiempo, y por lo tanto insuficiente, para esclarecer la magnitud de los graves hechos acaecidos y sus trágicas consecuencias.

El análisis de su lectura dejaba además muchas sombras. A diferencia de los informes habituales internos del Cuerpo, llamaba la atención que el jefe de la Comandancia no hiciera mención alguna del mando que había designado para investigar lo sucedido con el tradicional rigor y las debidas garantías de imparcialidad y objetividad. Más bien parecía fruto de las novedades recibidas procedentes de la unidad territorial afectada.

Dada la gravedad de los hechos lo procedente hubiera sido que ni siquiera fuera designado para ello el capitán Peralta, jefe de la Compañía de Villamartín, en cuya demarcación territorial habían sucedido los hechos. Lo propio es que hubiese sido nombrado expresamente para ello el segundo jefe de la Comandancia, comandante Enríquez, quien del 2 al 9 de mayo, tal y como se expuso en su momento, estuvo comisionado en

---

edad reglamentaria, siendo guardia 1º destinado en el Puesto de Olvera. Falleció el 20/04/1980 en Olvera. MARÍN SÁNCHEZ, José. "Hoja de servicios". *Expediente personal.* AGMISGC.

[32] Nacido el 02/05/1901 en San Fernando (Cádiz), ingresó en el servicio como soldado de Infantería el 11/02/1919 y en la Guardia Civil el 01/03/1925. Fue destinado al Puesto de Olvera el 18/08/1929, procedente de la Comandancia de Las Palmas de Gran Canaria. El 18/07/1936 se sumó a la sublevación militar. Fue destinado a la Comandancia de Barcelona el 27/02/1939. Causó baja en el Cuerpo el 27/06/1945 al pasar a la situación de retiro tras ser declarado excluido total por un tribunal médico militar, fijando su residencia en San Fernando. Falleció el 13/02/1983 en San Fernando. MÁRQUEZ GARCÍA, Manuel. "Hoja de servicios". *Expediente personal.* AGMISGC.

la zona y por lo tanto hubiera tenido los elementos de juicio necesarios para informar de lo realmente sucedido. No era coherente que hubiera estado allí y no fuese él quien figurase en el informe dirigido al inspector general.

En descargo del teniente coronel González hay que decir que si bien era buen conocedor de la provincia de Cádiz, pues había estado destinado anteriormente en ella durante diferentes periodos de tiempo en todos los empleos desde teniente, lo cierto es que apenas llevaba un día al mando de la Comandancia cuando acontecieron los trágicos sucesos. Destinado por orden ministerial el 28 de abril de 1936, en sustitución de Sebastián Hazañas González, se había incorporado tan solo dos días mas tarde.

Por otra parte, y ello fue determinante para ordenarse por el general Pozas una exhaustiva investigación, hay que recordar que el alcalde de Alcalá del Valle, Cándido Marín Portales, había enviado ese mismo 1º de mayo un telegrama al gobernador de la provincia dando otra versión diferente de los hechos, si bien igualmente llena de sombras.

Según el primer edil, siendo sobre las seis de la tarde, cuando los manifestantes regresaban hacia el pueblo en completo orden, se presentó inesperadamente por detrás de la comitiva un coche del que se apearon dos parejas de guardias civiles que comenzaron a disparar, ocasionando dos muertos y un herido. Concluía diciendo que en el pueblo reinaba la tranquilidad pero solicitaba el envío urgente de refuerzos por si fueran necesarios.[33]

Aunque no consta documentalmente es muy posible que el gobernador civil, con su novedad inicial sobre los hechos, reenviara dicho parecer del alcalde al ministro de la Gobernación. Este, al recibirlo se lo trasladó al inspector general de la Guardia Civil, quien ordenó seguidamente practicar una rigurosa investigación interna.

Una vez concluida, el general Pozas, en su informe fechado el 27 de mayo de 1936, dio cuenta al titular de Gobernación que, "para esclarecimiento de lo manifestado en el preinserto escrito por dicho primer Jefe de Comandancia, y sin perjuicio de la actuación judicial", había encomendado el 13 de mayo al comandante Alfredo Semprún Ramos, destinado en la Inspección General del Cuerpo, "se practicase una detenida información". La orden concreta que le dio fue:

> Investigar la certeza o falsedad de las imputaciones hechas a la fuerza del Cuerpo que intervino en los sucesos ocurridos el día 1º del corriente en Alcalá del Valle (Cádiz), según los cuales se habían cometido determinados actos abusivos, crueles y de maltrato contra las Autoridades y vecinos de dicha localidad.

Dicha orden como se verá más adelante fue cumplimentada con toda exactitud y con una minuciosidad encomiable. Una vez practicada la información reservada, el inspector general no solo dio su conformidad sino que cuando el mentado 27 de mayo remitió su informe personal al ministro de Gobernación, transcribió textualmente el informe

[33] ROMERO ROMERO, Fernando. *Alcalá del Valle* ..., p. 93.

del comandante Semprún y le comunicó que las sanciones propuestas por este, habían sido ya dictadas.

LA INVESTIGACIÓN DEL COMANDANTE INSTRUCTOR

Lo primero que hizo el comandante Semprún fue trasladarse al lugar de los hechos y practicar un minucioso reconocimiento del terreno. Seguidamente procedió a iniciar una exhaustiva investigación, tomando manifestación a los principales protagonistas y testigos, uniendo las certificaciones acreditativas de la asistencia facultativa a aquellos que se decían maltratados por los guardias civiles. Y finalmente elaboró su parecer en función de las conclusiones a las que había llegado.

En el inicio de su informe, con acertado criterio, expuso que si bien el objetivo principal de la investigación era determinar la veracidad o no de "las imputaciones, crueldades y maltratos atribuidos a la fuerza", era imprescindible realizar un relato sucinto del origen y desarrollo de los sucesos. La razón que aducía para ello era que de esa forma podría deducirse, "de manera perfectamente clara lo innecesario que fue la intervención de la fuerza que dio origen a los sucesos de referencia que determinaron primeramente la sensible muerte de dos ciudadanos y, posteriormente, los hechos vejatorios y abusivos atribuidos a la fuerza".

Comenzó su exposición informando que el gobernador civil de la provincia había autorizado a los vecinos de diversos pueblos de la demarcación territorial de la Línea de Olvera, a reunirse en una extensa llanura llamada "El Higuerón" para celebrar con "una merienda campestre" la fiesta del Trabajo.

Por tratarse de pueblos sin comunicaciones telefónicas ni telegráficas, y a fin de tener "debida noticia" de las novedades que pudieran acontecer en los mismos durante la jornada, el jefe de la Comandancia de Cádiz había ordenado al alférez Puerto, que valiéndose de un automóvil requisado, estableciera un servicio móvil que recorriese cada dos horas las localidades de Setenil, Pruna, El Gastor, Arriate, Torre Alháquime y Alcalá del Valle. A su vez, cada dos horas, dicho oficial debía informar a la jefatura de la Comandancia.

Durante la mañana del 1º de mayo dicho servicio le fue asignado al comandante de puesto de Olvera, sargento José Cortés Camacho,[34] sin que ocurriera incidente alguno. Sin embargo, por la tarde, el alférez Puerto dispuso que dicho suboficial permaneciera

[34] Nacido el 20/05/1887 en Algodonales (Cádiz), ingresó en el servicio como soldado de Artillería el 04/03/1909 y en la Guardia Civil el 01/07/1912. Siendo sargento, con antigüedad de 01/09/1933, fue destinado al Puesto de Olvera el 23/12/1933, procedente de la Comandancia de Sevilla. El 18/07/1936 se sumó a la sublevación militar. El 18/10/1936 ingresó en la prisión militar de Cádiz al instruírsele la causa núm. 346/1936, "para averiguar la responsabilidad en que pudo incurrir por haber dejado abandonada la casa-cuartel de Olvera el 27 de Julio, al tener noticias de que los marxistas en gran número y bien pertrechados se aproximaban a dicha localidad, replegándose con las fuerzas del expresado puesto a Algodonales". Tras sobreseerse dicho procedimiento quedó en libertad el 26/01/1937, reincorporándose a Olvera. Ascendido a brigada el 24/04/1937 fue destinado a la Comandancia de Santander el 05/10/1937. Siendo alférez en la Comandancia de Sevilla Exterior pasó el 20/05/1941 a la situación de retiro por haber cumplido la edad reglamentaria. Falleció el 28/01/1947 en Algodonales. CORTÉS CAMACHO, José. "Hoja de servicios". *Expediente personal*. AGMISGC.

en la casa-cuartel de su residencia y que el servicio se prestase solo por guardias, ya que carecía de otros sargentos o cabos. Concretamente sería desempeñado por cuatro de los efectivos de dicho empleo que estaban concentrados en Olvera: tres guardias procedentes de Jerez de la Frontera y uno procedente de la Comandancia de Guadalajara.

El servicio fue transcurriendo sin novedad hasta que sobre las siete de la tarde los cuatro guardias mencionados se toparon en las proximidades de la llanura de "El Higueron", con la "manifestación campestre" integrada por los vecinos de Setenil que regresaba a su pueblo. Fue atravesándola en toda su longitud sin incidente alguno, pero al llegar a la mentada llanura y tomar el camino sito a la izquierda se encontraron con otra manifestación, compuesta por vecinos de Alcalá del Valle que regresaban mayoritariamente a pie en dirección a dicha población.

El conductor del vehículo fue pidiendo paso utilizando para ello la bocina, "y con la natural lentitud que supone el intento de atravesar de atrás hacia adelante a una multitud", llegaron hasta la mitad de dicha manifestación que ocuparía unos cien metros de longitud. Se trataban de familias integradas por hombres, mujeres y niños que llevaban numerosas caballerías para el transporte de merienda, e incluso algún vehículo. La carretera estaba flanqueada a ambos lados por sembrado que dificultaba apartarse para dejar paso al automóvil en el que iban los guardias civiles.

El comandante Semprún en su exposición fue relatando el ambiente inmediatamente previo a los sucesos con ocasión de introducirse en medio de la larga comitiva dicho vehículo. Describe "las naturales protestas de gentes que se creían molestadas en su lógica expansión en un día tan señalado para ellos". También reconoce que después de disfrutar de una jornada festiva como esa muchos de los asistentes estarían en "no ya muy buenas condiciones para proceder con toda cordura, toda vez que es de suponer que la merienda fuese acompañada de posibles excesos en la bebida que es natural y corriente en estos casos".

Ese era el contexto cuando se produjo el inicio de los luctuosos hechos. Cuando el automóvil que transportaba a los guardias civiles se encontraba en medio de aquella masa humana detuvo su marcha. Uno de los vehículos que acompañaba a los vecinos de Alcalá del Valle se apartó a la derecha para permitir el paso, pero no debió parecer o ser suficiente, pues los guardias civiles se apearon rápidamente, dos por cada lado, empuñando la pistola en una mano y el mosquetón en la otra. Y es a partir de ese momento cuando el propio instructor reconoce que "surge la dificultad para establecer la verdad de lo sucedido".

Sin perjuicio de que inicialmente estaba entendiendo de la causa, la jurisdicción militar, que en su día dictaría en justicia la resolución que procediese, el comandante Semprún pretendía conseguir "una deducción lógica" que se acercase en lo máximo posible a la verdad. Su objetivo no era que su informe influyese en la decisión del juez militar sino que sirviera:

> Para ilustración del Mando que en su día podrá corregir y sancionar gubernativamente aquellas acciones que han de escapar a la acción judicial, obteniéndose con ello, por lo menos, el beneficio de poder prevenir para lo sucesivo sucesos tan luctuosos, por sus resultados, como innecesarios y estúpidos por su origen.

Tras tomar manifestación a los cuatro guardias civiles comenzó a mostrarse muy crítico con la versión dada por ellos y que habían sido dadas por buenas por el jefe de la Comandancia de Cádiz, sin haberlas contrastado debidamente como hubiera sido su obligación.

Cuestionó muy especialmente el relato del guardia 2º Diego Márquez por su falta de coherencia y consistencia. Según su declaración ante el comandante Semprún, al descender del automóvil, pistola y mosquetón en mano, escuchó de forma desafiante la interrogación de "para qué tanta pistola". Por lo que, "con gesto caballeroso", la guardó en su funda, no dándole tiempo a cerrarla al ser agredido por numerosas personas al grito "a ellos que son pocos". Uno de los atacantes le sujetó por el cuello mientras se apoyó de espaldas contra una encina. Otro le sujetó por la espalda, a pesar de tenerla apoyada contra el árbol, a la vez que alguien no identificado le arrebató el máuser, si bien a renglón seguido aseguró que le dispararon tres veces seguidas con su arma. Cuando estaba a punto de sucumbir ahogado bajo la mano de quien le atenazaba el cuello, fue el fuego realizado por sus compañeros lo que le salvó, al caer muerto el que le sujetaba por la espalda tras ser alcanzado por uno de los disparos. Seguidamente consiguió deshacerse del que le estaba asfixiando, pero este, al verse repelido, se apoderó de su pistola que estaba sujeta por un cordón al cuello, tal y como establecía la normativa de la época para evitar su pérdida o sustracción. El agresor intentó montar el arma e introducir un cartucho en su recámara pero el guardia civil consiguió recuperar la pistola, si bien aquel le golpeó con un palo en la cabeza, "por lo que ya en defensa inmediata, hace fuego sobre el mismo derribándole en tierra, y acto seguido continúa haciendo hasta cuatro disparos sobre otros tantos enemigos que tiene al frente". A continuación, fue hasta donde estaban sus tres compañeros y una vez todos juntos se retiraron bajo "una lluvia de tiros y pedradas", llegando a escuchar en el fragor de todo aquello como alguien decía "vamos por la escopeta que hay en la casilla".

Dicha versión, corroborada en lo principal por las declaraciones de los otros tres guardias civiles no resultó creíble para el comandante Semprún. Le llamó la atención la incongruencia de apoyar de espaldas a un hombre contra una encina, en tanto que otro hombre le sujetaba por la espalda, a pesar de la robustez del tronco del árbol. Tampoco le cuadraba que quien le arrebató la pistola e intentó montarla, maniobra para la cual eran necesarias las dos manos, portase un palo con el cual le golpeó la cabeza.

Dicha versión quedaba también desacreditada por el forense que reconoció el cadáver del fallecido por disparo de arma corta ya que fue efectuado estando el tirador en un plano superior a aquel. Por otra parte, el conductor del automóvil que había transportado a los guardias civiles pudo abandonar el lugar sin ninguna hostilidad y marcharse a pedir refuerzos a Olvera sin que nadie se lo impidiese. Finalmente, en el reconocimiento del terreno donde habían acaecido los sucesos, al ser zona de sembrado apenas había piedras que hubieran podido ser arrojadas contra la fuerza pública y en los registros practicados en el camino y en los domicilios no se había intervenido arma de fuego alguna. Tan solo se localizó un revólver oculto por una mujer en una caballeriza cuando en unión de otros familiares fueron controlados en otro lugar distante.

CONSIDERACIONES DE INTERÉS SOBRE LOS HECHOS DE EL HIGUERÓN

Una vez terminada su investigación el comandante Semprún hizo constar en su informe las siguientes cuestiones de interés que determinarían su parecer respecto a los sucesos iniciales para elaborar sus conclusiones finales:

- Que a diferencia del turno de la mañana que el mando de dicho servicio se le había encomendado a un sargento, comandante del puesto de Olvera, conocedor de la demarcación, en el turno de la tarde no se había dispuesto sargento o cabo alguno para responsabilizarse de la dirección del mismo, sino al guardia 2º más antiguo.
- Que se había nombrado para prestar ese servicio a cuatro guardias civiles de 2ª clase que estaban concentrados en la zona, procedentes de unidades ajenas a la de la propia demarcación territorial. Por lo tanto no solo carecían del necesario conocimiento del escenario físico sino que desconocían también las peculiaridades del personal del lugar y las "circunstancias que originaban las manifestaciones campesinas".
- Que fue una imprudencia que no se hubieran limitado a vigilar a distancia el movimiento de la manifestación en vez de internarse dentro de la misma.
- Que la verdadera razón por la cual se detuvo el vehículo que los transportaba, no fue la de que se les impidiese el paso sino la de sentirse los guardias civiles "molestos sin duda por la poca rapidez con que los vecinos de Alcalá del Valle les facilitaban el paso a través de la manifestación".
- Que cuando se apearon del automóvil con las armas en la mano, omitieron en sus declaraciones que habían discutido con el alcalde y el teniente de alcalde de dicha localidad, los cuales intentaron calmarles, diciéndoles, "que aquí no pasaba nada". Dicha disputa debió irse agriando, suponiéndose que la multitud comenzó a acorralar a los guardias civiles mientras vociferaban contra ellos y les amenazaban, llegando a agredirlos.
- Que los guardias civiles "debieron hacer uso de las armas entre el terror pánico de los manifestantes que corrieron en todas las direcciones y principalmente hacia el barranco para refugiarse entre sus piedras y las próximas encinas".
- Que "no es posible tampoco afirmar rotundamente que el guardia Diego Márquez Delgado, le fuera arrebatado el mosquetón, con el que dice le hicieron fuego, sino que es muy presumible que dicho mosquetón cayera entre el sembrado de alta hierba, como hemos dicho, lo que explica perfectamente apareciera dicha arma en perfecto estado

de servicio, y aún el que se hubiera disparado parte de su cargador, puede muy bien atribuirse a que los disparos fueron hechos por el propio adjudicatario extraviándose después el arma, y siendo ya difícil de encontrarla ya de noche por la circunstancia ya expuesta de tratarse de un campo de alto sembrado".

• Que ninguno de los cuatro guardias resultaron lesionados, "a pesar de la lluvia de balas y piedras", que manifestaron haber recibido.

CONSIDERACIONES DE INTERÉS SOBRE LAS DENUNCIAS DE MALOS TRATOS

Según proseguía el informe, sobre las 23 horas del 1º de mayo el alférez Puerto, que se había trasladado a Alcalá del Valle con fuerza a sus órdenes, procedió a practicar la detención de 25 vecinos de la localidad por su presunta vinculación con las supuestas agresiones de que habían sido objeto los cuatro guardias civiles.[35]

Dicho oficial, "con buen acuerdo para evitar posteriores imputaciones", hizo conducir directamente a los detenidos al depósito municipal sito en la alcaldía, sin que ninguno pasase por la casa-cuartel. La finalidad de ello era evitar posteriores denuncias por malos tratos.

Sin embargo, "con el pretexto de proceder a la busca del mosquetón arrebatado al guardia Márquez", el alférez Puerto ordenó la salida del depósito hacia las afueras del pueblo de un individuo. En relación a esto, el comandante Semprún hizo constar en su informe que según otras manifestaciones, incluida la del alguacil municipal encargado del depósito, fueron dos o tres detenidos los que fueron sacados de allí.

Estos serían precisamente los que se quejaron de malos tratos recibidos, siendo el llamado Miguel Vázquez Ramírez quien reclamó asistencia facultativa, la cual le fue prestada por un médico de la localidad llamado José María Carrasco Mier.[36] Este certificó que sobre las 23 horas de dicho día fue requerido para asistirlo en el depósito municipal. El detenido presentaba varias contusiones en su cuerpo y que estas le habían sido provocadas unos minutos antes de su reconocimiento. También certificó que había atendido por razones similares a otros dos detenidos, llamados Cristóbal Pulido Gallego y José Corchero Gavilán.[37]

[35] La historiografía local recoge la identidad de 24 de los 25 detenidos. También es posible que uno de estos últimos fuese puesto en libertad antes de quedar a disposición judicial. Los 24 detenidos que ingresaron en el depósito de Olvera eran Juan Ayala Ponce, Rafael Domínguez Ayala, Antonio Dorado Álvarez, Juan Jiménez Soriano, Francisco Jiménez Soriano, Antonio Marín García, José Soriano Bonilla, José Aguilera Sánchez, Antonio Caballero Racero, Antonio Camizón Racero, Nazario Fernández García, Manuel González Márquez, José González Márquez, Antonio González Márquez, Manuel Jiménez Soriano, José Jiménez Soriano, Juan Rosa Carreño, Pedro Saborido Álvarez, José Saborido Álvarez, Francisco Saborido Álvarez, Antonio Saborido Álvarez, José Saborido Castañeda, Bartolomé Saborido Pulido y Miguel Vázquez Ramírez. Los siete primeros serían trasladados el 06/06/1936 a la prisión de Ronda (Málaga), mientras que el resto fue puesto en libertad el 12/05/1936, excepto el último que lo fue tres días más tarde. ROMERO ROMERO, Fernando. *Alcalá del Valle* ..., p. 95.

[36] De 31 años de edad, soltero, sería fusilado el 25/08/1936 cuando en la Guerra Civil una columna de las fuerzas sublevadas entró la primera vez en Alcalá del Valle. ROMERO ROMERO, Fernando, op cit, p. 116.

[37] Ambos detenidos no figuran en la relación de vecinos de Alcalá del Valle publicada por Fernando Romero, por lo que es posible que tras su detención e interrogatorio fueran puestos en libertad por la Guardia Civil, al no

En relación a ello, al ser preguntado el alférez Puerto por el comandante Semprún sobre el origen de dichas lesiones, aquel manifestó que no había maltratado ni permitido que la fuerza a sus órdenes maltratase a ningún detenido. Sin embargo, tan rotunda afirmación quedó desacreditada cuando el jefe de la Compañía de Villamartín, capitán Peralta, manifestó en su declaración que tuvo que "amonestar severamente" a dicho oficial "por haberse permitido abofetear en su presencia a un detenido".

El comandante instructor, a resultas de su investigación, también responsabilizó al guardia 2º Manuel Iglesias Castro, destinado en el puesto de Olvera como motorista, de haber maltratado a alguno de los detenidos, cuestión negada igualmente por el interesado. El comandante Semprún hizo constar que su presunción no había podido ser comprobada:

> … más que por la imposibilidad material, por las dificultades para efectuar careos, por otra parte no convenientes teniendo en cuenta la actuación simultánea del Juez Instructor Militar, pero el instructor que suscribe tiene la plena convicción, incluso por manifestaciones que a ruegos de los que las hicieron no han sido llevadas a esta Información, que por dicho guardia se han causado maltratos a alguno de los detenidos.

No obstante, el comandante Semprún reconocía en el párrafo siguiente que dichos maltratos, "aparte de la infracción reglamentaria que supone", no acusaban "exceso ni crueldad", ni por el número de los maltratados ni por la intensidad de las lesiones causadas, a excepción de los padecidos por el vecino Miguel Vázquez Ramírez.

Por otra parte, afirmaba que si el vecindario del pueblo se había quejado de ello, no era por el maltrato en sí, pues se exculpaba a toda la fuerza del puesto de Alcalá de Valle, "con la que guardan afectuosas relaciones, y cuya casa-cuartel costea el Ayuntamiento".[38]

Según el comandante instructor la verdadera razón de la queja era "por la injusticia que supone el maltrato a individuos que ni siquiera asistieron a la manifestación y que suponen han sido denunciados por elementos derechistas".

Otra acusación formulada contra el alférez Puerto, y que también negó, fue que ordenó el cierre de todas las casas de la localidad, incluida la farmacia. Dicha queja no fue tenida en cuenta por el comandante Semprún, habida cuenta que dada la hora nocturna en que se produjo era normal que todo estuviera cerrado. Y respecto al cierre de la farmacia, cuestión que sí que hubiera sido censurable, quedó desvirtuado al declarar su titular, Gabriel Gascó Remolar, que el hecho no le impidió despachar las recetas que se le presentaron.

tener indicio alguno de su participación sobre los hechos investigados.

[38] El comandante de puesto de Alcalá del Valle era desde el 03/09/1935 el cabo Manuel Egido Izquierdo, el cual al producirse la sublevación militar, no se sumó a la misma y siguió las directrices del alcalde. Al ser ocupada inicialmente la localidad el 25/08/1936 se marchó a Málaga. Allí, tras presentarse tres días más tarde en la Comandancia, pasó a prestar servicio hasta la caída de la ciudad el 08/02/1937, trasladándose seguidamente a Almería pero en la provincia de Granada fue detenido, juzgado, condenado y finalmente fusilado el 03/04/1937. EGIDO IZQUIERDO, Manuel. "Hoja de servicios". *Expediente personal.* AGMISGC.

Respecto a otros daños indirectos que se pudieron producir como consecuencia de los sucesos, el médico Carrascosa manifestó que había asistido al aborto de una de las mujeres asistentes a la manifestación y que tenía noticias de haberse producido uno o dos casos más.

Entre otras negaciones en las que continuó reafirmándose el alférez Puerto estaba la de haber ordenado la detención de los concejales de la localidad por hallarse reunido el Concejo. El comandante Semprún restó importancia a ese supuesto hecho:

> ... de ser cierto, puede explicarse por la confusión subsiguiente a los sucesos y descartar, desde luego, toda clase de vejación a las Autoridades por parte del mencionado Oficial, así como la de desacato de los guardias al Alcalde en el momento de producirse los sucesos, tanto por tratarse de individuos que por no pertenecer al puesto de la localidad desconocían a las Autoridades, cuanto por que el mismo Alcalde en sus manifestaciones dice que no se dio a conocer como tal.

También le extrañó que el teniente alcalde, José Barriga Sánchez, fuera quien declarase que había sido él quien había dicho a la fuerza actuante que él era el alcalde, lo cual no dejaba de sorprender al instructor pues supuestamente lo había dicho estando presente en el lugar de los hechos el verdadero primer edil de la corporación municipal.

No obstante, y tal como lo hizo constar el comandante instructor en su informe, dicho hecho pierde toda importancia respecto a uno de mucha mayor relevancia, como era la muerte del vecino Antonio Migueles Fernández. Según expone Semprún, se supone, según testimonios de terceros, que fue muerto por el guardia 2º Diego Márquez, "cuando se hallaba de rodillas con intención de asistir al otro muerto inmediatamente antes que él". Este se trataba de Cristóbal Rosado González y aquel estaba "acompañado de un hijo suyo de seis años que suplicaba a los guardias que no mataran a su padre". El comandante instructor expuso también su opinión al respecto:

> Tan terrible imputación, decimos, no ha sido posible demostrarla y obtener datos suficientes que lleven al ánimo la plena certeza de la misma; pero hay una serie de hechos que llevan al instructor un punto de duda sobre la legitimidad de la acción del guardia Márquez al disparar sobre el desgraciado Migueles, y el dolor profundo y sincero por la víctima causada cuyo sacrificio será la justicia en su día, la que emita su veredicto sobre la necesidad del mismo, o sancione, de haber sido innecesario, el acto que ello supone.

El comandante Semprún continuó profundizando en su parecer y refirió seguidamente que el forense había manifestado que el fallecido había resultado herido, "estando en plano superior al matador", lo cual era "un indicio que por ahora, da gran valor desgraciadamente al cruel supuesto atribuido a la fuerza".

Respecto "al trance patético del niño que implora por la vida de su padre, que de ser probado, agravaría la crueldad de su muerte"", reconoce que solo había sido recogido en las diligencias practicadas bajo la frase de un tercero en la que "se dice que le acompañaba su hijo de seis años", no suscribiéndose nada más por lo que se debe entender que el trágico relato corresponde a esos testimonios que, por temor a represalias, los propios interesados habían rogado al instructor que no apareciesen en su correspondiente declaración.

En cambio, en lo que sí hay absoluta unanimidad y así lo recoge el comandante Semprún, es la rotunda opinión:

> ... de todas las Autoridades locales, Jefes de agrupaciones políticas, médicos e incluso el Comandante de puesto, es, el concepto inmejorable de que como hombre honrado, trabajador, ajeno a filiación política gozaba el desgraciado Migueles cuyos servicios como practicante prestaba desde hacía años a la propia fuerza del Cuerpo.

Por lo tanto, el Comandante Semprún, finaliza su reflexión dirigida al inspector general de la Guardia Civil, con toda firmeza y contundencia:

> ... y esto, Excelentísimo Señor, hace más incomprensible, por no decir más incierto, rotundamente falso el hecho atribuido por el guardia Márquez de que el desgraciado Migueles, que deja esposa y ocho hijos, fuera su agresor, que le sujetara por el cuello, intentara arrebatarle la pistola y armarla, y, por último, darle un palo en la cabeza según hemos glosado anteriormente.

LAS CONCLUSIONES Y PROPUESTAS DEL COMANDANTE INSTRUCTOR

Una vez realizada su extensa y detallada exposición, el comandante Semprún concluyó su informe presentando ante el general Pozas, las conclusiones y de propuestas que se citan a continuación:

1. El alférez Manuel Puerto Venegas, como jefe de la Línea de Olvera, cometió "la imprevisión" de permitir que por el sargento José Cortés Camacho, comandante del puesto de Olvera, fuese nombrado a cuatro guardias ajenos a la unidad, sin un sargento o cabo al mando, el "delicado" servicio de vigilancia en los pueblos donde iban a celebrarse manifestaciones con ocasión del 1º de mayo.
2. Dicho oficial toleró el maltrato, por lo menos, de tres vecinos del pueblo detenidos con motivo de los sucesos, "habiéndose él mismo permitido maltratar a uno de ellos".
3. El guardia 2º Manuel Iglesias Castro ha maltratado de palabra y obra a varios de los detenidos.
4. Respecto a los guardias 2º Diego Márquez Delgado, Joaquín Pérez Ruiz, Mariano García Toribio y Antonio Morales Romero, "sujetos a la acción judicial, ha de esperarse a la decisión de la misma sobre ellos."
5. Propuesta de sanción disciplinaria al alférez Puerto, consistente en siete días de arresto en su domicilio por "el poco celo demostrado al disponer el servicio de

vigilancia con motivo de la fiesta de Primero de Mayo", como comprendido en el artículo 335 del Código de Justicia Militar,[39] por el concepto de "inexactitud en el cumplimiento de obligaciones reglamentarias". A juicio del comandante instructor fue un desatino que se estableciera aquel servicio de vigilancia montado por cuatro guardias ajenos a la unidad y sin mando alguno, "que con más tacto y conocimiento del servicio hubiese evitado los luctuosos sucesos que se desarrollaron".

6. Propuesta de otra sanción disciplinaria a dicho oficial, consistente en otros siete días de arresto en su domicilio por el mismo concepto tipificado en el mentado Código de Justicia Militar, "por permitir vejar a un detenido con motivo de los sucesos ocurridos en Alcalá del Valle", quebrantando con ello los preceptos del artículo cuarto de la "Cartilla del Guardia Civil".[40]

7. Propuesta de sanción disciplinaria al guardia 2º Manuel Iglesias Castro, consistente en un mes de arresto en calabozo, por el mismo concepto que el reseñado en el párrafo anterior, al haber infringido el referido artículo cuarto de la mentada "Cartilla del Guardia Civil".[41]

8. Propuesta de traslado de Comandancia, tanto del alférez Puerto como del guardia 2º Iglesias.

9. Finalmente, el comandante instructor proponía que caso de que los cuatro guardias 2º fuesen absueltos judicialmente, y tampoco hubiera sanción gubernativa, sí deberían ser corregidos disciplinariamente por el inspector general del Cuerpo, "en la forma que se estime en justicia", como comprendidos en el mentado artículo 335 del Código de Justicia Militar y haber infringido el citado artículo cuarto de la "Cartilla del Guardia Civil". Concretamente por "permitirse replicar con palabras indecorosas al que manifestaba ser Teniente Alcalde, y no llevar a cabo las prevenciones que determina el artículo 26 del Reglamento para el servicio,[42] por la imprevisión en la forma de

[39] En dicho artículo se tipificaban las faltas leves entre las que estaba comprendida la de "inexactitud en el cumplimiento de obligaciones reglamentarias". Conforme lo establecido en el artículo 311 del mentado Código, las sanciones que se podían imponer a los oficiales por tal concepto eran las de apercibimiento, reprensión o arresto en su casa o en banderas (sala de banderas en acuartelamiento dónde existiera por tener la unidad derecho de uso de enseña nacional; en castillo (prisión militar) u otro establecimiento militar desde quince días hasta dos meses.

[40] Aprobada por real orden de 20/12/1845 del Ministerio de la Guerra fue redactada por el II duque de Ahumada, mariscal de campo Francisco Javier Girón Ezpeleta, como código ético del benemérito Instituto. Tras su primera modificación, por real orden de 29/07/1852, su artículo cuarto quedó redactado de la siguiente forma, sin que el mismo sufriera cambio alguno en las sucesivas reformas para ir adaptándola a la legislación vigente de cada momento, correspondiendo en el momento de producirse los hechos objeto del presente trabajo, la aprobada por orden del Ministerio de la Gobernación, de 08/03/1935: "Las vejaciones, las malas palabras, los malos modos y acciones bruscas, jamás deberá usarlas ningún individuo que vista uniforme tan honroso como el de este Cuerpo".

[41] Conforme lo establecido en el artículo 311 del mentado Código, las sanciones que se podían imponer a los individuos de tropa eran la de "deposición de empleo; arresto en el cuartel o en la compañía hasta ocho días, en la prevención, hasta quince, y en calabozo, hasta dos meses; o recargo de servicios mecánicos".

[42] Aprobado por real decreto de 09/10/1844 del Ministerio de la Gobernación. Tras su primera modificación, por otro real decreto de 02/08/1852, fue objeto de sucesivas reformas para ir adaptándolo a la legislación vigente de cada momento, correspondiendo la redacción del artículo 26, en el momento de producirse los hechos objeto del presente trabajo, la aprobada por orden del Ministerio de la Gobernación, de 08/03/1935 (Gaceta de Madrid, núm. 69, 10/03/1935, p. 2.038). A la vista del contenido de dicho artículo, el comandante instructor debió

proceder con ocasión de los sucesos ocurridos el día Primero del actual en Alcalá del Valle, lo que dio origen a los mismos, y pudo, incluso, acarrear graves consecuencias al enfrentarse tan impremeditadamente con una manifestación compuesta por tan elevado número de personas".

LA RESOLUCIÓN DEL INSPECTOR GENERAL DE LA GUARDIA CIVIL

El general Pozas, en su condición de inspector general del Cuerpo, hizo suyas las conclusiones a las que llegó el comandante Semprún y procedió a imponer las sanciones propuestas al alférez Puerto y al guardia 2º Iglesias.

Éstas fueron cumplidas en su totalidad y se procedió igual y seguidamente al traslado forzoso de ambos a la Comandancia de Oviedo y de Albacete, respectivamente. Esta segunda medida, que no dejaba realmente de ser una segunda sanción, solía adoptarse entonces en la Guardia Civil cuando se consideraba que además de la corrección disciplinaria, era necesario por razones de ejemplaridad, su traslado forzoso a otra unidad. Quién había cometido determinado tipo de infracción no podía continuar prestando servicio en el mismo lugar donde se había perpetrado, bien por considerarse perjudicial a la disciplina del Cuerpo o a la imagen pública y prestigio de la Institución.

Por otra parte, el general Pozas no se contentó solo con confirmar todo lo que le habían propuesto, sino que fue más allá, precisamente en lo que el comandante instructor, por razón de su inferior empleo al que ostentaba el dador del parte inicial, no podía ni debía entrar a valorar.

El resultado de la información practicada contradecía en su práctica totalidad el relato de hechos y conclusiones que había expuesto el teniente coronel González como jefe de la Comandancia de Cádiz, en su informe de fecha 5 de mayo. Y ello no podía obviarse.

Por tal motivo procedió en otro escrito de fecha 27 de mayo a pedirle explicaciones, "sobre el origen de los informes en virtud de los cuales redactó el parte que queda transcrito, y que tan en contradicción se halla con la información practicada".

De todo ello dio cuenta pormenorizada al ministro de la Gobernación en un detallado informe suscrito esa misma fecha y cuya copia se conserva también en el expediente personal del alférez Puerto que se custodia en la Sección Guardia Civil del Archivo General del Ministerio del Interior, en Madrid. Su localización casual fue durante la investigación realizada hace años por el autor del presente trabajo con ocasión de documentar su tesis doctoral.[43] Ahora, el análisis y estudio de ambos informes inéditos ha posibilitado resolver esta importante asignatura pendiente de la historiografía de la Segunda República en la provincia de Cádiz.

---

referirse seguramente al primer punto del mismo: "Se valdrá del medio que le dicte la prudencia para persuadir a los perturbadores a que se dispersen y que no continúen alterando el orden público."

[43] NÚÑEZ CALVO, Jesús Narciso. *La Comandancia de la Guardia Civil de Cádiz en la Guerra Civil de España (1936-1939)*. Dirigida por el Dr. Juan Avilés Farré. Tesis Doctoral. Universidad Nacional de Educación a Distancia, Facultad de Geografía e Historia, Departamento de Historia Contemporánea, 2016.

Hasta el momento se desconoce cuál fue la contestación que emitió el teniente coronel González, el cual como ya se ha expuesto anteriormente apenas llevaba un día al mando de la Comandancia cuando acaecieron los sucesos del 1º de mayo. Acababa de ser nombrado para ocupar dicha vacante de libre designación y por lo tanto era de la confianza del inspector general. En otras circunstancias y llevando más tiempo en el destino, muy probablemente hubiera sido cesado y trasladado a otra provincia.

Con toda seguridad la orden del general Pozas debió ser inmediatamente cumplimentada por el teniente coronel González y elevado el informe requerido a su autoridad en los primeros días del mes de junio. En él participaría muy probablemente que para emitir su parte de los hechos se basó en lo comunicado por el alférez Puerto, el capitán Peralta y el comandante Enríquez. Por tal motivo, el teniente coronel González entendía que la información facilitada por sus tres subordinados era fiable.

Se ignora igualmente cual fue la reacción o decisión del inspector general al leer el nuevo informe remitido por el teniente coronel González, ya que dicha documentación no ha sido todavía localizada. Pero al no constar referencia alguna en su expediente personal, ni en los de los interesados, ha de entenderse que no debió dictarse ya ninguna resolución más.

El jefe de la Comandancia se había incorporado apenas un día antes de los hechos, el jefe de la Compañía de Villamartín, sancionado y trasladado en dos ocasiones anteriores por otros motivos, marchó con dos meses de licencia por enfermo concedidos por su autoridad y el jefe de la Línea de Olvera había sido ya suficientemente corregido con dos arrestos y un traslado a otra provincia sita al otro extremo de la Península.

Por lo tanto es muy probable que el general Pozas diera por zanjado el asunto a nivel interno, en espera de la resolución que adoptase la jurisdicción militar respecto a los cuatro guardias civiles encartados y muy especialmente sobre el guardia 2º Diego Márquez. Pero como ocurrió con tantas otras cosas el inicio de la guerra civil al mes siguiente sepultó dicha historia para siempre.

Designación de un juez especial por el Tribunal Supremo

El teniente coronel González en su mentado informe de fecha 5 de mayo de 1936 dio cuenta de que los detenidos practicados por la Guardia Civil habían quedado a disposición del auditor de guerra de la 2ª División Orgánica, cuya residencia estaba en Sevilla.

Al tratarse de un supuesto delito tipificado en el entonces vigente Código de Justicia Militar, correspondía conocer, instruir y fallar a la jurisdicción castrense. Y ello comenzó así pero en las semanas siguientes se produjo un trascendental cambio legislativo que hasta la fecha tampoco había sido explicado ni tenido en cuenta al tratarse los sucesos de Alcalá del Valle. Sin ello no puede entenderse el giro judicial que dio dicho asunto. La causa para esclarecer la verdad empezó a instruirse, pero el inicio de la guerra civil impediría la continuación de su tramitación y la culminación del proceso.

Hay que significar en primer lugar que no había transcurrido siquiera un mes desde la proclamación de la Segunda República cuando el 11 de mayo de 1931 se dictó un decreto determinando la jurisdicción de los tribunales de Guerra y Marina.[44]

Conforme al mismo, dicha jurisdicción quedó reducida a los hechos o delitos esencialmente militares de que aquella conociese por razón de la materia, desapareciendo la competencia basada en la calidad de la persona o el lugar de ejecución. Igualmente se dispuso la supresión y disolución del Consejo Supremo de Guerra y Marina, estableciéndose en su lugar la Sala de Justicia militar, la Sala Sexta, compuesta por dos magistrados del Tribunal Supremo, por tres procedentes del Cuerpo Jurídico del Ejército y uno del de la Armada. El presidente podía pertenecer a cualquiera de esas categorías.

Posteriormente, siendo Manuel Blasco Garzón titular del Ministerio de Justicia, el gobierno de la República aprobó el 23 de mayo de 1936, una ley en la que se disponía que en las causas por delitos instruidos a las jurisdicciones de Guerra y Marina, que no fueran de las que conociese en única instancia la Sala Sexta del Tribunal Supremo, se podría nombrar por la Sala de Gobierno del mismo, jueces especiales para la instrucción de determinados sumarios. Concretamente, "cuando las extraordinarias circunstancias que concurren en dichos delitos o las de lugar y tiempo de su ejecución o de las personas que en ellos hubiesen intervenido como ofensores u ofendidos", así lo aconsejasen. La finalidad de ello era lograr "la más acertada investigación o la más segura comprobación de los hechos".[45]

Su nombramiento se hacía a propuesta del fiscal general de la República o de la mentada Sala Sexta, y en todo caso previo informe de esta, debiendo recaer en el juez o magistrado de la jurisdicción ordinaria, en el miembro de los cuerpos jurídicos del Ejército o de la Armada o en el auditor militar que la Sala de Gobierno estimase "conveniente al mejor servicio".

El juez especial nombrado, una vez concluido el sumario y practicadas, en su caso, las diligencias y pruebas del plenario, debía hacer entrega de las actuaciones al auditor militar a quien correspondiese el conocimiento de la causa, al objeto de proseguirla o fuera fallada por el consejo de guerra competente. Para la celebración de la vista debía designarse por dicho auditor un nuevo juez instructor. Correspondía a la Sala de Gobierno del Tribunal Supremo dar cuenta motivada al ministro de Justicia y al de Guerra o Marina, según la procedencia del juez especial designado.

En el caso concreto de los sucesos de Alcalá del Valle, y según recogió profusamente la prensa de la época,[46] fue designado el 2 de junio de 1936 por la mentada Sala, a propuesta del fiscal general de la República, el juez Juan María Merino García, que lo era del juzgado de primera instancia de Olvera.[47]

[44] Gaceta de Madrid, núm. 132, 12/05/1931, pp. 670-671.

[45] Gaceta de Madrid, núm. 173, 29/05/1936, p. 1.803.

[46] Ahora, 03/06/1936, p. 3; ABC (edición Madrid), 03/06/1936; El Liberal, 03/06/1936, p. 1; entre otros.

[47] Siendo aspirante a la Judicatura en la correspondiente escala del Cuerpo, había sido nombrado con carácter interino, juez de primera instancia de Olvera, por orden del Ministerio de Justicia de 28/06/1934, tras haber sido

A este respecto hay que significar que realmente dicho juez había sido nombrado el 31 de marzo de ese mismo año, juez de primera instancia e instrucción en la localidad sevillana de Sanlúcar la Mayor, siendo sustituido en Olvera, mediante otra orden del Ministerio de Justicia de esa misma fecha, por José López de Tamayo González, que procedía del juzgado de primera instancia de Hinojosa del Duque (Córdoba).[48]

No se ha podido constatar la fecha exacta en la que el juez Merino dejó realmente el juzgado de Olvera, pues pudo haber sido prorrogado o comisionado allí. Tampoco se conoce si su nombramiento extraordinario fue compatible con que el juez López de Tamayo se incorporase como titular del de Olvera, y ambos pudieran compartir temporalmente sede judicial, si bien Merino lo sería en tal caso, ya exclusivamente como juez especial para la causa que había sido expresamente designado. Lo que sí consta es que Merino estuvo practicando diligencias en Olvera como juez especial antes del inicio de la sublevación militar y que con posterioridad a la misma, y durante la contienda, estuvo ejerciendo como titular del juzgado de Sanlúcar la Mayor.

Por otra parte, llama la atención que la Sala de Gobierno del Tribunal Supremo designase como juez especial a quien acababa de cesar en un partido judicial como era el de Olvera, en el que estaban comprendidos los tres municipios objeto de investigación por razón del lugar donde acaecieron los hechos y la vecindad de las personas supuestamente implicadas: Alcalá del Valle, Setenil y Torre Alháquime.

Respecto a esta última localidad hay que significar que la Guardia Civil practicó entre el 2 y 3 de mayo un total de nueve detenciones por su presunta participación en los hechos acaecidos en "El Higuerón" el día 1.[49]

En relación a Setenil, la historiografía local refiere que los vecinos de dicha población que habían asistido a la celebración del 1º de mayo no participaron en los sucesos porque se separaron de los de Alcalá del Valle y Torre Alháquime, a la altura de El Nogalejo, para dirigirse a su pueblo situado a menos de un kilómetro, mientras el resto continuó su camino.[50]

Lo normal es que se hubiera nombrado un instructor ajeno la zona, para fortalecer así su objetividad e independencia, como se había hecho ese mismo 2 de junio con la designación de otros dos jueces especiales para causas extraordinarias relacionadas también con actuaciones muy cuestionadas de la Guardia Civil.

---

declarada desierta, en la vacante producida por promoción del anterior titular, Carmelo Miguel Hario. Gaceta de Madrid, núm. 181, 30/06/1934, p. 2.065.

[48] Gaceta de Madrid, núm. 93, 02/04/1936, p. 53.

[49] Los nueve detenidos fueron José Zamudio Castro, Antonio García Rosa, Cristóbal Guerra Carreño, Enrique Guerra Valiente, Manuel Ortiz Márquez, Antonio Zamudio Ortega, Francisco Zamudio Ortega, José Zamudio Ortega y Bartolomé Vilchez Salguero. Los ocho primeros ingresaron en el cárcel del partido de Olvera mientras que el último, que había resultado herido con una contusión en la cabeza durante los hechos del 1º de mayo, fue puesto en libertad por estar sometido a tratamiento médico. ROMERO ROMERO, Fernando. *Socialistas de Torre Alháquime ...*, pp. 59-62.

[50] MEDINA LINARES, Ángel. *Setenil de las Bodegas: República, Guerra y Dictadura*. Setenil de las Bodegas: Ayuntamiento, 2021, pp. 123-125.

Se trataban de un magistrado de la audiencia de La Coruña, Alfonso Armengol Díaz del Castillo, para un sumario relacionado con hechos acaecidos en la localidad asturiana de Carbayín; y un magistrado de la audiencia de Sevilla, Gerardo Fontanés Portela, para otro sumario relacionado con los recientes sucesos acontecidos en la población albaceteña de Yeste. Ambos, al contrario que Merino, terminarían siendo separados de la carrera judicial por ser considerados desafectos al nuevo régimen.[51]

Tal y como informaba la prensa al publicar sus nombramientos, los jueces militares que estuvieran instruyendo procedimientos en ese momento, debían dejar de actuar; "pero ni se suprime la actuación de las Auditorías en cuanto corresponde, ni por la directa intervención de la Sala Sexta del Tribunal Supremo deja de actuar, naturalmente, la jurisdicción militar."

Ello es importante de aclarar pues se ha interpretado erróneamente que al ser nombrado un juez de la jurisdicción ordinaria, la castrense había sido apartada en favor de aquella, cuando lo que realmente se hacía era solo continuar la instrucción sumarial, con mayores garantías, pero causa terminaría siendo juzgada por la jurisdicción militar.

Si bien no se ha localizado hasta el momento el procedimiento instruido por el juez Merino, que debiera encontrarse en los archivos de la jurisdicción castrense, parece ser que el sumario estaba siendo instruido en la dirección apuntada por el comandante Semprún. Los guardias civiles comenzaron a ser investigados, fueron objeto de una rueda de reconocimiento y se procedió a exhumar el cadáver del paisano Migueles para practicarle una autopsia para comprobar si le habían disparado por la espalda.[52]

De los cuatro guardias civiles encartados solo uno estaba destinado fuera de la provincia de Cádiz, Diego Márquez Delgado en la Comandancia de Guadalajara, y este era el único que hizo constar en su documentación profesional las comparecencias que realizó ante el juez especial. Ello puede deberse a que dada la distancia a cubrir, el desplazamiento a efectuar de ida y regreso así como el tiempo que se empleaba en todo ello, se originaba derecho a reclamación de gastos y devengos extraordinarios, siendo por lo tanto necesario el nombramiento de la correspondiente comisión de servicio. Gracias a dicha circunstancia se tiene conocimiento de parte la actividad instructora del juez especial.

Por su interés se reproduce lo que consta en la hoja de servicios del guardia 2º citado, cumplimentada el 31 de octubre de 1936 cuando formaba parte de la Guardia Nacional Republicana, tras detallarse los hechos acaecidos el 1º de mayo en términos similares a los expresados por el teniente coronel jefe de la Comandancia de Cádiz en su informe citado de fecha 5 de mayo, si bien no se hacía mención alguna a que dos jornaleros habían resultado muertos por disparos, uno de ellos supuestamente por el propio interesado con su pistola:

> El día 13 de Junio salió para Olvera, Cádiz, con el fin de ampliar declaración en el sumario que se le instruye por insulto a fuerza armada y otras diligencias que expresa la

[51] Boletín Oficial del Estado, núm. 367, 22/10/1937, p. 3.962; y núm. 121, 01/05/1939, p. 236.

[52] ROMERO ROMERO, Fernando. *Alcalá del Valle* ..., pp. 94-95.

> nota anterior y regresó a su puesto de destino el día 20 del mismo. Por orden del auditor de Guerra de la 1ª División Orgánica de 16 de Junio marginal, el individuo comprendido en la presente, salió para Olvera, Cádiz, el día 22 siguiente, al objeto de prestar declaración en el sumario número 45 del año actual que por lesiones causadas a vecinos de Alcalá del Valle de dicha provincia, se halla instruyendo el Juzgado de Primera Instancia del citado Olvera, y regresó a su puesto de destino el día 26 del propio mes. El día 13 de Julio salió para Olvera (Cádiz) con el fin de prestar declaración ante el Juez de Instrucción militar que instruye sumario por insulto a fuerza armada y en virtud de requerimiento de la citada autoridad y regresó a su puesto de destino el día 17 del mismo mes.

Posteriormente, en una declaración jurada que tuvo que suscribir el 31 de diciembre de 1939 sobre todas sus vicisitudes profesionales, ya no quiso entrar en detalle y fue muy escueto. Se encontraba entonces destinado con carácter forzoso en el puesto de El Pobo de Dueñas, perteneciente a la Comandancia de Guadalajara y la razón de dicha declaración era haber prestado servicio en "zona roja" y ser sometido a expediente de depuración.

> … el día 20 de Mayo que regresó a Guadalajara Puesto de Tendilla donde prestaba sus servicios, de donde fue llamado para prestar declaraciones por tres veces a Olvera (Cádiz), por un Juez especial que nombraron a consecuencia de unos sucesos en los que intervino con motivo de manifestaciones del día 1º de Mayo, regresando la última vez de dicho Olvera el día 17 de Julio al puesto de procedencia.

Finalmente, como consecuencia del "Expediente instruido para la rectificación de abonos de tiempos de permanencia en zona roja que, al amparo de la orden de 30 de junio de 1948 (D.O. número 148), le fueron concedidos erróneamente", iniciado el 7 de junio de 1952 como consecuencia de instancia presentada por el interesado y que obra en su documentación profesional, se incorporó certificación de fecha 16 siguiente donde se reproducían nueva e íntegramente las vicisitudes suscritas en Guadalajara el 31 de octubre de 1936.

Ni el guardia 2º Márquez, sobre todo cuando se encontraba sirviendo en zona republicana, ni los otros tres encartados que lo hicieron en zona sublevada y que omitieron cualquier mención a lo acaecido en sus hojas de servicios, tuvieron nunca el más mínimo interés de que volviera a reabrirse el procedimiento judicial militar iniciado poco antes de comenzar la Guerra Civil.

Llama la atención que parece ser que se instruyeron dos causas paralelas: una por agresión a fuerza armada y otra por malos tratos y lesiones a detenidos. Como ya se ha venido reiterando, el inicio de la guerra civil impidió sentar la verdad judicial sobre lo sucedido y determinar, en uno y otro caso caso, las responsabilidades penales por la jurisdicción militar.

EPÍLOGO.

Transcurridos ya 85 años de aquel trágico suceso, que presentaba desde aquel 1º de mayo de 1936 numerosas lagunas, se ha podido desvelar buena parte de lo que muy probablemente sucedió. Evidentemente quedó sin conclusión la verdad judicial de lo acaecido y pendiente saber cuales hubieran sido, en su caso, las responsabilidades penales o disciplinarias de los cuatro guardias civiles, y muy especialmente la del guardia 2º Márquez.

La jefatura de la Comandancia de la Guardia Civil de Cádiz dio una versión de los hechos que no se ajustó en absoluto a lo que comprobó el comandante instructor. El teniente coronel Vicente González García, apenas llevaba un día al frente de aquella cuando sucedieron los hechos. Se limitó a trasladar la información que sus subordinados le facilitaron sin haberla contrastado ni haber ordenado realizar una investigación previa como hubiera sido lo lógico.

El responsable del establecimiento y ejecución del dispositivo de vigilancia, alférez Manuel Puerto Venegas, llevaba menos de un mes al mando de la Línea de Olvera. Ninguno de los cuatro guardias civiles implicados en los sucesos iniciales estaba destinado en dicha demarcación, encontrándose concentrados allí para reforzar el orden público, procedentes de otras unidades, significándose que sobre el que más sospechas recaían, procedía de una comandancia ajena a Andalucía, poco conocedor por lo tanto de su realidad social. Al desconocimiento que había del entorno y de sus habitantes, se sumó que no se encontraba al frente de ellos ningún cabo o sargento que dirigiese la realización del servicio.

No obstante, todo ello no puede servir de excusa, pero muy probablemente si al frente de dicho servicio de vigilancia se hubiese nombrado a una clase destinada en la demarcación y se hubiera cumplido con lo dispuesto en el reglamento del Cuerpo para estos casos, no hubieran acontecido los trágicos sucesos.

La Guardia Civil, aún a pesar de algunas creencias tópicas, historiográficas o populares de la época, ha sido siempre la primera en velar por el estricto cumplimiento de la ley y de sus reglamentos por parte de sus componentes, castigándolos en caso de infracción. La investigación sobre estos luctuosos hechos, buscando la verdad y depurar, en su caso, las responsabilidades internas, practicada por el comandante Alfredo Semprún Ramos y ordenada por el inspector general de la Guardia Civil, general de brigada de Caballería Sebastián Pozas Perea, es el mejor ejemplo de tal afirmación.

El exhaustivo informe remitido el 27 de mayo de 1936 al ministro de la Gobernación constituye un incuestionable testimonio del recto interés del benemérito Instituto por esclarecer la verdad y castigar internamente, en el ámbito de sus competencias, a los infractores. Y cuando lamentablemente no se ha procedido de igual forma en otros casos, puede afirmarse que ha sido un fracaso de la propia Institución. Es cierto que durante la Segunda República los guardias civiles, incluso sus familias en los casos de ataques a las casas-cuarteles, fueron objeto de numerosos atentados, ataques y agresiones, sufriendo muchos muertos y heridos, pero ni uno solo de los llevados a cabo justificaría nunca una trasgresión de la ley y de los reglamentos del Cuerpo.

En la distancia, pasados ya 85 años, resulta fácil enjuiciar los hechos acaecidos el 1º de mayo de 1936 en la sierra gaditana y por supuesto, condenarlos con toda dureza por la sencilla razón de que nunca debieron ocurrir y podían haberse evitado con solamente no haber intentado atravesar una manifestación de esa entidad con tan escasa fuerza.

A la evidente falta de prudencia de la fuerza actuante y la ausencia de un mando que los dirigiera responsablemente, así como de unos superiores jerárquicos inmediatos que intentaron encubrirlos, hay que sumar el escenario en el que acontecieron los hechos. Por una parte, un clima de hostilidad hacia la Guardia Civil por lo que representaba, al menos para una parte de los manifestantes, algunos de ellos probablemente bajo la ingesta de alcohol, que lo entendieron como una innecesaria provocación el intentar pasar entre ellos, teniendo que apartarse para dejarles paso. Ello debió provocar sin duda alguna un conjunto de gritos, quejas, insultos y golpes por parte de algunos de los manifestantes. Lo cual suscitó a su vez la reacción airada, desesperada y desproporcionada de los cuatro guardias civiles, llenos de temor al saberse mucho menos, razón por la cual hicieron uso indebido y desproporcionado de sus armas reglamentarias con las trágicas consecuencias ya conocidas.

Es muy probable que en el ánimo de aquellos cuatro guardias civiles, como en el de la práctica totalidad de quienes en aquella época, eran enviados en muy menor número a mantener el orden público frente a una muchedumbre, estuvieran muy presente los sangrientos sucesos de Castilblanco (Badajoz). El 31 de diciembre de 1931 el cabo comandante de puesto y los tres guardias civiles que lo conformaban habían sido brutalmente asesinados cuando intentaban disolver una manifestación de jornaleros, resultando muerto uno de ellos, ensañándose con sus cadáveres. Aquello marcaría un antes y un después en las reacciones de los guardias civiles que nunca antes se habían conocido en la historia del benemérito Instituto, dando lugar a sucesos tan deplorables, trágicos e injustificables como los acaecidos el 5 de enero de 1932 en la localidad riojana de Arnedo, donde resultaron por disparos de guardias civiles, muertas once personas y heridas otras veintisiete, entre las que había hombres, mujeres y niños.[53]

También hay que tener presente que en aquella época los guardias civiles no habían asistido a un centro de adiestramiento y formación por la sencilla razón de que no existían, sino que una vez superadas las pruebas de ingreso se incorporaban directamente a las unidades donde eran destinados, comenzando a prestar servicio bajo la tutela de los más veteranos.

Durante la Segunda República, al igual que había ocurrido durante la Monarquía de Alfonso XIII, se les seguía enviando a restablecer el orden público, en reducido número frente a una masa de manifestantes muchísimo mayor, dotados solo del armamento

[53] PULIDO PÉREZ, Agustín. *La Guardia Civil ante el Bienio Azañista (1931-1933)*. Madrid: Almena Ediciones, 2008, pp. 99-109.

reglamentario cuando sin embargo en el Cuerpo de Seguridad se habían creado las Vanguardias de Asalto, integradas por numerosos efectivos, especialmente adiestradas para ello y dotados de material antidisturbios cuyo empleo no tenía resultados letales para los manifestantes.

Al igual que en otras ocasiones, como Castilblanco o Arnedo ya citadas, nunca debieron ocurrir los luctuosos hechos de Alcalá del Valle. Concluir que gracias a la investigación interna efectuada entonces por la propia Guardia Civil, a través de un hombre de honor como fue el comandante Alfredo Semprún Ramos, y el estudio practicado con ocasión del presente trabajo, es posible disponer actualmente de mucha más información, inédita hasta ahora, que facilita y profundiza en el conocimiento de lo acaecido en los sucesos del 1º de mayo de 1936 en Alcalá del Valle.

8.
EL CASTILLO DE SANTIAGO DE SANLÚCAR DE BARRAMEDA. UNA PRISIÓN HABILITADA DURANTE LA GUERRA CIVIL Y LA POSGUERRA (1936-1945)[1]

José Mª Hermoso Rivero
Rafael Montaño García

INTRODUCCIÓN

El castillo de Santiago (Vid. Ilustración 1) es sin duda uno de los monumentos más emblemáticos del rico patrimonio arquitectónico de Sanlúcar. Construido a mediados del siglo XV por el II duque de Medina Sidonia Enrique de Guzmán,[2] durante su dilatada historia, fue utilizado como cuartel, hospital y cárcel, siendo esta última función bastante usual en determinadas épocas. Un ejemplo lo encontramos durante el periodo de la Guerra de la Independencia, donde sirvió como presidio para los soldados franceses procedentes de la batalla de Bailén, para ser utilizado a posteriori por las tropas invasoras con el mismo fin. Aún en el siglo XIX, la fortaleza volvería a ser una cárcel tras los sucesos de la Cantonal de 1873, llegando a alojar a un centenar de los internacionalistas detenidos en la ciudad.[3]

El mayor edificio civil de Sanlúcar con 5.000 m², llegado el verano de 1936 sería convertido en centro penitenciario. Pero documentalmente, ¿sabemos cuándo la fortaleza volvió a ser utilizada como cárcel? No existe antes de finales de julio de 1936 ninguna referencia a la prisión del Castillo, por lo que debemos pensar que los detenidos eran llevados a la antigua Cárcel Real a la que se designa como Depósito Municipal (Vid. Ilustración 2). De esta forma, cuando a finales de febrero del año señalado se conforma el nuevo Cabildo, presidido por el socialista Bienvenido Chamorro e integrado por los miembros de Izquierda Republicana y de Unión Republicana, el Castillo será utilizado como comedor para socorrer a los obreros en paro y sus familias. De igual manera, sabemos que tras el alzamiento militar del 18 de julio, un grupo de falangistas y guardias civiles

[1] Trabajo presentado en el seminario "La guerra ha terminado. Nuevos enfoques y estudios 80 años después (1939-2019)", en la 70ª Edición de los Cursos de Verano de la Universidad de Cádiz.2019), bajo el título "El castillo de Santiago de Sanlúcar. Nuevas aportaciones documentales sobre la represión franquista en la provincia de Cádiz". Queremos mostrar nuestro agradecimiento a Manuel Franco Rodríguez por la gestión de datos y elaboración de las gráficas que aquí se presentan y al Dr. Rafael Caro Repetto (Kunstuniversität Graz) por su ayuda en el presente trabajo.

[2] GARRIDO NEVA, Rocío "Aportaciones documentales a la historia del castillo de Santiago" en *Sanlúcar señorial y Atlántica I y II Jornadas de patrimonio Histórico-Artístico (2011-2012)* (Coord.) CRUZ ISIDORO, Fernando. Ed. Ayuntamiento de Sanlúcar de B. Impr. Santa Teresa Industrias Gráficas. Sanlúcar 2014. pp. 156-157.

[3] MÁRQUEZ HIDALGO, Francisco, *La primera República en Sanlúcar de Barrameda*. Ed. Fórum Libros. Sanlúcar, 2019. pp. 104-105.

que se disponían a asaltar la población de Trebujena, serían tiroteados por los campesinos el 20 de julio en el lugar conocido como La Tolla. En dicha refriega, resultaría herido de gravedad el agente de la benemérita Manuel Caballero Pizarro, el cual fallecería esa madrugada en el hospital establecido en la propia fortaleza sanluqueña. El 21 de julio, fracasaría la insurrección obrera liderada por el cabo de carabineros José Canalejo y el cenetista Rafael García Muñoz, tras el intento de asalto del cuartel de la Guardia Civil y la estación de telégrafos. Dicho retroceso en la defensa de la ciudad, se debió a la entrada de las tropas regulares enviadas desde Jerez por el comandante Salvador Arizón que tomarían definitivamente la ciudad para los fascistas.

Ilustración 1. El castillo de Santiago en 1932. Álbum del cupón peninsular 1932, serie 24. Castillos españoles. (Colección J.M. Hermoso)

Con la ciudad controlada por los militares sublevados, en los días siguientes se realizaron las detenciones de la mayoría de los líderes sindicales y políticos de la ciudad, como quedaron reflejados en el Libro de Registro del Depósito Municipal. En palabras del doctor Gómez Bravo, será entonces cuando en la zona controlada por los fascistas, se convertirían en improvisadas prisiones, conventos, plazas de toros, iglesias o castillos, a los que se les calificó como cárceles habilitadas. En consecuencia, y dado el excesivo número de presos, la antigua Cárcel Municipal se verá desbordada, obligando a la Comandancia Militar de la ciudad a buscar un nuevo edificio donde albergar a un alto número de detenidos. De esta manera y teniendo en cuenta la dualidad de las funciones penitenciarias entre el Castillo y el Depósito Municipal, podemos establecer tres fases en la utilización de los dos edificios. La primera etapa abarcaría desde julio de 1936 a julio de 1937, cuando ambas cárceles albergaron a la mayor parte de los ajusticiados y a los condenados por el Consejo de Guerra Sumarísimo, celebrado en Sanlúcar en junio de 1937. La segunda fase, comenzaría aproximadamente en agosto de 1937, como consecuencia del descenso del número de presos. Así la antigua fortaleza dejaría de utilizarse con fines penitenciarios[4] enviando a los detenidos a la antigua Cárcel Municipal. La etapa final comenzará en febrero de 1939 a raíz del aumento de la población reclusa, como consecuencia del final de la contienda. Por lo que las autoridades militares ordenaron que se volviera a utilizar el Castillo como prisión, la cual permanecerá operativa aproximadamente hasta 1945.

Ilustración 2. Antiguo Depósito Municipal Carcelario. (Foto: Autores)

[4] AMSB. *Orden Público, denuncias, oficios, comunicaciones del Juzgado Municipal, comandancia municipal Nº 3. (1938-39)* Sig. 3939/10.

LA PRISIÓN DEL CASTILLO Y EL DEPÓSITO MUNICIPAL (JULIO 1936-JULIO 1937)

Tras el triunfo definitivo de las tropas golpistas en Sanlúcar, el 21 de julio, la Comandancia Militar encabezada en un primer momento por Manuel Soler Torrejón,[5] no llevaría a cabo las primeras detenciones hasta el 23 de julio.[6] Sin embargo, no será hasta el día 25, cuando entrarán en la prisión del Castillo y la Cárcel Municipal el primer grupo de políticos y sindicalistas integrado por 23 detenidos, entre los que se encontraban: Manuel Ochoa Claro, presidente de la Sociedad de Marineros El Despertar Marítimo de la CNT, Cándido de Luelmo Tolentino, destacado miembro de Izquierda Republicana, y el propio alcalde socialista Bienvenido Chamorro. Este aumento de arrestos pudo ser posible tras la confiscación de las autoridades fascistas de los locales y sedes de los partidos y sindicatos donde se apropiaron de toda la documentación que incluía las listas de afiliados.[7] De esta forma, en las fichas policiales conservadas en el Archivo Municipal de Sanlúcar, y realizadas en 1939[8], es sorprendente descubrir cómo en muchas de ellas se encontraban especificados tanto el cargo que ocupaba, como el número de filiación y de las cuotas.

Con esta incautación, la sangría de arrestos continuaría en aquellas semanas de finales de julio, ingresando en la antigua fortaleza o en el Depósito Municipal entre los días 25 de julio y el 5 de agosto 94 presos. Cuantitativamente, desde finales de julio a diciembre de 1936 pasarían por la prisión de Sanlúcar 296 reclusos, de los cuales serían liberados oficialmente 255, mientras que 84 de ellos serían ejecutados entre agosto y enero de 1937 (Vid. Gráfica 1).

Desde el punto de vista administrativo, cuando se habilitó el Castillo como prisión, su gestión estaría dirigida por un alcaide, siendo el primero que aparece en los documentos Manuel González Ruiz. Este permaneció en el cargo hasta que fue sustituido por Francisco Guillén el 30 de noviembre de 1936.[9] De la misma manera, los dos centros penitenciarios de la ciudad estaban administrados directamente por la Comandancia Militar, ya que, en ningún documento generado por la corporación municipal organizada en agosto de 1936, se mencionará nunca en los presupuestos ni al del Depósito Municipal Carcelario ni al Castillo. Es significativo que, en las partidas presupuestarias de los años siguientes, se incluía siempre un crédito de 10.000 pesetas destinado a la Comandancia Militar,[10] por lo que debemos suponer que dentro de esta cantidad estaban los gastos de la prisión. De

[5] DOMÍNGUEZ LOBATO, Eduardo. *Cien capítulos de retaguardia*. Editor. G. del Toro. Madrid, 1973. Pág. 31.

[6] El día 23 de julio serían detenidos Eduardo Raposo Benito y José Gutiérrez Menia. AMSB. *Libro registro Depósito Municipal Carcelario.*

[7] VEGA SOMBRÍA, Santiago *La política del miedo. El papel de la represión en el franquismo* Ed. Crítica. Barcelona 2011. Pág. 60.

[8] Las fichas policiales fueron redactadas en 1939, estaban destinadas al Servicio de Recuperación de Documentos. Vid. GOMEZ BRAVO, Gutmaro & MARCO, Jorge. *La obra del miedo. Violencia y sociedad en la España franquista (1936-1950)* Ed. Península. Barcelona, 2011. pp.173-174.

[9] AMSB. *Cárcel y Castillo de Santiago. Relaciones de detenidos. (1936)* Sig. 8060/4.

[10] AMSB. *Acta de la sesión del ayuntamiento del 4 de octubre de 1939.* Fol. 115 rº. En dicha sesión se aprobó una transferencia de crédito a la Comandancia Militar de 10.000 pesetas.

esta forma, serán los comandantes militares, que como se refleja en el Libro de Registro de Visitas de la prisión, los que tenían la potestad de autorizar las visitas a detenidos.[11]

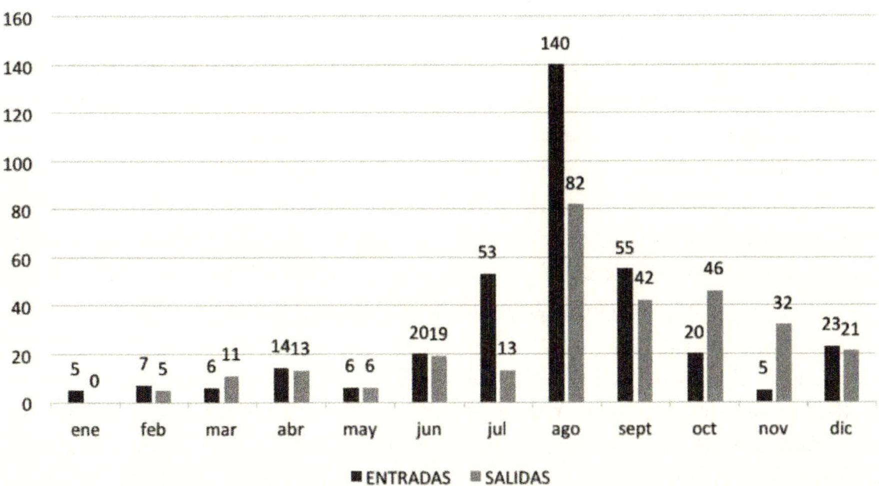

Gráfica 1. Entradas y salidas de la prisión de Sanlúcar de Bª en 1936. Libro de registro del depósito municipal

Un ejemplo de esto, lo encontramos en varios documentos aparecidos recientemente, que eran entregados a los visitantes y estaban firmados directamente por el comandante militar.[12] Como es fácil imaginar, no existen pruebas documentales donde se refleja la orden de ejecutar a determinados presos. Sin embargo, sí encontramos en varios registros cómo eran alojados en salas diferentes en espera de ser asesinados. Así la prisión del Castillo estaba dividida en dos estancias que recibían los nombres de *Sala Nueva*,[13] que podemos suponer que se encontraba en la parte baja junto al patio y la denominada como *Sala Antigua*.

[11] AMSB. *Libro de registro de entrada de órdenes autorizando visitas extraordinarias por la comandancia militar de esta plaza. (1936- 1937)* Sig. 8395/1.

[12] En una de estos pases encabezados por el membrete de la Comandancia Militar de Sanlúcar se afirmaba: "Autorizo a Don Félix Repetto Ruiz y a Don Felix Repetto Rey para que exclusivamente en el día de hoy visiten cuando lo estimen conveniente al detenido en esa prisión D. Pablo Repetto Rey. Sanlúcar 14 de agosto de 1936. El comandante militar. (Rubricado)" En AMSB. *Fondo Eugenio Pérez Alcalá.* Sig. 11580.

[13] AMSB. Fondo Eugenio Pérez Alcalá. Sig. 11580. En dicho listado escrito en la primera semana de agosto de 1936 se incluía los nombres de: Luis Aldón Gutiérrez, Francisco Gallego Lozano, José Sumariva Cuevas, Manuel Brito Vidal, Rafael Marín Navarro, Miguel Valencia Serrano, José López Chia, José Marín Sánchez, Andrés Pazo Galán, Ricardo Otero Montiel, Antonio Rodríguez González, José Blanco Ramírez, Juan Caro Espinar, José Diaz Romero, Agustín Lara Lagares, Juan Romero Cáceres, José Téllez Cuevas, Manuel Gutiérrez Pérez, Antonio Palma Verano, Manuel Gil Gómez. Exceptuando a Antonio Rodríguez González, todos fueron fusilados entre los días 22 y 26 de agosto.

Dicha estancia, debemos entender por los testimonios de algunos familiares, estaba situada en la segunda planta del edificio.[14] En este caso, una anotación encabezando uno de los documentos nos da una idea de cuál era el procedimiento seguido por las autoridades. En una de las listas redactadas a principios de agosto, se indicaba en la parte superior: "Presos que fueron trasladados a la Sala Antigua cuando lleguen de la cárcel"[15], lo que nos demuestra que antes de ser llevados al Castillo de Santiago pasaban por la antigua Cárcel Municipal. Pero no debemos olvidar que el antiguo edificio siguió albergando a algunos de los reclusos más destacados. Un ejemplo lo encontramos en el caso del alcalde Bienvenido Chamorro, que junto con algunos de los concejales como Cándido Luelmo Tolentino, Enrique Porres Fajardo[16]y Manuel Barrios Bernal, no fueron encerrados junto con los otros reos en la fortaleza. Dicho grupo permaneció en la antigua cárcel en la denominada *Sala de Mujeres*,[17] hasta que desde allí fueron conducidos para ser asesinados el 19 de agosto en la zona de las Majadillas.[18]

Otro de los aspectos más significativos de la estancia de los detenidos durante los primeros meses de la guerra, será el escaso régimen de visitas de las que disfrutaron, teniendo este privilegio un reducido número de ellos.[19] En contraposición a esto, se les permitía la entrada a un grupo de frailes capuchinos del convento de la ciudad que tenían autorización para entrevistarse con los reclusos a fin de asistirlos. Así entre el grupo de religiosos se encontraban los padres Anselmo de Málaga, Pedro de Parchuil y el más célebre de todos, Serafín de Ausejo. Este último, sería conocido por una ingente producción teológica, siendo nombrado en 1934 director del Colegio Mayor de la orden en Sanlúcar.[20] No podemos dejar de señalar, qué, aunque se encarceló principalmente a hombres, en los registros de la prisión aparece un escaso número de mujeres, que en general pasaron poco tiempo en prisión. En algún caso, para obligar a sus familiares a entregarse (Vid. Gráfica 2).

---

[14] Según nos informó la historiadora Carmen Jurado, responsable actual de las visitas del Castillo de Santiago. Muchos visitantes, cuyos familiares habían pasado por la prisión de la fortaleza, le comentaron que sus padres o abuelos habían sido encarcelados "arriba", lo que coincide con lo descrito por Manuel Barbadillo en su diario. Dicha sala donde se realizaban las entrevistas, sería donde actualmente se encuentra la exposición permanente de trajes y armas.

[15] AMSB. Cárcel *y Castillo de Santiago. Relaciones de detenidos. (1936)* Sig. 8060/4.

[16] De los ejecutados ese día, solo recibieron sepultura en el Cementerio de la ciudad, Enrique Porres Fajador. Archivo del Cementerio de San Antón de Sanlúcar. *Libro de inhumaciones patio 1.* fol. 4.

[17] AMSB. *Cárcel y Castillo de Santiago. Relaciones de detenidos. (1936)* Sig. 8060/4.

[18] CLIMENT BUZÓN, Narciso *Historia Social de Sanlúcar de Barrameda. En busca de nuestro pasado. Tiempo de confrontación (1931-1939) Vol. IX.* Ed. A.S.E.H.A. Sanlúcar, 2015. Pág 401.

[19] Entre los pocos que disfrutaron de las visitas de sus familiares encontramos al encargado del faro de Bonanza Serafín de Castro, el práctico de la barra Manuel Aguado, Luís González Sahagún, y Diego Valero Sánchez. AMSB. *Libro de registro de entrada de órdenes autorizando visitas extraordinarias por la comandancia militar de esta plaza. (1936- 1937)* Sig. 8395/1.

[20] CALDERÓN QUIJANO, José Antonio. "Fray Serafín de Ausejo: Su vida y su obra". *Boletín de la Real Academia Sevillana de Buenas Letras: Minervae Baeticae*, 11, 181-205.

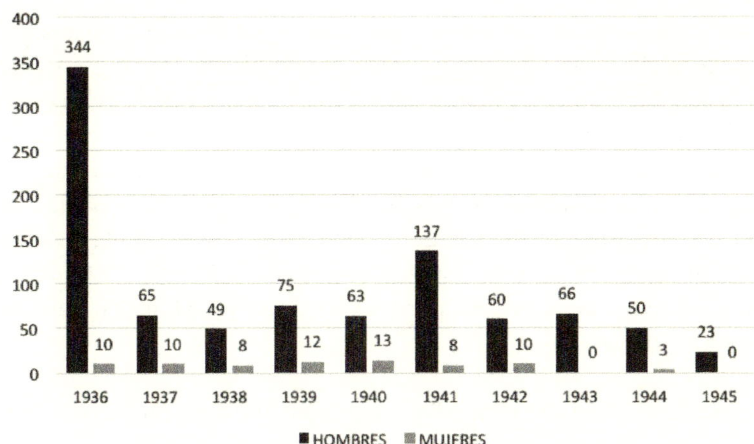

Gráfica 2. Número de hombres y mujeres encarcelados en la prisión de Sanlúcar entre 1936-1945. Libro de registro del depósito municipal

Sobre cómo se desarrolló la vida en la prisión en aquellos primeros meses de la guerra, escasean los datos. De esta manera, el testimonio más completo nos lo aportará Manuel Barbadillo Rodríguez (1891–1986), célebre escritor y empresario bodeguero, que dejó en su diario *Excidio*,[21] publicado años después de su muerte, el listado completo de las víctimas entre agosto de 1936 y enero de 1937. En sus libretas, Barbadillo anotaba diariamente los nombres de los presos que salían para ser ejecutados, el cual les facilitaba un tal Gonzalito. Este ejercía de portero del Castillo y a cambio de unas copas de manzanilla en la bodega, le daba diariamente los nombres de los que salían de madrugada de la fortaleza[22] y lo que acontecía en ella. Por dichos escritos, sabemos que el 1 o el 2 de septiembre de 1936, ocurriría en el Castillo un intento de motín cuando en la madrugada llegaron los guardias de la fortaleza para recoger a los sentenciados. Como supo Manuel Barbadillo, los reos nombrados se negaron a salir secundados en su decisión por el resto de sus compañeros, lo que llevó a los falangistas y guardias civiles a entrar en la sala portando sus mauser y amenazando a los presos con fusilarlos allí mismo, lo que condujo a los sentenciados a entregarse voluntariamente.[23] Aparte del relato de Barbadillo, el registro de la prisión[24]

[21] La primera publicación de *Excidio,* fue realizada por su hijo Antonio Pedro Barbadillo Romero en el año 2002. Décadas antes, el escritor Eduardo Domínguez Lobato, había utilizado el manuscrito en su libro *Cien Capítulos de retaguardia.* Imprime G. Toro, 1973. Algunos años después, el escritor José Luis Acquaroni, publicó la lista completa de los fusilados de Sanlúcar, extraída del diario de Manuel Barbadillo en su novela *Copa de sombra.* Biblioteca Universal Caralt. Barcelona, 1981.

[22] CLIMENT BUZÓN, Narciso, *Historia social de Sanlúcar... Vol. IX.* Pág. 365.

[23] BARBADILLO RODRIGUEZ, Manuel, *Excidio. La guerra Civil en España. Notas al vuelo de lo acaecido en Sanlúcar de Barrameda entre: 18 julio-17 julio 1937.* Edición de Antonio Pedro Barbadillo Romero. Sanlúcar, 2002. Pág. 37.

[24] AMSB. *Libro de registro del Depósito Municipal de Sanlúcar.* Sig. 8395/1. Dicho documento está transcrito y analizado íntegramente y será incluido como anexo documental en un monográfico sobre el tema en cuestión.

hace mención a otro altercado del cual sabemos pocos detalles. En los datos de entrada y salida de Antonio Hidalgo Sallago, Manuel Garrido Blanco "Meango" y José Blasco Romero, se añadió en las observaciones: "Por error se ha omitido la pelea del castillo". Es significativa dicha referencia, porque los tres entraron en la fortaleza el 2 de agosto de 1936, saliendo entre el 22 y el 24 de ese mes, ya que de los 3 citados, Manuel Garrido y José Blasco, serían asesinados entre esos dos días. De esta forma, las sacas que se producían de madrugada siempre entre la 1:00 y las 2:30 de la madrugada, solo quedaban mencionadas bajo el eufemismo de "traslados a Cádiz o El Puerto". Así desde agosto a enero de 1937, la ciudad estaría regida por los Comandantes Militares, siguiendo en el siguiente orden (Vid. Tabla 1):

Tabla 1. Nombre y mandato de los comandantes militares de Sanlúcar (Julio 1936 - Febrero 1937)

Nombre	Fecha del inicio y fin del mandato
Manuel Soler Torrejón	19 Julio- 28 julio 1936
Antonio León y Manjón	28 julio 1936-22 de agosto
Fermín Hidalgo Ambrosy	22 de agosto- 25 de septiembre
Antonio Ariza	25 de septiembre-17 de noviembre
Rafael Antón Orejuela	17 de noviembre- 4 febrero 1937

Es de destacar, que, aunque no quedó reflejado en los documentos quién ordenaba las ejecuciones, sabemos por el relato de Manuel Barbadillo cómo se decidía la suerte de los detenidos. Durante el mes de agosto se reunían en el Palacio de Orleans, sede del gobierno militar de la ciudad, todas las autoridades, donde se decidía quiénes debían ser asesinados en los días siguientes. En consecuencia, de los 84 fusilados podemos establecer una estadística de cuantos se produjeron durante cada mandato. (Vid. Gráfica 3)

Si nos atenemos a la gráfica, es significativo el aumento del número de ejecutados durante el gobierno de Rafael Antón Orejuela. Posiblemente esto se debiera a dos causas: Su antecesor en el cargo, Antonio Ariza, fue tildado de "blando" por los elementos de la Falange local. Como segundo motivo, su falta de vinculación con la población, ya que no era natural de Sanlúcar, le hizo aplicar con toda crudeza el Bando de Guerra de agosto de 1936. Con el final del mandato de Antón Orejuela, se dejarían de llevar a cabo las ejecuciones, dando paso a la celebración de los procesos sumarísimos. Estos estudiados magníficamente por Gutiérrez Molina, arrojaron un saldo de 39 vecinos que habían participado en la insurrección obrera del 18 de julio, de los cuales 32 fueron condenados a prisión con penas que oscilaron entre los 30 y los 12 años.

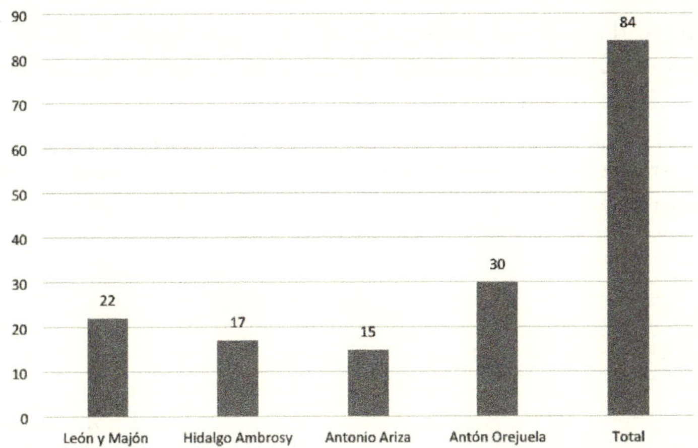

Gráfica 3. Número de fusilados bajo el mandato de cada comandante militar

Volviendo a las cifras de la cárcel de Castillo de Santiago en 1937, cuantitativamente se produce un acusado descenso con respecto al año anterior. Así en 1937 solo se producirían 43 entradas desde enero a julio. De la misma manera, es significativo que el mayor número de arrestos tuvieron lugar durante el mes de marzo (Vid. Gráfica 4).

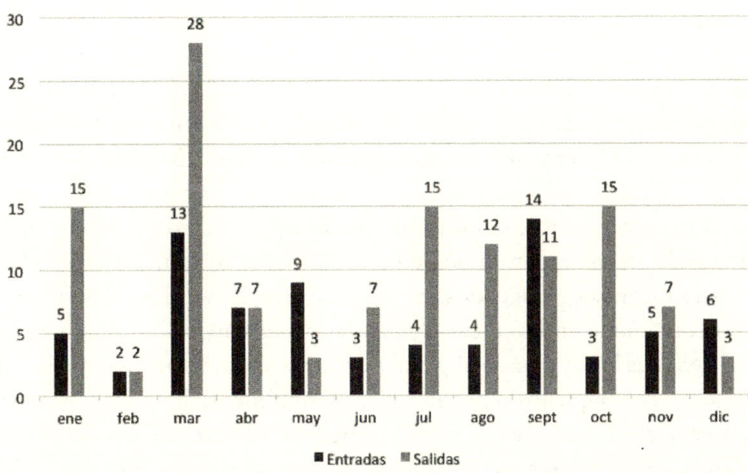

Gráfica 4. Entradas y salidas de la prisión de Sanlúcar en 1937. Libro de registro del depósito municipal

Dicha suma, debe relacionarse con dos acontecimientos significativos: La caída de Málaga en febrero de 1937, que había sido un importante bastión Republicano, y la orden de Queipo de Llano del 3 de marzo de que todos los detenidos fueran sometidos a un procedimiento instruido por las autoridades militares. Terminados los juicios, el 10 de julio saldrían de la prisión del Castillo los condenados que pasarían en su mayoría al penal de El Puerto de Santa María y desde aquí, a las cárceles y colonias penitenciarias del norte de España.

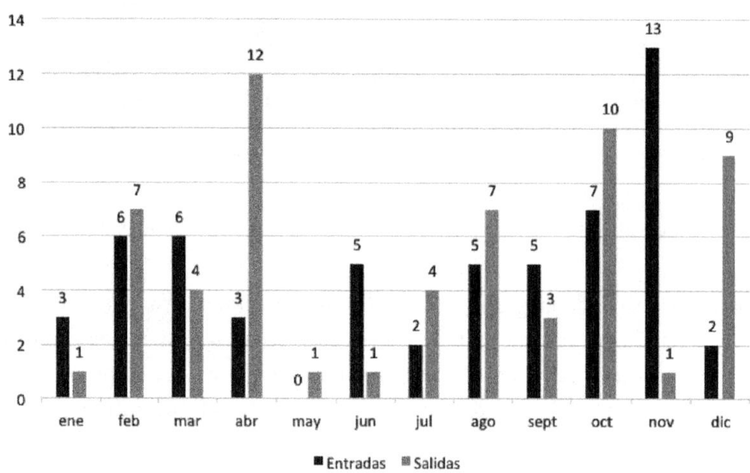

Gráfica 5. Entradas y salidas de la prisión de Sanlúcar en 1938. Libro de registro del depósito municipal

En Sanlúcar, podemos diferenciar tres grupos. Por un lado, los detenidos que fueron ejecutados, cuyo tiempo encarcelados solía oscilar de media entre las dos semanas a los dos meses. Un ejemplo lo tenemos en Miguel Galán Lozano "Miguelillo Gabriela" que permaneció en el Castillo 106 días, desde su detención el 3 de agosto de 1936, hasta su fusilamiento el 17 de noviembre del mismo año. El siguiente grupo, lo encontramos en los presos que serían juzgados en junio de 1937, los cuales soportarán una reclusión cercana al año, para luego ser trasladados; uno de ellos fue David Fiteni Serrano, que aún después de ser condenado en los juicios de Sanlúcar, permaneció arrestado varios meses, llegando a los 398 días hasta su paso al penal portuense en octubre de 1937. El último del grupo de presos, serían aquellos que aun saliendo finalmente liberados, permanecieron más de un año entre el Castillo y la Cárcel Municipal. Sirva como ejemplo, la detención de Manuel Barrios Aldón y su hijo José Barrios Gómez, detenidos ambos el 13 de octubre de 1936 y que no recuperarán la libertad hasta un año después[25].

[25] Ambos fueron detenidos el 13 de octubre de 1936 saliendo en libertad el 15 de octubre de 1937. (A.M.S.B) *Libro de registro del depósito municipal de Sanlúcar.* Sig. 8395/1.

La cárcel municipal (julio 1937-febrero 1939)

Como mencionamos en párrafos anteriores, tras el triunfo fascista en la ciudad los detenidos fueron alojados tanto en el Castillo como en la antigua Cárcel Municipal, que llevaba cumpliendo dichas funciones desde la edad moderna. Este singular edificio, fundado a mediados del siglo xvi[26] servía como prisión para los pueblos de la comarca sufriendo una remodelación en 1716[27] que configuraría el actual edificio y que sirvió desde las últimas décadas del siglo xx como Conservatorio Elemental de Música. De esta forma, tras los Consejos de Guerra, y dado que la mayoría de los reclusos serían trasladados, se volvería a utilizar para alojar a los detenidos de la ciudad y de la comarca convirtiendo la fortaleza en un cuartel de infantería. Así entre agosto de 1937 y diciembre se producirían 36 ingresos, saliendo de la prisión 48 reclusos (Vid. Gráfica 5). Se producirá un leve aumento en 1938 cuando las entradas en la Cárcel aumentarán hasta los 56 presos, siendo liberados del recinto 61.[28]

Sin embargo, sí podemos afirmar que entre los años 1936 a 1937 las detenciones se produjeron principalmente sobre los sospechosos de haber participado en la defensa de la República y los líderes sindicales. De esta forma, a partir de la clausura de la fortaleza, los arrestos se limitaron casi exclusivamente a delincuentes comunes o que habían mostrado una conducta inapropiada con el nuevo régimen de manera pública. Pero no debemos olvidar, que las condiciones de la Cárcel Municipal no permitían unas estancias demasiado prolongadas, ya que, en muchos casos, los detenidos eran trasladados a cumplir condena a la Prisión Provincial de Cádiz, o si eran muy graves, al Penal de El Puerto de Santa María.

Teniendo en cuenta, además, que la Cárcel Municipal era un edificio anticuado que contaba con dos grandes salas divididas en dos plantas, así como con un pequeño patio trasero porticado, y que no debía de contar con un mantenimiento suficiente, conocemos cómo se produjo la fuga de dos reclusos; Manuel Merino Cea y Pedro Díaz Vázquez. Según registraron las autoridades, el 14 de agosto de 1938 aprovechando que eran trasladados a otra dependencia por el guardia Francisco Velázquez, se arrojaron encima de este quitándole las llaves y saliendo de la prisión.[29] Sobre los dos fugados, es significativo que jamás se volviera a mencionar nada sobre ellos. De igual forma, como podemos imaginar, el trato que recibían los presos no quedaba especificado en los documentos. Aun así, es fácil imaginar que los edificios habilitados como prisiones apenas contaban con las condiciones mínimas de higiene. De esta manera, cuando se mencionan las enfermedades

[26] DAZA PALACIOS, Salvador. "La Cárcel Real de Sanlúcar de Barrameda: una carga insoportable para un cabildo municipal del Antiguo Régimen (1710-1820)". En OLIVER OLMO, Pedro, CUBERO IZQUIERDO, Mª Carmen (Coords.). *Actas del II Congreso Internacional sobre la Historia de la Prisión y las Instituciones Punitivas.* Cuenca, 2020. pp. 113-128.

[27] BARBADILLO DELGADO, Pedro, *Historia de la ciudad de Sanlúcar de Barrameda.* 1942. Reed. facs. Ayuntamiento de Sanlúcar de Barrameda, 1989. Pp. 655-656.

[28] AMSB. *Libro de registro del depósito municipal de Sanlúcar.* Sig. 8395/1.

[29] AMSB. *Informes de Conducta emitidos por el Ayuntamiento al Gobierno Civil. (1937- 1939).* Sig. 2993.

de los presos, los médicos de la ciudad diagnosticaban patologías como la tuberculosis o la sarna, siendo los más graves internados en el hospital local.

A esto tendríamos que añadir la falta de alimentos, que sería un caldo de cultivo para agravar las condiciones de salud de los internos. Tengamos en cuenta, que en general los presos eran mantenidos por sus familias, y cuando estos no podían, las autoridades locales solicitaron su asistencia al Auxilio Social y este al Ayuntamiento.

La reapertura del Castillo de Santiago como prisión (1939-1945)

Comenzado el año de 1939, y según la orden del 23 de febrero del mismo, se dispuso que se volviera a utilizar el Castillo como cárcel.[30] La causa de esta reapertura podemos encontrarla en el ingente número de presos que las autoridades franquistas se vieron obligados a alojar tras el final de la guerra. Así, no es de extrañar, que dado el aumento de la población penitenciaria se volvieran a reutilizar muchos edificios como cárceles habilitadas. Lo más sorprendente y que no se conocía hasta la fecha, fue la intención de Queipo de Llano de establecer un Campo de concentración en el pinar de La Algaida, a las afueras de Sanlúcar, ya que consideraba que la ciudad contaba con buenas condiciones para ello.

> Locales que existen para instalar campos de concentración: "La Algaida" (Central) Condiciones de este pueblo para servicios de retaguardia: "Buenas" Vías de comunicación y un estado actual: carretera a Jerez, a Puerto de Santa María, a Bonanza y a Trebujena y Lebrija, todas en buen estado de conservación, menos la de Trebujena que en su mitad aproximadamente se encuentra en pésimas condiciones. Ferrocarril a Jerez, a Puerto de Sta. María y Bonanza. Líneas telegráficas y telefónicas[31].

Sin embargo, después de que las autoridades municipales enviaron un detallado cuestionario de los edificios y fincas con los que contaban para uso militar, dicha instalación se estableció en el vecino pueblo de Rota, precisamente en la zona del pinar. De esta manera y suponemos que, con premura, en febrero de 1939 atracaría en Rota procedente de Irún, un barco prisión con 3000 cautivos destinados al denominado "Campo de concentración de la Almadraba". Dicho centro de internamiento, según el investigador Carlos Hernández, llegó a albergar a más de 6000 prisioneros entre febrero de 1939 y mayo de 1940.[32]

De esta manera, las autoridades sanluqueñas comunicaron que la fortaleza de la ciudad no contaba con las condiciones necesarias para volver a ser utilizada como cárcel. Aun

---

[30] AMSB. *Orden Público, denuncias, oficios, comunicaciones del Juzgado Municipal, comandancia municipal Nº 3. (1938-39)*. Sig. 3939/10. El documento está fechado el 23 de febrero de 1939.

[31] Ibídem.

[32] HERNANDEZ DE MIGUEL, Carlos. *Los campos de concentración de Franco. Sometimiento, torturas y muerte tras las alambradas*. Ediciones B, 2019. Edición Kindle. Pág. 4.

así, en octubre de 1939, el comandante militar de la ciudad, Antonio López, comunicó al alcalde la orden de desalojo del retén de soldados que lo ocupaban:

> Y el telegrama postal de la misma autoridad (sección 1º Negociado A.G. Num, 18 de fecha 25 actual) dice lo siguiente: "Dispongo que el personal civil y militar que habita el castillo de esa plaza lo desaloje inmediatamente, toda vez que ha de ser dedicado para prisión". Y como por conferencia telefónica del mismo conducto se me ordenó que buscase alojamiento para una compañía compuesta de 100 hombres con que atender a los servicios de prisión y Plaza, hago traslado a V.S de los mismos a fin de que manifieste el local a donde ha de ser trasladado el personal militar existente en dicho establecimiento y tener preparado alojamiento para el día que hiciese su presentación la citada compañía. Sanlúcar de Bª 27 de 1939. El comandante militar. Antonio López.[33] (Rubricado)

La nueva reapertura de la cárcel del Castillo debió de ser inmediata, ya que contamos con un documento donde se lee en el membrete: "Prisión Castillo de Santiago de Sanlúcar de Barrameda", fechado el 31 de octubre de 1939.[34] De esta forma, si nos atenemos a las estadísticas de ingresos, desde junio de 1939 a diciembre del mismo año, se llegaron a las 51 detenciones. Los cuales pasarían hasta 6 meses entre rejas para ser enviados a la cárcel de Jerez o al campo de concentración de la Almadraba. De la misma manera, el tiempo de permanencia en el Castillo se verá incrementado, lo que nos puede indicar que la masificación en los centros penitenciarios obligaba a posponer los traslados. No en balde, a Sanlúcar llegaron procedentes de los pueblos de la sierra gaditana varios grupos de presos, tanto de Setenil de las Bodegas,[35] Ubrique y el El Gastor.

En el caso de estos últimos, como documentó Fernando Romero y Pepa Zambrana[36] llegaron 17 detenidos a Sanlúcar el 21 de noviembre de 1940, los cuales serían juzgados a finales de diciembre y enero de 1941, para ser luego trasladados a la Prisión Provincial de Cádiz. Sin embargo, en los registros de entradas, solo se anotó que llegó al Castillo uno de ellos.[37] Por lo que debemos pensar que, aunque el Consejo de Guerra se llevó a cabo en Sanlúcar el día 27 noviembre, realmente no fueron recluidos aquí. De la misma manera, la reapertura de la prisión del castillo de Santiago sacó a la luz uno de los problemas endémicos del nuevo régimen: La descoordinación entre las diferentes administraciones

[33] AMSB. *Orden público, denuncia, oficios comunicaciones, juzgado municipal, comandancia municipal (1938-1939)*. Sig. 3939/10.

[34] Se trataría de una orden del Director General de Prisiones ordenando el ingreso en el hospital de penados de Sebastián Cortabarra Vera con la máxima seguridad. AMSB. *Expedientes de conducta (1939- 1940)*. Sig. 4220.

[35] Los presos llegados de Setenil de la Bodegas serían: Francisco Domínguez Moreno, Eduardo Camacho Ruiz, Diego Galán Batista y Francisco Domínguez Moreno. De Ubrique: María Mateo Páez y Rosario Lenuar Mateo. AMSB. *Libro de registro del depósito municipal de Sanlúcar*. Sig. 8395/1.

[36] ROMERO, Fernando & ZAMBRANA, Pepa. *Del Rojo al negro. República, Guerra Civil y represión en El Gastor. (1931-1946)*. Edita Grupo de Trabajo Recuperando la Memoria de la Historia Social de Andalucía (CGT-A) y Asociación Memoria Histórica y Justicia de Andalucía (AMHyJA). Editorial Tréveris. 2010. pp 172-174.

[37] Se trataría de Juan Gómez Romero, ingresó el 18 de febrero de 1940, para ser enviado a la prisión de Jerez de la Frontera el 19 de marzo del mismo año. AMSB. *Libro de registro del depósito municipal de Sanlúcar*. Sig. 8395/1.

estatales y locales. Por un lado, el incremento de la población reclusa demostró las irregularidades y falta de información sobre los detenidos al inicio del golpe militar. Así, tenemos constancia cómo en diciembre de 1939, desde el Negociado de Orden Público de la ciudad, se solicitó información al Juez militar nº 2 del Consejo de Guerra permanente de Cádiz sobre el paradero de José Ramón Antolínez Martínez, el cual había sido trasladado desde el Castillo el 6 de noviembre de 1936. Lo que parece que las autoridades provinciales ignoraban, era que José Ramón Antolínez, militante de Unión Republicana en Sanlúcar, había sido fusilado de camino al Puerto de Santa María.[38]

Otro ejemplo de descoordinación y enfrentamiento entre las autoridades, lo encontramos en septiembre de 1939, cuando la Audiencia Provincial de Cádiz solicitó al alcalde de Sanlúcar el regreso a la prisión del recluso Juan Atienza Fabra. Este, había sido detenido por un delito de calumnias y fue entregado a unos agentes para practicar diligencias judiciales. El problema vino cuando después de instruido el proceso, Atienza Fabra fue puesto en libertad provisional. Un mes después, cuando el Gobernador Civil de Cádiz, Fernando Vázquez Ramos, tuvo conocimiento de la liberación, envió una carta al Juez militar de la ciudad Celedonio del Prado, ordenando que en adelante las órdenes de excarcelación no se efectuaran sin su expresa autorización.[39]

De esta manera, todo estos enfrentamientos y malentendidos entre los directores de las diferentes cárceles, obligaron al director general de Prisiones, Máximo Cuervo Radigales, a enviar una circular a los responsables, tanto de las Prisiones centrales, provinciales, como de los partidos, ordenando de manera clara, que los traslados de los reclusos fueran comunicados lo antes posible a su organismo, con el fin de tener constancia de donde se encontraba cada preso.[40]

Atendiendo a las estadísticas de los años de 1940 a 1941 (Vid. Gráfica 6), se producen el mayor número de ingresos en la prisión de Sanlúcar, siendo significativo que en 1941 saldrán del Castillo unos 144 reclusos, lo que nos da una idea que estos eran enviados a otros centros penitenciarios o en menor medida liberados. De igual forma, la naturaleza de los delitos cambia; si entre 1939 y 1940 ingresaba a los que habían colaborado bien en el ejército republicano, desde 1941, se encarcelará a los acusados de comerciar con productos de primera necesidad y por su vinculación con antiguos detenidos. En el caso de los delitos relacionados con el estraperlo, estos eran perseguidos por la Fiscalía Provincial de Tasas, que en su artículo 4º punto D, hacía constar la pena de destino de 3 meses a 1 año a un Batallón de Trabajadores. Estos delitos llegaban a ser castigados con penas económicas de 1.000 a 1.500 pesetas. Dichas sanciones, estaban reguladas por el Fiscal Superior, a propuesta de las fiscalías provinciales y de los gobernadores civiles.[41] De esta manera, en el registro de la prisión de Sanlúcar, se hace constar que 16 vecinos

[38] AMSB. *Expedientes de conducta* (1939- 1940). Sig. 4220.

[39] AMSB. *Orden Público, denuncias, oficios, comunicaciones del Juzgado Municipal, comandancia municipal Nº 3. (1938-1939)* Sig. 3939/10.

[40] AMSB. *Fondo Eugenio Pérez Alcalá.* Sig. 11580.

[41] BOE. nº 277, p. 6.851.

de la ciudad,[42] fueron enviados al campo de Concentración de Nanclares de Oca condenados por este delito. Este campo de concentración situado en la provincia de Álava, fue comenzado a construir en 1940 por los prisioneros que engrosaron el Batallón de Trabajadores nº 24 y 201,[43] para posteriormente ser convertido en centro penitenciario continuando su uso en la actualidad.

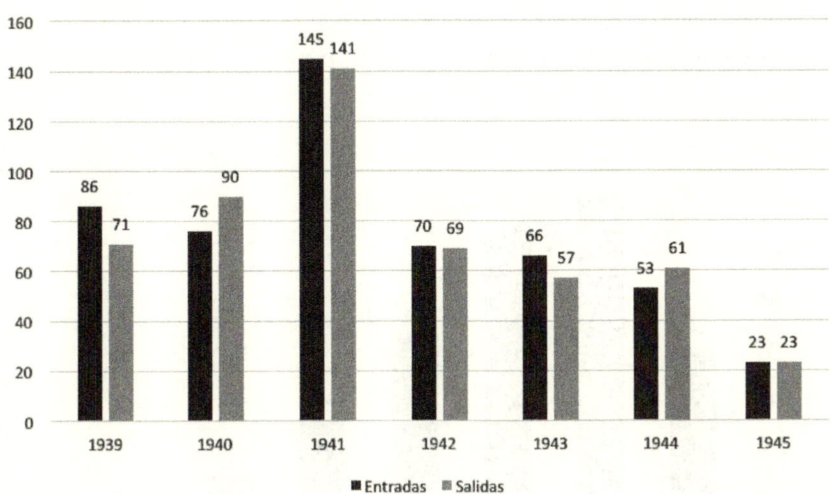

Gráfica 6. Entradas y salidas de la prisión de Sanlúcar entre 1939-1945. Libro de registro del depósito municipal

Siguiendo las estadísticas de entradas y salidas de la cárcel sanluqueña, ya con el fin de establecer una fecha aproximada sobre su clausura, el "Libro de registro del Depósito Municipal "concluirá en agosto de 1945. Sin embargo, esta cronología no es determinante, ya que desconocemos si se refería al propio Castillo de Santiago o a la Cárcel Municipal. Tenemos que basarnos por ahora en seguir las cifras de ingresos y salidas del centro penitenciario, las cuales tampoco son esclarecedoras. Solo nos quedará seguir la teoría expuesta por Gómez Bravo, cuando afirma que el cierre de las prisiones habilitadas se realizó a partir de 1946[44].

[42] Los 16 sanluqueños fueron: Barba Moreno Domínguez, Barba Moreno Emilio, Camacho Raposo José, Cisneros Amado Tomás, Díaz Rodríguez Antonio "Mosquitito", Flores Vargas José "Aoño", González Odero José, Lamas Delgado Francisco, Orcha Domínguez Manuel "Pastola", Rodríguez Prat Bernardo, Romero Pipió Francisco, Salas Reina Manuel "el Gato", Salazar Márquez Francisco, Sosa Barba Eusebio "el Biqui", Torres Gomalu José "Charal", Vidal Becerra Antonio "Caparrusa". AMSB. *Libro de registro del depósito municipal de Sanlúcar.* Sig. 8395/1.

[43] HERNANDEZ DE MIGUEL, C. *Op. Cit.* pág. 592.

[44] GÓMEZ BRAVO, G. *El exilio interior*... pp. 22-23.

CONCLUSIÓN

Hemos querido demostrar con este trabajo, cómo la prisión del Castillo de Santiago de Sanlúcar fue uno de las prisiones que tuvieron un papel destacado en la represión fascista de la provincia. Los 1007 presos que conforman el listado del Depósito Municipal, iniciado en enero de 1936 y concluido en agosto de 1945, nos aportan los datos de su origen local y su destino. Dentro de los aspectos generales de los reclusos, nos encontraríamos que la franja de edad mayoritaria estaría entre los 21 y 30 años y los 31 a 40 (Vid. Gráfica 7), siendo mayoritariamente hombres por un escaso 75 mujeres que ingresaron.

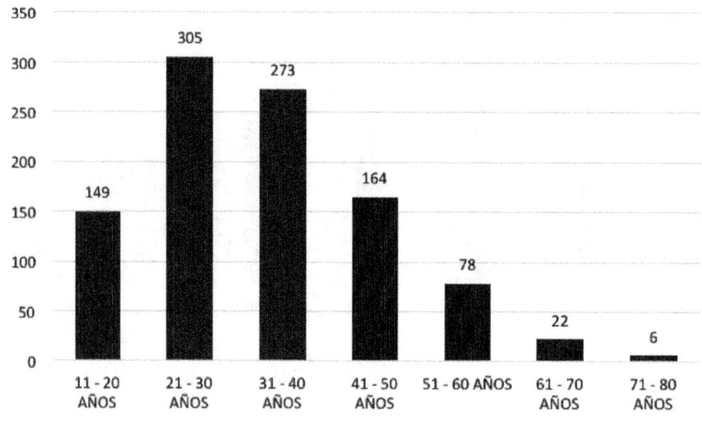

Gráfica 7. Grupos de edad de los reclusos que ingresaron en la cárcel de Sanlúcar

Como podemos suponer, la mayoría de los reclusos procedían de Sanlúcar, siguiendo en número los naturales de Chipiona, Trebujena y El Puerto de Santa María. El grupo socioeconómico predominante, como es fácil de entender por la época, estaría integrado por los trabajadores del campo y la pesca que formaban parte mayoritariamente de los sindicatos anarquistas y socialistas. De esta forma, la cifra de los fusilados y asesinados llegaría a la ciudad a las 105 víctimas, producidas por la entrada de las tropas sublevadas como por las partidas de falange y las ejecuciones indicadas. De esta manera, a la población de las dos prisiones de la villa y que hasta ahora no habían sido estudiadas, tendríamos que sumarles los naturales de la comarca de Sanlúcar que encontraron la muerte en otras poblaciones.

De igual manera, en un posterior monográfico sobre el tema[45], donde presentaremos el listado completo de los presos, analizaremos tanto la naturaleza de los delitos que se

[45] HERMOSO RIVERO, José Mª y MONTAÑO GARCÍA, Rafael, *Guerra civil y represión en Sanlúcar de Barrameda (1936-1945)*. En prensa.

les imputaron como el periplo que siguieron. Con estos datos, podemos establecer tres grupos diferenciados en el tiempo que ocuparon la prisión. Por un lado, los detenidos entre julio de 1936 y julio de 1937, serán acusados en su gran mayoría del delito de auxilio a la rebelión o adhesión a la misma. En el segundo grupo, los ingresaron en la cárcel entre finales de 1937 y principios de 1939, que lo compondrían tanto los acusados de delitos comunes, o los que manifestaron en público su falta de adhesión al régimen. El último género de los detenidos englobaría tanto a los que fueron apresados al regresar a Sanlúcar de la zona Republicana, como a los familiares de estos, incluyendo a partir de 1941 a los acusados de mercadear con productos de consumo básicos.

En consecuencia, la prisión de Sanlúcar, conformada por dos edificios, es un ejemplo claro de cómo se llevó a cabo la represión en la provincia de Cádiz, ya que era utilizada como primer punto de detención. Desde aquí serían enviados a los centros penitenciarios provinciales, los cuales siempre son mencionados en los estudios, ignorando generalmente, que las cárceles locales tuvieron un papel fundamental en la represión.

9.
VIOLENCIA CONTRA LOS MASONES. REPRESIÓN EN EL CAMPO DE GIBRALTAR DURANTE LA GUERRA Y EL FRANQUISMO

Antonio Morales Benítez
Universidad de Cádiz

INTRODUCCIÓN

En el espacio en que se ha situado a la masonería, como sociedad intermedia entre el individuo y el Estado, que pretende moralizar a ambos a través de unos valores y principios éticos y sociales de tolerancia, muchos de sus miembros sintieron la necesidad de interesarse e incluso participar en política como un compromiso con su militancia masónica. Por lo que no dudaron en abandonar la esfera privada para integrarse en el debate para la construcción de una ciudadanía democrática.

En este contexto, durante el primer tercio del siglo XX, los masones consideraban que para hacer extensibles los ideales inculcados en el interior de los templos era necesario la democratización de la sociedad, la moralización de la vida pública y la extensión de la educación, considerada como la palanca que podría transformar la sociedad. Todo ello en consonancia con el reformismo social que propugnaba el republicanismo político.

Durante esos años la masonería se había abierto a atraer a republicanos y socialistas para ampliar su espacio natural, llegando a actuar en sintonía con las organizaciones políticas y en los años de la Dictadura de Primo de Rivera se convirtió en un refugio de opositores. Con la llegada de la República parecía que sus ideales se podían materializar y desde el principio hay clara identificación. La aventura de la Republica iba a ser también la aventura de los masones. Porque iban a vivir y también a sufrir sus éxitos y fracasos.

Por tanto, resulta indudable la proyección política, ideológica, social y cultural que llegó a adquirir. La orden podía actuar como una plataforma para tratar aspectos concretos de la realidad y convertirse en un referente de cualquier movimiento de tendencia progresista. Así como contribuir a labores de beneficencia, a la reforma del sistema educativo, con numerosas propuestas masónicas tendentes a alcanzar una enseñanza democrática, como la importancia que pudieron adquirir las escuelas laicas impulsadas por las logias[1]. Durante este período también se pretendió la potenciación de una sociedad

[1] MORALES BENÍTEZ, Antonio. *La masonería en el Campo de Gibraltar (1902-1942). Un espacio de libertad con una sociabilidad democrática*. Editorial UCA. Cádiz, 2019.

civil que contribuyese a la creación de esa nueva ciudadanía, a través del fomento de su participación en la vida pública.

Por otra parte, tenemos que recuperar el concepto de la masonería como refugio de las ideas durante algunas épocas de persecución en España. Esta institución, como escuela de formación de ciudadanos conocedores de sus derechos, se convirtió en una auténtica cantera de dirigentes políticos y sociales. Por ello durante la Segunda República una nueva generación de masones formados en el interior de las logias accedió a los cargos de representación. La institución había sido una eficaz escuela de formación ciudadana y hombres formados en las logias se integraron en las élites políticas. Incluso muchos llegaron a identificar el cambio de régimen con los ideales masónicos.

EL CAMPO DE GIBRALTAR

La institución masónica adquirió en la comarca un enorme peso. Desde 1868 podemos documentar un total de 57 talleres. Y solo durante el primer tercio del siglo XX operaron en esta comarca al menos 30 talleres[2] que acogieron a más de 1.500 miembros, lo que vendría a representar más o menos el 25% de toda Andalucía. Además, la ciudad de La Línea presentaba el índice más elevado de toda España en relación con su población, superando ampliamente el millar de masones, lo que supone casi el 50% de todos los miembros de la provincia de Cádiz. La proximidad de Gibraltar explica en parte el desarrollo que alcanzó este fenómeno en la comarca vecina. En un primer momento este enclave, donde existe masonería desde el siglo XVIII, permitió que, pese a la persecución que se producía en España, muchos pudieran iniciarse en el interior de sus templos.

Con la llegada de la Segunda República iba a visualizarse el protagonismo masónico en numerosos aspectos de la vida ciudadana. Muchos de estos masones estaban ligados a la figura de Diego Martínez Barrio, que iba a ejercer su influencia política y masónica en la zona.

Las elecciones de abril de 1931 dieron como resultado el triunfo de la candidatura republicano-socialista y en consecuencia los ayuntamientos de las principales ciudades de la comarca iban a estar presididos por alcaldes masones. Y en lo que respecta a la totalidad del período republicano, podemos decir que hubo hasta cuatro alcaldes masones en Algeciras (Diego López Tizón, Francisco Borrego Román, Francisco Portero Granados y Salvador Montesinos Díaz), La Línea (Antonio Martínez Fuentes, Antonio Gil Ruiz, José Agüero Baro y Antonio Ortega González) y San Roque (Gabriel Arenas y Díaz Bustamante, Antonio Galiardo Linares, Francisco Viñas Vinuesa y Luis Ortega

[2] De ellos diecisiete en La Línea, cuatro en San Roque, tres en Gibraltar, dos en Algeciras y uno en Los Barrios, Jimena, Guadiaro y Campamento.

López); en tanto que dos Tarifa (Amador Mora Rojas y José Chamizo Morando) y uno Jimena (Juan Ferrer Rodríguez) y Los Barrios (Benito Muñoz Medina)[3].

Durante los años posteriores el movimiento masónico comarcal iba a atravesar diferentes etapas y algunos períodos de crisis y estancamiento con numerosos episodios de divisiones internas. Sin embargo, a comienzos de 1935 el movimiento masónico estaba muy presente en la comarca. Operaba un total de diecisiete talleres, que acogían a un número de miembros que superaría los quinientos efectivos. Ello vendría a representar aproximadamente el 10% de todos los que reunían las dos obediencias españolas en todos los territorios bajo su jurisdicción. Asimismo, llama la atención el auge de la masonería hispana en Gibraltar, donde operaba un total de tres talleres.

SUBLEVACIÓN Y PERSECUCIÓN

En julio de 1936 la comarca del Campo de Gibraltar tenía una gran importancia estratégica para los sublevados y estaba destinada a ser uno de los puntos de desembarco de las tropas procedentes de Marruecos. Las guarniciones militares se apoyaban, sobre todo, en las localidades de Algeciras, San Roque y La Línea. En este sentido conocemos que en algunos de estos acuartelamientos se produjo en los días previos una serie de reuniones para organizar la sublevación y repartirse las misiones[4].

Asimismo, los sublevados tuvieron claro desde el principio que combatir la masonería era atacar el corazón de la República. Así ocurrió en las localidades del Campo de Gibraltar puesto que los masones se convirtieron en objetivo preferente desde los primeros momentos.

En líneas generales en la represión de la masonería en la comarca se pueden distinguir dos fases: una primera desde los primeros meses de la guerra civil consistente en la ocupación de sus templos y sedes y eliminación física de los masones, empezando por los miembros más significativos debido a su actividad política y social; y otra posterior, tras la guerra civil, con una cruzada antimasónica sustentada en una legislación represiva contra aquellos españoles sospechosos de haber colaborado con la Segunda República.

Por lo que podemos concluir que esta represión se ejerció al principio de una manera más desordenada, y posteriormente, ya con Franco con todos los resortes de poder en sus manos, se sentaron las bases de otra represión más eficaz con la recogida de documentos. Por lo que muchos masones no fueron represaliados de inmediato sino que con posterioridad el aparato represivo de los sublevados se fue ocupando de ellos.

---

[3] MORALES BENÍTEZ, A. *op. cit.*

[4] ALGARBANI RODRÍGUEZ, José Manuel. "El papel del Campo de Gibraltar en la Guerra Civil", en *III Jornadas Memoria y Justicia: Un futuro para nuestro pasado*, Asociación Andaluza Memoria Histórica y Justicia, 2006, pp. 61-75. Explica que la reunión fue convocada por el capitán Enrique Castillo Potons en el Gobierno Militar y que a ella asistieron representantes de todas las guarniciones del Campo de Gibraltar.

Aunque, como hemos comentado, la represión comenzó desde la sublevación puesto que las actuaciones contra la Orden se vieron amparadas por la jurisdicción militar y se aplicaron bandos de guerra para fusilar a muchos que habían sido detenidos por sorpresa.

Conocemos la magnitud de la represión antimasónica en ciudades como Algeciras, La Línea y San Roque, donde algunos de sus miembros más destacados fueron pasados por las armas. Una de las primeras acciones de los sublevados en el Campo de Gibraltar fue asaltar las logias. Con ello se atacaba directamente un apoyo fundamental para la supervivencia de la República neutralizando sus antiguos *cuarteles de invierno*, sin tan siquiera esperar al decreto de 15 de septiembre de 1936 que puso fuera de la ley a la masonería al declararla ilegal.

La represión iba a ser llevada a cabo por militares, falangistas y fuerzas de orden público y parecía seguir el guion de un plan preconcebido de acuerdo con los discursos antimasónicos de los sublevados[5].

La proximidad de Gibraltar permitió a muchos ponerse a salvo en la colonia inglesa y durante los primeros momentos algunas logias de la comarca pudieron mantenerse activas en la misma y desde allí intentaron entrar en contacto con los órganos rectores de la capital española[6].

El boletín oficial de la Gran Logia de Francia relacionaba la represión contra la masonería en la provincia de Cádiz con la llevada a cabo en el norte de África: "En la provincia de Cádiz, han ocurrido hechos semejantes a los de Marruecos. Las logias que trabajan en la capital y en las ciudades de La Línea y San Roque han sido salvajemente destruidas, y sus afiliados fusilados sin ni siquiera un simulacro de juicio"[7].

El Campo de Gibraltar quedó bajo el control de la Jefatura de la Segunda División Orgánica, con sede en Sevilla, que asumió todos los poderes y se atribuyó todas las competencias, sometiendo a la justicia militar cualquier resistencia a la autoridad. La fase más violenta del terror fue durante el verano de 1936, cuando los sublevados utilizaron este instrumento para consolidar su poder. El general Queipo de Llano, que había prestado servicios en el Campo de Gibraltar, iba a ser la cabeza visible de esta política represiva.

Siguiendo de alguna manera las acciones contra la masonería llevadas a cabo en Alemania e Italia[8], Falange había desplegado su propia campaña contra la masonería. Así,

---

[5] MORALES RUIZ, Juan José. *El discurso antimasónico en la guerra civil española (1936-1939)*. Gobierno de Aragón. Zaragoza, 2001, y "Memoria y represión de la masonería española en la guerra civil y en el primer franquismo", en FERRER BENIMELI, José A. (coord.). *La Masonería Española. Represión y Exilios*, II, Zaragoza, Gobierno de Aragón-CEHME, 2010. Pp. 1.775-1.804.

[6] MORALES BENÍTEZ, Antonio y SÍGLER SILVERA, Fernando. "Gibraltar y la masonería de obediencia española", en FERRER BENIMELI, José A. (coord.). *La Masonería en la España del siglo XX*, II, Toledo, CEHME-Universidad y Cortes de Castilla-La Mancha, 1996, pp. 918-919. Ya hemos hablado de los informes de algunas logias de La Línea, como *Fiat Lux nº 41* y *Resurrección nº 3*, elaborados en octubre de 1936, en los que se daba cuenta de la situación por la que atravesaban los masones tras la represión desencadenada en la comarca.

[7] Recogido por SÁNCHEZ FERRÉ, Pere. *La masonería y los masones españoles del siglo XX. Los pasos perdidos*, Barcelona MRA ediciones, 2012, pp. 202-203.

[8] FERRER BENIMELI, José Antonio. *Masonería española contemporánea. Desde 1868 hasta nuestros días*, vol. 2, Madrid, Siglo XXI, 1987, p. 142.

en La Línea se atacaron los locales de las logias y algunos se incautaron de los objetos para exhibirlos en las calles[9], así como toda documentación y archivos que pudiesen comprometerla. Como hemos señalado, la institución era percibida como una amenaza en sí misma por los sublevados y existió una persecución específica. Tenemos que pensar que probablemente estaba mejor organizada y más arraigada en la zona que los diversos partidos republicanos y, como ya hemos apuntado, atacando a la masonería se atacaba también al régimen.

INCAUTACIÓN DE LA DOCUMENTACIÓN MASÓNICA

El nuevo régimen tenía prisa por demostrar a toda costa su incompatibilidad con la orden y eliminar cuanto antes cualquier rastro masónico en las localidades del Campo de Gibraltar. Por lo que una vez desmanteladas las organizaciones, había que sanear estas poblaciones para imposibilitar nuevos brotes.

Del celo que se pone en esta campaña tenemos una serie de informes del Servicio de Inteligencia Militar donde se llega a discutir la adhesión de la población de La Línea al nuevo régimen de julio de 1936. Incluso las sospechas también alcanzaron a las propias autoridades locales.

Por otra parte, desde el comienzo de la guerra conocemos su preocupación por la requisa sistemática de cualquier tipo de material relacionado con la masonería a cargo de cuerpos especiales que iban con las avanzadillas de las tropas para vaciar los archivos de las logias. Después las sacas se enviaban a Salamanca, donde se unía a las que se enviaban desde los gobiernos civiles en lo que sería conocido como Archivo de Servicios Documentales[10]. En la actualidad hay unas 30.000 cajas y unos 80.000 expedientes personales y casi tres millones y medio de fichas de personas identificadas por sus actividades. Además de objetos de todo tipo, como libros y folletos.

En la provincia gaditana se formó un organismo, denominado Comisión Oficial de Investigación Masónica de Cádiz, que debía encargarse de organizar toda la documentación de los talleres. En el Campo de Gibraltar estuvo a cargo de fuerzas de Falange y de la policía. Toda la documentación generada por los talleres campogibraltareños, como actas, correspondencia, expedientes, registros de miembros y cuentas, iba a centralizarse

[9] CENTRO DOCUMENTAL de la MEMORIA HISTÓRICA, Salamanca (a partir de ahora CDMH), *Masonería,* leg.456-A-1, *Fiat Lux.* Informe de *Fiat Lux de la situación de los HH. que componen este taller con motivo de los hechos ocurridos por la sublevación militar fascista en los valles de La Línea (Cádiz),* 25/10/1936. El documento de *Fiat Lux* tiene fecha de 25 de octubre y aparece firmado solamente por su secretario, Francisco Peralta.

[10] En 1937 se crea la Oficina de Investigación y Propaganda Anticomunista y poco después la Delegación de Asuntos Especiales, al frente de los dos organismos se sitúa el carlista Marcelino de Ulibarri y Eguilaz, quien entendía de todo lo "que se refiera a actividades de sectas secretas", con la misión de recoger todo el material de "el comunismo y sus organizaciones adláteres". Ese mismo año también se crea el Servicio de Recuperación y Documentos.

en Algeciras, antes de ser entregada a las autoridades militares radicadas en la capital de la provincia. Todo este material será de gran utilidad para llevar a cabo la represión.

Pero la Delegación de Salamanca no solo se encargaba de remitir con diligencia los antecedentes que se les requerían a la hora de identificar, detener, procesar y condenar a los masones, sino que en ocasiones tomaba la iniciativa para llevar a algunos ante los tribunales. También a la hora de localizar nuevos fondos instando a las fuerzas de orden público a completar el trabajo. Así en agosto de 1937 se requería a la Guardia Civil de La Línea información sobre las logias *Minerva, Acacia, Renovación, Floridablanca, Resurrección* y *Villacampa*. Pero se le contestaba que todos los documentos habían sido intervenidos un año antes "por nuestras fuerzas, Regulares y Falange" y remitidos a Cádiz, no quedando nada en la localidad. Esta respuesta no satisfacía a la Delegación y continuarían las pesquisas demostrando cierta desconfianza. En este sentido se comunicaba al comandante militar de la plaza que existían sospechas de que no todo había sido enviado a Cádiz[11]. Posteriormente y, "dado el interés que la cuestión masónica reviste actualmente para la causa redentora de España", el comandante militar de la plaza comunicaba que se había confeccionado una nueva relación de masones linenses y que iba a ser remitida en los días posteriores[12].

LOS FUSILADOS

Algunos estudios ofrecen para todo el conjunto de Andalucía una cifra provisional de aproximadamente 300 masones fusilados, y de ellos más de 100 confirmados en Cádiz[13]. En tanto que Alicia Domínguez Pérez, en su tesis doctoral, da una cifra de al menos 46 asesinados en las localidades de la bahía gaditana (Cádiz, San Fernando y Puerto Real) y más de 176, masones o acusados de serlo, en toda la provincia al comparar los listados de fallecidos con los inscritos en la relaciones de miembros de la Orden[14].

Disponemos también de los informes de las propias logias linenses *Fiat Lux, Resurrección* y *Trafalgar* elaborados en octubre de 1936 en la colonia inglesa para ser remitidos al Gran Consejo Federal Simbólico del Grande Oriente Español en los que se relataban

[11] Se contaba que durante los primeros momentos toda la documentación había sido depositada en el cuartel de Infantería de La Línea hasta su traslado a Algeciras, y de allí al Gobierno Civil de Cádiz. Sabemos que un año después todavía la documentación incautada permanecía en el Gobierno Militar de Cádiz, por lo que a partir de entonces allí se dirigieron los nuevos oficios. Aunque al parecer algunos papeles procedentes de La Línea habían quedado fuera de las primeras remesas, como la correspondencia de la logia *La Aurora, nº 8070*, una organización no masónica, que ahora era remitida.

[12] Con toda esta información en manos de los sublevados, ningún antiguo miembro de la orden iba a poder estar tranquilo. Por acción u omisión estuvieron siempre expuestos a que se iniciara en cualquier momento un procedimiento contra ellos. Normalmente las autoridades solicitaban esa información y todos debían mostrarse dispuestos a colaborar.

[13] ÁLVAREZ REY, Leandro y MARTÍNEZ LÓPEZ, Fernando (coords.). *Los masones andaluces de la República, la Guerra y el Exilio. Diccionario biográfico*, Sevilla, Universidad de Sevilla, 2014. 2 tomos. Pp. 0-51.

[14] DOMÍGUEZ PÉREZ, Alicia. *El verano que trajo un largo invierno. La represión político-social durante el primer franquismo en Cádiz*, I, Cádiz, Quórum Editores, 2004, p. 213.

los hechos y la situación de sus miembros tras la represión desencadenada[15]. Con todo este material podemos tener información de la suerte de 104 masones campogibraltareños hasta octubre de 1936 y posteriormente de otros 82 más hasta 1938. En total son 186 miembros, una muestra muy significativa. Aunque resulta obvio decir que tenemos que tomar todos estos datos con ciertas reservas.

Atendiendo a estos testimonios de las citadas logias, nos encontramos 17 fusilados, 50 refugiados en Gibraltar, 13 huidos, 4 ocultos, 6 desaparecidos y 14 en libertad.

Otros estudios, referidos a la represión de los miembros de estos talleres durante los primeros meses de la guerra, elevan estas cifras. Se habla de 24 fusilados de *Trafalgar*, nueve de *Resurrección* y se mantienen los tres de *Fiat Lux*, resultando un total de 36 entre estas tres logias[16].

Asimismo disponemos de algunas fuentes procedentes de los sublevados de 1938 y referidas a las logias *Resurrección* y *Floridablanca* que nos da cuenta de la suerte de 82 masones más. De ellos 4 fusilados, 15 refugiados en Gibraltar, 20 huidos, 13 con pasaporte británico, 4 en zona republicana, 1 detenido, 1 deportado, 3 fallecidos, 12 permanecían en La Línea, 5 afiliados a Falange, 2 en Ceuta/ Tánger y 1 desaparecido.

Además hemos podido documentar al menos 27 masones más que no aparecen en esas relaciones. Por lo que de la cifra provisional de miembros de las logias campogibraltareñas ejecutados durante los primeros años de la guerra civil rondaría el medio centenar.

Entre estos masones campogibraltareños fusilados estarían algunos que destacaron por su intensa actividad masónica y política en la comarca. Podemos citar a Adolfo Chacón de la Mata, simb. *Castrovino*, gr. 24°, de la logia *Resurrección*, diputado de las Cortes Constituyentes y después miembro de las comisiones de Marina y Presidencia, Gobernador Civil de Almería (1933-34) y Segovia (1936). En esta capital le sorprendió la guerra y fue detenido el 19 de julio[17], trasladado a Valladolid, donde sería sometido a consejo de guerra, condenado a la pena de muerte y fusilado el 5 de diciembre de 1936[18]. Juan García Rodríguez, simb. Alepo, de *Resurrección* y presidente de honor de varias logias de la comarca, una figura emblemática de la masonería campogibraltareña que gozó de un gran reconocimiento profesional en la comarca y en Gibraltar y por ello las logias de la zona solían ponerlo como ejemplo de las virtudes masónicas en la vida

[15] Previamente la obediencia se había dirigido a los talleres pidiendo esa información y algunos de ellos se pusieron de acuerdo para remitir a la capital de España sus informes en un solo envío.

[16] ARBELOA, Víctor Manuel. "La persecución de los masones", en FERRER BENIMELI, José A. (2010). Pp. 1.505- 1.524. Dice que de la "logia Trafalgar fueron fusilados 24; presos están 15; refugiados o escondidos 12; condenados a trabajos forzados 4; ignorado el paradero y presuntos muertos 9; en libertad 3". De la logia *Resurrección* dice "asesinados y robados 9; presos 2; condenados a trabajos forzados y escapados, refugiados principalmente en Gibraltar, 17". De la logia *Fiat Lux*, "fusilados 3; además fusilaron a otro llamado Santos Díaz que ignoraban era masón porque tenía su padre refugiado en Gibraltar; a un afiliado llamado José Clavijo le fusilaron 2 hermanos y le destruyeron la vivienda. El resto de los refugiados en Gibraltar y en Tánger se hallan en angustiosa situación".

[17] CDMH. *Masonería*, expediente personal A-15/7.

[18] ÁLVAREZ REY, Leandro. *Los diputados por Andalucía de la Segunda República*, 1931-1939. Fundación Pública Andaluza CEA. Sevilla, 2010. Según este autor en la sentencia pesó su condición de masón.

profana. Políticamente fue miembro del Partido Republicano Radical y posteriormente de Unión Republicana, y elegido concejal de La Línea en 1931. Al estallar el conflicto bélico no quiso huir para quedarse en La Línea desempeñado su profesión de médico. El también médico Fermín Martínez López, simb. *Espartaco*, llegó a La Línea para dirigir el Hospital Municipal. Se inició en *Resurrección* y perteneció a Izquierda Republicana. Tras el estallido de la guerra continuó en su puesto unos dos meses, hasta que se supo que era masón, siendo detenido y fusilado solo dos horas después.

Antonio Gil Ruiz, simb. *Marcelino Domingo*, gr. 33º, maestro de Instrucción Pública e impresor, tenía una larga trayectoria en diferentes logias de la comarca ocupando siempre puesto de responsabilidad, además de delegado en la provincia de Cádiz de la Gran Logia Española. Militó en el Partido Republicano Radical Socialista. Elegido alcalde de La Línea en noviembre de 1931 y fusilado en esta localidad durante los primeros días del levantamiento militar. En tanto que el profesor Cayo Salvadores Martínez, simb. *Darwin*, se había iniciado en *Trafalgar*, y fue un personaje muy influyente en Algeciras como político y como docente. Afiliado al Partido Republicano Radical Socialista y posteriormente a Izquierda Republicana. Miembro del comité revolucionario de 1931, elegido Primer Teniente de Alcalde del Ayuntamiento de Algeciras. Director y propietario del Colegio Politécnico, fundado en 1912. Docente también en la Escuela de Arte y Oficios de Algeciras. Presidió el Casino de esta ciudad. Detenido el 29 de julio de 1936 y fusilado en aplicación del bando de guerra el 17 de agosto[19]. Ceferino Maeztu Novoa, simb. Zoroastro, abogado, iniciado en *Resurrección*, posteriormente afiliado a *Vergniaud*. Presidente de la Mesa de la Gran Asamblea de la GLSRM (1926). Estuvo detenido en octubre de 1934. También fue nombrado inspector de Emigración, gobernador civil de Huelva y presidente de Unión Republicana en su localidad en 1936. Comenzada la guerra civil, tomó parte en un intento de recuperar San Roque para las fuerzas republicanas[20]. Detenido y fusilado el 27 de julio de 1936 junto con varios republicanos de esta localidad tras la toma definitiva por los sublevados. Salvador Montesinos Díez, simb. Zola, empleado de Correos y de la Aduana de Algeciras. Iniciado en *Trafalgar* en 1925. Activo republicano, colaboró con las fuerzas antidinásticas en 1930. Miembro del Partido Republicano Radical Socialista y desde 1935 de Unión Republicana. Concejal del Ayuntamiento de 1931 y alcalde de Algeciras en julio de 1936, permaneció al frente de su gobierno municipal hasta el estallido del conflicto bélico. Detenido el 18 de julio y fusilado el 17 de agosto de 1936[21].

[19] CDMH. *Masonería*, expediente personal de Cayo Salvadores Martínez, 25/7; y CASTRO GARCÍA, Jesús. *Los hermanos de mi taller*. Editorial Tréveris, 2005, pp. 160-161.
[20] CDMH. *Masonería*, exp. personal 189-A-10; y CASTILLA DEL PINO, Carlos. *Pretérito imperfecto*. Barcelona, Tusquets Editores, 1997.
[21] CDMH. *Masonería*, exp. personal 122-A-13.

LEYES Y TRIBUNALES ESPECIALES

Será a partir del 9 de febrero de 1939 con la Ley de Responsabilidades Políticas cuando el Estado franquista ponga en marcha todo el aparato represor contra aquellos sospechosos de haber colaborado con la Segunda República. Esta ley, con la de marzo de 1940 sobre la Represión de la Masonería y el Comunismo y la constitución de un Tribunal Especial para asumir estas competencias, iban a abrir una nueva vía para combatir a la Orden. Las dos leyes especiales conforman el núcleo del sistema legal franquista y establecieron los tribunales especiales encargados de los enemigos del régimen, bajo la denominación de comunistas y masones.

Estado de indefensión e inseguridad jurídica fueron los ejes de la justicia franquista. En un contexto de ruptura del orden jurídico liberal y con desprecio de la seguridad jurídica que llevaba a la indefensión de los acusados, que no tenían ni siquiera derecho a abogado defensor.

A todo este entramado jurídico represivo se unió la legislación militar, en forma de consejos de guerra, y la confiscación de bienes practicada desde 1936, pero a partir de 1939 tendrá como único objetivo aniquilar a un enemigo derrotado y borrar su recuerdo. Quizá el elemento más destacado era su carácter retroactivo. Juzgaba como delitos hechos que eran legales cuando se produjeron. Y violaba de esta manera derechos jurídicos elementales. También su carácter vengativo porque podía juzgar y condenar a personas ya fallecidas. Establecía como principio de responsabilidad patrimonial de las familias de los inculpados, que tenían que hacer frente a las multas y ello suponía su ruina. Con ello se quería extender también el miedo entre una gran parte de la población.

Los últimos datos nos dicen que al menos 1.008 masones andaluces sufrieron un expediente de responsabilidades políticas, entre los que se encontraban los cerca de 300 masones andaluces fusilados desde el inicio de la guerra. Desde la apertura del expediente de responsabilidades políticas se decretaba automáticamente el embargo cautelar de los bienes del encausado. No había que esperar a la sentencia para sufrir los efectos[22].

En cuanto a la Ley de 1940, era fundamentalmente antimasónica. Las referencias al comunismo quedaron cada vez más diluidas. Se establecía el "delito de masonería" por el mero hecho de haber pertenecido y se le cargaba con la responsabilidad de ser uno de los causantes de la decadencia de España. Desde la Guerra de la Independencia hasta los conflictos civiles y coloniales, la institución estaría detrás de la mayor parte de los desastres nacionales, siempre aliada con "las fuerzas anarquizantes motivadas a la vez por ocultos resortes internacionales"[23].

[22] El Tribunal Regional de Responsabilidades Políticas imponía alguna de las sanciones previstas: inhabilitación absoluta y especial, limitación libertad de residencia y económicas (multas, pérdida de bienes). El cúmulo de incautaciones desbordó las Comisiones Provinciales de Incautaciones. En total hubo casi 60 mil expedientes incoados.

[23] *Boletín Oficial del Estado*, 2/3/1940, pp. 1537-1539. En su preámbulo se decía: "Acaso ningún factor, entre los muchos que han contribuido a la decadencia de España, influyó tan perniciosamente en la misma [...] como las

Esta ley alcanzaba a todos los que habían pertenecido en algún momento a la masonería y no habían sido expulsados o dados de baja, por lo que muchos, a los que hasta entonces no se les había pedido cuentas, iban a tener que vérselas con este Tribunal y hacer frente a las correspondientes condenas[24]. Por lo que para los antiguos masones la pesadilla iba a continuar durante los largos años cuarenta y cincuenta a la espera de que los llamasen a declarar o recibir sentencia[25].

Con algunas excepciones, la Ley se ensañó con masones pocos significativos y que habían abandonado la institución años atrás. Conocemos pocas sentencias absolutorias y desde luego trajo numerosos episodios de ruina moral y jurídica, así como destierros. Para rebajar la pena se exigía la delación de antiguos miembros. Ello dará lugar a la apertura de nuevas causas. El sistema así se retroalimentaba con un entramado documental de informes, denuncias, retractaciones, etc. La tela de araña en la que iban a verse envueltos los masones implicaba sumarios, juicios y condenas. Se produjeron miles de sentencias[26].

De acuerdo con la Ley, el alcalde de La Línea, el 11 de junio de 1940, remitía al gobernador civil de la provincia la relación de los masones que habían presentado esa declaración en el municipio. Esta lista, cerrada el 4 de junio, comprendía un total de 140 nombres[27].

Una vez recibida toda la información de los diversos municipios, el gobernador civil elaboraba la relación de todos los que hasta diciembre de 1940 en la provincia de Cádiz habían efectuado la retractación pública que determinaba la ley de 1º de marzo[28].

Un total de 376 antiguos militantes de logias de la provincia de Cádiz figuraban en unas nuevas listas[29]. En esa relación se han identificado al menos a 218 del Campo de Gibraltar, que vendrían a representar casi el 60% del total. La lista definitiva de los campogibraltareños comprendía a los masones ya incluidos en la relación de la alcaldía de La Línea[30] y otros 89 procedentes de diversos municipios de la comarca y de la propia ciudad

sociedades secretas de todo orden y las fuerzas internacionales de índole clandestina. Entre las primeras, ocupa el puesto principal la masonería…".

[24] MARTÍNEZ LÓPEZ, Fernando y RUIZ GARCÍA, María Isabel. "La masonería andaluza ante los Tribunales de Responsabilidades Políticas. La represión económica sobre los masones almerienses (1939-1945), pp. 1607-1640; LÓPEZ VILLA, Antonio: "Los masones sevillanos ante el Tribunal de Responsabilidades Políticas: una primera aproximación", pp. 1655-1669, en FERRER BENIMELI, José A. (2010).

[25] Lo más común fueron las condenas de entre 12 y 30 años de prisión más las accesorias de inhabilitación, separación de cargos públicos y sanciones económicas.

[26] Cualquier persona que hubiese pertenecido a la masonería debía presentar declaración retractatoria. Muchos que no había sido molestados anteriormente, que incluso colaboraron con el bando sublevado e intervinieron en la contienda, ahora se verían en el trance de presentar esa declaración antes de que terminara el año.

[27] ARCHIVO HISTÓRICO NACIONAL (a partir de ahora AHN). Fondos Contemporáneos, exp. policial nº 18.031, ff. 25-27: "Excmo, Ayuntamiento de La Línea de la concepción (Cádiz), Declaraciones retractaciones que en cumplimiento de lo dispuesto en el artículo séptimo de la ley de Primero de marzo del año actual sobre represión de la masonería y del comunismo han presentado en esta alcaldía los individuos que a continuación se relacionan", 4/6/1940. El listado consta de 140 nombres, aunque creemos que hay una duplicidad, ya que Miguel Cañamero Carrasco y Miguel Cañamero Colorado podrían ser la misma persona.

[28] Ibídem, oficio del gobernador civil a comisario jefe de Investigación y Vigilancia de Cádiz, 13/12/1940.

[29] Ibídem. Ff. 14 y 16, y ff. 58 y 59. *Relación nominal por orden alfabético de apellidos correspondiente a afiliados a la masonería que han formulado la retractación que determina la Ley de primero de Mayo de mil novecientos cuarenta.* Tenemos dos relaciones y en una de ellas se ha añadido un nombre más a mano, el de Emilio Garrido Gutiérrez.

[30] El listado del Gobierno Civil no incluía 11 nombres que sí figuraban en el original, que constaba de 140.

linense[31]. En este contexto, diversas instancias iban a confeccionar nuevas relaciones de antiguos masones. Así, la Policía Municipal de La Línea hacía su propio listado.

La historiadora Alicia Domínguez ha estudiado la actuación de estos tribunales en la provincia de Cádiz[32] y da cuenta de un total de 590 personas que fueron procesadas en firme entre los años 1941 y 1946. De los 560 casos en que se detalla su procedencia, 291 eran del Campo de Gibraltar, destacando la ciudad de La Línea con 232 encausados[33].

LAS CONDENAS

La condena que más se impuso fue la de 12 años y un día de reclusión menor para los grados menores. Existe una relación de 1942 procedente del Juzgado Municipal de La Línea que consta de 18 nombres, una muestra parcial puesto que fueron muchos más los condenados[34], y casi todos ellos habían presentado una declaración-retractatoria, que no les sirvió de nada. Solo para facilitar las cosas al Tribunal, pero no como atenuante ya que los jueces apenas la tuvieron en cuenta.

Según el estudio del período indicado en la provincia de Cádiz, la sentencia de 20 años y un día de reclusión se dictó en nueve ocasiones, alcanzando a un total de seis masones de la comarca, a los que habría que sumar al menos otros nueve casos más con la misma condena[35]. Sabemos también que penas de 25 años se impusieron al menos en siete ocasiones[36]. A 30 años fueron condenados, entre otros, Francisco Mena Guillén, simb. *Zola*, gr. 24º y Antonio Torres Sánchez, simb. *Bombarda*, gr. 30º. Además otros significativos masones tuvieron penas de 12 años y un día de reclusión menor, como Francisco Chacón Martorell, simb. *Madrid*, gr. 3º y Juan Podadera Vega, simb. *Moisés*, gr. 3º[37].

Representa un caso significativo Agustín Candel Cano[38], maestro nacional, simb. *Pestalozzi*, gr. 18º, iniciado en *Trafalgar* en 1925. Elegido Venerable Maestro (1926-27 y 1933), intervino en numerosas actividades de formación de masones del Campo de Gibraltar y

[31] Este segundo grupo estaba compuesto por 27 de Algeciras, todos ellos de la logia *Trafalgar*; 12 de San Roque, de talleres como Lacy, Verniaud y Germinal; 10 de González Roncero de Los Barrios, cinco de Fénix de Jimena y 32 más procedentes de diversas entidades masónicos de La Línea. A ellos habría que añadir otros tres nombres que aún no hemos localizado en ninguna entidad masónica de la comarca.

[32] DOMÍNGUEZ, A. *op.cit*, pp. 222-229. Ha estudiado las comunicaciones del Servicio de Ejecutorias del Tribunal publicadas en el Boletín Oficial de la Provincia y un total de 210 sentencias.

[33] También había 28 en Algeciras, 17 en San Roque, 7 en Los Barrios, 4 en Jimena, 2 en Guadiaro y 1 en Campamento. Muchos de ellos habían compaginado la militancia masónica con la republicana y, en este sentido, se observa que las condenas fueron más duras. Además, se destaca la gran cantidad de sentencias no ejecutorias, más del 60%, y que se irán publicando en el Boletín Oficial de la Provincia, por estar los afectados en paradero desconocido o fuera del alcance del Tribunal.

[34] ARCHIVO MUNICIPAL DE LA LÍNEA. Juzgado Municipal de La Línea, Responsabilidades Políticas, Expedientes, 1942.

[35] CDMH, Salamanca, *Masonería*, expedientes personales.

[36] Entre ellos a Eduardo Calva Vargas, Antonio Guerrero Ballesteros, Ramón Guerrero Ballesteros, José Luengo Vallejo y José Mena Prieto.

[37] CDMH, *Ibídem*, exp. personal 78/3; y *TERMC*, exp. 1312, s. 295/42.

[38] Ibídem, exp. personal 109-A-12, de Agustín Candel Cano.

Ceuta. Depurado del Magisterio en 1940. Condenado en 1941 por el Tribunal Especial a 20 años y un día de reclusión mayor. Sin embargo, según un informe de la comisaría de policía de Algeciras de 1942, se le condenó a "cadena perpetua (30 años) que cumple en el Penal de Puerto de Santa María".

Aunque alejado de la orden durante los últimos años, nadie podía ignorar que Diego Ruano Blanco, simb. *Demóstenes*, gr. 24° (1922), había sido uno de los actores principales. Su trayectoria había discurrido de manera paralela a la propia historia de la institución en la comarca. Iniciado en *Resurrección*, tomó parte activa en la fundación de numerosos talleres, como *Trafalgar*, *Villacampa*, *González*, *Lacy* y *Giner*. Miembro destacado del republicanismo de La Línea, y persona de confianza de Martínez Barrio, durante los años de la guerra civil permanecerá en La Línea y presentará declaración retractatoria en la alcaldía de La Línea en 1940. Condenado el 13 de julio de 1942 a 25 años de reclusión mayor. El propio Tribunal tenía en cuenta su avanzada edad y "la decrepitud del reo y los beneficios que a los ancianos se suelen conceder" para solicitar una rebaja de la condena hasta el límite legal de 20 años. A pesar de ello ingresó en prisión, donde falleció[39].

Estudiamos otros casos, como el abogado Antonio Galiardo Linares, simb. *Ganivet*, elegido alcalde de San Roque con el Frente Popular y diputado provincial. Durante la guerra se refugió en Almería, para pasar posteriormente por Barcelona, Francia y Tánger. Allí será detenido en 1940 tras la ocupación franquista de la ciudad. El Tribunal para la Represión de la Masonería le condenó en 1942 a 30 años de prisión, rebajada dos años después a 12, conmutada en 1948 y extinguida en 1953. Murió en 1962[40]. Diego López Tizón, empleado del Ayuntamiento de Algeciras. Simb. *Riego*, gr. 4°. Fundador de *Trafalgar* en 1925 y primer alcalde de la Segunda República en Algeciras, permaneciendo en el cargo hasta mayo de 1933. Condenado a 12 años y un día de reclusión menor, pena conmutada por la de 6 años y un día de confinamiento en 1944. Extinguida la pena en 1950[41]. Francisco Borrego Román, simb. *Rioblanco*, se inició en *Trafalgar* Miembro del Partido Republicano Radical y alcalde de Algeciras entre el 27 mayo de 1933 y el 30 de noviembre de 1934. Condenado en 1942 a la pena de 12 años y un día de reclusión, conmutada en 1944 por la de 6 años y un día. Indultado en noviembre de ese año[42].

También adquiere especial relevancia Benito Muñoz Medina, simb. *Anselmo Lorenzo*, miembro de *González Roncero* de Los Barrios y quien será elegido primer alcalde del nuevo régimen en abril de 1931. Tras el golpe de Estado de 1936 en un primer momento

---

[39] Ibídem, *Masonería*, exp. personal A 177/9.

[40] PÉREZ GIRÓN, Antonio. *Antonio Galiardo. República, guerra civil y exilio*, Cádiz, Fundación Municipal de Cultura, 2006, y *La Masonería en San Roque (represión bajo el Franquismo)*. Fundación Luis Ortega Bru. Cádiz, 2009. pp. 31-42; y CDMH, *Masonería*, exp. personal 119/12; y *TERMC*, exp. 581, s. 263/41.

[41] ALGARBANI RODRIGUEZ, José M.: "Política municipal y masonería en el Campo de Gibraltar durante la II República", en *Gibraltar, Cádiz, América y la Masonería. Constitucionalismo y libertad de prensa, 1812-2012*, Actas del XIII Symposium Internacional de Historia de la Masonería Española, I, (Gibraltar, 2012), Zaragoza, CEHME-Gobierno de Gibraltar, 2014, pp. 83-94; y CDMH, Salamanca, *Masonería*, Exp. Personales, leg. 116/16, y TERMC, exp. 5.068, sumario 27/43.

[42] CDMH, Salamanca, *Masonería*, Exp. Personales, leg. 118/7.

huyó de la localidad. En juicio militar sumarísimo celebrado en 1939 fue condenado a muerte, pena conmutada un año después por la de 30 años, y rebajada a 20 años en 1944. También será procesado por el Tribunal Especial en 1943. Pasó por las prisiones de Algeciras, Cádiz y Madrid hasta su puesta en libertad en 1949[43].

Del rigor del Tribunal no se libraron tampoco masones ya fallecidos. Como algunos con una militancia histórica, como Juan Soto López, simb. *Edison*, gr. 30º. Condenado en rebeldía a 30 años de reclusión mayor[44]. Tampoco se escaparán otros que ya habían sido fusilados, como Antonio Gil Ruiz[45], como ya hemos señalado muerto trágicamente en La Línea durante los primeros días del conflicto. En enero de 1942 el Tribunal Especial para la Represión de la Masonería y el Comunismo le incoaba sumario. Condenado en rebeldía a 30 años de reclusión mayor el 28 de octubre de 1942.

CONCLUSIONES

La masonería en el Campo de Gibraltar adquirió una indudable dimensión ideológica, política, social y cultural. Como sociedad amante del progreso y contraria a cualquier tipo de fanatismo, tenía una indudable proyección fuera de las logias. Durante todo el primer tercio del siglo XX había atraído a republicanos y socialistas y con la llegada de la Segunda República muchos vieron que se presentaba una oportunidad única de aplicar sus ideales y en este sentido conocemos numerosos casos de miembros de las logias campogibraltareñas que participaron en la vida política.

Pero esta identificación, tanto moral como política, acabó por pasarle factura, puesto que iban a pagar un alto precio al ser víctimas de la represión en julio de 1936 al situarse en la primera línea de lo que debían combatir los sublevados. Por ello a partir de ese año la masonería iba a atravesar una etapa de sistemática destrucción. El fracaso inicial del golpe de Estado y la consiguiente guerra civil radicalizó la situación hasta unas condiciones difíciles de imaginar. En esta coyuntura, los masones iban a ser víctimas propiciatorias de un clima de violencia extrema. Conocemos la magnitud de la represión antimasónica en la comarca, donde algunos de sus miembros más destacados fueron pasados por las armas, y a partir de 1940 casi ninguno de los antiguos miembros de la orden iba a verse libre del Tribunal para la Represión de la Masonería y el Comunismo, que aplicó la ley con un rigor inusitado.

[43] ALGARBANI, J. M. *Op. cit.;* y CDMH, exp. 105/7.
[44] CDMH, Salamanca, *Masonería*, expediente personal 139/21.
[45] Ibídem, nº A 78/2; y *TERMC*, exp. 882, s. 69/42.

10.
LOS SIETE NIÑOS DE ÉCIJA. RESISTENCIA Y POLÍTICA REPRESIVA EN CÁDIZ EN 1936

José Luis Gutiérrez Molina

INTRODUCCIÓN

Una vez que los golpistas de julio de 1936 obtuvieron el control de la ciudad de Cádiz, dieron comienzo a una sistemática tarea de eliminación de todo aquel que consideraban enemigo. La propia ocupación había costado la vida a una quincena de ciudadanos. Durante las semanas siguientes comenzó la caza de todos aquellos que habían participado en la resistencia, ya fuera defendiendo los edificios oficiales o participando en las manifestaciones, enfrentamientos y diversas acciones que se produjeron en las calles. Entre ellas el levantamiento de barricadas, desarmes de carabineros y guardias municipales, tiroteos nocturnos y ataques de comercios y edificios desde la tarde del 18 de julio hasta el mediodía del 19. Acciones que continuaron de forma aislada durante las semanas siguientes[1].

Bien sabido es que en todo conflicto una de las armas más utilizadas es deslegitimar al adversario. Incluso borrarle hasta su propia consideración humana[2]. Los golpistas españoles lo tuvieron claro desde el primer momento. Caracterizaron a los gubernamentales como una horda de marxistas bestias y bárbaros. O como una masa acéfala caracterizada por su falta de sentimientos humanos e incapacidad para ofrecer, siquiera, una resistencia, más o menos organizada. Una imagen que alcanzó también a quienes pertenecían a la burguesía reformista local o a las autoridades. Sin olvidar a sus principales enemigos: ese mundo obrero, popular, que se había atrevido a poner en cuestión el inmutable orden social con teorías criminales.

---

[1] Para el golpe en Cádiz se pueden consultar, entre otros: DOMÍNGUEZ PÉREZ, Alicia. *El verano que trajo un largo invierno. La represión político social durante el primer franquismo en Cádiz (1936-1945)*. Quorum. Cádiz, 2004; GIL HONDUVILLA, Joaquín. *Militares y sublevación. Cádiz y provincia 1936*. Muñoz Moya-Editores Extremeños. Sevilla, 2013; GUTIÉRREZ MOLINA, José Luis. *La Justicia del Terror. Los consejos de guerra sumarísimos de urgencia de 1937 en Cádiz*. Mayi. Cádiz, 2014; o NÚÑEZ CALVO, Jesús. *La comandancia de la Guardia Civil de Cádiz en la guerra civil de España*. Tesis doctoral. UNED, 2015.

[2] Entre otros muchos textos ARNABAT MATA, Ramón. "La represión: el ADN del franquismo español", *Cuadernos de Historia* nº 39, Santiago, diciembre 2013, versión online http://dx.doi.org/10.4067/S0719-12432013000200002; TÉBAR RUBIO-MANZANARES, Ignacio Jaime. *La representación del enemigo en el derecho penal del primer franquismo (1938-1944)*. Tesis doctoral. Universidad de Alicante, 2015; y SÁNCHEZ SÁNCHEZ, Pura. *Individuas de dudosa moral: la represión de las mujeres en Andalucía*, 1936-1958. Crítica. Barcelona, 2009.

LA NEGACIÓN DE LA RESISTENCIA Y DEL ENEMIGO: ROBOS, INCENDIOS Y SAQUEOS

Las autoridades golpistas, de inmediato, procuraron eliminar cualquier sentido político y social a la resistencia ciudadana y de las autoridades para convertirla en meros actos de desorden, robo y salvajismo que no merecían más que una respuesta de restablecimiento del orden público[3]. Una visión que ha perdurado en el imaginario colectivo de los gaditanos durante estos últimos ochenta años. Así la resistencia al golpe se redujo a los asaltos de comercios y algunos edificios religiosos y su saqueo. Un relato bien adobado con las fotografías de los edificios que ardieron. Una crónica y propaganda golpista que no ha tenido ningún contrapeso hasta recientemente y de una forma muy minoritaria. Se puede afirmar que ese es el relato todavía predominante en la actualidad.

Basta con citar algún ejemplo. Cuando el martes 21 de julio pudo reaparecer el diario local *Diario de Cádiz* su primera plana la ocupaba la noticia del triunfo total de la sublevación, la reproducción del bando de guerra de José López Pinto, un llamamiento del Gobierno Civil al restablecimiento de la normalidad ciudadana y un relato, pretendidamente pormenorizado, de lo ocurrido los días anteriores[4].

Comenzaron a aparecer los "extremistas" que intentaron "asaltar" una armería en la calle San Francisco y que fueron los encerrados en el Gobierno Civil quienes disparaban a sus sitiadores. Finalmente brotaron, quien sabe de donde, los incendiarios que atacaban los comercios para que, a continuación, grupos de niños y mujeres los saquearan. El relato continuaba haciendo hincapié en el pánico que la resistencia ocasionó en el vecindario que abandonó sus domicilios. Entrada la noche, ya eran las "turbas" las que airadamente se afanaban en los asaltos por las calles del centro de la ciudad y saqueaban y desvalijaban los comercios de los barrios de La Viña y Santa María.

Ni siquiera las barricadas que proliferaron por toda la ciudad fueron considerados actos de resistencia. La crónica apenas hizo referencia a ellas mientras resaltó la ira anticlerical que reapareció con los incendios, o intentos, de diversas iglesias. Entre ellas la de San José en Extramuros que terminó convirtiéndose en otra de las obsesiones golpistas[5]. La desigualdad de fuerzas y armamento entre sublevados y resistentes se omitió también, mientras que comenzaba a dibujarse una imagen de fieras y una actuación desorganizada de quienes, con armas cortas, "paqueaban" por las noches a las patrullas que recorrían

[3] Para esta visión golpista, entre otros: PATRÓN DE SOPRANIS, Alfonso. *Burlando el bloqueo rojo. El primer salto del estrecho (julio de 1936).* Tipografía Jerez Industrial. Jerez, 1940; JULIÁ TÉLLEZ, Eduardo. *Historia del movimiento liberador de España en la provincia gaditana.* Cerón. Cádiz, 1944; GARRACHÓN CUESTA, Antonio. *De África a Cádiz y de Cádiz a la España Imperial.* Cerón. Cádiz, 1938; MORA FIGUEROA, José de. *Datos para la historia de la Falange gaditana, 1934-1939.* Gráficas del Exportador. Jerez, 1974. El análisis de un caso concreto en GUTIÉRREZ MOLINA, José Luis. "La necesidad de la memoria y el estudio histórico. El caso de la emisora Radio Cádiz y la resistencia al golpe de Estado el 18 de julio de 1936" en *Cahiers de civilisation espagnole contemporaine* [Online], 2020, Online since 17 December 2020, connection on 25 July 2021. URL : http://journals.openedition.org/ccec/10382 ; DOI : https://doi.org/10.4000/ccec.10382.

[4] *Diario de Cádiz*, 21.7.1936.

[5] Sobre la implacable persecución de algunos de los que fueron considerados participantes en el incendio de la iglesia de San José, GUTIÉRREZ MOLINA, José Luis (2014) *Op. Cit.*, pág. 45.

las calles protegiendo a quienes realizaban las numerosas detenciones y registros domiciliarios que los ya vencedores llevaban a cabo para neutralizar a autoridades, dirigentes sindicales, masones y participantes en los enfrentamientos.

Un dibujo del adversario, junto a la propaganda de guerra, que tuvo su recorrido a través de alocuciones radiadas. El jefe golpista en Sevilla, Gonzalo Queipo de Llano, comenzó a efectuarlas de forma inmediata. Después lo hizo asiduamente, desde radio Jerez, el intelectual ultra-reaccionario José María Pemán. El propio golpista gaditano López Pinto habló desde radio Cádiz[6]. A la vez, la nota que al mediodía del 18 de julio leyeron por esta emisora, por orden del gobernador Mariano Zapico, los concejales Antonio Martínez Jurado y Servando López Soria llamando a la defensa de la legalidad era presentada como una prueba más de los llamamientos al caos y al incendio[7].

A medida que se conoció que el golpe había fracasado a escala nacional y que las operaciones de ocupación del terreno y ciudades iban convirtiéndose en movimientos militares de cada vez mayor alcance, se fue profundizando en la idea de demonización del enemigo. Todos eran catalogados de comunistas y las noticias que de la zona gubernamental aparecían eran referentes al caos y los asesinatos, saqueos y actos parecidos que en ella ocurrían. Quienes huían de las fuerzas golpistas eran considerados unos canallas. Una noticia referente a la actuación de Ramón de Carranza Gómez de Pablos, hijo del alcalde gaditano, por los campos sevillanos al frente de la columna que había organizado aseguraba que las acciones maravillosas que efectuaba ese grupo de bravos, mandados por otro bravo, no finalizarían hasta terminar con "todos esos canallas así se metieran en el centro de la tierra"[8].

Poco a poco se fueron dando los pasos para justificar y hacer merecedores del castigo a quienes iban siendo detenidos y comenzaban a ser asesinados. La misma noche del jueves 30 de julio, cuando en el salón de actos del ayuntamiento, bajo la presidencia de Carranza, se reunieron representantes de las principales fuerzas que apoyaban al golpe para constituir una Guardia Cívica que se encargara de las tareas de retaguardia, fueron arrojados en los alrededores de la plaza de toros los cadáveres de tres personas asesinadas a tiros. Sus cuerpos fueron trasladados la mañana del 31 al cementerio en donde por orden del juez de instrucción, por delegación de la autoridad militar, se les practicó la autopsia[9].

Eran los cadáveres de tres de esos "canallas" de los que hablaban los golpistas: Juan de Dios Ríos Pérez, Manuel Ruiz de los Ríos y Manuel Esparragosa Rodríguez. Los tres cumplían todas las condiciones para que los golpistas procedieran a sus asesinatos. El primero, dueño de una confitería entre las calles de Sagasta y Moreno de Mora, estaba

[6] Referencias a alocuciones radiofónicas de López Pinto en *Diario de Cádiz* (21, 23 y 29.07.1936).

[7] Sobre esta cuestión GUTIÉRREZ MOLINA, José Luis. (2020) *Op. Cit.* Unas referencias más cortas en GUTIÉRREZ MOLINA, José Luis. "El asesinato de Tomás de Azcárate y su contexto" en AZCÁRATE RISTORI, Isabel de. *Tomás de Azcárate García de Lomas, capitán de fragata. Su muerte por fin esclarecida (1889-1936)*. Diputación Provincial de Cádiz. Cádiz, 2021, págs. 6-19.

[8] *Diario de Cádiz*, 28.07.1936.

[9] ARCHIVO HISTÓRICO DEL TRIBUNAL TERRITORIAL MILITAR SEGUNDO, Sevilla (En adelante AHTTMS), Diligencias Sumariales 2/36, Legajo 108/3055.

considerado como "comunista". El segundo, un sevillano que tenía un taller de platería en la calle Rosario, era masón y militaba en Izquierda Republicana. Había ocupado una concejalía en abril de 1936. Por último Esparragosa tenía una barbería también por el barrio de La Viña, pertenecía a la UGT y al PSOE y, aún en 1944, el Tribunal de Responsabilidades Políticas lo inhabilitó por 5 años.

No podía ser más clara la señal que se enviaba. No iban a ser los socialistas, anarquistas o comunistas, a los que se les adjudicaban todas las maldades, los que iban a sufrir la ira golpista atribuida a una alianza divina. La matanza iba a ir mucho más lejos y por tanto la invisibilización y denigración debía alcanzar a todos los considerados enemigos. Todos eran extremistas, comunistas, autores de las mayores barbaridades. Quizás sea casual que desde el 1 de agosto, la prensa local fuera publicando fotografías de los edificios asaltados y que ardieron en el centro de la ciudad, de grupos milicianos encargándose de la normalidad de la vida ciudadana o relatos sobre el "terror marxista"[10]. El nuevo gobernador civil, Eduardo Valera Valverde, lo explicitó en sus primeras declaraciones a la prensa local: había venido a hacer justicia a rajatabla.

Un plan para el que no se iban a escatimar esfuerzos. El 11 de agosto, el comandante militar tuvo que hacer pública una nota en la que avisaba que ante la continuación de los disparos desde azoteas y patios, hacía responsables de los mismos a todos los inquilinos de las fincas a quienes se les aplicaría, con todo rigor, la sanción prevista en los bandos de guerra. Es decir la de muerte[11]. Al día siguiente informó del castigo ejemplar que se había dado al barrio de Santa María cuando, mientras que se practicaban registros domiciliarios, se habían dado conatos de resistencia que la fuerza respondió con un escarmiento en forma de ocho muertes[12]. Ya habían comenzado los asesinatos de las principales autoridades de la ciudad, de miembros destacados de partidos políticos y la masonería y de militantes obreros. Día a día los enterramientos fueron aumentando.

El último día de agosto hasta once cadáveres lo fueron como desconocidos. Todos procedentes de los alrededores de la plaza de toros También ese día fueron enterrados Enrique Antón Macabich, Antonio Gómez Anet, Alfonso López Quera, encontrados en el mismo lugar, Joaquín Adsuar Queipo y Manuel López Moreno ambos hallados en la playa de la Victoria junto al hotel Playa[13]. Todos los identificados eran conocidos vecinos[14]

[10] Fotografías de los edificios afectados en Diario de Cádiz, 1, 2.5, 7, 8, 9, 8.36. De la normalidad de la vida diaria en la ciudad la misma cabecera sus ediciones de los días 1, 2, 8.36. Artículos sobre el terror marxista referentes a Olvera (2.8.1936).

[11] *Diario de Cádiz*, 11.8.1936.

[12] *Diario de Cádiz*, 12.8.1936.

[13] Libro Registro de inhumaciones de 1936 del cementerio San José de Cádiz, Cemabasa.

[14] Enrique Antón Macabich era secretario del instituto de enseñanza media gaditano, masón, miembro del PSOE de cuya agrupación local había sido presidente y había estado en la defensa del Gobierno Civil el 18 de julio. Estaba detenido desde el 8 de agosto. Antonio Gómez Anet era un comerciante también masón y miembro de IR. Joaquín Adsuar Queipo, profesor en la Escuela Superior de Trabajo de Cádiz, secretario de la Sociedad Cooperativa de Construcción de Casas Higiénicas y Baratas y directivo de la Casa del Pueblo y de la Agrupación Socialista de Cádiz. Lo detuvieron el mismo día 19 en su casa y trasladado al castillo de Santa Catalina. Alfonso López Quera era practicante municipal, masón, miembro de la UGT y cercano al PSOE. Manuel López Moreno era un camarero y uno de los más influyentes anarquistas de la ciudad, destacado en la Federación Local

que estaban en poder de las autoridades golpistas tras sus detenciones. De forma que sus asesinatos tuvieron que contar con su aprobación.

Fue en este contexto de terror, en el que los asesinatos ocupaban un papel central, cuando las autoridades golpistas pusieron su atención en un grupo de jóvenes del barrio de Santa María de los que habían recibido denuncias que podían haber participado en la resistencia, vivían en la precariedad económica y algunos tenían militancia político sindical.

LOS SIETE NIÑOS DE ÉCIJA

En ese proceso de invisibilización y denigración del enemigo, los golpistas utilizaron los apodos, la caricatura, la calumnia y, en ocasiones, la creación de entes fantasmas a los que se les daba denominaciones presuntamente ingeniosas y graciosas que hacían referencia a características de las víctimas. Ese ingenio y gracia nacieron de los discursos radiofónicos de Queipo de Llano o de los textos del vate local José María Pemán. Un hecho que tenía tradición en el imaginario punitivo de la derecha española. Recordemos, por ejemplo, el caso de La Mano Negra[15]. Ahora, pongamos un caso ilustrativo: el de la supuesta peña "Los 33 y el loro".

En la plaza de San Antonio, esquina a la calle Ancha se encontraba un conocido bar restaurante llamado la "Cervecería Inglesa"[16]. Un local, frecuentado por la burguesía local, lugar de encuentro de amigos y conocidos y en el que se reunían diversas tertulias. Algunas futbolísticas, otras intelectuales, artísticas o políticas. Muchos de sus participantes eran masones. De ahí el sobrenombre de Los 33, por el máximo grado masónico, y El loro que supongo se trataba de hacer una gracieta con la afición a hablar, a debatir del mundo masónico y de las tertulias en general. Desconozco si los golpistas se referían a una tertulia o reunión concreta o si la denominación era utilizada de forma genérica para la persecución de todas aquellas personas que habían frecuentado el restaurante.

Tenemos numerosas referencias a informes policiales o de los servicios de investigación de Falange y de los carlistas, sobre personas a las que se les acusaba de pertenecer a ella. Son los casos de Miguel Jiménez Jiménez, jefe de negociado en Correos; del médico municipal Antonio Suffo Ramos, ambos condenados a 20 años[17] y José León Guerra Salazar, un droguero que fue absuelto. Además de los asesinados Manuel Domínguez

---

de la CNT y habitual conferenciante y orador en actos obreros. Detenido en el Gobierno Civil estuvo entre los que organizaron la resistencia.

[15] Sobre montajes policiales, políticos y judiciales de la derecha española a lo largo de la historia contemporánea se puede consultar GUTIÉRREZ MOLINA, José Luis. *El Estado frente a la anarquía. Los grandes procesos contra el anarquismo español (1883-1982)*. Síntesis. Madrid, 2008. Para el caso concreto de La Mano Negra, AVILÉS FARRÉ, Juan. "Mitos y realidades. El extraño caso de la Mano Negra en 1883" en *Alcores, revista de historia contemporánea*, nº 13, 2012, págs.189-211.

[16] Sobre este establecimiento https://caocultura.com/un-banquete-de-1910-en-la-cerveceria-inglesa/

[17] El consejo de guerra contra Miguel Jiménez Jiménez (Legajo 1108), José León Guerra Salazar (Legajo 1189), Antonio Suffo Ramos (Legajo 1134) en el AHTMTS.

Morales, destacado militante de Unión Republicana, Bernardino Jiménez del Moral, concejal, Higinio Bejarano, oficinista en el astillero o Miguel Jiménez, trabajador de Correos[18].

Si la peña masónica estaba formada por miembros de la burguesía local, al grupo de jóvenes del barrio de Santa María le aplicaron otro nombre que pensaban estaba más en consonancia con su extracción social: los Siete Niños de Écija. Nombre con el que se conocía al grupo de bandoleros que entre 1814 y 1817 cometieron numerosos asaltos en Sevilla y Córdoba. La mayoría fueron detenidos y ejecutados. Algunos están entre los nombres más conocidos del bandolerismo andaluz. Son los casos de Flores Aroche, Luis de Vargas, "Juan Palomo" o "Tragabuches". En realidad tras el apelativo se ocultaba, como en el caso de los jóvenes gaditanos, otra realidad porque ni fueron siete, ni eran de Écija, ni su nacimiento fue el de una banda de asaltantes sino un grupo guerrillero creado durante la ocupación francesa que continuó posteriormente haciendo de la guerrilla su forma de vida. Entonces de patriotas se convirtieron en malhechores.

Precisamente era esta última visión la que pretendían utilizar los golpistas en su estrategia de destrucción del enemigo. Si los burgueses de la cervecería Inglesa tenían tenidas masónicas presididas por un loro, estos jóvenes cercanos a la "mala vida" no podían tener otra caracterización que la de bandoleros.

La "mala vida" define a aquel sector de la población que, con dificultades para subsistir y en los límites de conductas que podían definirse como de "peligrosidad social", había sido fuente de preocupación para las autoridades. Con el triunfo del golpe de Estado la cuestión adquirió mayor importancia hasta el punto de que frente a los instrumentos legislativos utilizados con anterioridad, los golpistas utilizaron otros ligados a los modos de represión que ejercían, entre ellos el asesinato, contra todos aquellos que consideraban que no tenían cabida en el nuevo orden instaurado.Una percepción que algunos coetáneos transmitieron en su momento.

El cenetista Juan López Moreno transmitió oralmente[19] su creencia de que los golpistas "aprovecharon" la situación para hacer una "limpieza" de delincuentes menores de la ciudad. Detuvieron a mendigos extranjeros que pedían comida en los barcos del muelle y vivían en el contraminado de la Puerta de Tierra. La zona conocida como las "Cuevas de Marimocos". Muchos eran ciudadanos de países como Suecia, Noruega o Dinamarca. Habían formado parte de las tripulaciones de los bacaladeros que venían a Cádiz a cargar sal. Aquí desertaban y vivían cómo mendigos. Las autoridades republicanas habían promulgado en 1933 la llamada Ley de Vagos y Maleantes que pretendía reprimir conductas como la vagancia, no poder justificar ingresos, la mendicidad, estar ebrio habitualmente o utilizar nombre falso[20]. También fue utilizada para reprimir a los

[18] Sobre esta tertulia algunos datos en GUTIÉRREZ MOLINA, José Luis (2014), *op. cit.* págs, 111, 264, 314 y 316.

[19] Información transmitida por Rafael Sierra en julio del 2021. Una prueba documental de la práctica de esta limpieza social la reproduzco en *La Justicia del Terror*, Cádiz, Mayi, 2014, pág. 25.

[20] Ley publicada en la *Gaceta de Madrid* el 5.08.1933.

militantes sociales y políticos considerados "molestos". Ahora los golpistas se fijaron en ella para la represión.

Aunque durante los primeros meses de su triunfo prefirieron los métodos represivos ligados directamente con la aplicación de los bandos de guerra en el caso de Cádiz, caracterizada la resistencia como una orgía de incendios y saqueos, se abrieron al menos medio centenar de diligencias para conocer a sus autores y depurar responsabilidades. Algunas se substanciaron en consejos de guerra celebrados antes de que acabara 1936.

Por los atestados sabemos que no buscaban conocer lo ocurrido la tarde y noche del 18 de julio, ni siquiera castigar a quienes se hubieran apropiado de ropas u otros efectos. A falta de una investigación exhaustiva sabemos que muchas se abrieron por petición de los propietarios afectados que querían tener una prueba que les permitiera cobrar los seguros que tenían concertados. Aunque el objetivo final de los golpistas fue localizar a extremistas para fundamentar su propaganda de que la resistencia no había sido sino un problema de orden público obra de malhechores. Sin embargo, prácticamente en todos los casos, los detenidos no tenían relación alguna con organizaciones políticas o sindicales y fueron sobreseídos o indultados. En el caso de los Siete Niños de Écija sabemos que tres de ellos fueron asesinados: Adolfo Trinidad Verano, José García Pérez y el joven del que solo conocemos su apodo, "El Inglés".

Como ya hemos dicho es prácticamente seguro que la existencia de un grupo con ese nombre es solo una invención de los golpistas con intención denigratoria hacia unos jóvenes que habían participado en la resistencia, algunos militaban en organizaciones de izquierda y tenían una precaria vida. La primera vez que aparece una referencia a él es en el informe que la Guardia Civil envió el 22 de mayo de 1937 al juez instructor del consejo de guerra contra José García Pérez. En él decía que pertenecía a esa "banda" encabezada por Antonio Jiménez Rodríguez, un "pistolero de malísima conducta". Otros de los que la formaban eran Joaquín López Ramírez, detenido como Jiménez, El Titi, Adolfo Trinidad Verano, y El Inglés, ambos asesinados. También señalaba a Manuel Soto Espeleta y a "Medina" aunque no aseguraba su pertenencia.

Cabe entonces preguntarnos ¿quiénes eran y cuándo y cómo fueron represaliados? Veámoslo.

Los asesinados por los bandos de guerra

De los tres, dos fueron asesinados durante la matanza fundacional del franquismo: los meses de julio a diciembre de 1936. La justificación empleada durante este tiempo fue que los asesinatos eran consecuencia del incumplimiento de los bandos de guerra dictados por las autoridades golpistas. Parece que el primero fue Adolfo Trinidad Verano. Aunque hay que hacer la reserva de que desconocemos la identidad y circunstancias del asesinato de "El Inglés". Que lo fue lo sabemos por el informe de la Guardia Civil al juez del procedimiento que llevó a la muerte a José García Pérez meses después ya bajo la Justicia del Terror[21]. No tenemos otras informaciones más que trabajaba en el sector del pescado y vivía en la calle Merced[22]. Ni siquiera conocemos el nombre que ocultaba el apodo.

La corta vida de Titi, como era conocido familiarmente Trinidad, y las circunstancias de su asesinato tuvieron recientemente cierta notoriedad hace unos meses por el posible hallazgo de sus restos en el transcurso de la intervención que se ha desarrollado en el cementerio San José de Cádiz. Una posibilidad que será el ADN la que lo confirme. De momento, el análisis antropológico de los restos óseos corresponde a las de un individuo del sexo masculino, cuyo rango de edad es compatible con Trinidad y muestran evidentes signos de violencia como un orificio en el cráneo, en el área temporal derecha, originado por un proyectil de arma de fuego. Además de lesiones en ambas tibias relacionadas con alta actividad física y fracturas en costillas y peroné izquierdo coincidentes con el maltrato al que se refieren los familiares[23]. Había sido jugador, "un extremo muy pelotero", de dos de los equipos de fútbol más representativos de la ciudad durante los años treinta: la Gimnástica y el Mirandilla.

Por la documentación conocida sabemos que la mañana del 27 de agosto de 1936 unos agentes de la policía municipal detuvieron hacia las 9 de la mañana, en las cercanías del ayuntamiento, a un joven llamado Adolfo Trinidad Verano. Tenía unos 22 años y fue calificado de "peligroso maleante" por el jefe del cuerpo Luis Machuca Báez en el parte que envió al alcalde Ramón de Carranza[24]. Fue acusado de participar en los saqueos de establecimientos la noche del 18 de julio y quedó encarcelado en los calabozos del edificio municipal.

Rubio, de estatura media vivía en el domicilio familiar de la calle Silencio del barrio del Pópulo. Se ganaba la vida en el muelle con el pescado que caía al agua de los barcos que llegaban. La memoria familiar atribuye su detención a que se negó a delatar a identificar a otros jóvenes del barrio a los que conocía y que, también, eran considerados por los golpistas como rateros, extremistas y participantes en la resistencia. Antes del golpe de Estado la policía municipal quiso que se convirtiera en confidente. Al negarse le amenazaron: "¿no quieres hacerlo? Ya nos veremos. Ya te enterarás". Algo que abunda la periodista Tamara García, también utilizando fuentes familiares, que resalta que "era

[21] En PSU 110/37 contra José García Pérez en AHTMTS, Legajo 1133/29363. Es posible que el cuerpo de este joven sea uno de los 80 enterrados durante esos meses como "desconocidos" en el cementerio gaditano.

[22] Esta afirmación figura en la declaración de Antonio Jiménez Rodríguez al juez instructor que le interrogó en marzo de 1937. En AHTTMS, PSU 30/1937 Legajo 1248/31516, fol. 8 y 8v. El domicilio en la declaración de Joaquín López Ramírez ante el instructor en AHTTMS, PSU 125/37 Legajo 1259/31660, fol. 9.

[23] En Ayuntamiento de Cádiz. Delegación de Memoria Histórica, (Informe realizado por el equipo técnico dirigido por José María Gener Basallote), "Las sepulturas olvidadas. Excavación arqueológica de las sepulturas colectivas ("Medias Sepulturas") del cementerio de San José (Cádiz). Localización y exhumación de las víctimas de la represión franquista (1936-1937), Cádiz, junio de 2021. Lo referente a Trinidad verano pág. 22. Además los artículos periodísticos de BOCANEGRA, Raúl. "¿Cuánto queda del futbolista gaditano Adolfo Trinidad Verano, asesinado en tiempos del alcalde Ramón de Carranza?", *publico.es*, 19.06.2021 y GARCÍA DEL VALLE, Tamara. "Más cerca de Adolfo Trinidad "El Titi", el futbolista represaliado", *Diario de Cádiz*, 28 de junio de 2021. De ellos proviene parte de la información utilizada.

[24] ARCHIVO HISTÓRICO MUNICIPAL DE CÁDIZ, Legajo 1014. La noticia de su detención en *Diario de Cádiz*, 10 de septiembre de 1936.

buena gente", querido en el barrio, en la zona de la calle Mesón, un microcosmos dentro del Pópulo, donde estaba considerado como de corazón generoso.

En las dependencias municipales permaneció hasta el 4 de septiembre cuando ingresó en la Prisión Provincial. Una semana más tarde parece que el Gobernador Civil Eduardo Valera Valverde ordenó su traslado al vapor Miraflores. Precisamente ese día la prensa local publicó la noticia de su detención. Un lugar recordado en la ciudad como antesala de la muerte. Así lo expresó la familia de Trinidad en la prensa: "Ir al Miraflores era como ir de camino al cielo, al infierno o al purgatorio".

Ya no tenemos más noticias hasta la aparición de su cadáver en los alrededores de la plaza de toros el 29 de septiembre. Fueron a reconocerlo su padre y un cuñado avisados por unos vecinos. Al día siguiente fue enterrado.

LOS QUE CAYERON EN MANOS DE LA JUSTICIA DEL TERROR: EL ASESINADO

Los demás Niños de Écija fueron represaliados por el sistema judicial que crearon los golpistas en sustitución de los bandos de guerra. Su aparición está unida al fracaso del golpe, el comienzo de las operaciones militares y a su conversión en un auténtico conflicto bélico tras el nuevo fracaso de la ocupación de Madrid en noviembre de 1936. La prolongación de las hostilidades obligó a la creación de una estructura administrativa de la zona ocupada por los golpistas. La Junta militar se convirtió en una Junta Técnica más parecida a una administración estatal. De los bandos de guerra pasaron a una "justicia" basada en los Procedimientos Sumarísimos de Urgencia que permitía una apariencia de legitimidad y legalidad y podía ser más digerible por la opinión internacional.

Aunque comenzó a ponerse en práctica en marzo de 1937 hubo unos meses preparatorios. Durante ellos se reactivaron las detenciones, la localización de huidos y la revisión de los expedientes de quienes habían sido detenidos los meses anteriores y que, en muchos casos, las propias autoridades golpistas desconocían su situación, si habían sido asesinados o permanecían encarcelados.

José García Pérez, aunque no fue el único condenado a muerte del grupo sí fue el único ejecutado. Tenía 20 años, era de Cádiz y, en 1937, vivía en la calle Solano con su padre y su madrastra. Ya en julio de 1936 había sido detenido por amenazar de muerte al guardia que le había recomendado que tiñera de negro la camisa roja que llevaba puesta. A finales de enero de 1937 lo fue de nuevo por guardias de Asalto. En esta ocasión tras recibir los informes correspondientes, el jefe de la brigada de investigación de la Delegación de Orden Público lo elevó a sus superiores para que le fuera aplicada la sanción que "considerara de justicia". Estaba acusado de haber participado en los saqueos de la droguería de Antonio Fernández Albia sita en la calle Sagasta y de la tienda de tejidos La Innovación en compañía de Manuel Soto Espeleta y Antonio Jiménez Rodríguez. A la vez que reconocía que no tenía antecedentes policiales.

Puesta en marcha la maquinaria represiva, el servicio de información del Requeté, que mandaba Alejandrino L. Marín, aseguró que había pertenecido a la CNT. Por su parte, el jefe local de Falange, José Martínez, dijo estaba afiliado a las JSU. Motivo suficiente para inculparlo, aunque nada concreto sabía sobre su participación en actos violentos, "dadas las violencias que en estos últimos tiempos tenían esas juventudes". La comandancia de la Guardia Civil informó que José era conocido como "El Chocolate" y dio por probada su militancia y que había participado en los asaltos. Además añadió, también como cierto que, en las elecciones de 1933, había votado suplantando a otra persona. Por último, la comisaría de policía, a través de su comisario jefe, Teodosio Chacón Chacón, confirmó su militancia en las JSU y participación en los saqueos. Ni Guardia Civil ni Policía adjuntaron prueba alguna.

Fue con estos mimbres con los que la justicia golpista gaditana, por orden de su auditor Marcelino Rancaño, un juez de instrucción incorporado a ella, ordenó la apertura de una instrucción sumarial. Así lo hizo José Luis Molina Schwalbach, otro jurista, secretario de la Audiencia, incorporado a la Justicia del Terror, quien el 13 de abril interrogó al joven en la prisión de Cádiz[25]. Se había puesto en marcha la maquinaria que en poco más de cien días lo llevaría ante el pelotón de fusilamiento[26]. Reconoció que pertenecía a la CNT porque trabajaba en un puesto de pescado en el Mercado Central. Aseguró que los guardias que lo detuvieron solo le habían dicho que lo era por haber llevado una camisa colorada y negó que el incidente hubiera ocurrido porque estaba enfermo en casa esos días. También negó los saqueos. Terminó recordando al juez que había pedido su incorporación a la Legión.

Dos días después declaró una mujer que atestiguó que reconocía a José en el incidente de la camisa mientras que los pescaderos para los que había trabajado dijeron que siempre había tenido una conducta intachable y que no sabían que tuviera "ideales". Aunque la declaración más comprometida fue la del propietario de unos billares en la calle Sopranis que dijo que el 23 de julio se había presentado en su domicilio José, en compañía de Antonio Jiménez y de Manuel Soto Espeleta ofreciéndole género que le dijeron habían cogido en la puerta de la droguería asaltada en la calle Sagasta.

Un testigo que parecía estar bien informado porque añadió que era un maleante, como sus amigos, sobre los que ya había caído el peso de la ley. Esta persona declaró en varios de los procesos abiertos al grupo de jóvenes y sus afirmaciones se adecuaron a las necesidades del sumario. Los perfumes podían convertirse en cortes de traje. El instructor intentó confirmar las denuncias. Volvió a interrogar a García Pérez que de nuevo las negó, También pidió los nombres de los agentes que habían intervenido en el incidente y los informes que la policía tuviera sobre el asalto a la droguería. La policía no pudo

[25] Molina Schwalbach fue sustituido unos días después al ser enviado por diferentes localidades de la provincia para realizar la misma tarea. Le sustituyó Amando García Royo, otro juez de instrucción incorporado a la justicia golpista.

[26] El procedimiento del PSU 110/37 contra José García Pérez en AHTMTS, Legajo 1133/29363.

precisar la filiación de los guardias implicados y sí que la denuncia de la participación de José y sus amigos en el asalto de la droguería procedía de un vecino. Aunque reafirmó su activa militancia en las JSU. Sin embargo, el denunciante, ahora, no la ratificó sino que además dijo que ni conocía al joven y que, salvo a una persona a la que decían "Medina" no reconoció a nadie del asalto que contempló desde el cierro de su casa.

Quien más detalles proporcionó sobre las acusaciones fue la Guardia Civil que informó al juez que, en efecto, había sido la tarde del 23 de julio cuando los jóvenes se presentaron en los billares de la calle Sopranis para ofrecerle al dueño un canasto de tarros de colonia que no compró. Incluso que el dueño del establecimiento les había dicho que estuvieron entre los que forzaron la puerta. Por primera vez se utilizó el nombre los Siete Niños de Écija para caracterizar al grupo de jóvenes en el que estaba García y que, decía estaba comandado por Antonio Jiménez Rodríguez Morcilla, un pistolero de malísima conducta y al que pertenecían también Adolfo Trinidad Verano, Titi; Joaquín López Ramírez, Joaqui; Manuel Soto Espeleta, Espeleta y otros dos de los que solo se decían sus apodos: El Inglés y El Medina. Todos ellos habían participado en la resistencia y los consideraba

> ... maleantes, pistoleros, comunistas y forajidos que incendiaron iglesias, asaltaron establecimientos, contravinieron los bandos dictados por el Excmo. Señor General de la División así como las leyes referentes a desórdenes públicos y otros tantos delitos que la Guardia Civil los reconoce como de suma gravedad.

Incluso el informe dio el nombre del guardia de Asalto, Germán, que había participado en el incidente de la camisa y que hasta ese momento había permanecido en segundo plano.

El instructor consideró que ya tenía suficientes elementos para redactar el auto-resumen que remitió el 10 de junio al presidente del Consejo de Guerra Permanente de Cádiz. En él consideraba que José García Pérez, quien permanecería en prisión, había injuriado gravemente, los primeros días del golpe, a un agente de la autoridad y participado en el asalto y saqueo de la droguería. Hechos que consideraba podían estar incursos en los artículos 237 y siguientes del código de justicia militar y el 4º del bando de Queipo de Llano, es decir que, por los primeros, había cometido rebelión militar, estaría por determinar la modalidad, y que, por el segundo, sería juzgado en consejo de guerra sumarísimo y pasado por las armas por incendiario y atentar contra las propiedades.

Hasta una semana más tarde no se presentó en la prisión gaditana el secretario de la sumaria Manuel García Ceballos para comunicarle su procesamiento y requerirle para que nombrara defensor. Eligió a Adolfo Gutiérrez García, un conocido abogado de la ciudad que se había incorporado a la justicia golpista y ejerció de gestor en la Diputación en agosto de 1936. Apenas habían pasado dos meses desde que la rueda judicial golpista se había puesto en marcha. No llegarían a otros dos para que José García fuera pasado por las armas.

Menos de cinco días pasaron hasta que el presidente del Consejo de Guerra Permanente Rafael López Alba fijara para la tarde del 18 de junio la vista. El tribunal lo presidió el propio López Alba y el ponente, un vocal que debía tener formación jurídica, fue Alberto Llamas García, juez de Primera Instancia.

Aunque no lo indica la documentación seguramente se celebró en el local habilitado en la facultad de Medicina para estos casos. Por si quedara alguna duda sobre el destino final del acusado compareció como testigo el propietario de los billares de la calle Sopranis quien se reafirmó en que había sido García Pérez una de las personas que le habían ofrecido efectos robados en la droguería. Entonces el presidente del consejo ordenó un careo. Ambos mantuvieron sus versiones aunque el acta de la vista señaló que se había observado una actitud "más decidida" en el testigo. La última palabra la tuvo el acusado en que el testigo mentía. Antes, el fiscal había pedido la pena de muerte y el defensor, reconociendo el delito de auxilio a la rebelión, solicitó 14 años, 8 meses y 1 día de prisión.

La sentencia se dictó esa misma tarde. Consideró probadas todas las acusaciones. Desde la militancia y destacado protagonismo en las JSU, el incidente de la camisa con el guardia de Asalto hasta su pertenencia a la banda de los Siete Niños de Écija y participación en la resistencia caracterizada como actos vandálicos. En consecuencia lo consideraba autor de un delito de rebelión militar por lo que, por su peligrosidad, fallaba la pena aplicable en su mayor grado: la de muerte. La mañana del 19 de junio la causa viajó a Sevilla para que el Auditor de Guerra la aprobara o disintiera. El auditor Bohórquez la confirmó el 22 de junio. Se cumplió un mes después, el 25 de julio día de Santiago a quien, los golpistas habían vuelto a declarar patrón de España[27].

Hubo un postrero intento de retrasar la ejecución. Antes le había sido rechazada una solicitud de ingreso en la legión. El día 26 de julio remitió al presidente del consejo gaditano un escrito solicitando que se abriera una información para aclarar si no existía una equivocación de personalidad ya que podía probar que nunca había pertenecido a las JSU ni había estado detenido antes. Al día siguiente Marcelino Rancaño denegó la petición. El 4 de agosto llegó a Cádiz el "enterado" de Franco con lo que se iniciaron los últimos trámites para llevar a cabo el asesinato.

La madrugada del día 7 el secretario del consejo permanente, José Domínguez Sevilla, se personó en la prisión provincial y le comunicó a José García Pérez que iba a ser ejecutado unas horas más tarde. A las 6,30 de la mañana, en el foso de la Puerta de Tierra el soldado médico Rafael Martínez de Salazar Moyano certificó la muerte. El cadáver fue trasladado al cementerio San José en donde fue enterrado al día siguiente en una sepultura del patio 6[28].

---

[27] La restauración del patronazgo suspendido durante los años republicanos y declaración festiva del día 25 de julio en el BOE de 21.7.1937.

[28] La sepultura en la que fue enterrado (en el lugar 1º de la 29 de la fila 4 del patio 6, línea Este) fue exhumada en la primera de las intervenciones realizadas en el cementerio gaditano ente enero y junio de 2016. En ella se localizaron parte de los restos de un represaliado, García Pérez fue el único allí enterrado, compatible en edad y sexo. EN ROMÁN ROMÁN, Jesús y GUIJO MAURI, José Manuel. *Delimitación y exhumación de represaliados por*

LOS QUE CAYERON EN MANOS DE LA JUSTICIA DEL TERROR. LOS CONDENADOS

El 15 de marzo de 1937 comenzó la sumaria 30/37 de los nuevos PSU. La abrió el Consejo de Guerra de Cádiz contra Antonio Jiménez Rodríguez apodado Morcillo. Lo instruyó José Antonio Tabernilla Olivar, otro de los juristas, en este caso fiscal de la Audiencia, incorporado a la justicia golpista. El procedimiento está encabezado por el informe que uno de los grupos de investigación afectos a la Brigada de Información de la comandancia militar afecto a la Delegación de Orden Público había realizado tras su detención el 4 de enero. Formado por un falangista, un agente de policía y un auxiliar de investigación describieron al joven como uno de los incendiarios de julio y con antecedentes de haber participado en los conflictos sociales de los años anteriores.

Tenía 18 años, vivía en la calle de San Roque, en el barrio de Santa María, y aunque los golpistas lo definieron como jornalero, él, cuando fue interrogado, se declaró pescadero. El informe policial, de fecha 3 de febrero de 1937, está marcado, en lápiz rojo, con el temido "x-2"[29]. Que estuviera decidido su asesinato puede que justificara la señal. Aunque, como los informadores hacían referencia a otros de los que se consideraban sus compañeros que ya habían sido asesinados, es posible que quisiera señalarse ese dato. Desde luego las acusaciones eran para pensar que su destino sería la muerte: incendiario de la iglesia de la Merced, saqueador y activista sindical que incluso había sido herido en el transcurso de un "conflicto"[30]. Sin embargo terminó siendo uno de los primeros encausados por la Justicia del Terror lo que le permitió una vía de escape. En este caso en razón de su edad.

Durante los días siguientes fueron llegando los informes de la Guardia Civil, que lo consideraba afiliado a la CNT y había sido detenido en junio por repartir panfletos llamando a la huelga general,[31] y del Requeté que además de señalar que era un vago, afirmaba que era compañero de una cuadrilla de jóvenes que había estado presentes en cuantos conflictos sociales se habían dado en la ciudad. Grupo al que denominaba de

el franquismo en el antiguo cementerio de San José de Cádiz. Informe preliminar, Cádiz, noviembre 2016, pág.144. En la actualidad, a la espera de la localización de familiares los restos se encuentran depositados en la sepultura del cementerio de CEMABASA en Chiclana de la Frontera y una muestra de huesos fue enviada al laboratorio Genius de Granada para su incorporación a la futura base de datos regional.

[29] Hasta la puesta en marcha de la Justicia del Terror, la señal "x-2" indicaba que a la persona cuyo nombre estaba marcado había sido asesinada mediante la aplicación de los bandos de guerra. Tuvo que ser una decisión adoptada en la propia Auditoría sevillana porque la encontramos en los procedimientos de las plazas bajo su jurisdicción. También, en Córdoba, encontramos la señal "k-2" que tiene el mismo significado. Agradezco a Julio Guijarro que me haya proporcionado esa indicación.

[30] Aunque el informe policial hacia referencia de forma genérica a que la herida por arma de fuego la había recibido en el transcurso de "un conflicto", lo había sido durante el enfrentamiento que se produjo en la plaza de Topete el 28 de enero de 1936 cuando un grupo de falangista fijaba carteles electorales. En la discusión Jiménez recibió un disparo de los falangistas. En *El Siglo Futuro*, Madrid, 28.1.1936 y *Ahora*, Madrid, 29.1.1936.

[31] Se refiere a la huelga general, declarada ilegal, convocada en la ciudad en solidaridad con los almadraberos en huelga en las factorías de Tarifa, Barbate, Zahara y Sancti Petri. Comenzó el 10 de junio y prácticamente paralizó Cádiz durante una semana. Sobre esta huelga GUTIÉRREZ MOLINA, José Luis. *Crisis burguesa y unidad obrera. El sindicalismo en Cádiz durante la Segunda República*. Madre Tierra-FAL. Madrid, 1994. págs. 436-439.

"los siete niños". En base a estos informes fue por lo que el consejo encargó a Tabernilla instruir el procedimiento. El 11 de marzo lo interrogó en la prisión de Cádiz. Manifestó que había estado trabajando en la reparación de aparejos de pesca en su casa y después en las dependencias de la exportación de pescado hasta que fue despedido por no cotizar a la sociedad de la CNT que controlaba el sector. Negó todas las acusaciones que le hacía de incendiario y saqueador, así como conocer a los otros jóvenes por los que se le preguntaba. Es más, durante el 18 y 19 de julio había permanecido en su casa como podían testimoniar algunos vecinos.

Sin embargo, al día siguiente declaró el ya conocido propietario de los billares de Sopranis quien afirmó que reconocía a Jiménez porque, junto a otros, utilizaban desde hacía un tiempo su establecimiento para repartirse el botín de lo que robaban. Así había ocurrido en julio cuando se presentó con otros, dos de ellos ya habían sido fusilados, para vender objetos procedentes de los saqueos. Una afirmación que como se ha visto le costaría la vida a José García Pérez. También aseguró que en marzo, el día del incendio de diversos edificios religiosos en la ciudad, lo vio en compañía de otros jóvenes ante la iglesia de La Merced golpeando con barras de hierro las estatuas arrojadas a la calle.

También fue llamado a declarar Joaquín López Ramírez otro supuesto miembro de la banda que había sido detenido a comienzos de enero de 1937 y permanecía en la cárcel. Negó que conociera a Jiménez, que formara parte de los "Siete niños" y que hubiera ido a los billares a vender productos procedentes de los saqueos. Aunque fue el cabo de Asalto Vázquez, quien lo había detenido, el que proporcionó el origen, no solo de la detención de este sino de los demás jóvenes: todo surgía de una confidencia recibida en diciembre de 1936. Nada dijo de donde procedía la denuncia ni la persona que la había hecho.

Tabernilla pidió informes sobre los otros jóvenes que habían salido en las diferentes declaraciones: Trinidad Verano y los conocidos como Guaqui, Titi y Gordo. La respuesta policial fue negativa para siquiera decir sus nombres. Más contundente fue el informe municipal, firmado por el propio Ramón de Carranza, que recordaba la intervención de Jiménez en la huelga de almadraberos, que pertenecía a la CNT y había participado en el saqueo del establecimiento Casa Solves junto al Palillero. Así como el policial que aseguraba que, según sus archivos, era anarquista. Así que, el 24 de marzo el instructor dictó un auto por el que daba por ciertas las acusaciones y solicitaba su procesamiento por un delito de rebelión contemplado en el código de justicia militar y en el artículo 4º del bando de Queipo. Al igual que lo que ocurriría con García Pérez. Ese mismo día Jiménez recibió la comunicación y nombró defensor.

La vista del consejo fue convocada para las diez de la mañana del primer día de abril. El acta es tan breve como su tramitación. Se limita a escribir los pasos de lectura de la instrucción, que se produjo la declaración del dueño de los billares y que fiscal y defensor leyeron sus alegatos. Constando la petición fiscal de 20 años de prisión, la del defensor que solicitó la absolución y la intervención final, que no se describe, del acusado. El ponente de la sentencia fue el juez de instrucción incorporado a la justicia golpista Marcelino

Rancaño Gómez. Consideró probadas sus intervenciones en el edificio religioso, asaltos y saqueos de comercios y su activismo sindical. Aunque señalaba que cuando los había cometido todavía tenía 17 años. Unos hechos constitutivos de adhesión a la rebelión militar. Además Rancaño elaboró toda una justificación de por qué pensaba que Jiménez había cometido rebelión militar.

Decía el que hasta hacía unos meses había sido miembro de la judicatura estatal que aunque algunos de los hechos habían sido cometidos con anterioridad al golpe no podía olvidarse que la rebelión proyectada por los partidos revolucionarios y el Frente Popular había comenzado en octubre de 1934. Desde esa fecha se habían sucedido "los actos de violencia como modalidades y facetas del delito continuado de rebelión" hasta manifestarse "de forma cruenta" en la hostilidad y lucha de las fuerzas disolventes contra el Estado y la Sociedad Organizada. Los actos cometidos por Jiménez no eran sino una muestra de "acción directa" con finalidad revolucionaria. Recordemos que se refería a repartir panfletos y participar en un enfrentamiento callejero. Termina la sentencia que fallaba, acogiéndose a uno de los apartados del artículo 238 del CJM referente a la edad del autor de los hechos, le rebajaba un grado la pena. Es decir que en vez de la de muerte le condenaba a 20 años.

El 6 de abril fue enviada a Sevilla para su aprobación. Unos días después así ocurrió y el 17 de ese mes le fue comunicada en firme al joven. Hecha la liquidación, y contabilizado la mitad el tiempo que llevaba encarcelado, quedaría en libertad el 13 de febrero de 1957. De momento permaneció en la prisión gaditana. En ella le sorprendió la revisión de penas ordenada a comienzos de 1940[32] que le rebajó a doce los años de prisión en mayo de 1940. Después fue trasladado al penal de El Puerto y de allí a la prisión Tabacalera de Bilbao. En la prisión vizcaína permaneció hasta octubre de 1941 cuando fue puesto en libertad condicional. Antonio Jiménez no regresó a Cádiz, se fue a vivir a Leirado, una pequeña parroquia del municipio pontevedrés de Salvatierra del Miño.

Sin embargo no debió hacerlo así porque en 1943 la Guardia Civil del puesto de esa localidad comunicó que Jiménez era desconocido en su demarcación. Volvió a Cádiz en fecha indeterminada y cuando fue citado por el juzgado militar gaditano en marzo de 1945, en el resguardo figura escrito a mano que se encontraba en la prisión provincial. Entonces, en septiembre, fue enviado a la prisión de Guadalajara. Allí pidió acogerse al indulto decretado en octubre de 1945[33]. Cuando le llegó la resolución favorable en junio de 1946 estaba de nuevo en libertad provisional y vivía en Cádiz. Finalmente, el 2 de

[32] Las revisiones de penas fue el instrumento utilizado por los ya vencedores golpistas para intentar descongestionar el colapso del sistema penitenciario incapaz de absorber a los cientos de miles penados y encarcelados. Creadas en enero de 1940 revisaron de oficio todas las penas impuestas por los tribunales golpistas desde 1936. Hasta 1945 un total de 143.000. Para una mayor información ÁGUILA TORRES, Juan José del. "La Jurisdicción Militar de Guerra en la represión política: las Comisiones Provinciales (CPEP) y Central de Examen de Pena (CCEP), (1940-1947)", comunicación presentada al IX Congreso de Historia Contemporánea (Murcia 17-19 de septiembre de 2008) en https://www.todoslosnombres.org/sites/default/files/investigacion72_1.pdf.

[33] Se trató de un indulto total de los condenados por delito de rebelión militar antes de abril de 1939. *BOE*, 20 de octubre de 1945.

octubre Antonio Jiménez saldó sus cuentas con la justicia franquista. Había entrado en prisión con 17 años y firmaba su liquidación definitiva con 27. Bueno, lo definitivo que podía ser todo en el franquismo.

También fue condenado a 20 años Joaquín López Ramírez. Tenía esa edad en 1937 cuando le pidieron la pena de muerte. La sentencia fue anulada porque no se había tenido en cuenta que no tenía 18 años cuando supuestamente participó en los incendios y asaltos de los conventos de Santo Domingo y La Merced; se apostó en una ventana de su domicilio el 18 de julio para disparar contra las fuerzas golpistas; se marchó a casa de un tío suyo que vivía en El Puerto de Santa María y un vecino declaró que lo había visto vestido con camisas que parecían proceder del asalto del comercio de Solves.

Joaquín López había nacido en El Puerto de Santa María el 5 de junio de 1917 y vivía en Cádiz, en la calle de la Merced. Tenía como oficio picador de calderas. Como sus compañeros fue detenido a comienzos de 1937, el 2 de enero, por el cabo de Asalto Vázquez. Lo interesante de esta sumaria es que conserva la denuncia que el propietario de los billares de Sopranis realizó unas semanas después. En ella, escrita y firmada ante un agente de la Brigada de Investigación aseguró que Joaquín, Joaqui, en compañía de otros tuvo una destacada intervención en el asalto de La Merced y en los saqueos de la mañana del 19 de julio. Lo vio con varios líos de ropa que transportó en dos viajes.

Los informes que recibió el instructor ampliaron las acusaciones. El de Falange añadió que le habían visto la tarde del 18 de julio disparando desde una ventana de su casa. Además de acusarlo de proxeneta. Todo estaba permitido para denigrar y anular al enemigo y el Requeté confirmó su pertenencia a la "pandilla llamada de los Siete Niños de Écija". Así que el 10 de abril el Consejo de Guerra gaditano ordenó abrir sumaria cuyo instructor sería Francisco Alonso Moya un abogado integrado en la Justicia del Terror. Su primera decisión fue ratificar la permanencia en prisión de López y tomarle declaración. El detenido reconoció su pertenencia a la CNT y que conocía al Inglés por ser vecino de su casa. Negó que hubiera participado en la resistencia ya que su madre le prohibió salir de casa durante los sucesos. Así estuvo hasta que a principios de agosto le mandaron con su tía en El Puerto.

Después Alonso volvió a pedir informes a los diferentes servicios de investigación. Falange se ratificó en el que ya había enviado y añadió que las informaciones procedían de confidencias por lo que no se indicaban quienes las habían proporcionado. Por fin, la Comisaría de Policía y el ayuntamiento, en oficio firmado por el propio Carranza como solía ser habitual esos días, afirmaban desconocer la ideología y actuación del acusado. Desde El Puerto llegó una información que, a mediados de octubre de 1936, había sido detenido en esa localidad por considerarlo izquierdista pero que la Comandancia Militar, finalmente, lo había puesto en libertad. Por último interrogó al denunciante que se ratificó en sus acusaciones pero no precisó si había disparado o no porque no lo vio la tarde del 18 de julio. Sin embargo, a la mañana siguiente, sobre las seis y media, aseguró haberlo visto por la plaza de las Canastas con unos bultos de ropa que suponía contenía ropa saqueada del establecimiento de Solves porque lo vio vestido con camisas de seda que "no correspondían a su condición social".

No debió quedar el juez satisfecho con la declaración acusadora de su principal testigo o fue este mismo quien lo pidió pero el caso es que unos días después amplió la declaración. En ella detalló que cuando en marzo de 1936 le dijeron que estaba ardiendo el negocio de un familiar cercano al convento de La Merced, al pasar por delante de este vio como la puerta estaba abierta, salía fuego del interior de la iglesia y un grupo en la puerta que entraba y sacaba imágenes. Entre ellos estaba Joaquín y otros de sus amigos entre los que citó a varios de los que serían incluidos como miembros de los Siete Niños de Écija. Les llamó la atención pero se tuvo que ir porque le amenazaron.

También amplió el relato sobre las camisas de Solves: se lo oyó en sus billares al propio Joaquín. Por último aseguró que todo eso lo sabían también los vecinos de la casa donde vivía el joven porque él mismo les había dicho la madrugada del 18 de julio que fuesen a coger la ropa que quisieran. Entonces fue llamada a declarar una de las vecinas de López quien negó que hubiera hablado con él de los saqueos y que solo vio que entraba en su casa con un bulto y no sabía nada más.

Alonso consideró suficientes las diligencias y el 24 de abril de 1937 dictó el auto-resumen en el que consideraba que el acusado había participado en la quema de la iglesia de La Merced y en los saqueos del 18 de julio. Le acusaba del consabido delito de rebelión militar. Los trámites siguientes se desarrollaron a tal velocidad que dos días más tarde, el 26, se celebró la vista en la que el fiscal solicitó la pena de muerte. Mientras que el defensor, Adolfo Gutiérrez, solicitó doce años por auxilio a la rebelión. En la sesión Joaquín insistió en que ninguna de las acusaciones era cierta.

El ponente de la sentencia fue Marcelino Rancaño quien consideró probada su participación en la quema de La Merced y el asalto y saqueo de Casa Solves la tarde del 18 de julio. Unos hechos que formaban parte de la insurrección que se había producido en el país desde el Frente Popular y que había desembocado en el actual levantamiento en armas contra la patria y la integridad del Estado representada legítimamente por el Ejército. Nos llama la atención tanto la justificación de lo que se ha conocido como "justicia al revés", en la que los sublevados acusan de rebelión a las autoridades, sino también que quien la redacta había sido hasta unos meses antes un Juez de Instrucción plenamente integrado en la justicia del Estado que era, en ese momento, la Segunda República.

La sentencia recoge la interpretación golpista de los acontecimientos al salir las tropas a las calles, declarar el estado de Guerra sin autorización ni conocimiento del único que podía hacerlo, el Gobernador Civil, y sitiar y disparar contra los edificios de gobierno. Escribió Rancaño que la resistencia al golpe era consecuencia de las instrucciones que por radio habían transmitido los "elementos dirigentes rebeldes". Es decir el Gobernador Civil. Joaquín había sido elemento cooperador y activo autor de la rebelión de forma reiterada, lo que era un agravante. Por tanto le condenaba a muerte.

La sentencia fue comunicada a Sevilla para su aprobación. Hasta la respuesta denegatoria de la Auditoría sevillana el 5 de mayo debieron sucederse consultas y llamadas telefónicas que desconocemos y de las que solo nos ha quedado un rastro documental en el telegrama enviado por los servicios de justicia gaditano en la que especificaba que Joaquín López había nacido el 25 de julio de 1919. Por tanto no había cumplido los 17 años cuando había cometido los actos por los que se le condenaba. En consecuencia la sentencia fue anulada. Lo "curioso" del caso es que el ponente y el jefe de los servicios que la dejaba en suspenso era la misma persona, Marcelino Rancaño Gómez.

En realidad había nacido el 23 de julio de 1919 pero la justicia golpista no era muy fina en eso de los detalles y apuntó la fecha de inscripción en el Registro Civil que figuraba en la partida que pidió el defensor al juzgado portuense encargado del tema. Confirmada la minoría de edad del sentenciado, se convocó una nueva vista para la tarde del 17 de mayo. La vista se limitó a que la defensa mantuviera su solicitud de pena y la fiscalía rebajara su petición a 20 de años. De nuevo Joaquín López mantuvo su inocencia y atribuyó las acusaciones a una venganza personal.

En esta ocasión el ponente no fue Rancaño, sino García Royo otro juez de instrucción reconvertido. Poco cambió la sentencia, mantuvo que estaba probada la autoría de los hechos y la florida justificación de la rebelión. Pero el mínimo cambio, la minoría de edad, era lo suficientemente importante para que la pena solicitada no fuera la de muerte sino 20 años. La inferior a la que le correspondía según indicaba el artículo 211, párrafo segundo, del CJM que debía aplicarse al acusado mayor de 15 años y menor de 18. Ahora sí la Auditoría en Sevilla aprobó el fallo.

Cabría preguntarse qué había ocurrido para que lo que en otras circunstancias no hubiera sido ni contemplado ahora sí lo fuera. Conocemos casos de menores que habían sido asesinados durante el periodo de la aplicación de los bandos de guerra. Como el aprendiz de confitero Manuel Gómez Pérez de poco más de 15; Juan Hita García, vendedor de periódicos, que acababa de cumplir 18 o Manuel Maura Egaña con 17[34].

Ahora no solo estaba el formalismo de los PSU sino que además habían comenzado a alzarse voces en la ciudad por las arbitrariedades que se estaban cometiendo en la aplicación de la Justicia del Terror. Un fiscal de la Audiencia, Felipe Rodríguez Franco, que estuvo un breve tiempo incorporado a los servicios de justicia golpistas, escribió a Varela denunciando las instrucciones recibidas desde la Auditoría en Sevilla y citando casos concretos. Una carta escrita, precisamente, al día siguiente de fallarse la nueva sentencia contra López Ramírez[35].

El caso es que Joaquín salvó la vida. Una vez aprobada la sentencia comenzó a cumplirla en la propia prisión de Cádiz. En ella seguía a finales de 1939. En mayo de 1940,

[34] El caso de Gómez Pérez en AHTMTS, Procedimiento Previo 306/36, Legajo 124/4066. El de Manuel Maura Egaña en Causa 510/36 Legajo 95/2464. La de Hita en *Diario de Cádiz*, 3.10.1936.

[35] La carta ha sido estudiada por NÚÑEZ CALVO, Jesús en "La represión y sus directrices sevillanas en la provincia de Cádiz", *Almajar*, nºII, 2005, págs. 195-208. También en https://www.todoslosnombres.org/sites/default/files/investigacion40_1.pdf

la revisión de su caso por la Comisión Provincial mantuvo el total de la condena. No fue hasta 1943 cuando la Comisión Central decidió una conmutación a 12 años. Al año siguiente, en abril, el director de la prisión de Cádiz notificó a al juez de Ejecutorias que le había preguntado si la reducción se le había comunicado al penado y realizado la correspondiente liquidación. Joaquín había cumplido la pena por completo el 10 de marzo porque le habían sido concedidos los beneficios de la redención por el trabajo y esfuerzo intelectual durante los años, eran ya más de ocho, que había permanecido en el establecimiento. En libertad regresó al domicilio familiar de la calle Merced.

EN EL MONTAJE PODÍA ENTRAR CUALQUIERA: EL CASO DE ANTONIO LAÍNEZ MORENO

Que la existencia de una supuesta banda de malhechores llamada los Siete Niños de Écija no era más que una invención de los servicios de represión golpista lo pone de manifiesto que otros nombres aparecieron relacionados con ella pero sobre los que no se pudo demostrar más que una relación de amistad o de trabajo con los principales acusados. Hasta nueve personas podrían haber pertenecido a los siete niños. Uno de ellos se llamaba Manuel Soto Ezpeleta que ingresó en la prisión el 4 de enero de 1937, los días en los que fueron detenidos otros de los jóvenes acusados, por orden de la Comisaría de Vigilancia. Poco más sabemos salvo que fue puesto en libertad un mes más tarde, el 4 de febrero de 1937, por orden del Gobernador Civil. Fue, de nuevo, detenido el 9 de febrero de 1949 y liberado el 31 de mayo de 1949[36].

Más sabemos de otro de los citados como perteneciente a la banda: Antonio Laínez Moreno[37]. De él conocemos el procedimiento sumarísimo por el que fue condenado a cadena perpetua, 30 años. Había sido detenido a mediados de octubre de 1936 tras recibir la policía una confidencia del dueño de un conocido restaurante de la ciudad que lo había reconocido como uno de los participantes en la resistencia. En concreto en los incidentes ante la iglesia de La Merced y la panificadora Eureka situada en la plaza de Jesús Nazareno en donde se encontraba el Centro Católico de Obreros que también resultó dañado la tarde-noche del 18 de julio. Tenía Antonio por esas fechas 17 años y la policía lo situó pronto como afiliado al PSOE y uno de los que protegían a los vendedores callejeros de *Mundo Obrero*, el diario del PCE. Trabajaba desde los once años en una pescadería del mercado de La Merced y era mandadero de un sacerdote que vivía en la plaza de San Juan de Dios.

Como en tantos otros casos fue uno de los encarcelados cuyos expedientes, hasta entonces al albur de una posible aplicación del bando de guerra, estaban paralizados y se reactivaron cuando las autoridades golpistas decidieron transferir el control y castigo de los adversarios directamente a los consejos de guerra. Así que a finales de diciembre de

[36] Cuadro de detenidos en la cárcel de Cádiz incluido en el libro de DOMÍNGUEZ PÉREZ, Alicia. *Op. Cit.*
[37] PSU 44/37 Legajo 1259/31657.

1936 la policía reiteró sus informes ante el Delegado de Orden Público para que decidiera su suerte o, en su lenguaje, como mejor estimara en justicia. Así que, el 15 de marzo de 1937, a los pocos días de que Queipo decidiera poner en marcha la Justicia del Terror, el Consejo de Guerra de Cádiz nombró a un instructor para formar la correspondiente sumaria. Como en otros casos recayó la tarea en José Luis Molina Schwalbach. La instrucción quedó abierta el 13 de marzo de 1937.

Dos días después Molina se presentó en la cárcel gaditana para interrogar al joven. Este negó todas las acusaciones incluida su pertenencia al PSOE. Que solo había pertenecido a la sociedad del gremio de la CNT. Al día siguiente interrogó al denunciante quien se ratificó en las acusaciones y añadió que lo había visto con las manos tiznadas y huir ante la presencia de las fuerzas. Más favorables fueron las declaraciones del pescadero. Era un buen trabajador y nunca había manifestado opiniones políticas. Incluso pensaba que no tenía ninguna ideología. A la vez comenzó a pedir los habituales informes a diferentes organismos.

El del ayuntamiento, firmado por Carranza, ratificó las acusaciones de asaltante, saqueador, con afiliación sindical y añadió que, antes del golpe, durante el Corpus de 1936 había sido uno de los jóvenes que esperó ante la catedral a quienes salían del templo para darles "pito y goma". Una forma de referirse a insultarles y, en su caso, agredirles. La policía no añadió nada nuevo. También Molina realizó una rueda de reconocimiento que protagonizó el denunciante que identificó a Laínez.

Ocho días tardó el instructor en mandar al auto resumen al presidente del consejo gaditano. En él daba por ciertas las acusaciones lo que suponía que había participado en la "rebelión militar" iniciada el 18 de julio por las organizaciones marxistas. El consejo fue convocado para el 2 de abril. Habían pasado veinte días desde el comienzo de la sumaria.

El acta es breve, apenas un folio. Lo suficiente para recoger que compareció como testigo el denunciante que fue interrogado por el presidente, Rafael López Alba, lo mismo que el acusado y que el defensor, Manuel Lara Torres, y fiscal leyeron sus informes. Este último mantuvo su petición de cadena perpetua. La sentencia fue redactada por Marcelino Rancaño el mismo del que ya conocemos otras floridas justificaciones del golpe y de la Justicia del Terror. En esta ocasión fue más comedido aunque introdujo en el fallo algunas otras de las mentiras que se estaban encargando de difundir los golpistas. Así escribió que Laínez participó en los alborotos dirigidos a conseguir "por todos los medios oponerse a la actuación patriótica del Ejército y procurar su aniquilamiento". Nada nuevo hasta que añadió que lo hizo "siguiendo para ello las instrucciones y las arengas emitidas en aquellos momentos desde el micrófono de Radio Cádiz por funcionarios del Gobierno Civil". En consecuencia era autor por adhesión de un delito de rebelión militar y le condenaba, en razón de su edad cuando cometió los delitos, a la pena de reclusión perpetua.

El Auditor sevillano Francisco Bohórquez la aprobó el seis de abril y el 17 comunicada a Laínez. Comenzó a cumplir una pena que, en principio, terminaría el 31 de diciembre de 1966. Continuaba en la prisión de Cádiz en 1940 cuando le fue conmutada por otra de quince años. En 1943 recibió una nueva rebaja, a doce. Para entonces se encontraba en la Colonia Penitenciaria de El Dueso en la localidad cántabra de Santoña. Allí le perdemos la pista.

Ninguna referencia se había hecho a los famosos Siete Niños de Écija. Alguien, en los otros sumarios, debió sugerir su nombre como relacionado con ellos por su edad, trabajo en el mercado de La Merced y acusación de participar en la resistencia. Sin embargo, cuando llegó el consejo obviaron esta acusación. Quizás no hacía falta.

Cuando empezábamos este texto escribimos que la represión que los golpistas llevaron a cabo estuvo trufada de falsedades y montajes. Este de los Siete Niños de Écija fue uno de ellos.

11.
LA ESCUELA DE ARTES Y OFICIOS ARTÍSTICOS DE CÁDIZ DURANTE LA GUERRA CIVIL ESPAÑOLA DE 1936. LA DEPURACIÓN DEL PERSONAL

Manuel Santander Díaz

> Antes de que se pusieran en marcha la depuración formal y reglamentada del personal docente, hubo, sin embargo, una etapa previa de asesinato de maestros, sin normas ni controles, que no se refleja en la documentación conservada.[1]

> Uno de los grandes retos de la historiografía sobre la Guerra Civil española está, por tanto, en ahondar en el análisis y conocimiento del proceso de construcción de las culturas y entramados culturales que, encaminados hacia la justificación del conflicto, otorgaron cohesión, identificación social de y con los bandos en liza–definición e identificación, pues, propia y, a su vez, del otro– y, por fin, el embotamiento de la empatía y la aceptación de la cotidianeidad y hasta idoneidad de la muerte del enemigo.[2]

INTRODUCCIÓN

Con este trabajo pretendemos contextualizar la depuración llevada a cabo a partir de julio de 1936 en la Escuela de Artes y Oficios Artísticos de Cádiz. Se trata de establecer, a partir del estudio de la documentación obrante en los archivos de la actual Escuela de Arte[3] (heredera de la anterior Escuela de Artes y Oficios Artísticos) y de otros, los hechos más significativos que acaecieron entre los años 1936 y 1939 y que afectaron al funcionamiento de la citada Escuela y a su personal.

La depuración en la Escuela tuvo similar carácter a la que se realizó en los demás niveles educativo diferenciándose de la del Magisterio y Universidad, a partir de octubre de 1936, por llevarse a cabo en distintas Comisiones que, como veremos, en nuestro caso, tenía carácter provincial y estaba presidida por el Gobernador Civil. El estudio de la documentación nos permite estudiar el papel del Director de la Escuela en el proceso de depuración.

---

[1] FONTANA, J. "El asesinato de Daniel González Linaceros en 1936. La caza del maestro", en *El País*, 10 de agosto de 2006, p.13-14.

[2] RODRIGO, J. (2009) "Presentación. Retaguardia: un espacio de transformación", en *Ayer* núm. 76, p.15.

[3] La consulta de los archivos se realizó en la secretaría de la actual Escuela de Arte en su antigua sede en la calle Tinte antes del traslado al nuevo edificio (Casa de las Artes). Posteriormente se procedió a transferir el archivo de la Escuela de Arte y Oficio Artísticos al Archivo Histórico Provincial de Cádiz AHPC.

LOS INICIOS DE LA DEPURACIÓN DE LOS FUNCIONARIOS

En el verano de 1936, tras el levantamiento militar de julio contra la República española, se produce una intervención represiva descontrolada que trajo consigo la detención y, en muchos casos, la desaparición o asesinato de personas significadas por sus actividades vinculadas a la República y fundamentalmente al Frente Popular o por pertenencia a partidos políticos de izquierda o sindicatos. Este modelo represivo afectará a todos los sectores profesionales y en especial a las personas dedicadas a la educación y la enseñanza.

Con esta indiscriminada represión, las fuerzas sublevadas organizan un complejo entramado que incluye la delación, denuncias indiscriminadas, ajustes de cuentas por causas ajenas al enfrentamiento armado, etc. y con base fundamentalmente en los bandos que declaraban el estado de guerra y en la necesidad de neutralizar al enemigo con todos los medios al alcance de los sublevados.

Este modelo represivo será aplicado a todo el personal que trabaja para cualquier administración: local, provincial o estatal; y con una especial incidencia, como decíamos, al profesorado que ejercía en cualquier nivel educativo, desde la enseñanza primaria a la universidad.

Las normas dictadas por la Junta de Defensa Nacional de España[4] (JDNE), entre julio y septiembre de 1936, incardinan la depuración de la enseñanza en el proceso general de combatir cualquier disidencia en la retaguardia, todo ello desprovisto de una coordinación y unas reglas administrativas que garantizasen de alguna manera la defensa de los acusados. A partir de octubre, la Junta Técnica del Estado[5] (JTE) ordenará el procedimiento específico de depuración de la enseñanza en general a través de unas normas específicas aplicables a este sector profesional. La JTE estuvo compuesta por las siguientes Comisiones: Hacienda; Justicia, Industria, Comercio y Abastos; Agricultura y Trabajo agrícola; Trabajo; Cultura y Enseñanza y Obras Públicas y Comunicaciones.

La Comisión de Cultura y Enseñanza, de acuerdo con el texto de la Ley "se ocupará de asegurar la continuidad de la vida escolar y universitaria, reorganización de los centros de enseñanza y estudios de las modificaciones necesarias para adaptar esta a las orientaciones del nuevo Estado". Esta Comisión estuvo presidida por José María Pemán y Pemartín, como vicepresidente por Enrique Suñer Ordoñez y como vocal por Eugenio Vegas Latapié. Todos ellos vinculados a *Acción Española,* publicación que representaba el pensamiento conservador y monárquico, como núcleo de oposición a la República.

---

[4] Con el nombre de Junta de Defensa Nacional de España se conoce al órgano creado el 24 de julio de 1936 por los militares golpistas contra la República española de 1931 que asumió los poderes del Estado y la representación de España en el extranjero. Su creación aparece el Decreto 1 publicado en el Boletín Oficial de la Junta de Defensa Nacional de España con fecha 25 de julio de 1936.

[5] Tras la asunción de la Jefatura del Estado por el General Francisco Franco Bahamonde, la Ley de 1 de octubre de 1936, publicada en el Boletín Oficial del Estado (BOE) número 1 de 2 de octubre de 1936, en la que se establecía la organización administrativa de la estructura del Estado, creaba la Junta Técnica del Estado como órgano administrativo permanente del nuevo Estado.

La descoordinación inicial de la represión constituyó uno de los elementos que produjo más lesiones a los acusados de contribuir a la causa republicana o de no apoyar suficientemente el levantamiento militar. Nos encontramos con el triángulo de la violencia: Victimas, victimarios y espectadores; cada uno de ellos (victimarios y espectadores) asumían una responsabilidad en la represión (Mate, 2008).

La depuración como fórmula de ejercer la represión permitió, desde el inicio del levantamiento militar en las zonas en las que el orden constitucional republicano fue sustituido, por la fuerza de las armas, por el nuevo orden insurreccional, remover y eliminar a aquellos funcionarios que representaban la concepción ideológica no ya del Frente Popular sino de cualquier movimiento político, cívico o sindical que hubiese apoyado a la República[6].

LOS PROCEDIMIENTOS ADMINISTRATIVOS DE LA DEPURACIÓN DEL PERSONAL DE LA ENSEÑANZA

Interesa, de una manera breve y sintética, resumir los dos grandes momentos que señalan significativamente la depuración en la enseñanza: la depuración temprana llevada a cabo por la JDNE hasta septiembre de 1936, y a partir de octubre la aplicación de unas reglas promulgadas por la Comisión de Cultura y Enseñanza de la JTE presidida por el gaditano José María Pemán y Pemartín.

Fue en el mes de agosto cuando se publicaron formalmente las disposiciones que afectaron a la enseñanza; es decir, las primeras normas de carácter educativo que la Junta de Defensa promulgó para dar base jurídica a los aspectos de la enseñanza en las zonas ocupadas: "El coronel Federico Montaner es quien firmaría las órdenes que a partir de ahora iban a aparecer en el recién nacido Boletín Oficial (que sustituiría en la zona nacional a la Gaceta de Madrid)"[7].

Constituida una Comisión de Instrucción Pública en el seno de la Junta, sería la responsable de establecer el ordenamiento de la enseñanza para el comienzo del curso escolar 1936-1937. El Coronel de Estado Mayor Federico Montaner Canet, en su calidad de responsable de la citada Comisión de Instrucción Pública, estableció a través del Boletín Oficial de la Junta de Defensa Nacional de España (BOJDNE) las oportunas directrices para el inicio del curso escolar 1936-1937 en los territorios en los que triunfó el levantamiento militar. Procedente de la Quinta División Militar de Pamplona participó

[6] Una interesante aportación a este tema puede verse en CARO CANCELA, D. (2014) "La depuración de los funcionarios en Andalucía. Estado de la cuestión", en MARTÍNEZ LÓPEZ, F. y GÓMEZ OLIVER, M. (Coord.) *La memoria de todos: las heridas del pasado se curan con más verdad*, Fundación Alfonso Perales, Sevilla.

[7] ALTED VIGIL, A.: *Política del Nuevo Estado sobre patrimonio cultural y educación durante la guerra civil española*. Ministerio de Cultura, Madrid, 1984, p. 31.

activamente en la rebelión 18 de julio[8] y en la proclamación de la Junta de Defensa Nacional de la que fue nombrado Secretario. Consideramos que no pertenecía al grupo de militares a los que se les ha adscrito como rasgos distintivos, entre otros, su bajo nivel intelectual y escasa cultura[9] ya que a lo largo de su carrera militar (anterior a la rebelión) desarrolló una importante labor investigadora en el campo de la cartografía[10]. En la orden de 28 de agosto de 1936 dispuso:

> Para normalizar la vida docente de los Centros de enseñanza secundaria y superior no universitaria, conviene adoptar medidas que garanticen el funcionamiento de los servicios en armonía con las necesidades de la nueva España. Pero como no es posible pensar aún en el planteamiento de las normas que han de regir en lo sucesivo definitivamente la vida de estos Centros, la Junta de Defensa Nacional acuerda, como medidas transitorias, las siguientes:
>
> Primera. Los Rectorados de los Distritos universitarios remitirán a la Junta de Defensa Nacional las propuestas de los cargos de Directores de Centro que convenga remover,
>
> Segunda. Los Gobernadores civiles, en cuanto a las capitales de provincia, y los Alcaldes en cuanto a los demás municipios, enviarán al Rectorado informe personal sobre los antecedentes y conducta política y moral de todo el profesorado y personal de los Centros docentes. Para facilitar esta labor, los Directores de los Centros enviarán a dichas Autoridades urgentemente relación nominal del personal que rigen, dejando espacio marginal suficiente donde pueda figurar el aludido informe.
>
> Estos informes deberán constar en el Rectorado antes del día 15 de septiembre. (BOJDNE de 30 de agosto de 1936)

[8] Participó en la detención del General Batet en Julio de 1936 en la Capitanía General de Burgos. VEGAS LATAPIE, E. (1987) *Los caminos del desengaño. Memorias políticas (II) 1936-1938*. Tebas, Madrid, p. 22.

[9] GARCÍA RODRÍGUEZ, J. (2006) "Una aproximación sociológica a la mentalidad e ideología de los militares de carrera (generales, jefes y oficiales) que se rebelaron, en julio de 1936, contra el gobierno legítimo de la II República". Documento en ciclostil resumen de la intervención realizada en el Congreso Internacional La Guerra Civil Española 36-39 celebrado en Madrid del 26 al 29 de noviembre de 2006.

[10] Federico Montaner Canet (Pamplona, 1874-San Sebastián, 1938) era uno de los cartógrafos más experimentados del Cuerpo de Estado Mayor. Culto y políglota, desde 1904 había estado trabajando en la delimitación de la frontera hispanofrancesa. En 1922, ascendido ya a teniente coronel, fue nombrado jefe de la Comisión de los Pirineos con sede en Pamplona. Montaner Canet era un militar con arraigo en su tierra. Por encargo de la Sociedad de Estudios Vascos realizó un mapa del País Vasco a escala 1:200.00, que se publicó en cuatro hojas, y rotulado en lengua vasca, en Barcelona en 1922. Posteriormente diseñaría un mapa de Navarra a la misma escala, editado en Madrid en 1926 (Enciclopedia del País Vasco, vol.29, 1990: 155). Desde su llegada a Ceuta, en agosto de 1927, Montaner Canet pasará a ser uno de los puntales del Depósito de la Guerra en Marruecos. En 929 fue nombrado segundo jefe de la Comisión Geográfica de Marruecos, y al año siguiente se hizo cargo de la jefatura de la Comisión de Marruecos y de Límites. Permaneció en la dirección de los trabajos geográficos en territorio marroquí hasta su práctica culminación en 1935". En 1930 publicó el estudio titulado La Comisión Geográfica de Marruecos y Límites en la Feria de Muestras de Melilla. Teniendo en cuenta su participación en la rebelión, fue dado de baja en el ejército republicano el once de agosto de 1936 por decreto del Gobierno de la República. Para más información NADAL, F., URTEAGA, L. Y MURO, J.I. (2000) "El mapa topográfico del Protectorado de Marruecos en su contexto político e institucional 1923-1940), en *Documents d'analisi geografica*, núm. 36, 2000, pp. 15-46; *Gaceta de Madrid* (GM) de 12 de agosto de 1936 Pág. 1209.

Se iniciaba un proceso que, como se dijo en otro momento, contribuyó decididamente a la destrucción de toda renovación educativa en España:

> Desde estas condiciones se inició el desmantelamiento de la obra educativa de la República en Cádiz y es que la concepción republicana, un tipo de enseñanza que habiendo superado la "vieja escuela", caracterizada por ser instrumento de dominación al servicio de las clases reaccionarias – "una escuela amorfa, insípida, incolora, sin perfil interno, que corresponde en esencia al estado de desarrollo inferior de las capas sociales en nuestro pueblo", caminaba con paso firme y decidido hacia una "escuela socialista", una escuela proletaria, una "escuela humana", "reflejo de una sociedad exenta totalmente de clases y de una economía en la que el trabajo es tributo de todos" , sufrió los embates ideológicos de los grupos que apoyaron el levantamiento militar de julio de 1936 y dio paso a la construcción de un sistema educativo cuyos efectos perduraron durante largos años en España. (SANTANDER DÍAZ, M. 2004, p.92)

El procedimiento, carente de todo tipo de garantías jurídicas, propició, como especificaremos más adelante, unos modelos de intervención poco claros que repetían las peticiones al cruzarse las realizadas por los diferentes peticionarios, todos ellos dispuestos a contribuir ardientemente a la represión: gobernadores civiles y militares, mandos militares, alcaldes y rectores (en nuestro caso el de la Universidad de Sevilla José Mariano Mota Salado).

En octubre de 1936 creada la JTE[11] ocupó Pemán la presidencia de la Comisión de Cultura y Enseñanza en la que desempeñaría un papel relevante en la represión y depuración del personal de enseñanza. Este extremo, puede ser (y así lo ha sido) discutido: el papel de José María Pemán en la depuración de la enseñanza. Si nos interesa destacar que pese a la insistencia de algunos autores y del propio Pemán por minimizar su participación o vinculación directa en la depuración[12], este escribía en el Diario de Cádiz del 20 de agosto del mismo año lo que sigue:

> Una guerra civil del tipo de la que vivimos, en la que hay que ir reconquistando palmo a palmo el cuerpo nacional, necesita, por sus especiales características, un enorme contingente de soldado. Como el enemigo está en casa, no puede hablarse propiamente de un frente enemigo que se retira; pues siempre, aun después de derrotado y deshecho, queda enemigo conviviendo receloso a nuestro lado, huido en el monte, emboscado en

[11] BOE de 2 de octubre de 1936.

[12] A este respecto son bastantes las referencias que se han realizado para tratar de desvincular las actuaciones de Pemán de las que correspondían a funciones represoras, asignándosele el papel de ideólogo conservador preocupado por la literatura y el arte, así como de las evidencias del papel que desempeñó en la represión. Puede verse los siguientes trabajos: ÁLVAREZ CHILLIDA, G. (1996) 85-87; MORENTE VALERO, F. (1997) 95-106; REIG TAPIA, A. (1986) 153-155; REIG TAPIA, A. (1990) 108 y 112; SÁNCHEZ GARCÍA, F. (1988) 65-66; TUSELL, J. (1992), 60 y TUSELL, J. y ÁLVAREZ CHILLIDA, G. (1998) 50-53.

> el disimulo. Todo esto exige, tras cada paso ganado, una labor de limpieza, de policía, de guarnecimiento de los pueblos.[13]

La violencia mostrada en este texto y en las palabras que a través de la radio emitió Pemán[14] tiene parangón con la de los textos de los Generales Mola, Queipo de Llano y Franco en sus proclamas e instrucciones[15].

Un gran resumen sobre su posición acerca de la educación se recoge en el prólogo del opúsculo escrito por el industrial bodeguero, destacado primoriverista, Fernando Carrasco Sagastizabal: "La enseñanza, como la beneficencia, como tantas otras cosas, es una función social, robada y usurpada, hoy día por el Estado a la sociedad, olvidando su verdadera posición de tutor, regulador y suplente de la actividad social"[16].

José María Pemán intervino en el desarrollo de la idea de percibir a España bajo una relación dicotómica de oponentes en lo que lo bueno se opone a lo malo[17] sin posibilidad de un término mediador. Este concepto se manifiesta como real en las fuerzas que se enfrentan: los sublevados frente a la República:

> Esa interpretación dicotómica y de contenido épico no quedaba reducida a las proclamas literarias de los propagandistas bélicos, ni mucho menos. Formaba parte integral también del universo mental e ideológico de los círculos militares y políticos que dirigían la insurrección y que conformarían la elite gobernante del incipiente régimen franquista[18].

Constituida la JTE, se publica el Decreto núm. 66, disponiendo que se lleve a cabo una revisión total en el personal de Instrucción Pública, por medio de las Comisiones que se crean[19]. A estos efectos se constituyen las siguientes Comisiones:

A) Una compuesta de cinco miembros, tres de los cuales serán Catedráticos de Universidad, que tendrá a su cargo recoger los informes sobre personal universitario, instruir los expedientes oportunos y proponer las resoluciones que deban recaer en los mismos.

B) Otra de igual número que la anterior, de la que formarán parte tres Profesores de Escuela de Ingenieros y Arquitectos, con cometido análogo sobre el personal de dichos Centros.

---

[13] *DIARIO DE CÁDIZ*, 20-08-1936, p. 1.

[14] PEMAN, J.M. (1937) *Alocución patriótica*. Imp. Repeto, Cádiz, y PEMÁN, J.M. (1937) *Arengas y crónicas de guerra*. Establecimiento Cerón, Cádiz.

[15] GIBSON, I. *Queipo de Llano*. Grijalbo, Barcelona, 1986, pp. 80-85.

[16] PEMÁN, J.M. Prólogo. En CARRASCO SAGASTIZABAL, F. s/f *Las enseñanzas públicas en España*. Jerez de la Frontera. Pp. 7-17.

[17] "Precisamente Pemán, ya en plena guerra civil, habría de ser uno de los formuladores y divulgadores de la imagen dicotómica más extendida y aplaudida en el Bando Franquista. Era una visión centrada exclusivamente en las dimensiones nacionales y religiosas del conflicto y tomo cuerpo lírico en su Poema de la Bestia y el Ángel (elaborado durante 1937 y publicado en 1938)". MORADIELLOS, E. (2004) *1936. Los mitos de la Guerra Civil*, Barcelona, Península. P. 20.

[18] Ibídem, p. 21.

[19] Boletín Oficial del Estado (BOE)núm. 27, de 11/11/1936, página 153.

C) Otra en cada provincia, constituida por el gobernador civil, un Profesor del Instituto de 2ª Enseñanza, un profesor de Escuela Normal, otro de Escuela de Artes y Oficios o de Comercio, y un vecino con residencia en la capital, la que recabará los informes, instruirá los expedientes oportunos y propondrá resoluciones, sobre todo al personal adscrito a los Institutos, Escuelas Normales, de Comercio, Artes y Oficios, de Trabajo, Inspecciones de 1ª Enseñanza, Sección Administrativa y en general a cuantos dependan del Ministerio de Instrucción Pública y no estén incluidos en la misión atribuida a las anteriores Comisiones.

D) Otra integrada por un Director de Instituto de 2ª Enseñanza, un Inspector de 1ª Enseñanza, el Presidente de la Asociación de padres de familia y dos personas de máximo arraigo y solvencia moral y técnica. Esta Comisión se constituirá también en cada provincia, teniendo como misión principal la de formular propuestas razonadas de suspensión o separación del personal de magisterio con destino en el territorio de su jurisdicción.

Es a partir del decreto 66 cuando la depuración del personal docente se realiza con un cierto rigor procedimental pero carente de garantías jurídicas que le diese un carácter legal y que se atuviese a unos elementales principios de justicia. La creación del Ministerio de Educación Nacional[20] el 31 de enero de 1938 incorporó como Ministro a Pedro Sainz Rodríguez puesto en el que permaneció hasta la finalización de la Guerra Civil. Muy vinculado a Acción Española y a Pemán que intervino decididamente para su nombramiento. Abolió toda la legislación republicana y arbitró los mecanismos para garantizar en los textos escolares y en los docentes la afinidad con los principios del franquismo. La continuidad de las medidas represivas y de depuración se acrecentaron tras finalizar la guerra sobre todo en aquellos territorios que permanecieron en poder de la República hasta el final de la contienda[21].

Las normas emanadas del decreto tuvieron un amplio recorrido a lo largo del franquismo, llegando sus consecuencias hasta el año mil novecientos setenta y siete en el que la Ley 46/1977, de 15 de octubre, de Amnistía recogió en el artículo séptimo lo siguiente:

> Los efectos y beneficios de la amnistía a que se refieren los cuatro primeros artículos serán en cada caso los siguientes:
>
> a) La reintegración en la plenitud de sus derechos activos y pasivos de los funcionarios civiles sancionados, así como la reincorporación de los mismos a sus respectivos Cuerpos, si hubiesen sido separados. Los funcionarios repuestos no tendrán derecho al percibo de haberes por el tiempo en que no hubieren prestado servicios efectivos, pero se les reconocerá la antigüedad que les corresponda como si no hubiera habido interrupción en la prestación de los servicios.

[20] Ley organizando la Administración Central del Estado. *Boletín Oficial del Estado:* núm. 467, de 31/01/1938, páginas 5514 a 5515.

[21] Sobre este tema puede consultarse LOPEZ BAUSELA, J.R. (2011) *La contrarrevolución pedagógica en el franquismo de guerra. El proyecto político de Pedro Sainz Rodríguez.* Madrid. Biblioteca Nueva.

Evidentemente, la larga duración de la dictadura franquista provocó un grave deterior de las condiciones de la enseñanza en España y un grave perjuicio a un importante número de docentes de todos los niveles educativo. La amplia bibliografía existente sobre la depuración nos oferta un conocimiento importante sobre este tema.

La adhesión fue un requisito indispensable para el acceso a los cuerpos docentes. Así, el 19 de abril de 1976, publica el BOE una Orden Ministerial por la que se exigía para el acceso al cuerpo de Profesores de Educación General Básica jurar acatamiento a los Principios Fundamentales del Movimiento:

El juramento se recogía en el artículo 2 de la Ley Fundamental de 17 de mayo de 1958 por la que se promulgan los Principios del Movimiento Nacional, publicada en BOE de 19 de mayo de 1958. El Decreto 315/1964, de 7 de febrero, por el que se aprueba la Ley articulada de Funcionarios Civiles del Estado (BOE núm. 40 de 15 de febrero de 1964) recogía en el artículo 36: "La condición de funcionario de carrera se adquiere por el cumplimiento sucesivo de los siguientes requisitos:" ... c) Jurar acatamiento a los Principios Fundamentales del Movimiento Nacional y demás leyes fundamentales del Reino".

En 1977, el juramento fue sustituido por la fórmula: " ¿Juráis o prometéis por· vuestra conciencia y honor cumplir fielmente las obligaciones del cargo con lealtad al Rey, respeto a los derechos de la persona y estricta observancia de la Ley?", contemplada en el Real Decreto 1557/1977, de 4 de julio por el que se modifica la fórmula· del Juramento exigido para tomar posesión de cargos o funciones públicas. (BOE número 159, de 5/7/1977).

LA SITUACIÓN DE LA ESCUELA DE ARTE Y OFICIOS ARTÍSTICOS DE CÁDIZ

La Escuela de Artes y Oficios Artísticos, ubicada en el mismo edificio que la Escuela Elemental y Superior del Trabajo, impartía enseñanzas Generales de Artes y Oficios, Artístico-Industriales y de Bellas Artes y Enseñanzas Especiales de Bellas Artes.

El claustro de profesores de la Escuela de Arte y Oficios Artísticos de Cádiz constituía un grupo vinculado a la cultura artística académica y muy relacionado con las concepciones ideológicas tradicionales y conservadoras. Un claustro presidido por Pelayo Quintero Atauri, que supo rodearse de incondicionales lo que hizo posible el desarrollo de unas líneas de intervenciones educativas poco comprometidas con la realidad gaditana y sus necesidades. Conservador y monárquico, colaboró estrechamente con la Dictadura de Primo de Rivera ocupando cargos en la Diputación Provincial, Delegado Regio de Bellas Artes hasta junio de 1931 en el que fue sustituido por Teodoro Miciano Becerra[22]. Ese mismo mes, el Ministerio de Instrucción Pública y Bellas Artes lo nombra Director de

[22] Prestigioso artista gráfico y profesor de la Escuela de Arte de Jerez de la Frontera, fue depurado, juzgado y condenado a pena de cárcel por su participación en la política cultural de la República y su colaboración con organizaciones de izquierda. Para más información ver: ROMERO, F. y BLAZQUEZ, A. (2007) y SANTANDER DÍAZ, (2011).

la Escuela[23] de acuerdo con el procedimiento habitual de nombramientos de Directores a propuesta del claustro de profesores.

Los profesores de la Escuela Antonio Accame Scassi, Manuel Domínguez Aubray, Concepción Fernández Conseglieri, César Pemán y Pemartín, Jorge Villén Écija, e, incluso, personal subalterno como el portero Juan A. Gómez Cuervo, habían pertenecido a Unión Patriótica. Partido que estuvo vinculado a la Dictadura de Primo de Rivera y en el que ocupó un lugar destacado José María Pemán y Pemartín. Morodo (1980) sostiene que tras la disolución en 1929 de Unión Patriótica sus postulados ideológicos son asumidos por Acción Española y constituyen la base ideológica del franquismo.

En general, el profesorado compartía sus tareas docentes con otras actividades profesionales o de docencia en distintos centros de la capital, conllevando, en algunos casos, que percibiesen las retribuciones en concepto de gratificación, como así lo comunica el Director en escrito de 13 de enero de 1938 al gobernador civil en su calidad de presidente de la Junta de Cultura Histórica y del Tesoro Artístico[24]. La implicación en el ámbito social no constituía una actividad implícita en sus actuaciones docentes, y apenas se notaba algún tipo de acción que influyese sobre el desarrollo artístico de la ciudad.

Salvo en los casos de los profesores auxiliares temporales Francisco García Suárez y Antonio Vega Hidalgo[25], el personal que prestaba servicios en la Escuela al finalizar, en agosto de 1936, el curso académico, no sufrió las consecuencias de la represión inicial y la posterior depuración administrativa les fue favorable.

Los procesos de depuración en la Escuela de Artes y Oficios Artísticos de Cádiz se identifican con los llevados a cabo en las demás instituciones educativas de la capital y semejantes a los que afectaron a los funcionarios y trabajadores de las distintas administraciones. Así, de acuerdo con la Circular del Gobierno Civil de 27 de agosto de 1936 (como vemos en clara descoordinación con lo prevenido en la citada Orden 28 de agosto), Quintero remitió escrito dirigido al Gobernador el 2 de septiembre[26] en el que en cumplimiento de lo preceptuado incluye relación jurada de todo el personal de la Escuela en la que se indicaba la filiación política de cada uno de ellos. El 7 de agosto de por orden de Queipo de Llano, (BOP de 7 de agosto de 1936) fue nombrado Gobernador Civil de Cádiz Eduardo Valera Valverde. Ese mismo día cesa como gobernador Ramón de Carranza. En el BOP del día siguiente publica Valera su primer Bando que iniciaba con el siguiente texto: "HAGO saber: Que desde el día de ayer he tomado posesión del cargo; mi misión es bien sencilla, imponer el principio de Autoridad y hacer justicia, rápida, inexorable, tajante; no vengo a defender privilegios ni estoy dispuesto a soportar tiranías".

---

[23] Orden de 9 de junio de 1931, nombrando Director de la Escuela de Artes y Oficios Artísticos de Cádiz a D. Pelayo Quintero Atauri, Profesor de Término de la misma. *Gaceta de Madrid* de 18 de junio de 1931.

[24] AEAC. Salida de correspondencia desde 1 de octubre de 1937 a 24 de septiembre de 1943. (Documentación de fondos sin clasificar).

[25] Tanto García Suárez como Vega Hidalgo, prestaban servicios como profesor y administrativo, respectivamente, en el instituto de bachillerato, padecieron los efectos de la represión y la depuración en los dos centros docentes.

[26] AEAC. Curso 1935 a 1936. Comunicaciones. (Documentación de fondos sin clasificar).

El contenido de la lista que reproducimos a los efectos de confirmar nuestra afirmación sobre la poca incidencia de la represión y la depuración en la Escuela de Artes y Oficios Artísticos de Cádiz, excepto los casos de García Suárez y Vega Hidalgo, y también, como documento que explica el papel que desempeñaron los Directores de los centros en su información sobre el personal a las nuevas autoridades en el sentido de cumplir, como señala Mir (2000) su implicación social en la represión a través de redes sociales de poder y autoridad.

PROFESORES DE TÉRMINO[27]

Pelayo Quintero Atauri	No tiene filiación política ninguna
Felipe Abarzuza y Rodríguez Arias	No tiene filiación política ninguna
Antonio Bravo Bozanes	No tiene filiación política ninguna
Cesar Pemán y Pemartín	No tiene filiación política ninguna
Concepción Orduña Gutiérrez	No tiene filiación política ninguna
Carmen Domínguez Nano	No tiene filiación política ninguna
Antonio Accame Scassi	No tiene filiación política ninguna
PROFESORES AUXILIARES NUMERARIOS	
Francisco Patero D'Etchecopar	No tiene filiación política ninguna
Francisco Fernández Chazarri	No tiene filiación política ninguna
José García Belizón	No tiene filiación política ninguna
Manuel Leal Ortiz	No tiene filiación política ninguna
PROFESORES AUXILIARES TEMPORALES	
María Rosa Guerrero Santana	No tiene filiación política ninguna
Mariano de la Orga Rendón	No tiene filiación política ninguna
Antonio Vega Hidalgo	Afiliado a Izquierda Republicana
Francisco García Suárez	Afiliado a Izquierda Republicana
José Luis Ruiz Escobar	No tiene filiación política ninguna
Concepción Fdez. Conseglieri	No tiene filiación política ninguna[28]
Laura Genis Andrey	No tiene filiación política ninguna
AYUDANTES MERITORIOS CON DESEMPEÑO DE CÁTEDRA	
Jerónimo Muñoz Beato	No tiene filiación política ninguna
Manuel López Gil	No tiene filiación política ninguna

[27] Con el nombre de Profesores de Término se denominaba al grupo de docentes que ejercían en las Escuelas de Artes y Oficios Artísticos que habían obtenido plaza en oposiciones a dicho grupo o que ejercían temporalmente y que constituía el cuerpo funcionarial docente de más alto nivel en las citadas Escuelas. Eran equiparable a los Catedráticos de Institutos de Bachillerato. El Cuerpo de Profesores Auxiliares lo conformaba el profesorado que no desempeñaban cátedras, se situaba tras el de Profesores de Término. El profesorado meritorio no estaba encuadrado en ningún cuerpo y, como su nombre indica, el ejercicio de la docencia suponía un mérito para optar a plazas vacantes. Percibían algunas retribuciones en concepto de gratificación. El subrayado en el listado es nuestro.

[28] En este caso figura en modo manuscrito la sigla UP que consideramos es la correspondiente al partido político Unión Patriótica.

Manuel Domínguez Aubray	No tiene filiación política ninguna[29]
Antonio López Quecuty	Se desconoce su filiación política, si bien se tiene noticias de que ha estado detenido y puesto en libertad, encontrándose en la actualidad prestando servicio militar en el Ejército salvador de España, en Córdoba[30].
OFICIAL DE SECRETARÍA	
Manuel Ruiz Vilches	No tiene filiación política ninguna
PERSONAL SUBALTERNO	
Juan Gómez Cuervo	No tiene filiación política ninguna[31]
Antonio Peña Varo	No tiene filiación política ninguna
Pedro Márquez García	No tiene filiación política ninguna

Como vimos anteriormente, estas medidas iniciales de represión fueron ejercidas a niveles locales desde el gobierno civil, solapándose con las emanadas por la JDNE, publicándose unas en el BOP y otras en el BOJDNE, lo que provocaba confusión en los envíos de los informes, duplicidades y conflictos de competencias entre el Rector[32] de la Universidad de Sevilla y el gobernador civil.

El Rector no recibió del gobierno civil el informe previsto en la orden de 28 de agosto por lo que requirió al Director, en telegrama de 5 de octubre, la necesidad de recabar el citado informe: "Para cumplimentar Orden urgente Burgos interese ese Gobierno Civil pronta remisión a este Rectorado informes de conductas". Quintero Atauri en escrito del 6 de octubre se dirige al Gobernador trasladándole el contenido del telegrama y rogándole "se digne ordenar el más rápido envío de dichos informes"[33]. El estudio de la represión y depuración en otros ámbitos docentes nos muestra como fue una constante en el Gobernador civil, Eduardo Valera Valverde, desestimar las demandas del Rector de la universidad de Sevilla. No obstante, con objetivos que desconocemos, es el Director quien informa al Rector, el mismo día 6 de octubre, en los siguientes términos:

Ilmo. Señor:

Tengo el honor de participar a V.S.I. que, con esta fecha he interesado del Excmo. Sr. Gobernador Civil de esta Provincia, los informes de conducta a que hace referencia su

[29] Ídem.

[30] En el Acta número 2 de 29 de julio de 1936, punto 10. Expuesto de la Alcaldía dando cuenta del personal que se encuentra detenido, figura López Quecuty, Médico, por lo que se procedió a su cese como médico municipal. (AHMC Libro de Actas Capitulares 10421.1936). López Quecuty, posteriormente fue puesto en libertad tal como se recoge en el punto 6 del acta número 5 de 12 de agosto de 1936 (AHMC Libro de Actas Capitulares 10422.1936). En aquellos días en los que la represión era indiscriminada, el Director podría haber obviado la información sobre su detención. GUTIERREZ MOLINA considera que fue militante de Izquierda Republicana.

[31] Se anota manuscritamente UP.

[32] Los Rectores, de acuerdo con Real Orden de 13 de octubre de 1925 (Gaceta de Madrid del 14), se les reconocía como Inspectores natos de los Centros públicos de su demarcación.

[33] AEAC Curso 1935 a 1936. Comunicaciones. (Documentación de fondos sin clasificar).

> atento telegrama de hoy, cumpliendo al mismo tiempo el deber de manifestarle que en esta Escuela prestan sus servicios todo el Personal afecto a la misma, con excepción de los Sres. que a continuación se expresan:
>
> D. Francisco Patero d´Etchecopar, por encontrarse prestando servicios como miliciano en una columna que opera en la Sierra de esta provincia.
>
> D. Mariano de la Orgaz Rendón, Auxiliar temporal, por encontrarse prestando servicios en Ceuta, como Maquinista de remolcador.
>
> D. Antonio Vega e Hidalgo, Auxiliar temporal, por haber desaparecido sin que se sepa su paradero, siendo militante de los partidos de izquierda[34].
>
> D. Francisco García Suárez, Auxiliar temporal, por encontrarse detenido como Teniente de Alcalde del último Ayuntamiento de izquierdas[35].
>
> D. José Luis Ruiz Escobar, Auxiliar temporal por haberle cojido (sic) el movimiento en uso de licencia de verano, suponiendo se encuentre en Madrid.
>
> D. Manuel Domínguez Aubray, Ayudante meritorio con desempeño de Cátedra, por haberle cojido (sic) el movimiento en uso de licencia de verano, suponiendo se encuentre en Madrid.
>
> D. Antonio López Quecuty, Ayudante meritorio con desempeño de Cátedra, por encontrarse en Córdoba prestando servicios como Alférez Médico, en el Batallón de Cádiz[36].
>
> De todos los Sres. expresados, con excepción de D. Antonio Vega e Hidalgo, y D. Francisco García Suárez, se puede garantizar la adhesión absoluta al Gobierno Nacional, así como también de todo el resto del personal que presta sus servicios en esta Escuela"[37].

Los escritos remitidos por Quintero Atauri, al Rector y al Gobernador civil, relacionados con la represión y depuración del profesorado de la Escuela, nos muestran, como expresamos anteriormente, la confusión que estaba presente en los procedimientos. Por parte del Rector se le insistió, a través de telegrama recibido el 15 de diciembre[38] (ya publicado en el BOE el decreto número 66, de 11 de noviembre, creando las comisiones depuradoras), sobre el envío del listado previsto en la Orden de 28 de agosto. Respondió Quintero "que con fecha 2 de septiembre último, fue remitida al Excmo. Sr. Gobernador civil de esta provincia, la relación a que hace referencia en el mismo, siéndome grato manifestarle que ello no obstante, se le remite nuevamente"[39]. Efectivamente, remite al Gobernador civil, el 19 de diciembre, el listado prevenido en la medida segunda de la citada orden (relación nominal del personal, dejando espacio suficiente para que el Gobernador incluya el informe) que no es igual al que había remitido anteriormente el

[34] En su informe de 2 de septiembre lo adscribe a Izquierda Republicana.
[35] Ídem.
[36] En este caso obvia las referencias a su estancia en prisión que expuso en el informe de 2 de septiembre.
[37] AEAC. Curso 1936 a 1937. Comunicaciones. (Documentación de fondos sin clasificar).
[38] Ídem.
[39] Ibídem.

dos de septiembre (correspondiente a lo ordenado en la circular del Gobernador civil de 27 de agosto). Quintero obvia detallar en su escrito la confusión que ha motivado que el Rector no reciba el informe del Gobernador civil proveniente de su error de identificar el informe para el Gobernador civil con la relación nominal que especificaba la Orden de 28 de agosto con destino para el Rector. En este sentido se limita a "remitirle adjunto, relación nominal del Profesorado y personal de esta Escuela de Artes y Oficios Artísticos, en cumplimiento de lo prevenido en por la Orden de la Junta de Defensa Nacional de España fecha 28 de agosto último (B. Oficial nº 14 del mismo mes)". Es obvio que Quintero no ajustó a las fechas ordenadas las peticiones de informes, uno destinado al Gobernador civil, y otro al Rector de la Universidad de Sevilla.

Debemos destacar las continuas contradicciones entre los protagonistas de los procesos de depuración. En este caso, el Rector de la Universidad de Sevilla, el Gobernador civil de Cádiz y el Director de la Escuela de Artes y Oficios Artísticos de Cádiz, que mantienen un exacerbado fervor por cumplir cuanto se refiera a informar sobre la conducta política del profesorado. Como colofón, las continuas peticiones de informe, las deprecaciones que contienen, las modificaciones de los informes, los olvidos intencionados o no, llegan al culmen de contradicciones cuando el presidente de la comisión C) creada por el decreto 66, de 11 de noviembre, cargo que recaía en el Gobernador civil, recabará del Director, en escrito de 14 de diciembre, el número y localización de Escuelas de Artes y Oficios Artísticos de la provincia de Cádiz e informe sobre la conducta política del profesorado y personal de la de Cádiz[40].

El informe que preveía el decreto 66 lo elabora el Director incluyendo información detallada sobre la conducta política y social del profesorado y el personal no docente. Como conocemos, estos informes constituyeron la base fundamental para la toma de decisiones de la Comisión de Depuración C) y la posterior resolución de cada uno de los expedientes individuales de depuración.

Las actuaciones de la Comisión C) en relación con la Escuela de Artes y Oficios Artísticos de Cádiz se limitaron a confirmar los datos sobre conductas académicas, sociales, políticas y, sobre todo, las relacionadas con la participación en actividades políticas durante la República. Quintero no obvió detalles en sus informes del profesorado, insistiendo en las actividades políticas de cada uno de ellos y en especial, como vimos, en los casos de García Suárez y Vega Hidalgo, dejando los que le afectaban directamente para que la propia Comisión realizase las averiguaciones oportunas. El celo en el cumplimiento de lo ordenado le lleva a relatar la posible incidencia de la residencia habitual en el cumplimiento de las obligaciones docentes y a contradecirse, como veremos, siempre aportando algún elemento negativo, al describir la conducta profesional de los citados García Suárez[41],

[40] Ídem.

[41] Francisco García Suárez murió fusilado el 19 de octubre de 1936 (Según acta de defunción en AHPC, Instituto de Bachillerato Columela (1863-1950). Series documentales. Personal. Expedientes del personal docente y no docente\García Suárez, Fco. Caja 30535 Expt. 32) y enterrado en el cementerio de Cádiz el 21 de octubre del mismo año.

Vega Hidalgo, y de López Quecuty; los tres anteriores sometidos a procesos sancionadores (en el caso de López Quecuty sobreseído) antes del decreto 66 por sus implicaciones en actividades políticas y pertenencia a Izquierda Republicana.

Nos interesa reseñar parte del contenido del informe por las razones apuntadas anteriormente: elemento fundamental para las resoluciones de los expedientes y por reflejar la colaboración que fue necesaria para llevar a cabo las medidas de represión en el contexto, como, citada anteriormente, señala Mir (2000), de implicación social a través de un entramado de redes de adictos e indiferentes. Así, el informe se redactó en los siguientes términos[42]:

> Profesores de término
>
> D. Pelayo Quintero y Ataury. Además de su cargo de Profesor de Término, ejerce en esta Escuela el de Director de la misma, y por tanto, con el fin de cumplimentar lo ordenado, se somete a la autoridad de la Junta, para que ella pueda recabar los informes respecto a su conducta profesional, privada, social y política, con anterioridad al 18 de Julio de 1936.
>
> D. Felipe Abarzuza y Rodríguez de Arias[43]. De conducta profesional competentísimo, demostrando siempre especial celo en el desempeño de su cargo, llegando en muchas ocasiones hasta facilitar recursos pecuniarios, ya que la escasez del material para enseñanza así lo precisaba. De conducta privada y social, honorabilísimo, no habiendo tenido filiación política.
>
> D. César Pemán y Pemartín[44]. De conducta profesional competentísimo, demostrando en todo momento su celo en el desempeño de su cargo, facilitando en diversas ocasiones recursos pecuniarios para el mejor cumplimiento de la enseñanza. De conducta privada y social, honorabilísimo, habiendo pertenecido en su época a la Unión patriótica, sin que haya tenido otra filiación política.
>
> D. Antonio Bravo Bozanes[45]. De conducta profesional competentísimo, si bien podría ejercer sus funciones con mayor celo aun, de vivir en esta capital, pues se encuentra avecindado en Jerez de la Frontera, de donde viene para dar sus enseñanzas. De conducta privada y social, honorabilísimo, no habiendo tenido filiación política.
>
> Dª Concepción Orduña Gutiérrez. De conducta profesional competentísima, de absoluta honorabilidad privada y social, no tiene filiación política alguna.

[42] AEAC. Curso 1936 a 1937. Comunicaciones. (Documentación de fondos sin clasificar).

[43] Destacó como restaurador y pintor de frescos. Pertenecía a una acomodada familia. Sus hijos Fernando y Felipe, Marinos de Guerra, se adhirieron al levantamiento militar y ocuparon significativos cargos durante la dictadura del general Franco: Alcalde de Cádiz de 1941 a 1942 y Ministro de Marina de 1957 a 1963, respectivamente.

[44] Ejerció la presidencia de la Diputación de Cádiz entre 1938 y 1939, presidente del Tribunal Tutelar de Menores en 1940, Director de la Escuela en 1939 y Director del Museo Provincial de Bellas Artes hasta 1968.

[45] Nótese lo innecesario de exponer "podría ejercer sus funciones con mayor celo aun, de vivir en esta capital, pues se encuentra avecindado en Jerez de la Frontera". Bravo Bozanes consta como restaurador de la imagen de un Cristo de masivo culto popular, conocido como el Nazareno, en Cádiz; se jubiló en 1943 al cumplir la edad reglamentaria prevista por la norma (setenta años).

Dª Carmen Rodríguez Nano. De conducta profesional competentísima, de absoluta honorabilidad privada y social, no tiene filiación política alguna.

D. Antonio Accame Scassi[46]. De conducta profesional competentísima, de absoluta honorabilidad privada y social, habiendo pertenecido en su época a la Unión patriótica, sin que haya tenido otra filiación política.

El informe incluía en los casos de García Suárez, Vega Hidalgo y López Quecuty las notas de pertenencia a partidos vinculados al Frente Popular.

EL CASO DEL PROFESOR FRANCISCO GARCÍA SUÁREZ.

Francisco García Suárez ejercía funciones de profesor auxiliar temporal de las materias de topografía, dibujo topográfico e interpretación de mapas y planos. De acuerdo con la normativa vigente fue seleccionado y propuesto por el claustro, en competencia con cuatro aspirantes, justificándose la propuesta por "estar desempeñando dicha enseñanza, a entera satisfacción de este Claustro"[47], ratificando la propuesta el Director en escrito que remitió al Subdirector del Ministerio de Instrucción Pública y Bellas Artes con fecha 16 de abril de 1936[48] A la par ejercía como profesor auxiliar del Instituto de enseñanza media y funcionario del Catastro.

Su actuación como concejal del ayuntamiento de Cádiz en mil novecientos treinta y seis, se distinguió por sus intervenciones en el Pleno de este por la defensa de la aplicación de las normas relativas a la enseñanza emanadas del Ministerio de Instrucción Pública y Bellas Artes. En el acta correspondiente al día 17 de julio se recoge las intervenciones de García Suárez relacionadas con la instrucción pública con una especial referencia a las necesidades de locales para escuelas y el cumplimiento de la sustitución de las enseñanzas impartidas por órdenes religiosas. Entre ellas, destacamos las intervenciones del concejal de Izquierda Republicana, Francisco García Suárez:

> El Sr. García Suárez dice que en otra sesión preguntó por el famoso expediente del Tennis (sic), porque es preciso que allí funcione una escuela. Cree que lleva mucho tiempo y que se trata de un expediente de lesividad, rogando a la Alcaldía que ponga cuanto estime de su parte para el despacho de este asunto.

---

[46] Se jubila en 1939. Es conocida su obra vinculada a la creación efímera referida a eventos culturales, festivos y carnavalescos. Puede verse Cirici Narváez, J.R. (1993) *El arte de lo efímero: los montajes y exorno carnavalescos en Cádiz.* Federico Joly y Cía., S.A. Cádiz. y Cirici Narváez, J.R. (1996) "Antonio Accame: Artista y Artesano del Carnaval" *en Actas del VII Congreso del Carnaval*, Cádiz.

[47] AHPC. Escuela de Arte (Cádiz) Administración. 1925-1948 Libro de Actas del Claustro de Profesores. Libro 5425. Punto 6º.

[48] AEAC. Documento sin clasificar.

> El Sr. García Suárez, se refiere al Grupo Escolar "Luis Bello" diciendo que el Ayuntamiento la ha provisto de toda clase de menaje escolar y no se determina de conocer si aquello es apto o no para la enseñanza.

La prensa gaditana se había hecho eco de las necesidades escolares y de la insistencia de algunos concejales sobre el tema:

> Lamentase el señor García Suárez de que no se dé la debida celeridad a la sustitución de la enseñanza, cuya lentitud puede originar disgustos, y se queja de que no se le conteste sobre un ruego que hizo acerca del expediente del lugar ocupado por el Tennis donde debe construirse un grupo escolar[49].

Especial significado tuvo la sesión celebrada por el consistorio el día 17 de julio –última celebrada por el Ayuntamiento del Frente Popular–, en la que el problema escolar ocupó los puntos 17 a 23 del acta correspondiente a la misma[50]. Las propuestas formuladas se dirigían a la búsqueda de soluciones para los problemas de locales, la planificación escolar y la sustitución de la enseñanza confesional, pero además se manifestaba una profunda convicción en la función de la educación como factor fundamental de progreso humano. Los concejales adscritos al denominado grupo obrero propusieron la celebración en agosto de una fiesta denominada "Despedida de la Escuela", que pretendía,

> solemnizar la entrega del certificado que solo las Escuelas Nacionales pueden otorgar después de unos años de escolaridad, a los unos para comenzar los estudios de segunda enseñanza, a los otros para pasar a la enseñanza media profesional, a muchos simplemente, empujándoles hacia las contingencias de un caminar siempre en lucha, pero orientado hacia una vida justa y mejor.

La situación escolar, como vemos, fue un incitativo para que los miembros de la corporación municipal gaditana llevasen constantemente propuestas de adopción de medidas para paliar las carencias que hemos señalado y abogasen por un estricto cumplimiento de la normativa republicana al respecto.

Antes del día 27 de julio era detenido[51] y perdía la vida el día 19 de octubre, como lo acreditó el Juez Municipal del Distrito de Santa Cruz de Cádiz[52] y una esquela aparecida en Diario de Cádiz del día 4 de noviembre. En su expediente existe una discrepancia con la fecha de su muerte ya que el informe, con fecha 15 de mayo de 1939, de la Comisaría de Investigación y Vigilancia de la provincia de Cádiz expone "al iniciarse el Glorioso

[49] *La Información* 10 de junio de 1936, p.3.
[50] AHMC. Libro de Actas 10421. Acta nº31 de 17 de julio de 1936, pp. 266(reverso)-275.
[51] *Diario de Cádiz*, 27 de julio de 1936. Ed. Mañana. P. 2.
[52] AHPC. García Suárez, Francisco. Caja 30535, expt. 32.

Movimiento Nacional se opuso a él resueltamente, con armas en la mano, por lo que falleció el día 20 de julio de 1936".

No obstante el 26 de abril de 1939, tras sobreseer la Comisión Provincial de depuración, por fallecimiento, el expediente correspondiente, el presidente de la Comisión Superior Dictaminadora, con sede en Vitoria (Álava) escribe lo siguiente al Gobernador Civil de Cádiz en su calidad de Presidente de la Comisión Provincial[53]:

> Adjunto tengo el honor de devolver a V.E. el expediente de depuración del D. FRANCISCO GARCÍA SUÁREZ, para que por esa Comisión de su digna Presidencia se investigue la conducta de dicho Sr. anterior a su fallecimiento, formulando a la vista de los informes la correspondiente propuesta a efectos pasivos de sus causahabientes.
>
> Dios guarde a V.E. muchos años
> Vitoria 26 de abril de 1939
> Año de la Victoria
> EL PRESIDENTE

A tenor de lo anterior y tras los informes de la Comisión provincial de Cádiz, la Comisión Superior Dictaminadora de Expedientes de Depuración propuso "la separación definitiva del servicio y baja en el escalafón respectivo". A la propuesta, José Pemartín Sanjuán, Director General de enseñanza Media y Superior del Ministerio de Educación Nacional, dio su conformidad añadiendo al documento: "Conforme sin inserción en el Boletín Oficial en atención a las circunstancias"[54]. La separación y baja afectaba a los destinos en la Escuelas de Artes y Oficios Artístico y al Instituto de Bachillerato.

EL CASO DEL FUNCIONARIO Y PROFESOR ANTONIO VEGA HIDALGO

Antonio Vega Hidalgo fue sometido a dos procedimientos de depuración[55]: uno, correspondiente a su condición de Secretario administrativo del Instituto de Bachillerato; y, otro, como Profesor Auxiliar de la Escuela de Artes y Oficios Artísticos. Más tarde, en 1944, ya fallecido, el Tribunal Especial para la Represión de la Masonería y el Comunismo inició procedimiento contra él[56].

Los expedientes de depuración finalizaron con la separación definitiva tanto del Instituto como de la Escuela de Artes, acusado de pertenecer a la Masonería y al partido

[53] AGA Comisión C/ DEPURADORA CÁDIZ. Legajo 18474. Expediente nº. 217.

[54] En ocasiones a los funcionarios con resolución de separación del servicio y baja en el escalafón que habían fallecido (la mayoría de las veces fusilados) durante la formación del expediente depurador no se publicaba en el BOE ya que suponía mostrar la crueldad de la violencia empleada o enfrentarse a la consideración general cuando el expedientado mantenía una reputación general excelente.

[55] AGA. Comisión C depuradora de Cádiz. Expedientes número 7 y 8.

[56] CDMH. Tribunal Especial para la Represión de la Masonería y el Comunismo. Expediente 14749.

Izquierda Republicana. Reconoce el secretario de la Comisión que "fue sancionado por la autoridad gubernativa con la separación de su cargo y con anterioridad a la iniciación de este expediente".

Los informes presentados por los Directores del Instituto y de la Escuela de Artes presentan contradicciones en las apreciaciones sobre su trabajo que pudieron afectar gravemente las decisiones de la Comisión. El Director de la Escuela de Arte informa:

> De conducta profesional competentísimo, si bien falto de celo en el desempeño de su cargo. Correcto en todas las actuaciones de su vida privada y social. En cuanto a su conducta política, pertenecía al Partido de Izquierda Republicana ejerciendo cargos Directivos en el Comité de esta Capital.

Por su parte, el Director del Instituto emitió el siguiente informe para la Comisión:

> Era Secretario al estallar el Movimiento Nacional. Es Jefe de Negociado del Cuerpo Administrativo de Instrucción Pública.
>
> Filiación Política: Miembro del Comité de Izquierda Republicana. Afecto a la Masonería, según la prensa local, con el nombre de Vélez de Guevara.
>
> Conducta profesional: Es Abogado, incorporado al Colegio respectivo. Funcionario inteligente y laborioso, perteneciente a este centro desde 1916, con un corto espacio de tiempo que prestó servicios en la Facultad de Medicina. Ha prestado, tanto al Instituto como a su Claustro una meritísima colaboración.
>
> Conducta social y privada: Irreprensible siempre, hasta la época de sus actividades políticas en que sus relaciones se orientaban hacia los elementos del Frente Popular.
>
> Ha sido sancionado por la Autoridad Gubernativa con la separación del servicio de su cargo como consecuencia de anteriores informes en poder de dicha Autoridad.

El procedimiento de 1944 del Tribunal Especial para la Represión de la Masonería y el Comunismo fue sobreseído ya que otro procedimiento en 1941 le había condenado por los mismos motivos a nueve años y un día de prisión. De acuerdo con escrito de la Comisaría General Político-Social de la Dirección General de Seguridad, que consta en el expediente, se hallaba en abril de 1944 en el Penal de El Puerto de Santa María (Cádiz). Falleció el día 21 de octubre de ese mismo año.

ALGUNAS CONSIDERACIONES SOBRE EL PROFESOR Y DIRECTOR PELAYO QUINTERO ATAURI

En relación con los procesos de depuración de personal que afectaron a la Escuela de Arte y Oficios Artísticos de Cádiz, estimamos necesario realizar algunas precisiones sobre la figura de Pelayo Quintero Atauri, profesor que fue de la misma desde diciembre de 1904[57] y en la que ejerció como Director hasta octubre de 1939[58].

Desde su llegada a Cádiz, Quintero, participó activamente en la vida social, académica, cultural, artística y, sobre todo, en la investigación arqueológica[59]. Así, en 1909, se incorpora como académico fundador a la Real Academia Hispanoamericana de Ciencias, Artes y Letras de Cádiz[60] de la que fue elegido secretario en 1910. Gran parte de la historia de la Real Academia, desde sus inicios hasta 1940, se sustenta sobre la figura de Quintero Atauri que ocupó la dirección desde 1915 a 1938 en el que fue nombrado Director honorario[61]. Participó y dirigió numerosas excavaciones arqueológicas, recibiendo para ello ayudas económicas gubernamentales y nombramientos para la dirección de estas[62].

Sus ideas conservadoras se manifiestan por el carácter de las distintas organizaciones a las que perteneció, cargos que ocupó durante la Monarquía y la Dictadura de Primo de Rivera y distinciones que recibió: Delegado Regio de Turismo desde 1912[63], Delegado Regio de Bellas Artes[64] desde 1909 (ocupó este cargo hasta el 23 de junio de 1931, que por Decreto se dispuso su cese[65]), miembro del Somatén[66], Gran Cruz de la Real Orden de Isabel la Católica[67], Director del Museo de Bellas Artes de Cádiz, diputado provincial, etc. La prensa de la época se hacía eco de sus múltiples actividades: La revista decenal *Deportes*, editada en Cádiz, recogía en su número de 8 de abril de 1914, sus quejas como Delegado Regio de Turismo sobre la situación y las actuaciones del Ayuntamiento en relación con las actividades del ramo[68], ABC[69] realizaba recensiones de sus publicaciones, etc.

El veintiséis de junio de mil novecientos treinta y siete, fecha en la que cumplía setenta años, edad reglamentaria de jubilación vigente en la época, el Ministerio de

[57] *Gaceta de Madrid*. Núm. 337 de 4 de diciembre de 1904, pág. 755.

[58] AHPC. Escuela de Arte y Oficios Artísticos. Expedientes del Profesorado y Personal no docente (1870-1958). Caja 29706. Expte. 19.

[59] Sobre las actividades arqueológicas de Pelayo Quintero ver: PARODI ÁLVAREZ, M.J. (2006) "Arqueología española en Marruecos, 1939-1946. Pelayo Quintero Atauri". *SPAL*, 15, 9-20; PARODI ÁLVAREZ, M.J. (2009). "Notas sobre la organización administrativa de las estructuras de gestión del Patrimonio Arqueológico en el Marruecos Septentrional durante el Protectorado (1912-1956)". *Herakleion*, 2, 117-141, y VV.AA. (2011) *Pelayo Quintero en el primer centenario de 1912*. Cádiz: Diputación Provincial de Cádiz.

[60] Información sobre la Real Académica Hispanoamericana de Ciencias, Artes y Letras de Cádiz en www.raha.es

[61] Una síntesis biográfica de Pelayo Quintero Atauri puede estudiarse en: MARTINEZ LÓPEZ, R. (2010). "Pelayo Quintero Atauri (1867-1942)" en *La Real Academia Hispanoamericana de Ciencias, Artes y Letras. Recuerdos de Cien Años de Historia. 1910-2010*. Cádiz: Real Academia Hispanoamericana, Ayuntamiento de Cádiz y Universidad de Cádiz.

[62] *GM*. Núm. 358, de 24 de diciembre de 1925, pág. 1626 y *GM*. Núm. 8, de 8 de enero de 1929, pp. 251-252.

[63] *Introducción a la Comisaria Regia de Turismo. La figura del Marqués de la Vega Inclán como Comisario Regio.* (n.d.) Extraído en línea el 30 de junio de 2012 desde http://museoromanticismo.mcu.es/web/archivos/documentos/comisaria_regia.pdf

[64] AHPC. Escuela de Arte y Oficios Artísticos. Expedientes del Profesorado y Personal no docente (1870-1958). Caja 29706.

[65] *GM*. Núm. 175, de 24 de junio de 1931, p. 1614.

[66] GARCÍA DÍAZ, M. (s/f) *El* Somatén. Extraído en línea el 30 de junio de 2012 desde http://miguelgarciadiaz.bravehost.com/pdf/somaten.pdf

[67] *GM*. Núm. 17, de 17 de enero de 1930, p. 410.

[68] QUINTERO ATAURI, P. (1914) El turismo y el Ayuntamiento de Cádiz. *Deportes*, Núm. 60, pp. 1-2.

[69] Noticias de Libros y Revistas. *ABC de Madrid*. 5 de junio de 1928, p. 42.

Instrucción del gobierno de la República procedió a declarar en situación de jubilación a Pelayo Quintero[70]. Evidentemente la Orden no llegó a cumplirse en tanto que la normativa republicana no se aplicaba en las zonas que estaban controladas por el gobierno del general Franco. Continuó como profesor y Director de la Escuela de Arte y Oficios Artísticos, como hemos señalado, hasta octubre de 1939, fecha en la que el Ministerio de Educación Nacional procedió a su jubilación[71].

Este mismo año fue nombrado Director del Museo Arqueológico de Tetuán e Inspector General de Excavaciones del Protectorado, trasladándose a la citada ciudad en compañía de su esposa. En el estudio realizado por Valderrama (citado por Verdugo y Parodi, 2008,) se recoge lo siguiente:

> Sería precisamente el ya general Beigbeder quien concedería a Pelayo Quintero Atauri el correspondiente permiso para permitirle visitar "...las plazas de soberanía y Zona de Protectorado de España en Marruecos...", señalando además que la visita de este arqueólogo obedecía a "...realizar una Comisión científica..." encomendada a este por el propia Alto Comisario (*i.e.*, el mismo general Beigbeder Atienza), documento fechado en Tetuán el 16 de julio de 1939, una *addenda* a este documento firmada por el Gobernador Civil de Cádiz el 28 de julio de ese mismo año señala que Quintero iría "... acompañado de su Sra. Dª. Juana María Hidalgo Ruiz"[72].

La trayectoria profesional y los servicios prestados[73] muestran a Pelayo Quintero como una persona que no ha sufrido ningún tipo de represión como consecuencia de sus ideas o actuación personal o profesional. Todo lo contrario: permanece como Director de la Escuela dos años más tras cumplir la edad reglamentaria y le conceden continuar ejerciendo sus actividades de arqueólogo en lugares por los que había mostrado interés anteriormente[74].

El análisis histórico que hemos realizado de algunos hechos de la Escuela en el período que transcurre entre julio de 1936 y octubre de 1903 (los cursos académicos 1936-1937, 1937-1938 y 1938-1939) en ningún caso muestran unas actividades de la Escuela de Arte y Oficios Artísticos de Cádiz, ni del comportamiento de su Director que nos señalen actividades contrarias al levantamiento militar, ni a las políticas generales y educativas que se generaron durante los cursos citados. No obstante, recientemente, algunos autores han

[70] *GR*. Núm. 182, de 1 de julio de 1937, p. 15.

[71] Estos datos proceden de la certificación que el 24 de noviembre de 1939, firmado por el secretario de la Escuela, Francisco Fernández Chazarri con el visto bueno del Director accidental Cesar Pemán y Pemartín. Se realiza a los efectos de percepción de haberes por jubilación que consta en el expediente personal de Pelayo Quintero Atauri citado anteriormente.

[72] VERDUGO SANTOS, J. y PARODI ALVAREZ, M.J. (2008) "La gestión del Patrimonio Arqueológico en el antiguo protectorado español en el norte de Marruecos. Gestión, administración, normativas". *SPAL*, 17, p. 16.

[73] La reciente publicación PARODI ÁLVAREZ, M.J. (2021) *Pelayo Quintero*, Almuzara, Córdoba, aporta una extensa biografía de Quintero y de sus aportaciones arqueológicas.

[74] Ibídem, p.17.

aportado versiones sobre un posible exilio o huida de Pelayo Quintero Atauri de Cádiz en el año 1939 como consecuencia de sus planteamientos ideológicos.

Ramos (2011, 124-135) concreta su vinculación con los Rotarios (a los que se ha vinculado equivocadamente con la masonería)[75] y atribuye, fundamentalmente, al contexto de su pertenencia al Rotary Club de Cádiz y posible pertenencia a algunas de las logias masónicas gaditanas (sin demostrar), el motivo de su traslado a Tetuán en 1939, llegando a calificar su partida como de transterro. Domínguez (2004) se refiere a Quintero como afiliado a FET y JONS y al club Rotario, sin que en sus informes conste ninguna conducta contraria al movimiento nacional[76].

Ofreció de una manera voluntaria la participación de la Escuela en la confección gratuita de prendas militares. Considerar a Quintero Atauri desafecto al régimen del 18 de julio de 1936, como decíamos, no se sostiene de acuerdo con la investigación documental ni con los hechos a los que se les atribuyen la supuesta represión a la que se le sometió con su viaje y estancia en Marruecos. Su actuación como Director de la Escuela de Arte nos muestra a un funcionario cumplidor estricto y entusiasta de las normas emanadas de la Junta de Defensa Nacional de España hasta octubre de 1936, de la Junta Técnica del Estado hasta febrero de 1938 y del Ministerio de Educación, a partir de esta fecha, hasta su jubilación real en octubre de 1939 e, incluso, promotor de iniciativas que favorecían las actividades militares y la presencia del nuevo régimen en la sociedad gaditana. Su avanzada edad, situación económica y red de relaciones en Cádiz le permitían retirarse a la vida privada y familiar. Otros intereses (no ilegítimos) de curiosidad intelectual, dinamismo vital[77], etc., consideramos, son los que le impulsaron a continuar su actividad arqueológica en Tetuán.

Esta corriente de acercar a Quintero al ámbito de la represión franquista ha tenido también eco en distintos blogs periodísticos como los casos del arqueólogo colombiano Eduardo Arboleda Bailén, "según las notas de Pelayo Quintero Atauri, este tuvo que alejarse precipitadamente de Cádiz por obligación forzada en el año de 1939 a la edad de setenta y dos años, a la ciudad de Tetuán en Marruecos, repartiendo un poco antes parte de su extensa biblioteca en sitios claves culturales de Cádiz, encomendando esta labor a su amanuense"[78], y del periodista Fernando Santiago Muñoz "a esta sospecha contribuye el hecho de que Pelayo Quintero fue obligado a dejar el Museo y la ciudad e ir a Tetuán

[75] Debemos destacar el interés que los Rotarios históricamente han mostrado por diferenciarse de la Masonería. Básicamente sus intereses y la procedencia económica de sus miembros los diferencia significativamente. No obstante, la pertenencia a la Masonería no ha sido óbice para pertenecer a los Rotarios y viceversa.

[76] Listado anexo en DOMINGUEZ, A. (2004) *El verano que trajo un largo invierno*. Cádiz, Quorum.

[77] "Ha pasado ya su fase de madurez (como ser humano y como investigador), y está entrando en la de senectud, y pese a ello y sin embargo, se resiste a pasar a un segundo plano, a una esfera más "discreta" y más alejada de la actividad "en primera línea", tanto desde la óptica de lo administrativo y de gestión, como desde la perspectiva del trabajo de campo". PARODI ALVAREZ, J.M. (2006) "Arqueología española en Marruecos, 1939-1946. Pelayo Quintero Atauri". *SPAL*, 15, p. 10.

[78] El País.com.la comunidad. El trote de la culebra. [Internet] [consulta el 1 de Julio de 2011] Disponible http://lacomunidad.elpais.com/el-trote-de-la-culebra/2011/9/30/la-traicion-judas-pelayo-quintero-atauri-sus-secretos

tras la guerra civil, donde murió. Uno no puede llevar en el equipaje algo así. Sobre todo si alguien pensó que era desafecto al Régimen"[79].

Quintero para su partida a Marruecos recibió la ayuda del jerezano Tomás García Figueras, militar y experto en temas marroquíes (PARODI y VERDUGO, 2014):

> En cualquier caso, y en relación con el traslado de Quintero a Marruecos y las responsabilidades allí desarrolladas por el de Cuenca, una figura fundamental habría de ser Tomás García Figueras; militar, oficial de artillería, García Figueras y Quintero habrían de conocerse desde años atrás, como prueba la correspondencia entre ambos sostenida y conservada en los fondos documentales del Museo Arqueológico de Tetuán.

E incluso del general Juan Luis Beigbeder y Atienza, vinculado militar y culturalmente con el protectorado de Marruecos, Ministro con Franco y aliadófilo durante la Segunda Guerra Mundial como se recoge en el documento que citamos anteriormente sobre el permiso expedido. Parodi (2006) recoge la opinión de Gonzálbes –gran conocedor de las investigaciones arqueológicas de Quintero y de la ciudad de Tetuán, lugar de residencia de su familia–, sobre la adscripción ideológica y los posibles enemigos de Quintero:

> Gonzalbes[80], quien tilda a Quintero de "conservador y monárquico", y señala que tuvo problemas con el filofranquista Martínez Santa-Olalla, quien, recordemos, llegaría a ser responsable de la Comisaría Nacional (o General) de Excavaciones Arqueológicas: mal enemigo en mal momento; sin ánimo de entregarnos a interpretaciones post quid, quizá Quintero y Martínez Santa-Olalla representaban dos mundos muy distintos y enfrentados entre sí al fin de la Guerra Civil: el uno, un monárquico en la línea con la tradición católica y conservadora española, el otro, un "filonazi", camisa vieja de la Falange, representativos ambos uno de la "España vieja" y otro de la "España nueva", según la terminología falangista al uso en la época; ambos podían muy bien considerarse traidores: para Quintero, quizá Santa-Olalla pertenecía a un mundo ideológico traidor a la Monarquía y al orden tradicional español, mientras quizá para Santa-Olalla Quintero se identificaba con una España y una Monarquía "caducas", cuyo fracaso político (el fracaso de la Restauración y del sistema canovista), social y

[79] Diario de Cádiz. Blogs.diariodecadiz.es. Con la venia. Pelayo Quintero. [Internet] [consulta el 1 de Julio de 2011] Disponible http://blogs.grupojoly.com/con-la-venia?s=Pelayo+Quintero

[80] Su progenitor Guillermo Gonzálbes Busto fue uno de los maestros sancionados en Cádiz en la primera depuración y separado definitivamente del servicio, por Masón, tras la aplicación del decreto 66. Rehízo su vida en Tetuán desarrollando una intensa vida académica ligada a la historia. Colaborador permanente de la *Revista de Miscelánea de Estudios Árabes y Hebraicos.* Su suegro Juan Gravioto Algarra, también Maestro en Cádiz y destacado Masón. Fue separado definitivamente del servicio. Ambos defendieron ante la Comisión de Depuración su pertenencia a la Masonería y los fines loables de la misma. Datos recogidos de los expedientes de depuración 1627 y 1617 en AGA, expedientes consultados en el archivo de personal de la Delegación Territorial de la Consejería con competencias educativas de la Junta de Andalucía y a la información facilitada generosamente por D. Guillermo Gonzálbes Gravioto.

económico (*ergo*, cuya "traición" –por fracaso) había coadyuvado al advenimiento de la II República.

En efecto, si bien es cierto que Martínez Santa-Olalla[81], en su introducción a la *Memoria sobre la situación arqueológica de la provincia de Cádiz*[82] glosa el trabajo de Cesar Pemán en el período de 1939, año en el que se creó la Comisaría General de Excavaciones Arqueológicas, hasta 1953 (fecha de escritura de la *Introducción*), con un olvido exagerado del trabajo de Quintero (que había fallecido en 1946); su autor si critica parte del trabajo y la metodología de investigación arqueológica aplicada por Quintero Atauri, aspecto destacado por Ramos (2011) considerando "que esa apreciación no es arqueológica, y que encierra algo muy personal con Quintero" y "de la obra de Cesar Pemán lo que se aprecia es unas referencias a las fuentes clásicas, que domina, pero ninguna valoración ni geológica ni antropológica, como 36 años antes había desarrollado de forma bastante más avanzada Pelayo Quintero"; también es cierto, que Cesar Pemán había apoyado decididamente, como vimos, la permanencia de Quintero en la dirección de la Escuela de Arte y Oficios Artísticos de Cádiz y como José María Pemán, hermano del anterior y Presidente que fue de la Comisión de Cultura y Enseñanza de la Junta Técnica del Estado de mil novecientos treinta y seis a mil novecientos treinta y ocho, en la que tuvo todas las oportunidades para proceder a la depuración de Quintero, no procedió en ningún momento y debemos recordar la glosa que realizó, en mil novecientos veintiocho, de él y su trabajo en el prólogo a *Sillerías de coro en las iglesias españolas*:

> ... este libro es un maravilloso vagar de caminante errabundo y soñador, por trochas y veredas, escudriñando rincones y dejándose apresar por la admiración súbita e impensada, en busca de todo ese mundo nuevo para el profano, de santos, vestiglos, dragones, faunos, demonios y dioses que anidan en las tallas de nuestras prodigiosas sillerías.
>
> Yo soy completamente lego en la materia: pero, del brazo de D. Pelayo Quintero, acabo de hacer la excursión por estos rincones de encantamiento y vengo aquí sencillamente, al dintel del libro, con los ojos llenos de figuras maravillosas y extrañas, a contaros en agitado desorden, mis impresiones y mis asombros[83].

[81] Martínez Santa-Olalla representó las corrientes arqueológicas conocidas como "arianización" manteniendo relaciones estrechas con la Ahnenerbe, o Comunidad para la Investigación y Enseñanza sobre la Herencia Ancestral, organización alemana que fue protagonista de espeluznantes experimentos con humanos durante el nazismo. Nombrado al frente de la Comisaría General de Excavaciones Arqueológicas en mil novecientos treinta y nueve, dependía de él los trabajos de Quintero en África. Sus concepciones metodológicas e ideológicas le distanciaban de las de Pelayo Quintero. Puede estudiarse a Martínez Santa-Olalla en VERA RAMOS, C. (2009). "Julio Martínez Santa Olalla y el nacionalsocialismo: un oscuro y controvertido aspecto del primer excavador científico de Carteia" en *Almoraima*, 39, pp. 489-504.

[82] PEMÁN Y PEMARTÍN, C. (1954) *Memoria sobre la situación arqueológica de la provincia de Cádiz en 1940*. Madrid: Ministerio de Educación Nacional.

[83] PEMÁN Y PEMARTÍN, J.M. (1928) "Prologo". En QUINTERO ATAURI, P. *Sillerías de Coro en las Iglesias Españolas*. Cádiz: Real Academia Hispanoamericana de Ciencias y Artes, pp. 5-6.

Consideramos, por tanto, que no existía una especial animadversión de César y José María Pemán hacía Quintero, sino, en todo caso, unas diferencias en la investigación arqueológica de acuerdo con las concepciones y corrientes vigentes teniendo en cuenta además la diferencia de edad que separaba a Quintero y Césarv Pemán[84].

Es evidente que no existieron medidas coercitivas ni represoras hacia Quintero Atauri, con independencia de las diferencias, tanto técnicas como ideológicas (más anglófilas que germanófilas; más monárquicas que falangistas), que le provocaran situaciones comparables a ser considerado como una persona maltratada o sometida a represión por el régimen franquista. En el ámbito de la confrontación que se produjo entre los grupos que apoyaron y colaboraron con Franco (anglófilos y germanófilos; falangistas y monárquicos, entre otros) fueron posibles las divergencias que el marcado carácter monárquico de Quintero pudo provocar en su entorno profesional y social, sin que por ello podamos decir que fue un personaje opuesto al franquismo o que recibiese de este medidas de represión.

CONCLUSIÓN

La depuración del personal docente, como hemos estudiado, fue una medida iniciada tempranamente con el objetivo de acabar con las innovaciones que la República había introducido en el panorama de la enseñanza en España. Los centros educativos, cada uno de acuerdo con las enseñanzas que impartían, sufrieron las consecuencias de esta y tuvieron que transformar los procedimiento y modelos de intervención pedagógica con un grave deterioro de la calidad de la educación.

La Escuela de Artes y Oficios Artísticos de Cádiz, según los datos aportados, sufrió la pérdida de dos importantes referentes de la educación gaditana: Francisco García Suárez y Antonio Vega Hidalgo, excelentes profesores que pagaron caro ejercer desde la política una labor de concienciación sobre la necesidad de cambiar la estructura escolar de la ciudad.

En ambos casos, los Directores de los Centros donde ejercían, impulsaron con sus informes que las medidas que adoptó la correspondiente Comisión C de depuración fueran especialmente duras: separaciones definitivas del servicio. El Director de la Escuela de Artes y Oficios Artísticos de Cádiz, Pelayo Quintero Atauri, mostró su adhesión al levantamiento militar respondiendo a los requerimientos realizados por las autoridades con un especial señalamiento de aquellas actuaciones que podían ser lesivas para los informados. Por otro lado, colaboró activamente prestando ayuda al ejército con la aportación

[84] "Don Pelayo Quintero solía ocuparse de explicar tumbas romanas y prerromanas, siguiendo las indicaciones que la acción del mar sobre los acantilados iba suministrando y acostumbraba a incluir también en sus Memorias noticias de las piezas que casualmente iban apareciendo. Sirven dichas Memorias como útil inventario de los hallazgos de todos esos años, si bien casi nunca abundan, y mucho menos resuelven, las ingentes cuestiones de clasificación y cronología que las piezas descubiertas plantean: las fotografías son casi constantemente insuficientes y faltan planos y dibujos, así como todo intento de reconstrucción del campo de la necrópolis. Algo más de todo esto hay en el librito del señor Quintero *Cádiz primitivo* (Cádiz, 1917), pero sus teorías y conclusiones no son válidas hoy día". Ibídem, pp. 11.

de uniformes y desarrollo de actividades para potenciar la implantación de enseñanzas en las escuelas religiosas de extramuros según se recoge en las Actas de Claustro.

Los procesos de depuración junto a otras medidas represivas (Ley de Responsabilidades Políticas, Ley Represión de la Masonería y el Comunismo, etc.) constituyeron los pilares básicos para instaurar un régimen de violencia que permaneció hasta 1975 cuando muere el dictador Francisco Franco. En un clima de violencia institucional como la de la depuración aparecen elementos que se vinculan a la violencia desde posiciones colaboracionistas (emisión de datos en los informes que agravan los cargos que se imputan) o espectadores que eluden información favorable en prevención de ser considerado defensor de la disidencia.

12.
¡ATRÁS FALSARIOS!
PENSAMIENTO, IDEOLOGÍA Y REVISIÓN HISTORIOGRÁFICA EN LA OBRA DE EDUARDO JULIÁ TÉLLEZ

Santiago Moreno Tello
Jesús García García
Universidad de Cádiz

INTRODUCCIÓN

La provincia de Cádiz cayó en manos golpistas desde los primeros compases de la sublevación militar. Las zonas que quedaron bajo influencia gubernamental –sierra norte de Cádiz y parte del Campo de Gibraltar–, fueron sucumbiendo paulatinamente en los últimos días del verano de 1936. Por lo tanto, un espacio que desde primer momento quedó bajo control sublevado debería estudiarse, entre otros, en el plano de la difusión de su ideología y pensamiento. Por dicho motivo lo que nos planteamos en las siguientes páginas es tratar de ofrecer una ligera visión sobre cómo el bando sublevado, después llamado franquista, construyó su propio relato de la historia. Cabe hacerse ciertas preguntas que nos ayuden a establecer los objetivos de la investigación. Por ejemplo, ¿qué se ha escrito hasta ahora sobre la historiografía franquista durante la guerra y primera posguerra? ¿quiénes fueron los autores en la provincia de Cádiz? ¿qué intenciones traslucían sus escritos? ¿encajan estas obras con otras ya estudiadas de aparentes características? ¿fueron, por tanto, parte del mecanismo de difusión del discurso oficial y legitimador del primer franquismo?

CÓMO SE ESCRIBIÓ LA HISTORIA EN EL PRIMER FRANQUISMO.

Desde fechas muy tempranas, a sabiendas de que el golpe había fracasado, los militares sublevados pusieron en marcha una maquinaria de propaganda y publicidad que se extendió por todo el territorio que controlaban. En palabras del historiador Preston, "desde los primeros momentos de la conspiración [...] los golpistas de 1936 estaban ya falsificando su propia historia y la de sus enemigos"[1]. Dentro del territorio que controlaron desde dicho inicio, se editaron multitud de publicaciones centradas en memorias personales,

[1] PRESTON, P. "Prólogo", en SOUTHWORTH, H. *El lavado de cerebro de Francisco Franco*. Crítica. Barcelona, 2000. Pág. 11.

textos basados en la oralidad o incluso escritos novelados[2]. Imprentas y plumas de las más dispares localizaciones se pusieron al servicio del llamado Movimiento Nacional, tuvieran más o menos tradición en este sentido. Desde Palma de Mallorca hasta Ávila pasando por Zaragoza o Valladolid y llegando hasta Sevilla[3]. Cádiz y su provincia, como veremos más tarde, no fueron una excepción.

Sin ánimo de hacer un listado exhaustivo, pues superaría con creces la finalidad de este capítulo, vamos a repasar algunas de las principales publicaciones así como sus temáticas dentro del conglomerado editorial que nos interesa. Por su tremendo éxito de ventas e influencias en otros escritores de su momento e ideología, debemos citar el título 'Franco' de Joaquín Arrarás. En 1939, dos años después de su lanzamiento, ya contaba con ocho ediciones además de traducirse a varios idiomas[4]. Del mismo autor y descrito como "el canon de la historiografía franquista" es 'Historia de la Cruzada', la cual fue publicada en ocho volúmenes, divididos en treinta y seis tomos, entre 1939 y 1943[5]. Y precisamente aquel mismo año, pasando el meridiano de la II Guerra Mundial, vio la luz una obra que rebasaba todos los trabajos anteriores, desde los testimoniales, a los más locales, pasando por los ya citados. No referimos a la 'Causa general. La dominación Roja en España' el cual difiere de los anteriores por no tener al frente a un autor, sino que fue producto del esfuerzo bibliográfico del nuevo Estado franquista[6].

En lo concerniente a las principales características de dichos textos, podemos sintetizarlas de la siguiente manera. Se va a criminalizar todo el periodo anterior al golpe de Estado, puesto que vocablos como anarquía o desorden se intentarán vincular con Segunda República, así como con toda persona que se identificara con la misma. Por lo tanto, son textos donde la descalificación siempre está presente. Cuanto más, mejor. En la mayoría de las ocasiones, fueron periodistas los que se ocuparon de dicho trabajo, seguidos por policías, militares e incluso miembros del clero[7].

Ante dichas peculiaridades debemos preguntarnos, ¿las obras editadas en Cádiz siguieron la misma trayectoria? ¿qué profesiones encarnaron en su día a día los autores que las firmaron? ¿intentaron realizar en su relato un fiel reflejo de lo sucedido o se dejaron llevar por los intereses de los sublevados? Y, por último, ¿dejaron en negro sobre blanco sus propias vivencias o se sirvieron de otras personas para realizar dicha labor?

[2] REIG TAPIA, A. "La literatura como fuente de la historia" en REIG TAPIA, A. y SÁNCHEZ CERVELLÓ, J. (Coords.). *La Guerra Civil Española, 80 años después. Un conflicto internacional y una fractura cultural.* Tecnos. Madrid, 2019. Pág. 331.

[3] Una ínfima pero esclarecedora muestra en CERVERA GIL, J. "La violencia política, el orden público y la represión". En BAHAMONDE, A. y RUIZ FRANCO, R. (Eds.). *Los libros de la guerra civil.* Cátedra. Madrid, 2021. Págs. 162-163.

[4] MORADIELLOS, E. "Franco y el franquismo en tinta sobre papel: narrativas sobre el régimen y su caudillo". En CASANOVA, J. *40 años con Franco.* Crítica. Barcelona, 2015. Pág. 338.

[5] CASTRO, L. "Yo daré las consignas". *La prensa y la propaganda en el primer franquismo.* Marcial Pons. Madrid, 2020. Pág. 58.

[6] En CERVERA GIL, J. *Op. Cit.* Págs. 164-165. Pero como bien indica el autor "conviene consultarlo desde una valoración y exégesis responsable y razonable [...] sin olvidar nunca por qué y para qué se elaboró".

[7] Ibídem. Pág. 167.

Comenzaremos con una descripción del marco geográfico que nos interesa, así como avistaremos algunos datos biográficos de nuestro principal protagonista.

LA PRENSA EN LA BAHÍA DE CÁDIZ: EL PERIÓDICO LA INFORMACIÓN Y EDUARDO JULIÁ TÉLLEZ

La bahía de Cádiz cuenta con un inmenso historial en lo que a publicaciones periódicas se refiere[8]. El auge económico propiciado por el comercio con las Indias occidentales serviría de caldo de cultivo para que, llegado el momento, las gacetas informativas se publicaran en las imprentas como en cualquier ciudad importante del país. El siglo XIX y su convulsa historia económica, social y política no hizo más que afianzar este hecho. Un ejemplo: las circunstancias vividas durante el asedio francés y la celebración de las Cortes en la ciudad –la cual aprobó la libertad de prensa–, llevó a cabo el florecimiento de periódicos y publicaciones variadas: gacetas de carácter político, ideológico o polémico. Con la llegada de Fernando VII este camino se cortará de raíz, a excepción de publicaciones económicas o culturales, para tener continuidad con el nacimiento del Trienio Liberal. A la vuelta del Absolutismo borbónico, en 1823, pocos fueron los titulares que sobrevivieron. La época del reinado de Isabel II sirvió de nuevo como acicate para la prensa y el periodismo gaditano. Además, los diferentes partidos políticos que empezaron a surgir, fijaron su mirada, más pronto que tarde, en las posibilidades de las rotativas para acercar sus ideas a la ciudadanía. Conforme avanza la segunda mitad del siglo XIX evolucionarán contenidos y formas de la prensa. No debemos olvidar las publicaciones obreras que surgen ya en tiempos del Sexenio Democrático y que en nuestra provincia tiene ejemplos muy significativos. A pesar de la crisis finisecular la prensa gaditana se mantuvo con un número considerable de cabeceras, sobre todo si tenemos en cuenta –tal como señalaría Ramos Santana– que Cádiz se había convertido en una alejada capital de provincias[9]. Durante la Segunda República[10] se mantuvo el marco jurídico de la Ley de Prensa de 1883, cuyas libertades a veces fueron recortadas: Ley de Defensa de la República (1931-33) y Orden Público (1933-36). El golpe de Estado del 18 de Julio de 1936 cercenó prácticamente de raíz esa tradición periodística que rubricó Cádiz y su bahía durante casi dos siglos atrás. Los sublevados sabían de la importancia del llamado "Cuarto Poder". De forma rápida desde el gobierno de Burgos, y en paralelo a otras leyes y órdenes represivas, el 22 de abril de 1938 aparece la Ley de Prensa con la cual los medios de comunicación pasaron a manos del Estado franquista. Esto hizo que a partir de ese momento los periodistas –o las personas que habían trabajado en el medio– empezaran

[8] RAMOS SANTANA, A. et al. *Prensa Gaditana 1763-1936*. Diputación Provincial de Cádiz. Cádiz, 1987.
[9] RAMOS SANTANA, A. *Cádiz en el siglo XIX. De ciudad soberana a capital de provincias*. Sílex. Cádiz, 1993.
[10] LANGA NUÑO, Concha y ROMERO DOMÍNGUEZ, Lorena R. "Tiempo de decepción y esperanza. La resurrección de la prensa política en la II República (1931-1936)" en LABIO BERNAL, Aurora (dir.). *Estructura, Historia y contenidos del periodismo gaditano. De sus orígenes a la actualidad*. Quorum. Cádiz, 2009.

a ser investigadas. En muchos casos el régimen de terror impuesto a raíz del 18 de julio, ya se había tomado por su cuenta la vigilancia y persecución de los mismos[11].

En lo que refiere al periódico La Información, donde Eduardo Juliá Téllez realizó su tarea profesional, debemos indicar que para la década de los años treinta, tanto en la República como durante el golpe y la guerra, fue una de las pocas cabeceras gaditanas que logró sobrevivir hasta llegar a los primeros compases de la posguerra. Anteriormente, durante los años republicanos, compartiría el predominio de la prensa conservadora junto a Diario de Cádiz. Frente a ellos, otro rotativo de larga trayectoria como fue el progresista El noticiero gaditano. No obstante, La Información había sido fundada en 1875 como suplemento a La Correspondencia de España. Su propietario era Manuel Cerón Bohórquez y fue dirigido en primer lugar por José María Montoto y luego por Juliá Téllez. Según sus propias declaraciones, desde mayo de 1931[12]. Desde entonces fue soporte de monárquicos alfonsinos, y a pesar de las dificultades en los primeros compases de la República, La Información resistió hasta el fallido golpe de Estado de 1932, al cual apoyó, por lo que estuvo clausurado hasta octubre de dicho año. Un año después, durante las elecciones generales, incluía propaganda electoral para Acción Ciudadana. Y al año siguiente se escoró aún más a la derecha declarándose Tradicionalista. Fue entonces cuando formó parte de un *trust* de prensa carlista dirigida por Manuel Fal Conde, el cual se constituyó en la sociedad mercantil IBSA. Su fidelidad, como era de esperar, al golpe de Estado del verano de 1936 fue total[13].

Juliá Téllez había nacido en San Fernando en 1879. Según la documentación consultada, estableció su domicilio en la capital en los primeros compases de la década de los años treinta, cuando ya era viudo de Concepción Villar Quirós[14]. Sin embargo, mientras elaboraba la obra que centra este capítulo, traslucen dos sucesos de su recorrido vital que no deben pasar desapercibidos. Por un lado, su nombramiento como Cronista Oficial de la Diputación de Cádiz bajo la presidencia de Fernando Carlos de Terry Cuvillo en abril de 1939[15]. Y por otro, el episodio de depuración, represión económica y profesional que sufrió a pesar de su más que demostrada filiación ultraconservadora.

[11] MORENO TELLO, S. *Periodistas represaliados en Cádiz*. Asociación de la Prensa de Cádiz. Cádiz, 2008; LANGA NUÑO, C. *Periodismo y represión. Los periodistas gaditanos y el Franquismo (1936-1945)*. Quorum. Cádiz, 2009.

[12] ARCHIVO GENERAL DE LA ADMINISTRACIÓN. Fondo Educación y Ciencia. Leg. 72/66627.

[13] LANGA NUÑO, Concha y ROMERO DOMÍNGUEZ, Lorena R. *Op. Cit*. Pág. 446.

[14] ARCHIVO HISTÓRICO MUNICIPAL DE CÁDIZ. Padrón de 1935, libro 3.870. Hijo de Ernesto y María Teresa, vivía en la calle José de Dios nº5 junto con sus hijos Ignacio, Rosario y María del Carmen. Su hijo Manuel vivía en la calle Ramón Ventín –hoy Sacramento–, número 63. Eduardo también aparece con idéntico domicilio en el Anuario Guía Comercial de Cádiz de 1936, pág. 187. Tuvo un hijo más, Ernesto, según recuerdos familiares militar de carrera el cual no apoyó la sublevación militar de 1936 por lo que fue repudiado por su propio padre quién, a su vez, intercedió por él cuando fue depurado. Expulsado del ejército vivió con su familia en Ferrol y posteriormente en Sevilla. Uno de sus hijos fue el recordado historiador Santos Juliá. Estos datos provienen de conversaciones con otro nieto de Eduardo, el fotógrafo Pablo Juliá.

[15] ARCHIVO HISTÓRICO DE LA DIPUTACIÓN PROVINCIAL DE CÁDIZ, Caja 1.060, leg. 61. Dicho nombramiento correspondía anualmente con la nada despreciable cifra de tres mil pesetas.

De poco o nada valió cuando en la portada del 10 de octubre de aquel mismo año[16] se pudo leer el anuncio de un futuro reportaje que fue añadido tras ser visado el número por la censura. El recién nombrado Gobernador Civil de la provincia Manuel de Mora-Figueroa –Camisa Vieja–, interpretó dicho anuncio como una crítica a su antecesor en el cargo y envió una dura carta al Ministro de la Gobernación. Pronto comenzaron las diligencias y Juliá se vio obligado a dejar su puesto de director –tomando las riendas el propio Cerón–, así como se le aplicaba una multa de diez mil pesetas más la retirada del carnet de periodista. El cruce epistolar para impedir las sanciones llegó hasta el propio dictador Franco. Finalmente, en mayo de 1940, se anuló la inhabilitación profesional pero no el hecho de que no pudiera ejercer de director. Aun así, La Información ya estaba tocada de muerte a favor de Diario de Cádiz. En mayo de 1941 Mora-Figueroa dejó el puesto de Gobernador Civil y año y medio después –octubre de 1942–, se condonó la deuda de las diez mil pesetas. Hecho que poca importancia tenía ya, pues desde junio y tras la imposibilidad de unificación con su competidor directo, La Información fue sustituida por el semanario La Información del Lunes teniendo como redactores a Juliá y al también veterano Antonio Garrachón Cuesta[17].

Este suceso podría entenderse como una posible lucha interna entre las antiguas facciones que se arremolinaron en torno a la sublevación de 1936, y más concretamente la Falange –representada por Mora–, y el Carlismo –representados por Juliá y el propio periódico La Información-. De hecho ya conocemos algún que otro altercado en la provincia que acabó con depuraciones y destituciones de declarados carlistas[18].

Como decíamos, la obra de Juliá había empezado a planificarse unos meses antes de su encontronazo con el gobernador falangista Mora-Figueroa. El historiador Fernando Romero lo advirtió hace algunos años. Para los trabajos de documentación Juliá obtuvo la ayuda de Adela Medina Cuesta, más conocida en los círculos poéticos y conservadores de Cádiz como Gitanilla del Carmelo[19]. A lo largo de 1938 llegaron escritos a los ayuntamientos de la provincia firmados por la propia Adela donde se solicitaba información pues "le había sido encargado con carácter particular la redacción de una memoria resumen

[16] Concha Langa le dedica un capítulo completo a dicho episodio. *Op. Cit.* Págs. 369-380.

[17] Estudio aparte merece este otro periodista ultraconservador que, al igual que Juliá, también escribió una visión propia de los meses del Frente Popular, el golpe y primeros compases de la Guerra. Editado por Cerón en 1938 llevó por título De África a Cádiz y de Cádiz a la España Imperial.

[18] Un curioso caso de luchas internas en la unificada FET de los JONS en MORENO TELLO, S. "Juego de niños. Falangistas y requetés por el poder a través de la educación en el Hospicio de Jerez". En MORENO TELLO, S. y QUINTANA FERNÁNDEZ, A. (Coords.) *Estado, educación y poder. El sistema educativo de la Restauración Borbónica al Primer Franquismo en la provincia de Cádiz.* Ubi Sunt?. Cádiz, 2018. Págs. 173-190.

[19] Cádiz, 1885-1983. Colaboradora en prensa y bordadora. Publicó a lo largo de su vida varios poemarios donde destacaba la temática religiosa. Entre otras La Buenaventura (1935), El vía crucis de España (1937), Cádiz, por fuera y por dentro (1949), Fraile y medio, poema sanjuanista (1970), Viva Cádiz (1973) o Madrina de España: Teresa de Jesús (1982). Puso su pluma a favor del golpe del 18 de julio de 1936 siendo autora de letras de Carnaval para las cuales usó músicas de tangos antiguos de Antonio Rodríguez (a) El tío de la tiza. Suceso llamativo como curioso pues, como es bien sabido, los sublevados prohibieron la fiesta en febrero de 1937.

de lo ocurrido en la provincia de Cádiz en los días del movimiento salvador"[20]. Como veremos en el siguiente apartado parte de dichas solicitudes fueron respondidas. Aun así, los sucesos posteriores, ya narrados, harían postergar la edición de la obra de Juliá hasta 1944, una fecha un tanto inusual para este tipo de publicaciones.

Finalmente, nuestro protagonista fue enterrado en Cádiz el 11 de septiembre de 1958 a los 79 años de edad. La muerte le sobrevino por una cirrosis hepática y hasta el último momento de su vida siguió cobrando sustanciosas gratificaciones por su cargo de Cronista Oficial de la Provincia.

ANÁLISIS Y CRÍTICA DE HISTORIA DEL MOVIMIENTO LIBERADOR DE LA PROVINCIA DE CÁDIZ

En el primer trimestre de 1944 vio la luz, después de varios años de espera, el libro de Juliá Téllez. Lo hacía en la imprenta de Cerón y se comenzó a vender a 15 pesetas en la librería Cervantes[21]. Constaba de 33 artículos publicados en La información, de los cuales 21 de ellos habían sido escritos antes del 18 de julio de 1936 y el resto a partir de entonces. A algunos de estos últimos el autor incluía algunas felicitaciones recibidas en su momento por personajes como el Comandante Militar Luis Solans[22] o el alcalde franquista Juan de Dios Molina Orrequia[23]. ¿Intentaba quizás Juliá respaldar su posición tras varios años de enfrentamientos judiciales como hemos visto? Tras estas dos tandas de textos, la tercera parte de la publicación se compone de una particular crónica de lo acaecido en la provincia a raíz del golpe. Analizaremos en primer lugar el pensamiento del autor para, posteriormente, realizar una reseña a nivel historiográfico comprobando los datos ofrecidos y cotejándolos con estudios recientes.

PENSAMIENTO E IDEOLOGÍA

Comenzaremos nuestro estudio con un análisis del discurso de Juliá en los dos primeros apartados. El autor legitima el Golpe de 1936 y muestra una imagen maniquea de ambos bloques: el franquista, como ejemplo de patriotismo, religiosidad y buenos valores; el republicano, la quintaesencia del anticlericalismo, antipatriotismo y valores negativos.

---

[20] ROMERO ROMERO, F. "Represión y muerte en la provincia de Cádiz. Del olvido a la Recuperación de la Memoria Histórica" en MORENO TELLO, S. y RODRÍGUEZ MORENO, J.J. (Coords.) *Marginados, disidentes y olvidados en la Historia*. Universidad de Cádiz. Cádiz, 2009. Pág. 302.

[21] Cuenta Fernando Santiago que décadas después, tras el cierre de la imprenta, solo quedó abierta la librería en la calle Columela, "donde se le rindió tributo al general Varela cuando la primera corporación democrática [de 1979] decidió restituirle al [plaza] Palillero su nombre original y quitar la placa que había en la fachada del Cine Municipal". En "Memoria Histórica", *Diario de Cádiz*, 15 de diciembre de 2017.

[22] Jugó un papel importante en la sublevación militar en Melilla el 17 de julio de 1936. Más información en GIL HONDUVILLA, J. *Melilla 17 a las 17*. Guadalturia. Sevilla, 2009. Para conocer su labor como Comandante Militar en Cádiz tras el golpe en GUTIÉRREZ MOLINA, J. L. *La justicia del terror*. Ed. Mayi. Cádiz, 2014.

[23] Para saber más en RAVINA RIPOLL, R. *Burgueses y especuladores en la primera mitad del siglo XX: la hacienda municipal de Cádiz*. Universidad Politécnica Salesiana. Quito, 2017.

En definitiva: el bien contra el mal, una imagen que José María de Areilza retrató de la siguiente forma: "La verdad absoluta frente al error total. El Bien y el Mal frente a frente"[24].

Lo primero que estimamos oportuno comentar de la legitimación ideológica de la guerra es el patriotismo. Se plasma la imagen de los defensores de España y de los enemigos de esta. En la propia introducción se presentan los dos valores que articulan todo el escrito: la patria y la religión, al referirse al enemigo como "enemigos de Dios y de España"[25], y decir que este –Dios y España– era el lema defendido por el bando propio.

Las formas en las que el autor se refiere a España es otro aspecto llamativo: antes del estallido de la Guerra, para referirse al sector –moral, ideológico, religioso, político...– de España con el que está de acuerdo, dice "la verdadera España"[26] o "la auténtica España"[27], dejando entrever que hay más de una "Españas" pero que la única verdadera es esa. En el primer artículo posterior al estallido del conflicto se mantiene la misma línea, manifestando el autor que algunas personas llaman al territorio bajo el control sublevado "la nueva España", mientras que él defiende el nombre de "la legítima España"[28]. Advertimos un aspecto que será soporte del aparato ideológico franquista: el discurso de la antiespaña[29], en este caso a través del señalamiento a una única España. Esto ocurre en el artículo titulado "¡Ea, a trabajar!", en el cual se habla de "los verdaderos y auténticos españoles"[30], que serían aquellos que se posicionaban del lado sublevado. En la misma línea, en este artículo se habla de un trabajador navarro que, en respuesta a una arenga de Franco, diría "España no hay más que una"[31], haciendo referencia al modelo de país defendido por su bando. Se niega al contrario toda legitimidad, pues se le ha negado el ser español, luego su proyecto para España no es válido, porque España solo hay una, la defendida por el bando franquista, y españoles lo son únicamente quienes comulgan con esa idea y la defienden. En esta línea, expresiones como "la auténtica España", "la única España" o "la verdadera España"[32] son constantes en el libro, lo que refuerza esta idea[33]. Encontramos referencias similares con la palabra "Patria"; "la única y verdadera Patria" o la "Patria única"[34] son expresiones excluyentes en la misma dinámica. Más allá de todas las menciones que podemos encontrar a la patria española, nos detenemos

---

[24] DOMÍNGUEZ PÉREZ, A. *El verano que trajo un largo invierno*. Quorum. Cádiz, 2005. pág. 345.

[25] JULIÁ TÉLLEZ, E. *Historia del Movimiento liberador en la provincia de Cádiz*. Diputación Provincial de Cádiz. Cádiz, 1944. Pág. 7. Esta expresión –"enemigos de la Iglesia y de España"– también aparece en la página 24.

[26] Ibídem. Pág. 20, aunque se vuelve a nombrar a "la verdadera España" en la página 85, en la 109 y en la 122.

[27] Ibídem. Pág. 31.

[28] Ibídem. Pág. 41.

[29] Esta palabra aparece explícitamente en la página 86.

[30] Pág. 46. También se menciona a los "auténticos españoles" en otros puntos de la obra. Pág. 68.

[31] Ibídem.

[32] En los siguientes bloques de páginas respectivamente: 50, 60, 68 y 112; 7, 56, 73, 119 y 130; y 75, 105.

[33] Podríamos encontrar una excepción en la página 125, cuando se habla de "la España Nacional"; esto puede dar a entender que hay "otra España". En cualquier caso, esto, tras el estallido de la contienda, aparece como un caso aislado mientras se repiten mantras como "la única España"; no creemos, por lo tanto, que implique nada más que un medio para diferenciar las dos zonas en términos geográficos.

[34] Ibídem. Págs. 91 y 134 respectivamente.

cuando Juliá Téllez menciona a la "Madre Patria"[35], una construcción que tiene fuertes connotaciones; según Álvarez Junco: "La patria presentada como madre amorosa que nos acoge y protege, que trasciende nuestras vidas y da sentido a nuestra miserable finitud, llevaba a la exigencia de estar dispuestos a derramar por ella hasta la última gota de nuestra sangre"[36]. Esto está muy ligado a la idea de sacrificio y de cumplimiento del deber para con España, algo presente durante toda la obra.

Podemos hablar de las referencias a la lucha por España, en favor de España... o el hecho de que cuando un territorio es conquistado por los sublevados se diga que se ha "reintegrado a España" o, simplemente, hablar de la "salvación de España", pero todo esto está enfocado a lo mismo: la negación de la españolidad para quien no comparta pensamiento con el autor. ¿Qué legitimación tiene este grupo para presentarse como únicos defensores de España y, por lo tanto, para hacer una guerra en su nombre? Encontramos dos: la acusación al contrario de estar vendido a potencias extranjeras y la idea de la tradición. Nos centramos primero en la segunda: los sublevados se presentan como defensores de los elementos que tradicionalmente han articulado la historia de España y la vida de sus habitantes, que en este libro aparecen presentados bajo tres grandes bloques: religión, historia y familia –más adelante hablaremos de las características fisiológicas y morales que entienden propias del español–. En cuanto al primero de los aspectos, la religión es, junto con la defensa de la patria, el motor que articula todo el aparato legitimador del Golpe de 1936, de hecho, es la gran protagonista de los primeros artículos del libro. Los grandes ultrajes que más demonizan a la Segunda República son sus medidas anticlericales. ¿Dónde entra esto en relación con la nación española? En la concepción nacionalcatólica de esta: España es por naturaleza cristiana, algo que el régimen republicano quiere destruir. En el artículo "El catolicismo de Alcalá Zamora", Juliá se queja de la no celebración de la ofrenda al apóstol Santiago, y se apostilla entre paréntesis: "y no llevamos más de dos meses de nuevo régimen", mostrando una actitud agorera que podría causar inquietud entre los religiosos, entendiendo que esto era solo el principio de lo que esperaba a España bajo la República. En este mismo artículo se dice: "España en su inmensa mayoría es católica y lo seguirá siendo sin que le importe ni los ateismos [sic] de unos ni las indecisiones de otros"[37]; más adelante, encontramos lo siguiente: "Más que en años anteriores dió [sic] España todas pruebas de sus arraigados sentimientos religiosos en el día de ayer"[38]. La unión entre España y religión es constante, llegando el autor a entender que la creencia católica "era y es la verdadera solera y sentir del pueblo español"[39]. La idea de que España es puramente católica es una construcción de los ideólogos nacionalistas españoles del siglo XIX[40] y tuvo gran recorrido entre las corrientes,

[35] Ibídem. Págs. 57 y 104.
[36] *Mater dolorosa: La idea de España en el siglo XIX.* Taurus. Madrid, 2003. Pág. 33.
[37] JULIÁ TÉLLEZ, E. *Op. cit.* Pág. 14.
[38] Ibídem. Pág. 15.
[39] Ibídem. Pág. 51.
[40] GARCÍA SANJUÁN, A. *La conquista islámica de la península Ibérica y la tergiversación del pasado.* Marcial Pons. Madrid, 2013. Pág. 37.

conservadoras, tradicionalistas y reaccionarias. El 13 de junio de 1931 en Burgos, Alejandro Lerroux hablaría de la reciente quema de conventos afirmando que "el respeto a la vida de frailes y monjas es un signo de progreso y civilización del pueblo español"[41], usando las palabras de Fernández García.

Siguiendo con los factores que hemos señalado, cuando al hablar de "historia" nos referimos a la línea de continuidad histórica de lo que este sector entiende como España, a sus símbolos y también a sus tradiciones. En primer lugar, la historia de España: este grupo se presenta como defensor de los elementos que históricamente han caracterizado a España como nación, y la defensa de una tradición gana fuerza y legitimidad cuanto más lejanos sean los inicios de la misma; de este modo, el nacionalismo español, al igual que otros como el alemán, busca situar sus orígenes en un tiempo remoto. Esto se presenta en el libro de Juliá cuando habla de personajes como Cristóbal Colón, Carlos V o Isabel la Católica[42]; la legitimación basada en una continuidad histórica de la que ellos son garantes se ve en la afirmación "queremos única y exclusivamente, y lo conseguiremos, que no sigáis manchando y terminéis, en unos momentos de rabia sectaria, con la Historia de nuestros antepasados, con la bendita e inmortal Historia de España!" [sic]"[43]. En relación a la concepción nacional-católica y a la búsqueda de un pasado nacional remoto, en el artículo "El catolicismo de Alcalá Zamora"[44], se menciona a Covadonga como parte de la historia nacional, lo cual entrelaza historia y religión y alude a unos hechos cargados de valentía y arrojo –más tarde hablaremos de las características y valores del pueblo español– en pro de la nación y el catolicismo. La historia de España es relatada con un aura de epicidad y majestuosidad hipernacionalista, como hiciera Lafuente en su *Historia General de España*; de este modo, Juliá habla de la historia española como "muy superior a la de todos los demás pueblos"[45]. Un legado con estas características merecería que se mantuviera y se preservara, para lo cual es necesario no tocar ninguno de los pilares que la han distinguido e identificado; a saber: la religión y, pasamos a esto, sus tradiciones, un elemento que aparece mencionado en abstracto, sin precisar apenas a cuáles se refiere, salvo cuando menciona, por ejemplo, al Corpus Christi[46]. Se acusa al régimen republicano de atacar las tradiciones españolas, las cuales, se intuye, están relacionadas con el cristianismo[47]; otro factor más de este nacionalcatolicismo que estamos mencionando. De este modo, se habla del "odio de aquellos dirigentes a cuanto tuviera relación con nuestras tradicionales creencias"[48], de un proceso de "descatolización de

[41] "La iglesia ante el establecimiento de la Segunda República", *Cuadernos de historia moderna y contemporánea*, nº5, 1984. Pág. 224.
[42] JULIÁ TÉLLEZ, E. *Op. cit.* Pág. 30.
[43] Ibídem. Pág. 18.
[44] Ibídem. Pág. 14.
[45] Ibídem. Pág. 25.
[46] Ibídem. Pág. 11.
[47] Ibídem. Págs. 25, 57.
[48] Ibídem. Pág. 108.

España y todas las costumbres que hicieron grande a esta nación"[49] y de "aquellos que tanta sangre habían dado por defender la tradición española"[50], encontrando la unión entre tradición, religión y patriotismo. En contraposición, este bando sería el depositario de dicho legado y de su propia historia: "los tambores y cornetas de la Artillería de Costa número 1, con sus redobles y sus sones dan a los vientos la buena nueva de que España se levanta de su apocamiento y con resolución y energía admirables va a luchar por sus gloriosas tradiciones, por volver a ocupar en el Mundo el lugar que su Historia reclama"[51].

Hablando de la historia y las tradiciones, nos centramos ahora en los símbolos, los cuales no aparecen representados como elementos que arbitrariamente se hayan ligado a un elemento como un país, sino como parte intrínseca de la naturaleza de este, por lo que su respeto y su descrédito son actitudes que dañan o exaltan a la propia nación. En este asunto, mención especial merece la bandera española. Encontramos un artículo de 1931 titulado "La única bandera de España", lo cual ya es una declaración clara de su actitud respecto a la bandera republicana; la bandera representativa del nuevo régimen no es la bandera española. Este artículo está dedicado a la retirada de Cádiz de la bandera rojigualda. Creemos que el párrafo que vamos a representar es paradigmático de la visión del autor en cuanto a los símbolos nacionales:

> ¡Qué "Nota" más triste la de hoy! Sin ceremonia alguna, sin un saludo a sus grandes obras, sin una inclinación profundísima ante lo que representó, representa y representará siempre, sin una lágrima que le diera calor y un beso que la dejara unida a nosotros, como una cosa, no como un SIMBOLO, así como queriendo que pasara su marcha inadvertida, sin avisarlo para evitar lo que tal vez no hubiera podido ser evitado, se llevaron de Cádiz ayer la Bendita Bandera ante la que tantas veces nos descubrimos, ante la que tantas veces lejos, muy lejos de la Patria amada saludamos en ella a nuestra España, a nuestra querida España que no supo impedir que por haberse cambiado el régimen cambiase también su Bandera. Después de todo, es esto preferible, porque bajo sus pliegues no es posible que se cometieran muchas de las cosas que estamos viendo[52].

A destacar un detalle que pudiera pasar inadvertido con la lectura del libro pero que, pensamos, no es baladí: tanto las palabras "patria" como "bandera"[53] aparecen en mayúscula, como si de nombres propios se tratase, pero pensamos que es más llamativo que los pronombres referidos a la bandera –"Ella" o "Tí" [sic][54]– también lo hacen, lo cual

[49] Ibídem. Pág. 18.
[50] Ibídem. Pág. 55.
[51] Ibídem. Pág. 79.
[52] Ibídem. Pág. 19.
[53] Ibídem. Págs. 19, 62.
[54] Ibídem. Pág. 19.

nos remite a los pronombres usados para referirse a Dios, lo que nos hace pensar en una sacralización del símbolo, idea que se refuerza con la construcción "bendita Bandera"[55].

En el marco de los símbolos, señalamos el grito de "¡Viva España!". Juliá acusa a la Segunda República de haber prohibido o reprimido esta muestra de exaltación nacional[56], la cual muestra como una de las características del bando sublevado[57].

Cerrando esta idea sobre cómo el bando franquista se presenta defensor de aquellos pilares que tradicionalmente han regido la historia de España y de sus habitantes, tenemos la noción de familia. Este concepto aparece presentado, pensamos, en relación a la legalización del divorcio y la aprobación del matrimonio civil por parte del Estado republicano, y se relaciona con los aspectos morales y religiosos que se entienden intrínsecos del pueblo español. Frente a estos ataques a una institución natural y católica, los sublevados aparecen como garantes y defensores de la familia; el título del artículo "¡Atrás falsarios! ¡Queremos pan y familia!"[58], en cuyas líneas se mezclan la idea de descatolización de España y de laicismo con el concepto de familia, es ejemplo de ello. También encontramos un repaso de lo que para Juliá Téllez fue la Segunda República, donde hemos de señalar el inicio: "Leyes de separación de la Iglesia y del Estado, del divorcio [...]"[59]; más adelante, en el mismo artículo, leeremos: "Destrucción de los hogares y de la familia con las leyes ya citadas y la del matrimonio civil, adelantándose con ello a lo que su mandatario Stalin decía recientemente a sus soldados desconocidos: 'El hecho de que seais [sic] hijos de padres desconocidos no es nada más que un fenómeno natural sin trascendencia moral alguna. El lazo familiar es un principio burgués del antiguo régimen capitalista'"[60].

Como decimos, todos estos aspectos –historia, tradición, religión, simbología...– aparecen entrelazados. Con todas estas uniones se logra eliminar la heterogeneidad de cada bando, ya que si la historia de España es nacionalcatólica, su [bendita] bandera no es un símbolo sino parte propia del país, sus cristianas tradiciones son pilares de su historia y los valores religiosos son propios, casi biológicos, de los españoles que han construido ese caminar común de siglos, el español del momento debe ser un católico continuador de su historia, mantener estos valores y venerar los símbolos porque, diríamos, no se puede mantener o defender una cosa sin la otra; y, nos atreveríamos a decir, que el elemento que lo articula todo por encima de los demás es el factor religioso. En relación a la unión de todas estas ideas, encontramos el siguiente párrafo, hablando de

[55] Ibídem. Págs. 19, 100, 104. Un detalle más. Parece olvidar el autor que el acto de izada de la bandera tricolor en la capital gaditana se vivió sin un ápice de violencia y con los regimientos acuartelados en la ciudad desfilando ante la misma en la plaza de la Segunda República, anteriormente llamada de Isabel II, hoy San Juan de Dios. Y lo más interesante: con el coronel –años después pilar de la sublevación en la Baja Andalucía–, José Enrique Varela Iglesias al frente de dichas tropas. Hay una buena colección fotográfica en el Archivo Histórico Municipal de Cádiz que así lo atestigua.

[56] Ibídem. Págs. 52, 79.

[57] Ibídem. Págs. 55, 75, 78, 79, 85, 118, 133.

[58] Ibídem. Pág. 18.

[59] Ibídem. Pág. 51.

[60] Ibídem. Págs. 51 y 52.

una operación emprendida por unos falangistas para traer a la península fuerzas afines desde Ceuta, que dice lo siguiente: "aquellos hombres no iban a una lucha como puede irse a una guerra por un interés particular o por intereses de contrabando; allí se demostró que España iba a luchar por algo muy superior, por Dios, por lo sagrado de la Patria, por las tradiciones santas de unión y familia, por la unidad nacional [...]"[61]. La idea es clara: la lucha del bando franquista era una lucha por todos estos elementos, unidos, entrelazados y característicos de la única y auténtica España.

Otro apunte que mencionábamos atrás sobre el conglomerado de aspectos que legitiman la postura de los sublevados como únicos defensores, depositarios y representantes de España, son los aspectos morales que estos entienden propios –casi biológicos– de los españoles. ¿Qué aspectos morales? Todos aquellos relacionados con la honestidad, la valentía, la responsabilidad, la entrega al cumplimiento del deber, la justicia... Una vez que estos aspectos se entienden propios del pueblo español, basta con presentar en todo el aparato propagandístico a los sublevados y franquistas como poseedores o encarnadores de estos valores y a los pertenecientes o leales al gobierno, como personas que carecen de ellos. Esta dinámica está muy acentuada en el libro; en primer lugar, y lo que más llamativo puede resultarnos, es la dicotomía valor-cobardía que se muestra durante toda la narración de la época bélica. Las acusaciones de cobardes a los defensores del régimen legítimo son una constante, así como la exaltación de la valentía, unida al sacrificio, de los sublevados; no obstante, nos gustaría destacar tres momentos de la obra: la toma del Ayuntamiento de Cádiz, la conquista del municipio de San Roque y la acción antes mencionada de los falangistas que fueron trasladados a Ceuta para recoger tropas. En primer lugar, nos situamos en la capital gaditana para el primer asalto que hemos mencionado. En este momento del libro se muestra una actitud cobarde de los concejales gaditanos con frases como la siguiente: "Al igual que en el Gobierno Civil, también se dieron casos en el Ayuntamiento de varios mandamás que no se atrevían siquiera a acercarse a los balcones y que pasadas unas horas y ver el cariz que tomaban las cosas, optaron por marcharse, pero no por la puerta principal, que ello hubiera sido ponerse en frente del enemigo que los sitiaba, sino aprovechando las puertas laterales del edificio, no dominadas por las fuerzas, o las azoteas de las casas traseras al Municipio". También, dice que comenzaron a levantar barricadas "que para bien poco les sirvieron, ya que no tuvieron, llegada la hora, el necesario coraje para defenderlas"[62]. En cuanto a

[61] Ibídem. Pág. 133.

[62] Ibídem. Págs. 83 y 84. Con las nuevas investigaciones surgidas en los últimos años podemos afirmar que más que cobardía o ineptitud por parte de los gobernantes republicanos lo que imperó fue un aplastante peso militar y armamentístico en favor de los golpistas. Sobre todo, a partir del momento que indica el relato: el amanecer del domingo 19 con la llegada de Regulares y Legionarios. La desorganización y torpeza difundida por la pluma de Juliá también queda en duda. Ya conocemos que Mariano Zapico, el gobernador civil, junto con otros militares y sindicalistas plantearon un plan de defensa ante el asedio al que se vieron sometidos por los golpistas. A saber: declarar la huelga general para que la población lograra romper dicho cerco; tomar Radio Cádiz para interceptar información de los sublevados, así como dirigir órdenes a la población; y, por último, pedir ayuda a los pueblos de la provincia para que enviaran camiones con hombres y armamento. Regresando a la toma del Ayuntamiento, nos parece también curioso como Juliá cita la huida por parte de concejales por la parte trasera del edificio,

San Roque[63], tenemos que hablar de otro de los aspectos que aparece constantemente en el libro y que está muy ligado a la idea de cobardía y valentía: la dicotomía muchos-pocos; se muestra a los defensores de la legalidad republicana como unas masas numerosísimas que, a causa de su cobardía y falta de decisión, son derrotadas por números, a veces ínfimos, de valientes del bando propio[64]. Juliá dijo que esta localidad "se vió [sic] invadida[65] por una enorme avalancha[66] de marxistas". En contraposición a este grupo, "los defensores del cuartel negáronse desde el primer instante a todo lo que significase rendición", ante lo cual, los contrarios secuestraron a la esposa e hijos del comandante militar Rafael Torres, "en lugar de haber ido a luchar cara a cara por aquel cuartel que tanto ambicionaban al parecer".

En la misma línea, pasamos al tercer y último punto antes mencionado[67]: Juliá se refiere a esta operación como "la tan heroica como arriesgada hazaña". Ante una travesía en mar que podía desembarcar en el hundimiento del transporte, leemos que "La única condición impuesta por el jefe de Milicias a los voluntarios fué [sic] la de que supieran nadar"; aquí se ve la magnitud del peligro que pretende mostrar el autor y el carácter aguerrido de los voluntarios que, ante este panorama, se lanzaron a la empresa. En cuanto a dichos hombres, creemos que una frase paradigmática es la siguiente: "Había en algunos experiencia y conocimientos marineros, en otros ni aun eso, y en todos esa decisión, ese coraje y ese renunciamiento a todo, incluso a la vida, en defensa de grandes ideales de que tan llenas están las páginas de la Historia de España, y en especial las de nuestra Santa Cruzada". En este extracto encontramos la defensa de los valores que son propios de los españoles auténticos, los ideales inherentes a la historia patria y la unión de religión y patriotismo en el propio concepto de "Santa Cruzada" para referirse a la contienda bélica. La valentía también está ligada a la legitimación histórica, como vemos en la expresión "su bendito coraje de otras épocas", refiriéndose a España; el país pasa a ser, como corresponde a la idea de "Madre Patria" un ente vivo, con valores propios entre los que están, por supuesto, el arrojo y el valor. En relación a esto, Clemente y Rina hablan, en relación a la historiografía que se construyó en el siglo XIX y de la que bebe buena parte de este sector ideológico, del "valor que se estimaba característico de

hecho constatado e incluso lógico entre personas no acostumbradas a cuadros belicosos. No obstante, no se recoge la actitud de otras personas que se mantuvieron fieles hasta el final como el caso del relojero Francisco Rendón o el comandante retirado Manuel Morales Domínguez. En DOMÍNGUEZ PÉREZ, A. *Op. cit.* Pág. 61.

[63] Ibídem. Págs. 115 y 116.

[64] En la página 92 se habla de once personas que hicieron huir a más de mil enemigos provistos de armas de fuego, "ante el temor de que eran muy superiores". Más tarde volveremos sobre estos datos.

[65] Destacar el uso de la palabra "invadida". Alejandro García Sanjuán ya dejó patente su idea –acertada, pensamos– de que el término "invasión" tiene connotaciones especialmente negativas, pues remite a una "ocupación anormal o irregular". Aunque no se use tendenciosamente, pues su uso está tan extendido como el de conquista, creemos que es conveniente tener en cuenta este apunte para acercarnos a la imagen que transmite el vocablo. *Op. cit.* Pág. 36.

[66] La palabra "avalancha" no es, *per se*, una unidad de medida de cantidad sino un desastre geográfico. Su uso, no obstante, da la sensación de un grupo muy numeroso, pero, además, con las connotaciones de agresividad o catástrofe que lleva asociadas el propio vocablo en sí.

[67] JULIÁ TÉLLEZ, E. *Op. cit.* Pág. 132.

los españoles", el cual se relaciona con el mito de la reconquista contra los musulmanes, muy ligada a Covadonga, antes mencionada.

Hay muchos otros valores propios del español que no desarrollaremos pero que están presentes en la obra. A destacar, el artículo "Esa no es la mujer española"[68], donde se muestran unas características casi biológicas que deben ser propias de la mujer de España. Otro aspecto que, creemos, merece la pena ser destacado, es el de la justicia e injusticia; la República es acusada de arbitraria e injusta, mayormente con las detenciones y los crímenes cometidos injustificadamente durante la guerra, mientras que el bando franquista aparece como adalid de la justicia; recordamos las palabras de Juliá en las que se refiere al dominio por parte de los sublevados en Ceuta como "el tránsito del deshonor al honor, el paso de la ignominia a la dignidad, el volver por los fueros de la razón y de la justicia"[69]; la legitimación del conflicto basada en aspectos morales la encontramos también en las palabras de Felipe Stampa Iruestes cuando dice que la rebelión no corresponde a su bando sino a los defensores de la legalidad republicana y concluye: "La Guerra Civil se da cuando combaten frente a frente dos ideologías, no cuando la Justicia se alza contra el crimen"[70].

Volvemos al inicio de nuestra reflexión para poner fin a este escueto e incompleto análisis, concretamente a las razones del bando sublevado para presentarse como únicos defensores de la nación española. Hemos hablado de la historia, religión, familia y valores; nos centramos ahora en la acusación al contrario de estar entregado a potencias y poderes extranjeros. El punto de inicio y de desenlace de esto es que, como bien reflejó Preston, existía una "idea diseminada desde antiguo por los católicos de extrema derecha [...] de una conspiración secreta entre judíos, masones y las internacionales de la clase obrera [...] con el fin de destruir la Europa cristiana y que tenía a España como principal objetivo"[71]. Encontramos en las palabras de Juliá la siguiente alusión al judío, cuando comenta que la Segunda República "venía de manos de masones y costeados todos los gastos por la banca judía"[72]. Las teorías conspiranoicas contra el pueblo judío están muy vinculadas a los *Protocolos de los sabios de Sión* y al sacerdote Juan Tusquets Terrats, quien establecería una notable influencia con sus ataques a masones y judíos. En la frase de Juliá vemos que la simbiosis entre ambos grupos como elementos de la conspiración es ya total. Se afirma también que las personas que defendían la legalidad republicana "no era a España a la que servían, sino a las internacionales más o menos masónicas, de ahí su odio implacable para cuanto fuera fe y creencias"[73]. El ataque a personalidades por su cercanía a cualquiera de estos mundos, judería y masonería, está presente en la obra cuando se indica que Manuel Portela Valladares era "masónico"[74]. También, debemos

---

[68] Ibídem. Pág. 20.
[69] Ibídem. Pág. 73.
[70] DOMÍNGUEZ PÉREZ, A. *Op. Cit.* Pág. 260.
[71] PRESTON, P. *El holocausto español.* Debate. Barcelona, 2011. Pág. 30.
[72] JULIÁ TÉLLEZ, E. *Op. cit.* Pág. 43.
[73] Ibídem. Pág. 51.
[74] Ibídem. Pág. 57.

recordar el artículo en el que se critica a Margarita Nelken, diciendo que "no es la mujer española"[75]; aquí hay un doble ataque: no es española por no ajustarse a todos esos aspectos morales que deben ser propio de estas pero también por su propio nacimiento y etnia –"ha sido necesaria una larga tramitación hasta aclarar si era o no española"–; esta idea puede ponerse en relación a los poderes extranjeros que, según ellos, pretendían penetrar en España para destruirla y, más aún, con la siguiente afirmación de Preston, quien indicaba que "en razón de sus orígenes judíos, Margarita Nelken se convirtió en blanco de los insultos de la derecha"[76]. Más allá de las teorías conspiranoicas sobre el pueblo judío, debemos tener en cuenta que España aparece como genuinamente católica; este aspecto está intrínsecamente ligado a la existencia de la nación, por lo que la mera presencia de personas de otras religiones y culturas ponen en peligro la pureza de la "única España". Poco antes del estallido del conflicto, Juliá dijo que España no hacía más que "copiar y querer adaptar en este solar hispano todo lo más deleznable y todo lo más despreciable de otros pueblos"[77]. Esta ideología puede encontrar enemigos en muchos países pero el que aparece mencionado, de una forma u otra, en ciertas partes del libro es la Unión Soviética[78]. Recordemos las supuestas declaraciones de Stalin sobre la familia, mostradas por Juliá en su libro; este explica que "eso lo querían establecer en nuestra Patria esos mal llamados demócratas"[79]. No es la única ocasión en la que el georgiano es mencionado: hablando del mundo laboral[80], el autor del libro contrapone las palabras de Pío XI y las del líder soviético, de modo que el Papa aparece como referente de "su España", y el ateo Stalin, de la otra. Que el país extranjero que se quiere apoderar de este pueblo practique el laicismo no es baladí: el autor, en otra ocasión, dice que "por la acción de algunos" se había contribuido "desde dentro y desde fuera de España al establecimiento de un Estado laico [sic] [...]"; no concreta nada, pero no es descabellado plantear que, con todo lo visto, el pensamiento al leer esto se pueda dirigir a la Unión Soviética.

Uniendo casi todos los elementos que hemos visto y que forman, en parte, el entramado legitimador de la sublevación militar de 1936, Juliá, meses antes del Golpe de Estado, ya advertía: "o vence la concepción espiritual, occidental cristiana, española, de la existencia con cuanto impone el servicio y sacrificio, pero con todo lo que concede la dignidad individual y de derecho patrio, o vence la concepción materialista, rusa, irreligiosa, de la existencia, que sobre someter a los españoles al yugo feroz de un ejército rojo y de una implacable policía, disgregará a España en república locales –Cataluña, Vasconia, Galicia– mediatizadas, claro es, por Rusia"[81].

---

[75] Ibídem. Pág. 20. Otro buen ejemplo de estas descripciones sobre Nelken en PEMÁN, J. M. *Poema de la bestia y el ángel*. Jerarquía. Zaragoza, 1938.
[76] PRESTON, P. *Op. cit.* Pág. 54.
[77] JULIÁ TÉLLEZ, E. *Op. cit.* Pág. 25.
[78] Ibídem. Págs. 52, 108, 111, 112, 122 y 129.
[79] Ibídem. Pág. 52.
[80] Ibídem. Pág. 13.
[81] Ibídem. Pág. 25.

ESTUDIO CRÍTICO E HISTORIOGRÁFICO

Antes de finalizar vamos a hacer una revisión al último apartado del libro, aquel que, como ya indicáramos, repasa lo acaecido a partir del 18 de julio en los distintos municipios y pueblos de la provincia de Cádiz. Un texto basado en el trabajo de documentación que en 1938 empezó Gitanilla del Carmelo. No obstante, y al tener que limitar nuestro texto para el presente volumen, tan solo fijaremos la mirada en un municipio por cada una de las cinco comarcas de la provincia. La premisa para la selección ha sido la siguiente: que a fecha actual la ciudad o pueblo tenga al menos un estudio pormenorizado donde poder confrontar los datos ofrecidos por Juliá, llevando a cabo un breve estudio comparativo entre esta obra representativa de la historiografía franquista y estudios actuales.

Sin embargo, debemos esclarecer que dicho apartado de la obra de Juliá tiene una subdivisión. En primer lugar, con el subtítulo "El Alzamiento en la provincia de Cádiz", aparecen un total de veintiséis municipios que comienzan por Ceuta, para continuar con Cádiz capital hasta llegar a Villamartín. Sobre los mismos analizaremos tres: Cádiz, San Roque y El Gastor. El cuarto y el quinto que hemos escogido son Barbate y Sanlúcar de Barrameda, los cuales se encuentran incluidos en el segundo bloque que tiene como enunciado "En otros pueblos de la provincia". Ambas localidades aparecen junto a otras nueve de las que apenas le dedica unas líneas con la excusa de que "no ocurrieron sucesos desagradables con ocasión del glorioso Alzamiento Nacional"[82]. Dicha afirmación es digna de matizar. Sospechamos que se debió a que desde dichos ayuntamientos nunca llegaron a responder a las misivas de Adela Medina; o a que lo hicieron de manera muy incompleta; o, ¿por qué no? debido a la propia finalidad de la publicación: la propaganda y legitimización del bando sublevado así como la ocultación de buena parte de lo sucedido. Con datos de investigaciones recientes es posible afirmar que estos once municipios, a pesar de algunos intentos de resistencia, fueron controlados por parte de los sublevados sin tener que ejercer excesiva violencia. Eso, como iremos viendo, lo dejarían para más tarde. Para la bahía de Cádiz encontramos el caso de Chiclana de la Frontera, un municipio que, a pesar del intento de defensa en torno al ayuntamiento, entre las noticias que se presentaban desde Cádiz y San Fernando y, sobre todo, con la irrupción de fuerzas golpistas la mañana del lunes 20, comenzó la huida de muchos vecinos por campos y huertas. Tomada la localidad, comenzó una dura represión desde ese instante[83]. Por la comarca de la Janda aparecen hasta tres municipios y una pedanía: Medina Sidonia, Paterna de Rivera, Conil de la Frontera y, la que analizaremos más tarde, Barbate. En Medina apenas, a pesar de los años transcurridos, seguimos sin un estudio pormenorizado. Parece ser que la alcaldía fue entregada pacíficamente, hecho que no supuso una paz posterior para la vecindad. Todo

[82] Ibídem. Pág. 129.

[83] GUTIÉRREZ MOLINA, J. L. *El anarquismo en Chiclana. Diego R. Barbosa, obrero y escritor*. Ayuntamiento de Chiclana. Cádiz, 2003.

lo contrario. Se estiman altas cifras de personas asesinadas[84]. Si recurrimos a los completos y extensos trabajos dedicados desde hace décadas a la entonces pedanía de Casas Viejas, podemos ver que, si bien la entrega del poder municipal fue pacífica, todo se urdió bajo el engaño del teniente de la Guardia Civil –Manuel Fernández Pedré–, que aseguró ser fiel al gobierno, deteniendo pocas horas después a todos los representantes municipales que no habían huido[85]. Los días del golpe de Estado en Paterna fueron de tensión. Aun declarado el Estado de guerra la noche del 18 de julio por el propio Fernández Pedré y tras dejar allí al teniente de Carabineros José Reig de Deu, durante varios días alcalde, concejales y sindicalistas de CNT mantuvieron una calma tensa que finalizaba con la negativa, por parte de estos, de entregar la alcaldía. Las tropas sublevadas no entraron desde Medina hasta el jueves 23. Tras ese día comenzó la represión y muerte. Se calcula el medio centenar de personas asesinadas[86]. Respecto a Conil la sublevación tomó, posiblemente, uno de los carices menos virulentos. La localidad sucumbió a los sublevados tras la sangrienta jornada vivida en Vejer de la Frontera el lunes 20, lugar donde sí se había organizado una defensa considerable. Una cifra de nueve desaparecidos en tres fosas que todavía a día de hoy se desconocen sus localizaciones fue el resultado de la represión de aquel verano y otoño[87]. Para la costa noroeste y Bajo Guadalquivir, Juliá incluyó en esta breve tanda los municipios de Chipiona y Sanlúcar de Barrameda. Sobre el segundo, como hemos indicado, insistiremos más adelante. Respecto, en palabras del autor, en la "bonita villa playera" el poder pasó del Frente Popular a manos golpistas sin la más mínima alteración. Hoy se sabe que el ayuntamiento republicano el sábado 18 ordenó recopilar armas, se establecieron lugares de vigilancia como el Santuario de Regla, se repartieron pasquines contrarios al movimiento sedicioso, así como el alcalde Manuel Miranda de Sardi, acompañado del primer teniente de alcalde Antonio Rey Lora, marcharon a la vecina Sanlúcar para recabar información. Al día siguiente entregaban el poder al teniente de Carabineros Vicente Hernández. Poco después comenzaba la represión que a día de hoy asciende a casi medio centenar de personas asesinadas[88].

Y en lo que refiere a la Sierra, exponemos los tres casos que se recogen. En primer lugar, Espera, donde Juliá adelantaba la fecha de la caída de la localidad en manos sublevadas: el martes 21, lo cual "evitó desmanes y demás fechorías". No es nuestra intención hacer historia contrafactual, empero es complicado pensar que en dichas calles hubiera ocurrido lo que planteaba Juliá si tenemos en cuenta que la Guardia Civil se

[84] DÁVILA CABAÑAS, M.ª J. "Ángel Ruiz Enciso. Un alcalde querido y recordado" en MORENO TELLO, S. (Ed.) *La destrucción de la democracia. Vida y muerte de los alcaldes del Frente Popular en la provincia de Cádiz.* Vol. 2. Junta de Andalucía. Sevilla, 2012. Págs. 29-50.

[85] GUTIÉRREZ BAENA, S. *Los sucesos de Casas Viejas. Crónica de una derrota.* Beceuve. Cádiz, 2017. Pág. 507. Algo más ampliado en GUTIÉRREZ BAENA, S. (Ed.) *Memorias José Sua ez Orellana.* Beceuve. Cádiz, 2020. Págs. 138 y 139.

[86] GUTIÉRREZ MOLINA, J. L. "Ramón Dávila Díaz. Alcalde de Paterna de Rivera (1931-1936)". En MORENO TELLO, S (Ed.) *Op. cit.* Págs. 113-133.

[87] GONZÁLEZ MARTÍN, M. *De lo vivo lejano.* Aconcagua. Sevilla, 2014.

[88] GUZMÁN MARTÍN, S. *Luces y sombras en la historia de Chipiona. Segunda República, Guerra Civil y represión militar.* Ayuntamiento de Chipiona. Chipiona, 2008.

había negado al reparto de armas y a lo máximo que aspiraron los representantes de la legalidad republicana fue a detener a un par de vecinos de derechas. Con la llegada de tropas desde Jerez el día citado, muchos republicanos huyeron y, como estamos viendo en otros municipios, se repite la historia de la persecución y asesinatos. Para Espera la cifra también se encuentra en medio centenar[89].

A Zahara de la Sierra, o como era más conocida entonces Zahara de los Membrillos, le pesaba como a pocas localidades serranas la loza del caciquismo. Poco o nada pudo suceder porque, como el propio Juliá era conocedor, las armas que podía haber en el pueblo fueron requisadas semanas –el autor indica meses–, antes del golpe por la Guardia Civil. Aunque Juliá no lo expuso, las autoridades republicanas declararon la huelga general y apostaron a hombres en las entradas y salidas del caserío con la única ayuda de palos y garrotes. Uno de los lugares vigilados fue la fuente pública, impidiendo el paso a las sirvientas que cada mañana iban con los cántaros. Durante aquellos días tuvieron que ser los propios señoritos los que acudieron a la fuente a por agua. Al no contar la población con teléfono o telégrafos, una comisión municipal marchó hasta Algodonales, donde quedaron retenidos. El martes 21, desde dicho municipio, aparecieron en Zahara miembros de la Guardia Civil haciendo caer la población en manos golpistas sin resistencia. Posteriormente, una docena de vecinos serían pasados por las armas[90]. Por último, Prado del Rey o, como la llamarían sus vecinos, Prado Libre. Bien es cierto que Juliá se lamenta por ciertos sucesos sacrílegos, datos que pueden solapar los hechos acaecidos en Prado durante la Revolución de Asturias, ya que hoy sabemos que fue prácticamente el único municipio de la provincia donde hubo intentos de secundarla. Otro hecho que pasa desapercibido y que no se señala en el texto es la creación y existencia de la biblioteca La Cultura, fundada en 1917. Estuvo sostenida y enriquecida con el paso de los años por pradenses que habían emigrado a Argentina. Regresando al verano de 1936, hoy sabemos que el domingo 19 se preparó la defensa y que al día siguiente el alcalde, junto a varios números de la Guardia Civil, marchó a recabar noticias al cercano municipio de Villamartín. Volvieron con órdenes de entregar el poder. Al día siguiente hubo amagos de resistencia que fueron controlados a partir del sábado 25 cuando llegaron refuerzos en favor de los sublevados. Dos semanas después comenzó la represión que hoy asciende a casi un centenar de víctimas, así como con una tercera parte de los volúmenes la biblioteca La Cultura mandados quemar por las autoridades golpistas[91].

En este último apartado dedicado a los municipios gaditanos se habla de conquistas y ocupación de zonas; no obstante, si el propósito era "dejar recogido en unas páginas cuanto esta provincia hizo desde el primer momento para facilitar los planes de los que

[89] SÍGLER SILVERA, F. *Su silencio es nuestra voz.* Tréveris. Cádiz, 2008.

[90] ROMERO ROMERO, F. y VILLALBA PALMA, M. *Zahara de la Sierra. Caciquismo, República y Guerra Civil.* CGT-A. Cádiz, 2019.

[91] ROMERO ROMERO, F. *La Cultura y la Revolución. República y Guerra Civil en Prado del Rey.* Aconcagua. Sevilla, 2011.

sobre ellos habían echado la ímproba tarea de salvar a España"[92], el autor pasó por alto un aspecto de vital importancia en la estrategia de Franco para lograr imponerse, como bien hemos visto en los casos anteriores: nos referimos a relatar el uso del terror; como advierte Paul Preston: "su estrategia bélica [la de Franco] era una inversión en terror para facilitar el establecimiento de la posterior dictadura"[93]. La represión franquista, en términos cualitativos y cuantitativos fue también un instrumento para la victoria, tanto neutralizando la resistencia en los territorios conquistados como para facilitar la rendición y la desmoralización en los no ocupados: no hay referencia alguna al respecto. El caso de Barbate, aunque breve, es buen ejemplo de dicha praxis. Considerada como poco menos que una barriada del entonces municipio matriz Vejer de la Frontera, su actividad a favor de su independencia había comenzado unos años antes. Y hacemos énfasis en esta circunstancia porque Juliá es lo primero que destaca: "esta aldea, hoy convertida en Ayuntamiento independiente por disposición del gobierno". Olvidando así todas las reivindicaciones que durante los años veinte y primeros treinta se habían realizado al respecto[94]. Finalmente, tan solo refleja un episodio, eso sí, que ha quedado en la memoria colectiva del pueblo barbateño, nos referimos al bombardeo por parte del Churruca de las instalaciones del Consorcio Almadrabero, cuyos daños solo fueron materiales; según Juliá porque se había interceptado información de las intenciones del barco. A día de hoy sabemos que la intención de la marina republicana era castigar a una entidad que llevaba colaborando con los golpistas desde el inicio del mismo[95]. Por último, indicar que no aparece ni el más mínimo dato de la represión ejercida sobre la población, episodios violentos que para esta localidad incluso había empezado antes del propio golpe de Estado[96].

Del mismo modo, se obvia la ayuda italiana y alemana. Sebastian Balfour dejó claro que "el puente aéreo y el convoy marítimo que trasladó al Ejército de África a la península fueron decisivos en la victoria de los "nacionales". Y solo pudieron realizarse con la ayuda alemana e italiana"[97]. También, el buque italiano *Conde Biacamano* desembarcó con tropas en el muelle de Cádiz en enero de 1937[98]. Que la provincia gaditana estuviera tan prontamente en poder de los sublevados permitió la llegada de una ayuda que gran número de los historiadores dedicados a este tema consideran fundamental para el triunfo del bando franquista. Y en ese sentido queremos incluir los hechos acaecidos

[92] JULIÁ TÉLLEZ, E. *Op. cit.* Pág. 135.

[93] PRESTON, P. *Op. cit.* Pág. 21.

[94] HERNÁNDEZ NAVARRO, F. J. y MORENO TELLO, S. "Francisco Tato Anglada, el farmacéutico y Alcalde Pedánero de Barbate en 1936" en MORENO TELLO, S. (Ed.) *Op. Cit.*

[95] MONTERO BARRADO, J. M. *Fascismo y represión en Barbate durante la guerra y posguerra*. Mancomunidad de la Janda. Cádiz, 2021. Pág. 62.

[96] Ibídem.

[97] En "El revisionismo histórico y la guerra civil", en *Pasajes: Revista de pensamiento contemporáneo*, 2006, nº19. Pág. 64.

[98] DOMÍNGUEZ PÉREZ, A. *Op. Cit.* Pág. 233. El desembarco de tropas fascistas italianas en Cádiz había comenzado un mes antes con la llegada de tres mil soldados el 22 de diciembre. En RODRIGO, J. *La guerra fascista. Italia en la Guerra Civil española*. Alianza. Madrid, 2016. Pág. 108.

en el noveno pueblo del segundo listado de Juliá: Sanlúcar de Barrameda. Como fue habitual en la provincia, a pesar de amagos de resistencia en los primeros días tras el golpe, con la llegada de tropas Regulares enviadas desde Jerez, el municipio finalmente sucumbió a partir del martes 21. Además de la sangrienta represión –se cobró la vida de más de un centenar de personas–, Sanlúcar se convirtió en los siguientes meses en un enclave importante para la relación entre los sublevados y la Alemania Nazi. El puerto de Bonanza fue escenario de atraque de torpederos como el Wolf, entre otros, en sus idas y venidas a Sevilla. Tampoco Juliá mencionó las pomposas jornadas de agradecimientos que las autoridades franquistas brindaron a la oficialidad alemana[99].

Esto nos vale para entroncar con el resto del relato de Juliá y, más concretamente, con el grueso del último apartado dedicado a las distintas localidades de la provincia como ya adelantamos. Cádiz, Jerez y Algeciras eran sus principales ciudades en 1936. Sobre ellas los golpistas fijaron su mirada a sabiendas de la importancia estratégica que tenía esta zona de la Baja Andalucía de cara a hacer triunfar sus planes. Y pusieron mucho empeño, como hemos podido intuir, en los casos que Juliá menos profundizó. Si en pocas horas sucumbían los grandes núcleos de población, el resto de municipios irían cayendo en cuestión de pocas jornadas. Y así ocurrió a grandes rasgos. El primer envite golpista hizo caer las tres ciudades y algunas localidades aledañas. A los pocos días solo resistían parte de la Sierra norte y del Campo de Gibraltar. Cádiz capital, desde hace casi un par de décadas, es el ejemplo con más estudios actuales sobre la mesa. Desde la tesis doctoral de Alicia Domínguez hasta otros que han visto la luz a posteriori, son los trabajos que vamos a tener presentes a la hora de analizar y completar el texto de Juliá[100]. El otro motivo para seleccionar la capital gaditana es el siguiente: el apartado que le dedica el autor es, con diferencia, el más extenso. La explicación, bien sencilla: está narrado en primera persona, es decir, nos relata lo sucesos según su propia experiencia. Se subdivide en doce partes que avanzan de manera cronológica desde "las horas anteriores a la declaración del Estado de guerra" hasta un último y bucólico "Normalidad".

En "Horas anteriores…" no aporta más que la crítica que ya ha volcado en páginas atrás. Orden frente a desorden, ayuda Divina y justificación del golpe basada en la supuesta violencia de los años "y sobre todo meses anteriores". Juliá obvió escenas pacíficas como la manifestación del 1º de Mayo –que se celebró el día 24 de dicho mes–, con el mitin de la plaza de Toros o la jornada de tensa calma que siguió al asesinato de los dos hermanos Juan y Manuel Caro Marín a manos de un falangista en su pueblo natal: Barbate. Uno falleció al instante, el otro fue trasladado al Hospital Provincial de la capital perdiendo la

---

[99] Mención especial merece el descubrimiento reciente por dos historiadores locales de una fotografía de los presos del Castillo de Santiago. Fue tomada por uno de estos alemanes durante su estancia en Sanlúcar. En HERMOSO RIVERO, J. Mª y MONTAÑO GARCÍA, R. *Guerra Civil y represión en Sanlúcar de Barrameda (1936-1945)*. Diputación de Cádiz. Cádiz, 2022. Sobre el golpe de Estado págs. 43-78. Para la historia de la fotografía, págs. 131-139.

[100] DOMÍNGUEZ PÉREZ, A. *Op. cit.* (2005); GIL HONDUVILLA, J. *Militares y sublevación: Cádiz y provincia 1936*. Moya Editores. Sevilla, 2013; GUTIÉRREZ MOLINA, J. L. *Op. cit.* (2014).

vida horas después. Al día siguiente, 12 de julio, una concurrencia serena se manifestó en señal de duelo atravesando las calles y plazas de la capital desde el depósito de cadáveres hasta el cementerio de San José en el extramuro.

"El amanecer del 18 de julio" es mucho más rico en matices. Escribe pomposamente sobre su relación con el gobernador militar de la plaza, José López Pinto. Da a entender que era conocedor de las intenciones de los sublevados desde tiempo atrás[101]. De hecho, acude al despacho de este en búsqueda de órdenes: "es necesario que espere sin llamar la atención". Decidió no marchar a su domicilio pero tampoco indicó a dónde[102].

El tercer subapartado, "En espera de acontecimientos", aporta que la declaración de huelga general había fracasado, siendo esta uno de los puntos del plan de defensa del gobernador civil Mariano Zapico. Ahora sí da a conocer que estuvo almorzando con "íntimos amigos" en sitio seguro (!). No debía situarse en un lugar muy alejado al gobierno militar pues a renglón seguido –"Declaración del Estado de guerra"–, describió la llamada telefónica que recibió desde su casa, "casi fronteriza con la del general Varela", por lo tanto, cercana al número 5 de la plaza de España[103], con la que conoció la noticias de la liberación del militar por parte de López Pinto. Parece ser que un familiar le avisaba de los movimientos del golpe. Es bien conocido el hecho de que Varela se pertrechó del uniforme militar en su domicilio para seguidamente presentarse en los cuarteles de los regimientos de infantería, anunciar la sublevación, detener a quien no se sumara y sacar las tropas a la calle. Juliá, suponemos, seguiría a las tropas o sabía de antemano el lugar elegido para la lectura del Bando de guerra pues el relato cita su estancia en la plaza de Argüelles, "aquel que nunca fue divino", afirmación que le delata como un acérrimo antiliberal. El autor se arroja el dudoso honor de acalorar aquel momento con el supuesto primer "¡Viva España!", hecho que no tenemos intención de cercenar pero que, a día de hoy, conocemos que lo que siguió a la arenga militar fueron abucheos desde calles colindantes y disparos contra los sublevados desde las torres miradores y azoteas de alrededor[104].

Con "Iniciación del Movimiento" reitera insultos ya volcados con anterioridad, repite las dicotomías "pocos-muchos", "valentía-cobardía", etc. El texto adolece, en este subapartado, de coherencia cronológica pues incluso repite el trazado de Varela desde su liberación de la fortaleza militar; ahora bien, añade el dato de la incorporación a filas sublevadas de los falangistas de la ciudad, así como señala al militar isleño como responsable de la orden de la toma del Casino Gaditano como sede de los seguidores de

[101] Nos cuenta Juliá que conoció a López Pinto a su llegada a Cádiz, episodio que coincidió con la marcha de Franco a Canarias desde el puerto gaditano.

[102] Por su parte, Antonio Garrachón indicó que pocas horas antes del amanecer del sábado 18 y, habiendo dejado el periódico en máquinas, como hacía de costumbre, marchó al bar La Marina de la Plaza de las Flores, donde "la concurrencia era muy superior a la corriente". Después de observar el trasiego de los obreros se retiró a descansar. Suponemos que a su domicilio en la cercana calle Cánovas del Castillo nº2. En GARRACHÓN CUESTA, A. *Op. cit.* Págs. 79 y 80.

[103] En este sentido no podemos dilucidar a qué domicilio se refiere, pues, documentación en mano, las direcciones que ya comentamos –calle Sacramento y José de Dios– no son cercanas a la Plaza de España.

[104] Declaraciones de José Luis Gutiérrez Molina en el documental *Tres días de julio*, Diputación de Cádiz, 2016.

José Antonio Primo. Desde entonces y hasta, curiosamente, el año de publicación de la obra que analizamos –1944–, será sede de dicho partido[105].

Juliá desgrana poco a poco las líneas trazadas para la defensa del gobierno civil ante el inminente ataque que precedió a la lectura del bando de guerra. Lo hizo líneas atrás con una breve alusión a la huelga general, lo hace en "Radios y telégrafos" cuando relata el intento de controlar la emisora gaditana, entonces instalada cerca del fuerte de Cortadura. Aunque él no lo indique, el gobernador Zapico mandó a dos personas que habían sido concejales del ayuntamiento gaditano –Antonio Martínez Jurado y Servando López Soria-. La lectura del texto nos da a conocer que el autor estaba bien informado de lo sucedido en meses posteriores, pues añadía un irónico "Dios les tenga misericordia". Tanto uno como otro, fueron asesinados por los sublevados poco después[106].

La tarde del 18 y la madrugada del 19 la situación quedó dividida entre los sitiadores al Gobierno Civil y sus defensores. Los sublevados controlaban el borde noroeste, así como la entrada a la ciudad. Los edificios oficiales –Gobierno Civil, Ayuntamiento y Correos, más la Casa del Pueblo–, se mantenían al lado de la legalidad republicana. Juliá, en un nuevo subapartado, se limita a contar su versión de los hechos. Un ejemplo fue la petición de armas por parte de emisarios del gobernador a la armería Arcusa, cuyo dueño e hijos eran falangistas. La negativa de estos acabó con un improvisado tiroteo. Otro suceso referido fue la entrega y exigencia de la rendición de Varela a Zapico, a través de su colaborador Manuel Baturone, donde se describe el interior del edificio: guardias de Asalto apostados en las escaleras principales, o la opinión de cómo junto al gobernador había "pocos en verdad", entre militares y marinos[107].

"La Falange en acción" arroja alguna información de las actuaciones del grupo paramilitar bien pertrechado por Varela. El resto del subartado se complementa con más palabras de desacreditación contra el gobernador y los que se mantuvieron a su lado. Ridiculizó los distintos puntos del plan de defensa, algunos ya comentados con anterioridad, añadiendo ahora las solicitudes de ayuda a Madrid para que enviaran aviones

[105] Difiere de la versión del Marqués de Tamarón, José Mora-Figueroa, escrita en el tardofranquismo. Según este, Varela armó a los falangistas, sí; pero la ocupación del Casino fue motu propio e incluso antes a la entrega del armamento que se dio a partir de las tres y media del mediodía en la plaza de Argüelles. MORA FIGUEROA, J. *Datos para la historia de la Falange gaditana (1934-1939)*. Ed. del autor. Cádiz, 1974. Págs. 61 y 62.

[106] Martínez Jurado, oficial de Telégrafos, fue enterrado en el cementerio de San José de Cádiz el 30 de septiembre de 1936. Su cuerpo provenía de la Playa de la Victoria. Por su parte, López de Soria, de oficio radiotelegrafista, afiliado a Izquierda Republicana, entró en la prisión provincial de Cádiz el 20 de julio. Por orden del Gobernador Militar fue enviado al Castillo de Santa Catalina el 31 de agosto. Fue enterrado en el cementerio de San José el 17 de octubre. Había sido asesinado en el Castillo de San Sebastián el día antes. Así lo refrendan los libros de enterramientos del cementerio, y así se anotó en el Registro Civil tres años después. Respectivamente en DOMÍNGUEZ PÉREZ, A. *Op. cit.* Anexos 13, 23, 27, 28 y 32; 13, 17, 23, 27, 28 y 32.

[107] Independientemente del número, algunos de los mandos militares leales al gobierno, además del ya citado Mariano Zapico, fueron el Capitán de Fragata Tomás Azcárate, el Capitán de Guardias de Asalto Antonio Yáñez Barnuevo, el Teniente Coronel de Carabineros Leoncio Jaso Paz o el Oficial de Telégrafos Luis Parrilla Asensio. En NUÑEZ CALVO, J. *Francisco Cossi Ochoa (1898-1936). El último Presidente de la Diputación Provincial de Cádiz en la Segunda República*. Diputación de Cádiz. Cádiz, 2005. Pág. 87; y ESPINOSA MAESTRE, F. *La justicia de Queipo*. Crítica. Barcelona, 2006. Pág. 39.

o las peticiones de socorro a los pueblos de la provincia para que acudieran camiones con hombres y armas. No deja de ser curiosa la recreación de los sucesos que, llegada la noche, ocurren en una ciudad donde, no olvidemos, la autoridad legalmente establecida está siendo atacada. Para Juliá ellos son los culpables de los saqueos e incendios, no quien, por el contrario, ha roto la normalidad diaria proclamando un bando de guerra. De igual manera condena los supuestos destrozos hechos en el interior del gobierno civil, sin importarle lo más mínimo los que se hicieron con el tiroteo al que fue sometida la vieja Aduana desde ambas caras[108].

Según Juliá, varias ametralladoras asediaron, como decíamos, al ayuntamiento, a cuyo ataque también le dedica unas líneas. No cita nombres propios pero habla de manera genérica de alguno de los responsables de la defensa, donde destaca la existencia de comunistas en clara alusión a Francisco Rendón Sanfrancisco[109]. De manera reiterativa vuelve a centrar la culpabilidad de la situación caótica que se está produciendo en la actitud de los defensores de la legalidad. Para Juliá son los responsables de los saqueos a establecimientos cercanos. Hoy día se entienden, algunos de ellos, más bien con una finalidad de avituallamiento, pues en palabras de Gutiérrez Molina "los asediados no saben cómo avanzará la situación, ni el número de horas o días que aquella situación puede durar"[110].

El autor tan solo dedica unas líneas a la situación del puerto en aquellas horas, citando los buques que se encontraban atracados o fondeados en la bahía. Sin solución de continuidad abre un nuevo subapartado mucho más enjundioso: "El Churruca a la vista de Cádiz". Aquí narra la llegada de las tropas Regulares traídas por los golpistas desde el norte de África, las cuales, finalmente, inclinarán la balanza del golpe en Cádiz a favor de estos. Llegaron en dos barcos: Churruca y Ciudad de Algeciras, este último obviado por Juliá. Exagera, una vez más, el heroísmo de Varela y los suyos, pues según él fueron sometidos a continuo fuego cuando cruzaban el muelle. Sin embargo, este dato debemos ponerlo en cuarentena, pues los edificios que Juliá nombra como lugares de tiro son el gobierno civil, viviendas próximas, la fábrica de Tabacos, la iglesia de Santo Domingo o casas del barrio de Santa María. Y aunque no dudamos de esta última localización, sí que tenemos documentación poco sospechosa de republicanismo que nos indica todo

[108] Buen ejemplo material de lo que supuso aquel ataque ha llegado hasta nuestros días. A finales de los años noventa fue encontrada una bala proveniente de los disparos propiciados por los atacantes entre los legajos del archivo de la Diputación Provincial.

[109] Nacido en Cádiz en 1874 marchó en su juventud a Cuba donde conoció a la que sería su esposa, Julieta Martell. Nacerían de dicho matrimonio dos hijas: Milagros y María Luisa, con las que regresó a Cádiz tras la muerte de Julieta. La familia Rendón se afilia a mediados de los años 20 a los primeros radios comunistas de la provincia, no siendo cuestión baladí el hecho de que el fundador de dicho partido en la misma, el doctor Daniel Ortega Martínez, se casara con la hija menor de Rendón, María Luisa. Toda la familia, tras el golpe de Estado, sufrirá la represión: siendo perseguidos y asesinados o sufriendo cárcel. Para más información VV.AA. *María Luisa Rendón Martell (1909-1981): Movimiento obrero y represión franquista en El Puerto de Santa María*. Ed. El Boletín. Cádiz, 2016.

[110] En documental ya citado.

lo contrario: que desde la fábrica de Tabacos no se opuso resistencia a los golpistas[111]. La narración sigue con la rendición del gobierno civil y la entrada de las tropas sublevadas por las calles de la ciudad. Lo que no narra es la extremada violencia con que lo hicieron, pues, al menos, una docena de personas aquella misma mañana perdieron la vida[112]. En cambio, Juliá sí narra la muerte del corneta Rafael Soto Guerrero al que la historiografía franquista señaló como el primer muerto de la guerra civil en Cádiz. Como viene siendo habitual, olvida el autor otra muerte que desde hace algunos años controlamos como fue la del anarquista José Bonat Ortega en la misma tarde del 18 cuando iba desde su domicilio en la calle San Bernardo –hoy, Pericón–, hasta el Palillero. A su paso por la calle Libertad recibió un disparo certero realizado por el hijo de un afamado notario desde un balcón frente a los puestos de masa frita. Volviendo a la muerte del joven corneta, inculpará, como ya lo había hecho en el pasado su compañero Garrachón[113], a la única mujer que plantó cara en dicha defensa. Nos referimos a la taquígrafa y afiliada al Partido Comunista Milagros Rendón Martell. Finaliza el extenso aparatado dedicado a la capital gaditana describiendo lo que a partir del día 20 fue una supuesta "Normalidad", que no fue otra que el control por parte de los golpistas y del inicio de una cruenta represión.

La Sierra de Cádiz jugó un papel fundamental en la débil resistencia planteada a los sublevados. Sobre todo, por los municipios más alejados de la comarca jerezana, por lo tanto, de más difícil acceso a la vez que más cercanos a la provincia de Málaga y, más concretamente, a Ronda, donde la legalidad republicana se mantuvo en un primer momento. Uno de estos municipios fue El Gastor, que cuenta además con el aliciente de que, como ya indicamos, ha sobrevivido la documentación referente a las fuentes que se usaron para la obra de Juliá. A decir de Fernando Romero y Pepa Zambrana sobre la respuesta dada a la petición de Gitanilla del Carmelo: "El texto de la nota que le devolvió el Ayuntamiento gastoreño se reconoce facilmente en el libro de Juliá, incluida la fantasía de que el asalto a la parroquia la noche del 20 de julio de 1936 se hizo siguiendo instrucciones dadas por La Pasionaria a través de Radio Madrid"[114]. Pero no

[111] Recientemente el historiador Rubén Benítez Aragón ha podido consultar documentación relativa a la fábrica dónde tan solo tres meses después del golpe el director José María Bardán Mateu relataba lo siguiente: "salió el personal [sábado 18] del trabajo unos momentos antes de la hora de costumbre, con mi autorización, que di a causa de los rumores que del movimiento militar llegaron a esta Fábrica y la intranquilidad natural que producía en el elemento femenino [...] quedando desalojada esta Fábrica a las seis de la tarde hora que como de costumbre se montó el servicio de vigilancia interior y exterior. El domingo 19 [....] [la actitud de los] vigilantes ha sido de franca disciplina y adhesión al movimiento mereciendo destacar el comportamiento de los vigilantes del interior y exterior que permanecieron en sus puestos durante toda la noche del 18 al 19". En ARCHIVO de la ASOCIACIÓN CIGARRERAS de Cádiz, Libro Copiador Reservado, s/p.

[112] Podemos traer a colación, por ejemplo, el caso del comerciante Mariano Alba del Cerro asesinado por disparos en su propio balcón o de la persona de identidad desconocida que falleció desangrada a causa de las heridas recibidas por las tropas moras en la plaza de Mendizábal. Para el primero MORENO TELLO, S. "Al grito de ¡Viva España!", *Diario de Cádiz*, 19 de julio de 2015; para el segundo FERNANDEZ REVUELTA, J. *Recuerdos de un niño*. Dix Hills, New York. 1978. Manuscrito inédito; para la cifra aproximada de muertos GUTIÉRREZ MOLINA, J. L. *Op. Cit.* (2014). Págs. 28 y 29.

[113] *Op. cit.* Pág. 122.

[114] ROMERO ROMERO, F. y ZAMBRANA ATIENZA, P. Del rojo al negro. *República, Guerra Civil y represión en El Gastor (1931-1946)*. AMHyJA. Sevilla, 2010. Pág. 28.

adelantemos acontecimientos. Lo primero que debemos advertir es que la extensión del texto de Juliá es mucho menor que el dedicado a Cádiz capital, a su vez, es más acorde con el resto de municipios de dicho apartado y, además, tiene otra peculiaridad: ya no está narrado en primera persona. Como bien apuntaban Romero y Zambrana, no son experiencias personales sino datos basados en un trabajo de recopilación. La narración de Juliá es bastante incompleta. En resumidas cuentas, el 18 de julio el control del ayuntamiento se mantuvo en manos republicanas; al día siguiente se cortaron las carreteras; el 20, según órdenes de la Pasionaria emitidas por radio como indicábamos, se asaltó la iglesia parroquial, aunque añade que no era la primera vez, ya había sucedido en abril. A partir de entonces El Gastor quedó bajo dominio "rojo" e incluso cita el asesinato de dos vecinos a manos de gente de izquierdas: Antonio Vergara Ramírez y José Alcázar Bocanegra. Finalmente, el 17 de septiembre, dos meses después del golpe de Estado, el pueblo es tomado por el teniente de la Guardia Civil Luis Salas dándose libertad a los vecinos de derechas encarcelados.

Sin embargo, como veremos a continuación, un relato más certero y cercano a lo sucedido es el ya anunciado[115]. No solo se incluye el acto anticlerical de la primavera de 1936 sino que también se relata cómo hombres y mujeres de la Casa del Pueblo asaltaron la iglesia, sacaron los santos a la calle, aunque no se les prendió fuego al presentarse en la vía pública la Guardia Civil. La información sobre el episodio es abundante, y se nos explica también que el párroco –que había llegado semanas antes casi salido del seminario–, a partir de entonces marchó de la localidad. Ambas cuestiones, el asalto y la huida del sacerdote, motivó a la alcaldía del Frente Popular a hacerse cargo del local. Lo que no nos indicó Juliá y nos permite comprender el acto anticlerical es que el anterior párroco ya había avisado en 1932 al Arzobispo de Sevilla de la situación del municipio referente a la Iglesia: el 99% de la vecindad ya no iba a misa, el 95% de los que fallecían no solicitaban sacramentos, así como había un aumento de los matrimonios y entierros civiles. Pero lo que más difiere, y hace del texto de Juliá un relato interesado, son las jornadas posteriores al 18 de julio. Cierto es que el 19 se hicieron registros y se buscaron armas en domicilios de conocidos derechistas. También lo es, el nuevo asalto a la iglesia, ahora mucho más virulento donde tras sacar imágenes y enseres se vivieron escenas de mofa y parodia para finalmente hacer arder todo lo amontonado en la calle. Esto provocó que el día 21 familias de derechas marcharan de la localidad incluso escoltadas por milicianos: "que se vayan, aquí no matamos a nadie". Y poco a poco el relato cambia al extremo. Si bien Juliá dejó en manos de los republicanos la población, nada más lejos de la realidad. Dos días después el Guardia Civil Luis Salas apareció con dos columnas llegadas en camiones y tras media hora de tiroteo los campesinos que defendían la población se retiraron. Juliá también silenció la muerte de cuatro vecinos, así como el asalto a algunos domicilios de personas de izquierdas. Así el día 24 se conformó una Comisión Gestora de derechas, comenzando un periodo de gran inseguridad: el casco urbano de El Gastor en manos

[115] Ibídem. Págs. 61 a 102.

de partidarios de los golpistas pero mal armados y en los alrededores un Comité de vecinos en la finca La Fresnadilla, apoyados por municipios cercanos fieles a la República. En los días 13 y 14 de agosto comienzan a entrar sin problemas en la localidad serrana algunos milicianos que incluso se animan a almorzar en plena calle. Pocos días después, hay de nuevo tiroteos y finalmente El Gastor regresa a manos republicanas el día 18. Se repiten entonces escenas de saqueos de viviendas, se queman archivos oficiales y, días posteriores, se dan los casos de asesinato sobre las dos personas descritas por Juliá en un paraje en las afueras: Puerto de la Sima. Tras un mes en manos republicanas, y dentro de la operación de la toma de Ronda, El Gastor caerá en manos sublevadas, ahora sí, el 17 de septiembre con una fuerte presión armamentística y con números incluso de Falange. ¿Se les daría libertad a presos de derechas? Posiblemente, pero lo que sucedió también, y Juliá silenció, fue la brutal ocupación, posterior represión, así como el exilio de mucha vecindad gastoreña. Represión que solo en los meses de verano y otoño de 1936 sesgó la vida de más de sesenta personas.

Para finalizar el análisis historiográfico marcharemos hasta el municipio campogibraltareño de San Roque. El breve relato de Juliá mantiene algunas características que hemos estado viendo hasta ahora como pueden ser una visión unilateral de lo acaecido o las perennes citaciones al papel jugado en este verano de 1936 por la Providencia, lo que los sublevados bautizaron como Santa Cruzada. De hecho, lo hará en dos ocasiones que en breve señalaremos. El inicio del texto es llamativo porque la historia comienza el 27 de julio por lo que da a entender que desde el inicio del golpe la población sucumbió al mismo. Aquél día llegaron una "avalancha de marxistas" que acorralaron en su cuartel a las tropas que tenían el control de la localidad. Como no se rendían optaron por secuestrar a la esposas e hijos del comandante Rafael Torres del Real, pero la escena violenta se disipa en parte cuando llegan Regulares que hacen huir a los milicianos. Ahora bien, en su marcha, asaltaron casas e incluso asesinaron a seis vecinos. Para comparar este narración con trabajos más actuales emplearemos la exitosa autobiografía de un sanroqueño que sobrevivió a aquellas jornadas, Carlos Castilla del Pino[116], así como algunas publicaciones del historiador local Antonio Pérez Girón[117]. A través de estos escritos sabemos que las tropas de Regulares llegaron antes del día señalado por Juliá. El mismísimo 19 de julio, rodearon el cuartel al mando del brigada Francisco Blasco Azcune que no había hecho público el Estado de Guerra. Fue detenido y asesinado. Luego se demostró que era un hombre de derechas y sería inscrito en el Registro Civil y su familia fue recompensada con un estanco. Exceptuando este episodio y la detención del alcalde y su hijo, las siguientes jornadas fueron de relativa calma. Hasta que, como inició el relato Juliá, al amanecer del día 27 de julio comenzó un contraataque republicano que en su caótica retirada fueron asesinadas las personas antes nombradas, pero también muchos de ellos fueron detenidos poniéndose fin a sus vidas. Esto último obviado por Juliá.

[116] Nos referimos a Pretérito Imperfecto, citamos por la más reciente edición de Tusquets de 2012. Págs. 183 a 262.
[117] *San Roque, Guerra Civil y represión*. Ayto. de San Roque, 2008.

CONCLUSIONES

Juliá Téllez y su obra aquí analizada en términos ideológicos e historiográficos, son un paradigma de aquella primera hornada de escritos propagandísticos pertenecientes a los sublevados del 36. El tiempo en el que se escribe –durante la guerra–, su oficio –periodista– o la clara intencionalidad subjetiva, encaja a la perfección en los esquemas básicos de aquella literatura de propaganda. Ahora bien, es cierto que la peripecia personal del autor hace que su publicación vea la luz en un tiempo en el que ya comenzaba a estar un tanto desfasada: en el inicio del declive del Eje en la II Guerra Mundial. Por lo que, en cierto modo, hace de la Historia del Movimiento Liberador... dentro del estilo en que se circunscribe, una *rara avis*.

Nos han faltado muchos aspectos que comentar, como la idea de desorden y desgobierno, el curioso entramado ideológico que muestra entre marxistas, capitalistas y liberales en un malabárico juego de homogeneizar a todo lo contrario en un mismo bando, la deshumanización del contrario, la macabra imagen que muestra de los crímenes llevados a cabo por los defensores de la legalidad, la unidad de España y el peligro de la propia desaparición de esta... así como muchos aspectos que aparecen en el libro y que refuerzan los lazos aquí comentados, como las numerosas alusiones a la religiosidad de Franco, los valores con los que se presentan a representantes concretos del bando propio... Todos, aspectos que apoyan la legitimación ideológica del bando sublevado. De igual manera ocurre con el relato sobre lo sucedido en la provincia. Si bien, estudios actuales apuntalan el tremendo desbarajuste historiográfico que supone esta literatura, debemos señalar que, a día de hoy, todavía no se puede completar dicho análisis pues quedan bastantes municipios gaditanos sin un mínimo estudio con rigor científico.

Aun así, publicaciones como la que tienes entre manos, ayudarán a tratar en posteriores estudios y trabajos dichas temáticas. Sirva este capítulo como introducción a un análisis sobre una de las obras propagandísticas de la formación del pensamiento e ideología que construyó el régimen franquista para justificar su nacimiento y fortalecer su supervivencia.

BIBLIOGRAFÍA Y FUENTES

ARCHIVOS

Archivo de la Asociación Cigarreras de Cádiz
Archivo del Cementerio de San Antón de Sanlúcar
Archivo General de la Administración
Archivo General Militar de Ávila
Archivo General Militar de Segovia
Archivo General del Ministerio del Interior, Sección Guardia Civil. Madrid
Archivo Histórico Municipal de Cádiz
Archivo Histórico Nacional, Madrid
Archivo Histórico Provincial de León
Archivo Histórico del Tribunal Militar Territorial Segundo, Sevilla
Archivo Municipal de La Línea
Archivo Municipal de Sanlúcar de Barrameda.
Archivo Parroquial de Nuestra Señora de la O Sanlúcar de Barrameda
Arquivo Histórico Diplomático, Lisboa
Arquivo Histórico Militar, Lisboa
Arquivo Nacional Torre do Tombo, Lisboa
Centre des Archives Diplomatiques de Nantes
Centro Documental de la Memoria Histórica, Salamanca

BIBLIOGRAFÍA

ÁGUILA TORRES, J. J. (2008, 17-19 de septiembre). "La Jurisdicción Militar de Guerra en la represión política: las Comisiones Provinciales (CPEP) y Central de Examen de Pena (CCEP), (1940-1947)". *IX Congreso de Historia Contemporánea*. Murcia.

ALCALDE, Á. (2014). *Los excombatientes franquistas. La cultura de guerra del fascismo español y la Delegación Nacional de Excombatientes (1936-1965)*. Zaragoza: Prensas Universitarias de Zaragoza.

ALÍA MIRANDA, F. et al. (2017). "Mujeres solas en la postguerra española (1939-1949). Estrategias frente al hambre y la represión". *Revista de historiografía*, 26.

ALGARBANI RODRÍGUEZ, J. M. (2006). "El papel del Campo de Gibraltar en la Guerra Civil". *III Jornadas Memoria y Justicia: Un futuro para nuestro pasado*. Asociación Andaluza Memoria Histórica y Justicia.

____ (2014). "Política municipal y masonería en el Campo de Gibraltar durante la II República". *Gibraltar, Cádiz, América y la Masonería. Constitucionalismo y libertad de prensa, 1812-2012*, Actas del

XIII Symposium Internacional de Historia de la Masonería Española, I, (Gibraltar, 2012), Zaragoza: CEHME-Gobierno de Gibraltar.

ALMISAS, M. et al. (2016). *María Luisa Rendón Martell (1909-1981): Movimiento obrero y represión franquista en El Puerto de Santa María*. Cádiz: Ed. El Boletín.

ALTED VIGIL, A. (1984). *Política del Nuevo Estado sobre patrimonio cultural y educación durante la guerra civil española*. Madrid: Ministerio de Cultura.

ALTUNA ETXEBERRIA, M. (2014). "Violencia simbólica en la cuaresma franquista. El miedo como elemento estructurador del sistema de género". *Periferias, fronteras y diálogos. Actas del XIII Congreso de Antropología de la Federación de Asociaciones de Antropología del Estado Español.* Tarragona: Universitat Rovira i Virgili.

ÁLVAREZ JUNCO, J. (2003). *Mater dolorosa: La idea de España en el siglo XIX.* Madrid: Taurus.

ÁLVAREZ REY, L. (2000). "Un espacio de sociabilidad: la Masonería en Cádiz entre el 98 y la guerra civil". En SÁNCHEZ MANTERO, R. (ed.). *En torno al 98. España en el tránsito del siglo XIX al XX. Actas del IV Congreso de la Asociación de Historia Contemporánea*, I. Huelva: Universidades de Sevilla y Huelva-Asociación de Historia Contemporánea.

____ (2009). *Los Diputados por Andalucía de la Segunda República (1931-1939). Diccionario Biográfico.* Sevilla: Centro de Estudios Andaluces.

____ (2010). *La masonería en Andalucía.* Granada: Caja Granada.

ÁLVAREZ REY, L. y MARTÍNEZ LÓPEZ, F. (coords.). (2014). *Los masones andaluces de la República, la Guerra y el Exilio. Diccionario biográfico.* Sevilla: Universidad de Sevilla.

____ (2017). *La masonería en Andalucía y la represión durante el franquismo.* Madrid: Ed. Biblioteca Nueva.

ANDERSON, P. (2009a). "In the Interests of Justice? Grass-Roots Prosecution and Collaboration in Francoist Military Trials, 1939–1945". *Contemporary European History*, Vol. 18, nº 1.

____ (2009b). "Singling Out Victims: Denunciation and Collusion in the Post-Civil War Francoist Repression in Spain, 1939-1945". *European History Quarterly*. Vol. 39, nº 1.

____ (2017). *¿Amigo o enemigo? Ocupación, colaboración y violencia selectiva en la Guerra Civil española.* Granada: Comares.

ANTUNES, J. F. (2003). *Os Espanhóis e Portugal.* Lisboa: Oficina do Livro.

ARNABAT MATA, R. (2013, diciembre). "La represión: el ADN del franquismo español", *Cuadernos de Historia*, 39.

ARÓSTEGUI, J. (2012). *Por qué el 18 de julio... y después.* Barcelona: Flor del Viento.

____ (2012). "Coerción, violencia, exclusión. La dictadura de Franco como sistema represivo". En ARÓSTEGUI, J. (coord.). *Franco: la represión como sistema*, Barcelona: Flor del Viento.

ARRARÁS, J. (1939-1940). *Historia de la Cruzada Española.* Madrid: Ediciones Españolas.

ARTHURS, J., EBNER, M. y FERRIS, K. (Eds.). (2017). *The Politics of Everyday Life in Fascist Italy. Outside the State?* New York: Palgrave Macmillan.

AVILÉS FARRÉ, J. (2012). "Mitos y realidades. El extraño caso de la Mano Negra en 1883". *Alcores, revista de historia contemporánea*, nº 13.

AYUNTAMIENTO DE CÁDIZ. DELEGACIÓN DE MEMORIA HISTÓRICA (2021, junio). Informe realizado por el equipo técnico dirigido por José María Gener Basallote. Las sepulturas olvidadas.

Excavación arqueológica de las sepulturas colectivas ("Medias Sepulturas") del cementerio de San José (Cádiz). Localización y exhumación de las víctimas de la represión franquista (1936-1937). Cádiz.

AZCÁRATE RISTORI, I. (2021). *Tomás de Azcárate García de Lomas, capitán de fragata. Su muerte por fin esclarecida (1889-1936).* Cádiz: Diputación Provincial de Cádiz.

BAHAMONDE, Á. (2014). *Madrid, 1939: la conjura del coronel Casado.* Madrid: Cátedra.

____ (2019). "Sebastián Pozas Perea. General de División". En *25 militares de la República.* Madrid: Ministerio de Defensa.

BAHAMONDE, A. y RUIZ FRANCO, R. (Eds.) (2021). *Los libros de la guerra civil.* Cátedra. Madrid.

BALFOUR, S. (2006). "El revisionismo histórico y la guerra civil", en *Pasajes: Revista de pensamiento contemporáneo*, nº19.

BALLESTEROS BERETTA, A. (1940). "Proemio". *Revista de Indias,* nº 1.

BARRANQUERO TEXEIRA, E. y PRIETO BORREGO, L. (2003). *Así sobrevivimos al hambre: estrategias de supervivencia de las mujeres en la posguerra española.* Málaga: CEDMA.

BARBADILLO DELGADO, P. (1989). *Historia de la ciudad de Sanlúcar de Barrameda.* Reed. facs. Ayuntamiento de Sanlúcar de Barrameda.

BARBADILLO RODRÍGUEZ, M. (2002). *Excidio. La Guerra Civil en España. Notas al vuelo de lo acaecido en Sanlúcar de Barrameda entre: 18 julio - 17 julio 1937.* Sanlúcar de Barrameda: Edición de Antonio Pedro Barbadillo Romero.

BARRUSO BARÉS, P. (1999). *Información, diplomacia y espionaje. La guerra civil española en el sur de Francia (1936-1940).* San Sebastián: Hiria.

BERGERSON, A. S. (2004). *Ordinary Germans in Extraordinary Times: The Nazi Revolution in Hildesheim.* Bloomington: Indiana University Press.

BLASCO GIL, Y. y MANCEBO, M. F. (2010). *Oposiciones y concursos a cátedras de Historia en la Universidad de Franco (1939-1950).* Valencia: Publicaciones de la Universitat de València.

BOCANEGRA, R. (2021, 19 de junio). "¿Cuánto queda del futbolista gaditano Adolfo Trinidad Verano, asesinado en tiempos del alcalde Ramón de Carranza?". *publico.es.*

BOSWORTH, R. J. (2005). "Everyday mussolinism: friends, family, locality and violence in fascist Italy". *Contemporary European History,* 14, 1.

CABANA, A. (2006). "Minar la paz social. Retrato de la conflictividad rural en Galicia durante el primer franquismo", *Ayer,* 61/1, pp. 267-288.

____ (2011). "De imposible consenso. Actitudes de consentimiento hacia el franquismo en el mundo rural (1940-1960)". *Historia Social,* 71.

____ (2013). *La derrota de lo épico.* València: Publicacions de la Universitat de València.

CALDERÓN QUIJANO, J. A. (1983). "Fray Serafín de Ausejo: Su vida y su obra". En *Boletín de la Real Academia Sevillana de Buenas Letras: Minervae Baeticae,* 11.

CAMPOS POSADA, A. (2021). *La batalla del hambre. Políticas de abastecimiento en el Madrid de la Guerra Civil.* Madrid: Tesis doctoral.

CARO CANCELA, D. (1987). *La Segunda República en Cádiz. Elecciones y partidos políticos.* Cádiz: Diputación Provincial.

____ (2014). "La depuración de los funcionarios en Andalucía. Estado de la cuestión". En MARTÍNEZ LÓPEZ, F. y GÓMEZ OLIVER, M. (Coords.). *La memoria de todos: las heridas del pasado se curan con más verdad.* Sevilla: Fundación Alfonso Perales.

CARO ROMERO, L. (2012). "Trebujena 1936: Golpe de estado y represión". En GARCÍA CABRERA, J. y ORELLANA GONZÁLEZ, C. (Coords.). *Represión Franquista en la provincia de Cádiz.* Cádiz: Diputación Provincial de Cádiz.

CARRASCO SAGASTIZABAL, F. s/f. *Las enseñanzas públicas en España.* Jerez de la Frontera.

CASANOVA, J. (2015). *40 años con Franco.* Barcelona: Crítica.

CASARES, Francisco (1941). "El recuerdo del terror comunista en la España roja evocado por el primer visitante de la fosa de Paracuellos del Jarama", *Fotos.*

CASTILLA del PINO, C. (2012). *Pretérito Imperfecto.* Barcelona: Tusquets.

CASTRO, L. (2020) "Yo daré las consignas". *La prensa y la propaganda en el primer franquismo.* Madrid: Marcial Pons.

CASTRO, P. J. (2010). *O Inimigo Nº 1 de Salazar.* Lisboa: Esfera dos Livros.

CAZORLA, A. (2002). "Sobre el primer franquismo y la extensión de su apoyo popular". *Historia y política: ideas, procesos y movimientos sociales,* 8.

CASTRO GARCÍA, J. (2005). *Los Hermanos de mi Taller.* Cádiz: Editorial Tréveris.

CENARRO, Á. (2002). "Matar, vigilar y delatar: la quiebra de la sociedad civil durante la guerra y la posguerra en España (1936-1948)". *Historia Social,* nº 44.

CERVERA, J. (1998). *Madrid en guerra. La ciudad clandestina, 1936-1939.* Madrid: Alianza Editorial.

CIRICI NARVÁEZ, J. R. (1993). *El arte de lo efímero: los montajes y exorno carnavalescos en Cádiz.* Cádiz: Federico Joly y Cía.

____ (1996). "Antonio Accame: Artista y Artesano del Carnaval". En *Actas del VII Congreso del Carnaval.* Cádiz: Fundación Gaditana del Carnaval.

CLARET MIRANDA, J. (2006). *El atroz desmoche. La destrucción de la universidad española por el franquismo.* Barcelona: Crítica.

CLIMENT BUZÓN, N. (2015). *Historia Social de Sanlúcar de Barrameda. En busca de nuestro pasado. Tiempo de confrontación (1931-1939).* Vol. IX. Sanlúcar de Barrameda: Ed. A.S.E.H.A.

CONDE CABALLERO, D. (2018). *Tiempo sin pan. Una etnografía del hambre de postguerra en Extremadura.* Tesis doctoral: Universidad de Extremadura.

CONTEL i RUIZ, J. M. (2009). *Gràcia, temps de bombes, temps de refugis.* Barcelona: Ajuntament de Barcelona.

CRESPI, F. (1984). "El miedo a lo cotidiano". *Debats,* 10.

CRESPO BALLESTEROS, Mario (2015). "Félix Schlayer: Asilo diplomático y humanitario en la Guerra Civil española", *Cuadernos de la Escuela Diplomática,* 53.

CHAVES PALACIOS, J. (Coord.). (2019). *Mecanismos de control social y político en el primer franquismo.* Barcelona: Anthropos.

DAZA PALACIOS, S. (2020). "La Cárcel Real de Sanlúcar de Barrameda: una carga insoportable para un cabildo municipal del Antiguo Régimen (1710-1820)". En OLIVER OLMO, P. y CUBERO

IZQUIERDO, M. C. (Coords.). *Actas del II Congreso Internacional sobre la Historia de la Prisión y las Instituciones Punitivas*. Cuenca.

DE CERTEAU, M. (1999). *La invención de lo cotidiano I. Artes de hacer*. México D.F.: Universidad Iberoamericana.

DEL ARCO BLANCO, M. A. (2007). *Hambre de siglos. Mundo rural y apoyos sociales del franquismo en Andalucía Oriental (1936-1951)*. Granada: Comares.

____ (2009). "El secreto del consenso en el régimen franquista. Cultura de la victoria, represión y hambre". *Ayer*, 76.

____ (2010). "Hunger and the consolidation of the Francoist Regime (1936-1951)". *European History Quarterly*, nº 40.

____ (Ed.). (2020a). *Los "años del hambre". Historia y memoria de la posguerra franquista*. Madrid: Marcial Pons.

____ (2020b). "Famine in Spain During Franco's Dictatorship (1939-1952)". *Journal of Contemporary History*, 56/1.

____ (2020c). "¿Se acabó la miseria? La realidad socioeconómica en los años cincuenta". En DEL ARCO BLANCO, M. A. y HERNÁNDEZ BURGOS, C. (Eds.). *Esta es la España de Franco. Los años cincuenta del franquismo (1951-1959)*. Zaragoza: PUZ.

____ y ANDERSON, P. (Eds.). (2021). *Franco's famine. Malnutrition, Disease and Starvation in Post-Civil War Spain*, Londres: Bloomsbury, en prensa.

____, FUERTES, C., HERNÁNDEZ BURGOS, C., y MARCO, J. (Coords.). (2013). *No solo miedo. Actitudes políticas y opinión popular bajo la dictadura franquista (1936-1977)*. Granada: Comares.

____ y ROMÁN RUIZ, G. (2020). "La casa se cae sola. Infravivienda, hambre y enfermedad durante el primer franquismo". En LANERO TÁBOAS, D. (Coord.). *De la chabola al barrio social. Arquitecturas, políticas de vivienda y actitudes de la población en la Europa del Sur (1920-1980)*. Granada: Comares.

____ y ROMÁN RUIZ, G. (2021). "Resistir con hambre. Estrategias cotidianas contra la autarquía de posguerra y su incapacidad para desestabilizar a la dictadura franquista (1939-1951)", *Ayer*, en prensa.

DELGADO GÓMEZ-ESCALONILLA, L. (1992). *Imperio de papel. Acción cultural y política exterior durante el primer franquismo*. Madrid: Consejo Superior de Investigaciones Científicas.

DELGADO, I. (1982). *Portugal e a Guerra Civil de Espanha*. Mem-Martins: Edições Europa-América.

DOMINGUEZ LOBATO, E (1973). *Cien capítulos de retaguardia*. Madrid: Editor. G. del Toro.

DOMÍGUEZ PÉREZ, A. (2004). *El verano que trajo un largo invierno. La represión político-social durante el primer franquismo en Cádiz*. Cádiz: Quórum Editores.

DUARTE, A. P. (2010). *A Política de Defesa Nacional, 1919 - 1958*. Lisboa: ICS.

ENGEL MASOLIVER, C. (2005). *Historia de las Brigadas Mixtas del Ejército Popular de la República (1936-1939)*. Madrid: Almena Ediciones.

ENRÍQUEZ DEL ÁRBOL, E. (1990). "Un aspecto de la represión de la Masonería en Cádiz: la incautación y traslado de los documentos masónicos a Salamanca". En RUIZ MANJÓN, O. y GÓMEZ OLIVER, M. (Coords.). *Los nuevos historiadores ante la Guerra Civil española*. Granada: Diputación provincial.

ESCALONA, J., JULAR, C., y ALFONSO, I. (2016). "El medievalismo, lo medieval y el CSIC en el primer franquismo". En MORENO MARTÍN, F. J. (Coord.). *El franquismo y la apropiación del pasado. El uso de la historia, de la arqueología y de la historia del arte para la legitimación de la dictadura.* Madrid: Editorial Pablo Iglesias.

ESPINOSA MAESTRE, F. (2003). *La columna de la muerte. El avance del ejército franquista de Sevilla a Badajoz.* Barcelona: Crítica.

____ (2006). *La justicia de Queipo.* Barcelona: Crítica.

____ (ed.) (2010). *Violencia roja y azul. España, 1936-1950*, Barcelona, Crítica.

ESTEVES, R. (1939). *Algumas observações sobre a guerra de Espanha.* Lisboa: Oficinas Gráficas.

FARIA, T. (2000). *Debaixo de Fogo! Salazar e as Forças Armadas (1935-1941).* Lisboa: Edições Cosmos/Instituto da Defesa Nacional.

FERNÁNDEZ CEBRIÁN, A. (2016). "Domesticidad e imaginarios del consumo en el cine español: *El inquilino* (1957), *La vida por delante* (1958) y *El pisito* (1959)". *Revista Hispánica Moderna*, Vol. 69, nº1.

FERNÁNDEZ GALLEGO, A. (2020). "El afán de la América Hispana". La historiografía americanista en el CSIC del primer franquismo (1939-1951). *Jerónimo Zurita*, 96.

____ (2021). "Una ciencia para la verdad y para el bien. Los historiadores del Consejo Superior de Investigaciones Científicas y la institucionalización del orden académico franquista". *Hispania Nova*, 19.

FERNANDEZ REVUELTA, J. (1978). *Recuerdos de un niño.* Dix Hills, New York. Manuscrito inédito

FERRER BENIMELI, J. A. (1982). *El contubernio judeo-masónico comunista.* Madrid: Istmo.

____ (1987). *Masonería española contemporánea. Desde 1868 hasta nuestros días.* vol. 2. Madrid: Siglo XXI.

FERREIRA, P. (2003, noviembre/diciembre). "Da Amadora a Lourenço Marques: há 75 anos nas rotas do Império". *Mais Alto*, Año XLI, nº 346.

FERREIRA, P. y VIEIRA, R. A. (2007, marzo/abril). "A Missão Especial da Arma de Aeronáutica à Espanha Nacionalista" 1ª parte. *Mais Alto*, Año XLV, nº 366.

FERRIS, K. (2012). *Everyday Life in Fascist Venice, 1929-1940.* Nueva York: Palgrave Macmillan.

____ y HERNÁNDEZ, C. (Eds) (2022). "Everyday Life and the History of Dictatorship in Southern Europe", *European History Quarterly*, 52/2, pp. 123-135.

FITZPATRICK, S. (1999). *Everyday Stalinism: ordinary life in extraordinary times: Soviet Russia in the 1930s.* New York: Oxford University Press.

FONTANA, J. (2006, 10 de agosto). El asesinato de Daniel González Linaceros en 1936. La caza del maestro". *El País.*

FOUCAULT, M. (1990). *The History of Sexuality. An introduction.* London: Penguin Books.

FUERTES, C. (2017). *Viviendo en dictadura. La evolución de las actitudes sociales hacia el franquismo.* Granada: Comares.

GARCÍA DEL VALLE, T. (2012, 28 de junio). "Más cerca de Adolfo Trinidad "El Titi", el futbolista represaliado". *Diario de Cádiz.*

GARCÍA RODRÍGUEZ, J. (2006). "Una aproximación sociológica a la mentalidad e ideología de los militares de carrera (generales, jefes y oficiales) que se rebelaron, en julio de 1936, contra el gobierno legítimo de la II República". Documento en ciclostil resumen de la intervención realizada en el Congreso Internacional La Guerra Civil Española 36-39 celebrado en Madrid del 26 al 29 de noviembre de 2006.

GARCÍA SANJUÁN, A. (2013). *La conquista islámica de la península Ibérica y la tergiversación del pasado.* Madrid: Marcial Pons.

GARRACHÓN CUESTA, A. (1938). *De África a Cádiz y de Cádiz a la España Imperial.* Cádiz: Cerón.

GARRIDO NEVA, R. (2014). "Aportaciones documentales a la historia del castillo de Santiago". En CRUZ ISIDORO, F. (Coord.). *Sanlúcar señorial y Atlántica I y II Jornadas de patrimonio Histórico- Artístico (2011-2012).* Sanlúcar de Barrameda: Ayuntamiento de Sanlúcar.

GIBSON, Ian (1983). *Paracuellos, cómo fue.* Barcelona: Argos Vergara.

____ (1986). *Queipo de Llano.* Barcelona: Grijalbo.

GIL ANDRÉS, C. (2006). "Vecinos contra vecinos. La violencia en la retaguardia riojana durante la Guerra Civil". *Historia y Política,* nº 16.

GIL HONDUVILLA, J. (2013). *Militares y sublevación. Cádiz y provincia 1936.* Sevilla: Muñoz Moya-Editores Extremeños.

GIL VICO, P. (1998). "Ideología y represión: la Causa General. Evolución histórica de un mecanismo jurídico-político del régimen franquista". *Revista de Estudios Políticos,* 108.

____ (2010). "Derecho y ficción: la represión judicial militar". En ESPINOSA MAESTRE, F. (Coord.). *Violencia roja y azul. España, 1936-1950.* Barcelona: Crítica.

GILDEA, R. (2004). *Marianne in chains. Daily life in the heart of France during the German occupation.* New York: Picador.

GÓMEZ BRAVO, G. (2009). *El exilio interior. Cárcel y represión en la España Franquista.* Madrid: Taurus.

____ (2017). *Geografía humana de la represión franquista. Del Golpe a la Guerra de Ocupación (1936-1941).* Madrid: Cátedra.

____ (Coord.) (2018). *Asedio. Historia de Madrid en la Guerra Civil.* Madrid: Ediciones Complutense.

____ (2020, 12 de mayo). "Las notas que redactó Julián Besteiro para rendir Madrid". *El País.*

____ y MARCO, Jorge. *La obra del miedo. Violencia y sociedad en la España franquista (1936-1950).* Ed. Península. Barcelona, 2011.

____ y PÉREZ-OLIVARES, A. (2014). "Las lógicas de la violencia en la Guerra Civil: balance y perspectivas historiográficas". *Studia Historica. Historia Contemporánea,* vol. 32.

GÓMEZ OLIVER, M., MARTÍNEZ LÓPEZ, A. y BARRAGÁN MORIANA, A. (2015). *El botín de guerra en Andalucía: cultura represiva y víctimas de la Ley de Responsabilidades Políticas, 1936-1945.* Madrid: Biblioteca Nueva.

GONZÁLEZ MARTÍN, M. (2014). *De lo vivo lejano.* Sevilla: Aconcagua.

GUTIÉRREZ BAENA, S. (2017). *Los sucesos de Casas Viejas. Crónica de una derrota.* Cádiz: Beceuve.

GUTIÉRREZ BAENA, S. (Ed.) (2020). *Memorias José Sua ez Orellana.* Cádiz: Beceuve.

GUTIÉRREZ MOLINA, J. L. (1994). *Crisis burguesa y unidad obrera. El sindicalismo en Cádiz durante la Segunda República.* Madrid: Madre Tierra-FAL.

____ (2003). *El anarquismo en Chiclana. Diego R. Barbosa, obrero y escritor.* Cádiz: Ayuntamiento de Chiclana.

____ (2008). *El Estado frente a la anarquía. Los grandes procesos contra el anarquismo español (1883-1982).* Madrid: Síntesis.

____ (2014). *La Justicia del Terror. Los consejos de guerras sumarísimos de urgencia de 1937 en Cádiz.* Cádiz: Ediciones Mayi.

____ (2020). "La necesidad de la memoria y el estudio histórico. El caso de la emisora Radio Cádiz y la resistencia al golpe de Estado el 18 de julio de 1936". *Cahiers de civilisation espagnole contemporaine* [Online].

GUZMÁN MARTÍN, S. (2008) *Luces y sombras en la historia de Chipiona. Segunda República, Guerra Civil y represión militar.* Chipiona: Ayuntamiento de Chipiona.

HASTINGS, M. (2016). *La guerra secreta. Los servicios de inteligencia británicos y alemanes en la II Guerra Mundial.* Barcelona: Crítica.

HERA MARTÍNEZ, Jesús de la (2002). *La política cultural de Alemania en España en el período de entreguerras,* Madrid: Consejo Superior de Investigaciones Científicas.

HERMOSO RIVERO, J. M. y MONTAÑO GARCÍA, R. *Guerra Civil y represión en Sanlúcar de Barrameda (1936-1945).* En prensa.

HERNÁNDEZ BURGOS, C. (2011). *Granada azul. La construcción de la "Cultura de la Victoria" en el primer franquismo.* Granada: Comares.

____ (2013). *Franquismo a ras de suelo. Zonas grises, apoyos sociales y actitudes durante la dictadura (1936-1976).* Granada: Editorial Universidad de Granada.

____ (2019). "Tiempo de experiencias. El retorno de *la Alltagsgeschichte* y el estudio de las dictaduras de entreguerras". *Ayer,* 113.

____ (2019). "Españoles normales en tiempos anormales: 'Nuevas' miradas sobre vida cotidiana y franquismo". En ROMÁN RUIZ, G. y SANTANA GONZÁLEZ, J. A. (Coords.). *Tiempo de dictadura. Experiencias cotidianas durante la guerra, el franquismo y la democracia.* Granada: Editorial Universidad de Granada.

HERNANDEZ DE MIGUEL, C. (2019). *Los campos de concentración de Franco. Sometimiento, torturas y muerte tras las alambradas.* Barcelona: Ediciones B.

HERNÁNDEZ SANDOICA, E. (2004). *Tendencias historiográficas actuales. Escribir historia hoy.* Madrid: Akal.

HERRERÍN LÓPEZ, A. (2011). *Anarquía, dinamita y revolución social. Violencia y represión en la España de entre siglos (1868-1909).* Madrid: Catarata.

ÍÑIGUEZ, J. M.ª y MARTÍNEZ PARRILLA, J. (1987). *Las fuerzas armadas francesas ante la guerra civil española, 1936-1939.* Madrid: Ministerio del Ejército.

JACKSON, G. (1986). *La República española y la Guerra Civil.* Barcelona: Crítica.

JULIÁ TÉLLEZ, E. (1944). *Historia del movimiento liberador de España en la provincia gaditana.* Cádiz: Cerón.

KALYVAS, S. (2013). *La lógica de la violencia en la guerra civil.* Madrid: Akal.

LABIO BERNAL, Aurora (dir.). (2009) *Estructura, Historia y contenidos del periodismo gaditano. De sus orígenes a la actualidad.* Cádiz: Quorum.

LANERO TÁBOAS, D. y CABANA, A. (2014). "Equilibrios precarios: una microhistoria del poder local en acción bajo el franquismo". En FERNÁNDEZ PRIETO, L. y ARTIAGA REGO, A. (Eds.). *Otras miradas sobre golpe, guerra y dictadura. Historia para un pasado incómodo.* Madrid: Catarata.

LANGA NUÑO, C. (2009). *Periodismo y represión. Los periodistas gaditanos y el Franquismo (1936-1945).* Cádiz: Quorum.

LANGARITA, E. (2014). "Si no hay castigo, la España Nueva no se hará nunca. La colaboración ciudadana con las autoridades franquistas". En CASANOVA, J. y CENARRO, A. *Pagar las culpas. La represión económica en Aragón (1936-1945)*. Barcelona: Crítica.

LÓPEZ BAUSELA, J. R. (2011). *La contrarrevolución pedagógica en el franquismo de guerra. El proyecto político de Pedro Sainz Rodríguez*. Madrid: Biblioteca Nueva.

LÓPEZ CORRAL, M. (2004). *La Guardia Civil en la Restauración (1875-1905)*. Madrid: Actas.

LÜDTKE, A. (1986). "Cash, Coffee-Breaks, Horseplay: Eigensinn und Politics among Factory Workers in Germany circa 1900". En HANAGAN, M. et al. (Coords.). *Confrontation, Class Consciousness, and the Labor Process. Studies in Proletarian Class Formation. New York: Praeger.*

MÄILANDER, E. et al. (2009). "Forum. Everyday life in nazi Germany". *German History*, 27/4.

MARCO, J. (2012). ""Debemos condenar y condenamos..." Justicia militar y represión en España (1936-1948)". En ARÓSTEGUI, J. (Coord.). *Franco: la represión como sistema*. Barcelona: Flor del Viento.

MARCO, J. (2015). "El eclipse de los conceptos. Sobre el debate de la violencia rebelde/franquista". *Historia Actual Online*, Vol. 38, nº 3.

MARÍN GELABERT, M. A. (2005). *Los historiadores españoles en el franquismo, 1948-1975: la historia local al servicio de la patria*. Zaragoza: Institución Fernando el Católico.

____ (2015). "Revisionismo de Estado y primera hora cero en España, 1936-1943". En FORCADELL, C., PEIRÓ, I. y YUSTA, M. *El pasado en construcción. Revisionismos históricos en la historiografía contemporánea*. Zaragoza: Institución Fernando el Católico.

MÁRQUEZ HIDALGO, F. (2019). *La primera República en Sanlúcar de Barrameda*. Sanlúcar de Barrameda: Ed. Fórum Libros.

MARTÍNEZ BANDE, J. M. (1981). *Nueve meses de guerra en el Norte*. Madrid: San Martín.

____ (1985). *El final de la Guerra Civil*. Madrid: San Martín.

MARTINEZ LÓPEZ, R. (2010). "Pelayo Quintero Atauri (1867-1942). En *La Real Academia Hispanoamericana de Ciencias, Artes y Letras. Recuerdos de Cien Años de Historia. 1910-2010*. Cádiz: Real Academia Hispanoamericana, Ayuntamiento de Cádiz y Universidad de Cádiz.

MARTÍNEZ RUS, A. y PÉREZ-OLIVARES, A. (2018). "Libros incautados, infiernos vigilantes. La biblioteca del Archivo de la Cruzada y el Boletín de Información Antimarxista (1936-1948)". *Represura*, nº 3.

MATTHEWS, J. (2013). *Soldados a la fuerza. Reclutamiento obligatorio durante la Guerra Civil, 1936-1939*. Madrid: Alianza Editorial.

MEDINA LINARES, A. (2021). *Setenil de las Bodegas: República, Guerra y Dictadura*. Setenil de las Bodegas: Ayuntamiento.

MELOSSI, D. (1992). *El estado del control social*. Madrid: Siglo XXI.

MENEZES, F. R. (2010). *Salazar. Uma biografia política*. Lisboa: D. Quixote.

MÍGUEZ MACHO, A. (Ed.). (2016). *Ni verdugos ni víctimas. Actitudes sociales ante la violencia, del franquismo a la dictadura argentina*. Granada: Comares.

MIKELARENA, F. (2015). *Sin piedad. Limpieza política en Navarra, 1936*. Pamplona: Pamiela.

MIR CURCÓ, C. (1999). "Violencia política, coacción legal y oposición interior". *Ayer*, nº 33.

____ (2000). *Vivir es sobrevivir. Justicia, orden y marginación en la Cataluña rural de posguerra*. Lleida: Milenio.

MOLINERO, C., SALA, M. y SOBREQUÉS; J. (Eds.). (2003). *Una inmensa prisión: los campos de concentración y las prisiones durante la guerra civil y el franquismo*. Barcelona: Crítica.

MOLINERO, C. e YSÁS, P. (2003). "El malestar popular por las condiciones de vida: ¿un problema político para el régimen franquista?". *Ayer*, 52.

MONFORT, A. (2008). *Barcelona, 1939: el camp de concentració d'Horta*. Barcelona: L'Avenc.

MORA FIGUEROA, J. (1974). *Datos para la historia de la Falange gaditana, 1934-1939*. Jerez: Gráficas del Exportador.

MORADIELLOS, E. (2004). *1936. Los mitos de la Guerra Civil*. Barcelona: Península.

MORAL RONCAL, Antonio Manuel (2008). *Diplomacia, humanitarismo y espionaje en la Guerra Civil española*, Madrid: Biblioteca Nueva.

MORAL RONCAL, Antonio Manuel y COLMENERO GARCÍA, Ricardo, "Félix Schlayer ante la Causa General: testimonios de un cónsul extranjero sobre la Guerra Civil", *Aportes*, 68-XXIII (3/2008).

MORALES BENÍTEZ, A. (2008). "El proceso de formación de la masonería en el Campo de Gibraltar durante el siglo XIX". *Almoraima*, nº 36

____ (2008). *Prensa, masonería y republicanismo. Manuel Moreno Mendoza (1862-1936) y la masonería jerezana*. Jerez: Ayuntamiento.

____ (2010). "La masonería española en el refugio de Gibraltar". En FERRER BENIMELI, J. A. (Coord.). *La Masonería española. Represión y Exilios*, II. Zaragoza: CEHME-Gobierno de Aragón.

____ (2019). *La masonería en el Campo de Gibraltar (1902-1942). Un espacio de libertad con una sociabilidad democrática*. Cádiz: Editorial UCA.

____ y SÍGLER SILVERA, F. (1996). "Gibraltar y la masonería de obediencia española". En FERRER BENIMELI, J. A. (Coord.). *La Masonería en la España del siglo XX*, II. Toledo: CEHME-Universidad y Cortes de Castilla-La Mancha.

MORALES RUIZ, J. J. (2001). *El discurso antimasónico en la guerra civil española (1936-1939)*. Zaragoza.

____ (2009). "Memoria y represión de la masonería española en la guerra civil y en el primer franquismo". En *Actas XII Symposium Internacional de Historia de la masonería española, La Masonería española. Represión y Exilios*, II.

MORENO TELLO, S. (2008). *Periodistas represaliados en Cádiz*. Cádiz: Asociación de la Prensa de Cádiz.

____ (2015). *El carnaval silenciado. Golpe de estado, guerra, dictadura y represión en el febrero gaditano (1936-1945)*. Tesis doctoral: Universidad de Cádiz.

____ (Ed.). (2012). *La destrucción de la democracia. Vida y muerte de los alcaldes del Frente Popular en la provincia de Cádiz*. Sevilla: Consejería de Gobernación y Justicia.

____ y QUINTANA FERNÁNDEZ, A. (Coords.) (2018). *Estado, educación y poder. El sistema educativo de la Restauración Borbónica al Primer Franquismo en la provincia de Cádiz*. Ubi Sunt?, Cádiz.

____ y RODRÍGUEZ MORENO, J.J. (Coords.) (2009). *Marginados, disidentes y olvidados en la Historia*. Cádiz: Universidad de Cádiz.

MONTERO BARRADO, J. M. (2021). *Fascismo y represión en Barbate durante la guerra y posguerra*. Cádiz: Mancomunidad de la Janda.

MONTOITO, E. (2005). *Henrique Galvão. Ou a Dissidência de um Cadete do 28 de Maio*. Lisboa: Centro de História da Universidade.

MOTA, F. T. (2011). *Galvão. Um Herói Português.* Lisboa: Oficina do Livro.

MURILLO, I. (2014). *En defensa de mi hogar y mi pan. Estrategias femeninas de resistencia civil y cotidiana en la Zaragoza de posguerra, 1936-1945.* Zaragoza: PUZ.

NADAL, F., URTEAGA, L. y MURO, J.I. (2000). "El mapa topográfico del Protectorado de Marruecos en su contexto político e institucional 1923-1940". En *Documents d'analisi geografica*, núm. 36.

NÚÑEZ CALVO, J. (2005). *Francisco Cossi Ochoa (1898-1936). El último Presidente de la Diputación Provincial de Cádiz en la Segunda República.* Cádiz: Diputación de Cádiz.

____ (2005). "La represión y sus directrices sevillanas en la provincia de Cádiz", *Almajar*, nº2.

____ (2016). *La Comandancia de la Guardia Civil de Cádiz en la Guerra Civil de España (1936-1939).* Tesis Doctoral: Universidad Nacional de Educación a Distancia.

OLIVEIRA, C. (1986). *Portugal e a II República Espanhola.* Lisboa: Perspectivas e Realidades.

____ (1988). *Salazar e a Guerra Civil de Espanha.* Lisboa: O Jornal..

____ (1995). *Cem anos nas relações luso-espanholas. Política e economia.* Lisboa: Cosmos.

____ (1996). "Moniz, Jorge Botelho". En ROSAS, F., BRITO, J. M. B. (Coords.). *Dicionário de História do Estado Novo* Vol. II, Venda Nova: Bertrand Editora.

____ (1999). "Guerra Civil de Espanha". En BARRETO, A., MÓNICA, M. F. (Coords.). *Dicionário de História de Portugal*, Vol. VIII, Suplemento F/O. Lisboa: Livraria Figueirinhas.

OLIVEIRA, P. A. (1999). *Armindo Monteiro. Uma biografia política.* Lisboa: Bertrand.

OLIVER OLMO, P. (2005). "El concepto de control social en la historia social: estructuración del orden y respuestas al desorden". *Historia Social*, nº 51.

ORTEGA, T. Mª. y COBO, F. (2004). "Hambre, desempleo y emigración. Las consecuencias sociales de la política agraria autárquica en Andalucía oriental, 1939-1975". *Hispania*, 64/218.

OTERO CARVAJAL, L. E. (2006). *La destrucción de la ciencia en España. Depuración universitaria en el franquismo.* Madrid: Editorial Complutense.

OVIEDO SILVA, D. y PÉREZ-OLIVARES, A. (2016). "¿Un tiempo de silencio? Porteros, inquilinos y fomento de la denuncia en el Madrid ocupado". *Studia Historica. Historia Contemporánea*, nº 34.

____ (Coords.). (2016). *Madrid, una ciudad en guerra (1936-1948).* Madrid: Los Libros de la Catarata.

PAGÈS i BLANCH, P. (2007). *Cataluña en guerra y en revolución (1936-1939).* Sevilla: Espuela de Plata.

PALACIO ATARD, V. (1970). "La Quinta Columna, la movilización popular y la retaguardia". En PALACIO ATARD, V., SALAS LARRAZÁBAL, R. y CIERVA, R. *Aproximación histórica a la guerra española (1936-39).* Madrid: Universidad de Madrid.

PALLOL, R. (2014). "La Historia, la Historia del Arte, la Paleografía y la Geografía en la universidad nacionalcatólica". En OTERO CARVAJAL, L. E. *La Universidad nacionalcatólica. La reacción antimoderna.* Madrid: Dykinson, Universidad Carlos III.

PALLOL, R., SAN ANDRÉS, J., y FERNÁNDEZ, A. (2019). "De asaltos y conquistas. El papel de las redes en las oposiciones a cátedras de universidad en el primer franquismo (1940-1951)". En ESTEBAN, A., ETURA, D. y TOMASONI, M. *La alargada sombra del franquismo. Naturaleza, mecanismos de pervivencia y huellas de la dictadura.* Granada: Comares.

PAREJO, J. A. (2011). "Fascismo rural, control social y colaboración ciudadana. Datos y propuestas para el caso español". *Historia Social*, 71.

PARODI ÁLVAREZ, M. J. (2006) "Arqueología española en Marruecos, 1939-1946. Pelayo Quintero Atauri". *SPAL*, 15.

____ (2009). "Notas sobre la organización administrativa de las estructuras de gestión del Patrimonio Arqueológico en el Marruecos Septentrional durante el Protectorado (1912-1956)". *Herakleion*, 2.

PASAMAR ALZURIA, G. (1991). *Historiografía e ideología en la postguerra española: la ruptura de la tradición liberal.* Zaragoza: Prensas Unviersitarias de Zaragoza.

____ (1991). "Oligarquías y clientelas en el mundo de la investigación científica; el Consejo Superior en la universidad de posguerra". En CARRERAS ARES, J. J. (Coord.). *La universidad española bajo el régimen de Franco: Actas del Congreso celebrado en Zaragoza entre el 8 y 11 de noviembre de 1989*. Zaragoza: Institución Fernando el Católico.

____ y PEIRÓ MARTÍN, I. (1987). *Historiografía y práctica social en España.* Zaragoza: Universidad de Zaragoza.

____ (2002). *Diccionario Akal de historiadores españoles contemporáneos.* Madrid: Akal.

PATRÓN DE SOPRANIS, A. (1940). *Burlando el bloqueo rojo. El primer salto del estrecho (julio de 1936).* Jerez: Tipografía Jerez Industrial.

PEIRÓ MARTÍN, I. (2013). *Historiadores en España: historia de la historia y memoria de la profesión.* Zaragoza: Prensas de la Universidad de Zaragoza.

____ (2019). "La continuidad innecesaria: consideraciones sobre los orígenes históricos de la historiografía franquista". En Esteban RECIO, A., ETURA, D. y TOMASONI, M. (Coords.) *La alargada sombra del franquismo: naturaleza, mecanismos de pervivencia y huellas de la dictadura.* Granada: Editorial Comares.

PEMÁN y PEMARTÍN, C. (1954). *Memoria sobre la situación arqueológica de la provincia de Cádiz en 1940.* Madrid: Ministerio de Educación Nacional.

PEMÁN Y PEMARTÍN, J. M. (1928). "Prólogo". En QUINTERO ATAURI, P. *Sillerías de Coro en las Iglesias Españolas.* Cádiz: Real Academia Hispanoamericana de Ciencias y Artes.

____ (1937). *Alocución patriótica.* Cádiz: Imp. Repeto.

____ (1937). *Arengas y crónicas de guerra.* Cádiz: Cerón.

____ (1938). *Poema de la bestia y el ángel.* Zaragoza: Jerarquía.

PENA RODRÍGUEZ, A. (2009). *O que parece é. Salazar, Franco e a propaganda contra a Espanha democrática.* Lisboa: Tinta da China.

PÉREZ BUSTAMANTE, C. (1939). *Síntesis de Historia de España.* Madrid: Ediciones españolas.

____ (1940). "Fr. Bartolomé de Barrientos y su Vida y hechos de Pedro Menéndez de Avilés". *Revista de Indias, núm. 1.*

____ (1940). *La fundación de un imperio: España en América.* Madrid: Redención.

PÉREZ GIRÓN, A. (2008). *San Roque, Guerra Civil y represión.* Ayto. de San Roque.

PÉREZ-OLIVARES, A. (2015). "Objetivo Madrid: planes de ocupación y concepción del orden público durante la Guerra Civil española". *Culture & History Digital Journal*, Vol. 4, nº 2.

____ (2018). *Victoria y control en el Madrid ocupado. Los del Europa (1939-1946)*, Madrid: Traficantes de Sueños.

____ (2020a). *Madrid cautivo. Ocupación y control de una ciudad (1936-1948)*, Valencia: Publicacions de la Universitat de València.

____ (2020b). "Abastecer, racionar... y pasar hambre. Franquismo y control social en la posguerra". En DEL ARCO BLANCO, M. Á. (Ed.). *Los "años del hambre". Historia y memoria de la posguerra franquista*, Madrid: Marcial Pons.

____ (2020c). "Historia de tres ciudades. Tiempos de ocupación en Madrid, Ámsterdam y París (1936-1945)". *Hispania Nova*, nº 19.

PÉREZ-OLIVARES, A. y PÍRIZ, C. (2018). "¿La guerra ha terminado? Beneficios y recompensas en el Madrid de posguerra". En ORTEGA LÓPEZ, T. y BAENA LUQUE, E. (Dirs.). *Actas del IX Encuentro Internacional de Investigadores del franquismo*. Junta de Andalucía.

PERMUY LÓPEZ, R. (2009). *Air War over Spain: Aviators, Aircraft and Air Units of the Nationalist and Republican Air Forces*. Hersham: Ian Allan Publishing.

PEUKERT, D. (1987). *Inside Nazi Germany. Conformity, Opposition, and Racism in Everyday Life*. London: Batsford.

PÍRIZ, Carlos (2019). *En campo enemigo: la Quinta Columna en la guerra civil española (c. 1936-1941)*. Salamanca: Tesis doctoral.

____ (2021). "Decanos del humanitarismo y la perfidia. La colaboración de las Misiones Diplomáticas de Argentina y Chile con la causa franquista durante la guerra civil española (y después), 1936-1969", *Culture & History Digital Journal*.

PRADA, J. (2010). *La España masacrada. La represión franquista de guerra y posguerra*. Madrid: Alianza Editorial.

____ (2016). *Marcharon con todo. La represión económica en Galicia durante el primer franquismo*. Madrid: Biblioteca Nueva.

PRADES PLAZA, S. (2014). *España y su historia: la Generación de 1948*. Castelló de la Plana: Universitat Jaume I.

PRESTON, P. (2011). *El holocausto español. Odio y exterminio en la Guerra Civil y después*. Barcelona: Debate.

____ (2014). *El final de la guerra. La última puñalada a la República*. Madrid: Debate.

PULIDO PÉREZ, A. (2008). *La Guardia Civil ante el Bienio Azañista (1931-1933)*. Madrid: Almena Ediciones.

QUINTERO ATAURI, P. (1914). "El turismo y el Ayuntamiento de Cádiz". *Deportes*, 60.

RAMOS SANTANA, A. (1993). *Cádiz en el siglo XIX. De ciudad soberana a capital de provincias*. Cádiz: Sílex.

____ (1999). *Cultura y política en la España de Franco. Una historia de los Cursos de Verano de Cádiz (1950-1981)*. Cádiz: Universidad de Cádiz.

RAMOS SANTANA, A. et al. (1987). *Prensa Gaditana 1763-1936*. Cádiz: Diputación Provincial de Cádiz.

REIG TAPIA, A. y SÁNCHEZ CERVELLÓ, J. (Coords.) (2019). *La Guerra Civil Española, 80 años después. Un conflicto internacional y una fractura cultural*. Madrid: Tecnos.

RICHARDS, M. (1998). *A Time of Silence: Civil War and the Culture of Repression in Franco's Spain, 1936-1945*. Cambridge: Cambridge University Press.

RODRIGO, J. (2001). "La bibliografía sobre la represión franquista: hacia el salto cualitativo". *Spagna Contemporanea*, nº 19.

____ (2009). "Presentación. Retaguardia: un espacio de transformación". *Ayer*, núm. 76.

____ (2013). *Cruzada, paz, memoria. La guerra civil en sus relatos.* Granada: Comares.

____ (2016). *La guerra fascista. Italia en la Guerra Civil española.* Madrid: Alianza.

RODRÍGUEZ BARREIRA, Ó. J. (2008). *Migas con miedo: prácticas de resistencia al primer franquismo: Almería, 1939-1953.* Almería: Universidad de Almería.

____ (2010). "Auxilio Social y las actitudes cotidianas en los años del hambre, 1937-1943". *Historia del Presente*, nº 16.

____ (2012). "Lazarillos del Caudillo. El hurto como arma de los débiles frente a la autarquía franquista". *Historia Social*, 72.

____ (2013). "Cambalaches: hambre, moralidad popular y mercados de guerra y postguerra". *Historia Social*, 77.

____ (Coord.). (2013). *El franquismo desde los márgenes. Campesinos, mujeres, delatores, menores.* Almería: Universidad de Almería.

____ y LANERO TÁBOAS, D. (2014). "Juventud y campesinado en las falanges rurales: España, 1939-1950". *Historia Agraria*, 62.

ROJAS, C. (1980). *La guerra en Catalunya.* Barcelona: Plaza & Janés.

ROJO, V. (1939). ¡Alerta a los pueblos! Estudio político-militar del período final de la guerra española. Buenos Aires: Editor Aniceto López.

ROMÁN ROMÁN, J. y GUIJO MAURI, J. M. (2016, noviembre). *Delimitación y exhumación de represaliados por el franquismo en el antiguo cementerio de San José de Cádiz. Informe preliminar.* Cádiz.

ROMÁN RUIZ, G. (2015). *Delinquir o morir. El pequeño estraperlo en la Granada de posguerra.* Granada: Comares.

____ (2015a). "Fraude y contrabando en la provincia de Granada. Geografía del estraperlo y actitudes cotidianas". *Historia Actual Online*, Vol. 37, nº2.

____ (2015b). "Pan blanco para los vencedores, pan negro para los vencidos: la exclusión de los pequeños estraperlistas granadinos del "Nuevo Estado" franquista". En BELLVER LOIZAGA, V., D'AMARO, F., MOLINA, I. y RAMOS TOLOSA, J. (Coords.). *Otras voces, otros ámbitos. Los sujetos y su entorno. Nuevas perspectivas de la historia sociocultural.* Valencia: Universitat de València y Asociación de Historia Contemporánea.

____ (2018). "Ni un español sin hogar. La política de construcción de viviendas sociales en el campo altoandaluz durante el franquismo y su potencial para generar consentimiento entre la población". *Historia Social*, 92.

____ (2019). *La vida cotidiana en el mundo rural de Andalucía oriental. Resistencias cotidianas, políticas del consenso, control socio-moral y aprendizaje democrático (1939-1979).* Tesis doctoral, Universidad de Granada.

____ (2020a). "Custodios de la moral. Control socio-moral y sanción popular en el mundo rural altoandaluz tras la posguerra". *Pasado y Memoria*, 21.

____ (2020b). "El pan negro de cada día. Memoria de los años del hambre en el mundo rural alto-andaluz". En DEL ARCO BLANCO, M. A. (Ed.). *Los años del hambre. Historia y memoria de la posguerra franquista.* Madrid: Marcial Pons.

____ (2020c). "La tranquilidad en los pueblos es un mito. El franquismo como régimen de control moral en el mundo rural andaluz de los cincuenta". En DEL ARCO BLANCO, M. A. y HERNÁNDEZ BURGOS, C. (Ed.). *Esta es la España de Franco…* Zaragoza: PUZ.

____ (2020d). *Franquismo de carne y hueso. Entre el consentimiento y las resistencias cotidianas (1939-1975).* Valencia: PUV.

____ (2021). "Pícaros de posguerra. Turning to Crime to Survive Famine and Malnutrition in Early Francoism (1939-1952)". En DEL ARCO BLANCO, M. A. y ANDERSON, P. (Eds). *Franco's famine…*, en prensa.

ROMERO ROMERO, Fernando (2009). *Alcalá del Valle. República, Guerra Civil y represión (1931-1946).* Cádiz: Ayuntamiento de Alcalá del Valle.

____ (2011). *La Cultura y la Revolución. República y Guerra Civil en Prado del Rey.* Sevilla: Aconcagua.

____ (2009). *Socialistas de Torre Alháquime. De la ilusión republicana a la tragedia de la Guerra Civil (1931-1946).* Cádiz: Ayuntamiento de Torre Alháquime.

____ y VILLALBA PALMA, M. (2019). *Zahara de la Sierra. Caciquismo, República y Guerra Civil.* Cádiz: CGT-A.

____ y ZAMBRANA, Pepa (2010). *Del Rojo al negro. República, Guerra Civil y represión en El Gastor (1931-1946).* Cádiz: Editorial Tréveris.

ROS AGUDO, Manuel (2008). *El imperio que nunca existió: Franco, el imperio colonial y los planes de intervención en la Segunda Guerra Mundial.* Madrid: Styria.

ROSAS, F. (1988). *O Salazarismo e a Aliança Luso-Britânica. Estudos sobre política externa do Estado Novo nos anos 30 e 40.* Lisboa: Fragmentos.

____ (2013). *Salazar e o Poder. A Arte de Saber Durar.* Lisboa: Tinta-da-China.

RUIZ LLANO, G. (2016). Álava, una provincia en pie de guerra. Bilbao: Beta.

RUIZ, Julius. (2012). *El Terror rojo. Madrid, 1936.* Barcelona: Espasa.

____ (2015). *Paracuellos: una verdad incómoda,* Barcelona: Espasa.

SALAS LARRAZÁBAL, R. (1973). *Historia del Ejército Popular de la República.* Madrid: Rialp.

SALAZAR, A. de O. (2015). *Discursos e Notas Políticas, 1928 a 1966.* Coimbra: Coimbra Editora.

SAMPEDRO RAMO, V. (2020). *Inhabilitación absoluta y perpetua. La represión franquista contra los masones de Castelló.* Castellón: Universitat Jaume I.

SÁNCHEZ SÁNCHEZ, P. (2009). *Individuas de dudosa moral: la represión de las mujeres en Andalucía, 1936-1958.* Barcelona: Crítica.

SARDICA, J. M. (2013). *Ibéria. A Relação entre Portugal e Espanha no século XX.* Lisboa: Alêtheia Editores.

SAZ, I. (2003). *España contra España. Los nacionalismos franquistas.* Madrid: Marcial Pons.

SCHLAYER, Felix (2008). *Diplomático en el Madrid rojo.* Sevilla: Espuela de Plata.

SCHLAYER, Felix (2016). *Matanzas en el Madrid republicano: paseos, checas, Paracuellos. Testimonio del diplomático que descubrió la masacre de Paracuellos,* Barcelona, Áltera.

SCHWARZ, G. (2020). *Los amnésicos. Historia de una familia europea.* Barcelona: Tusquets.

SCOTT, J. C. (1985). *Weapons of the Weak: Everyday Forms of Peasant Resistance.* New Haven & London: Yale University Press.

____ (1990). *Domination and the Arts of Resistance: Hidden Transcripts.* New Haven: Yale University Press.

SEIDMAN, M. (2003). *A ras de suelo. Historia Social de la República durante la Guerra Civil.* Madrid: Alianza.

SERRALLONGA, J., SANTIRSO, M. y CASAS, J. (2013). *Vivir en guerra. La zona leal a la República (1936-1939).* Barcelona: UAB.

SESMA, N. (2011). "Importando el nuevo orden. El Instituto de Estudios Políticos y la recepción de la cultura fascista y nacionalsocialista en España, 1939-1943". En GALLEGO MARGALEFF, F. y MORENTE VALERO, F. (Coords.). *Rebeldes y reaccionarios: intelectuales, fascismo y derecha radical en Europa.* Barcelona: El Viejo Topo.

SÍGLER SILVERA, F. (2008). *Su silencio es nuestra voz.* Cádiz: Tréveris.

SOUTHWORTH, Herbert (2000). *El lavado de cerebro de Francisco Franco.* Crítica: Barcelona.

STARGARDT, N. (2007). *Witnesses of War. Children's Lives under the Nazis.* Nueva York: Vintage Books.

STEEGE, P. (2007). *Black market, Cold War: everyday life in Berlin, 1946-1949.* Cambridge: Cambridge University Press.

TÉBAR RUBIO-MANZANARES, I. J. (2015). *La representación del enemigo en el derecho penal del primer franquismo (1938-1944).* Tesis doctoral: Universidad de Alicante.

TELO, A. (1991). *Portugal na Segunda Guerra (1941 - 1945). II Volume.* Lisboa: Vega..

VARELA GOMES, A. (2006). *Guerra de Espanha. Achegas ao redor da participação portuguesa.* Lisboa: Fim de Século.

VV.AA. (2011). *Pelayo Quintero en el primer centenario de 1912.* Cádiz: Diputación Provincial de Cádiz.

VEGA SOMBRÍA, S. (2011). *La política del miedo. El papel de la represión en el franquismo.* Barcelona: Ed. Crítica.

VEGAS LATAPIE, E. (1987). *Los caminos del desengaño. Memorias políticas (II) 1936-1938.* Madrid: Tebas.

VERA RAMOS, C. (2009). "Julio Martínez Santa Olalla y el nacionalsocialismo: un oscuro y controvertido aspecto del primer excavador científico de Carteia" en *Almoraima*, 39.

VERDUGO SANTOS, J. y PARODI ALVAREZ, M.J. (2008) "La gestión del Patrimonio Arqueológico en el antiguo protectorado español en el norte de Marruecos. Gestión, administración, normativas". *SPAL*, 17.

VICENTE, A. P. (2003). *Espanha e Portugal: um olhar sobre as relações no séc. XX.* Lisboa: Tribuna da História.

VIEJO FERNÁNDEZ, J. A. (2011). *La segunda República en Sanlúcar de Barrameda (1931-1936).* Sanlúcar de Barremeda: A.S.E.H.A.

VILLANUEVA MARTÍNEZ, A. (1988). *El carlismo navarro durante el primer franquismo, 1937-1951.* San Sebastián de los Reyes: Actas.

VILLARROYA I FONT, J. (1981). *Els bombardeigs de Barcelona durante la guerre civil (1936-9).* Barcelona: Publicaciones de la Abadía de Montserrat.

VIÑAS, Ángel (2007). *El escudo de la República: el oro de España, la apuesta soviética y los hechos de mayo de 1937*, Barcelona: Crítica.

WULFF, F. (2003). "Los antecedentes (y algunos consecuentes) de la imagen franquista de la Antigüedad". En WULFF, F. y ÁLVAREZ MARTÍ-AGUILAR M. (Coords.). *Antigüedad y franquismo (1936-1975).* Málaga: Centro de Ediciones de la Diputación de Málaga.

FUENTES HEMEROGRÁFICAS

ABC
Ahora
Boletín Oficial del Estado
Boletín Oficial de la Guardia Civil
Boletín Oficial del Grande Oriente Español
Diario de Cádiz
El Liberal
El País
El Siglo Futuro
Gaceta de Madrid
La Información
La Tierra
La Vanguardia
Libertad Digital

En octubre de 2023 se terminó de imprimir Franquismo escalado,
74 años después de que los profesores Miguel Martínez del Cerro y Bernardo Perea,
a la salida del Instituto Columela, pensaran en la posibilidad
de crear unos Cursos de Verano en Cádiz